21世纪全国高职高专汽车系列技能型规划教材

汽车检测与诊断技术

主　编　娄　云　杨洪庆
副主编　张永学　王怀玲
参　编　徐春华　介石磊　于秀涛
　　　　彭　俊　王　巍　张　鹏

内 容 简 介

本书以培养学生的动手能力为核心,以最常见的车型为教学案例,主要介绍当前广泛应用的各种汽车检测与诊断设备的使用技术和方法,内容包括:汽车检测与诊断基础、发动机的检测与诊断、发动机集中控制系统的检测与诊断、汽车底盘的检测与诊断、整车的检测与诊断、车身电气系统的检测与诊断。

本书可作为高等职业院校汽车类专业教材,也可作为汽车维修技术人员的自学参考书。

图书在版编目(CIP)数据

汽车检测与诊断技术/娄云,杨洪庆主编. —北京:北京大学出版社,2010.2
 (21 世纪全国高职高专汽车系列技能型规划教材)
 ISBN 978-7-301-16919-3

Ⅰ.汽… Ⅱ.①娄…②杨… Ⅲ.①汽车—故障检测—高等学校:技术学校—教材②汽车—故障诊断—高等学校:技术学校—教材 Ⅳ.U472.9

中国版本图书馆 CIP 数据核字(2010)第 021083 号

书　　　　名:	汽车检测与诊断技术
著作责任者:	娄　云　杨洪庆　主编
策 划 编 辑:	赖　青
责 任 编 辑:	李娉婷
标 准 书 号:	ISBN 978-7-301-16919-3/U·0024
出　版　者:	北京大学出版社
地　　　　址:	北京市海淀区成府路 205 号　100871
网　　　　址:	http://www.pup.cn　http://www.pup6.com
电　　　　话:	邮购部 62752015　发行部 62750672　编辑部 62750667　出版部 62754962
电 子 邮 箱:	pup_6@163.com
印　刷　者:	北京富生印刷厂
发　行　者:	北京大学出版社
经　销　者:	新华书店
	787 毫米×1092 毫米　16 开本　21.75 印张　508 千字
	2010 年 2 月第 1 版　2014 年 2 月第 3 次印刷
定　　　　价:	35.00 元

未经许可,不得以任何方式复制或抄袭本书之部分或全部内容。
版权所有,侵权必究　　举报电话: 010-62752024
　　　　　　　　　　　　电子邮箱: fd@pup.pku.edu.cn

前　　言

中国汽车工业发展迅速,已经形成了比较完整的工业体系,成为我国的支柱产业。"十五"期间,我国汽车产量比"九五"增长了 1.42 倍,比"八五"增长了 2.54 倍,与"十五"以前的汽车生产总量相当,平均每年增长 22.5%。我国汽车市场被认为是发展潜力最大的市场。

2009 年中国国产汽车产销分别为 1379.10 万辆和 1364.48 万辆,首次成为世界汽车产销第一大国。数据表明,中国汽车产业在产能、市场容量等方面已经确立了大国地位。如何坚持科学发展观,依靠技术进步和科学管理促进汽车产业可持续、健康、协调发展,完成制造大国向产业强国的转变,是当前汽车行业面临的重要课题。

汽车工业是我国的支柱产业,汽车配件及维修保养后市场是一个朝阳产业。伴随着汽车市场的繁荣,高等职业院校汽车类专业招生规模不断扩大,为适应形势需要,教材内容需要不断更新,为此,2009 年 1 月,北京大学出版社召集全国部分示范性高等职业院校在郑州召开了"21 世纪全国高职高专汽车类专业技能型规划教材"建设会议,本书就是此次会议决定出版的系列教材之一。

本书知识新,体系新,内容全面,每章都有教学目标、教学要求、本章小结和习题,可作为高等职业院校汽车类专业的教材,也可作为汽车维修技术人员的参考书。

本书由河南机电高等专科学校娄云、辽宁省交通高等专科学校杨洪庆任主编,郑州交通职业学院张永学、平顶山工业职业技术学院王怀玲任副主编,其他参加编写的人员有郑州交通职业学院徐春华、介石磊、于秀涛、彭俊、王巍、张鹏等。

本书推荐教学时数见下表。

本书推荐教学时数

内　　容	学　　时
第 1 章　汽车检测与诊断基础	4～6
第 2 章　发动机的检测与诊断	12～14
第 3 章　发动机集中控制系统的检测与诊断	14～16
第 4 章　汽车底盘的检测与诊断	12～14
第 5 章　整车的检测与诊断	12～14
第 6 章　车身电气系统的检测与诊断	6～8
合　　计	60～72

汽车检测与诊断技术

  本书在编写的过程中,参阅了大量的文献资料,在此,对这些文献资料的作者表示诚挚的感谢!

  限于编者的水平,书中难免有不足之处,敬请广大读者批评指正。

编 者

2010 年 1 月

目 录

第1章 汽车检测与诊断基础 ……… 1
1.1 汽车检测与诊断技术概述 ……… 2
1.1.1 概述 ……… 2
1.1.2 检测与诊断的目的和意义 ……… 2
1.1.3 检测与诊断的类型、方法和特点 ……… 3
1.1.4 汽车检测有关的法规和标准 ……… 3
1.2 汽车检测与诊断技术发展概况 ……… 5
1.2.1 国外检测与诊断发展概况 ……… 5
1.2.2 国内检测与诊断发展概况 ……… 5
1.3 汽车检测与诊断基础知识 ……… 6
1.3.1 汽车技术状况 ……… 6
1.3.2 汽车故障及其规律 ……… 7
1.3.3 诊断参数、诊断参数标准与诊断周期 ……… 8
1.4 汽车检测与诊断设备配备 ……… 15
1.4.1 检测设备的测量误差与精度 ……… 15
1.4.2 常用检测诊断设备 ……… 17
1.5 汽车检测站介绍 ……… 20
1.5.1 检测站的类型 ……… 20
1.5.2 安全环保性能检测 ……… 20
1.5.3 综合性能检测 ……… 24
本章小结 ……… 26
习题 ……… 28

第2章 发动机的检测与诊断 ……… 32
2.1 发动机功率的检测 ……… 33
2.1.1 稳态测功 ……… 33
2.1.2 测功仪及应用 ……… 35
2.2 汽缸密封性的检测 ……… 36
2.2.1 汽缸压缩压力的检测 ……… 36
2.2.2 曲轴箱窜气量的检测 ……… 39
2.2.3 汽缸漏气量和漏气率的检测 ……… 39
2.2.4 进气管真空度的检测 ……… 40
2.3 润滑系的检测与诊断 ……… 43
2.3.1 机油品质的检测与分析 ……… 43
2.3.2 机油压力的检测与诊断 ……… 45
2.3.3 机油消耗量的检测与诊断 ……… 47
2.4 冷却系的检测与诊断 ……… 48
2.4.1 冷却系统检测 ……… 48
2.4.2 冷却系常见故障诊断 ……… 55
2.5 柴油机燃料供给系的检测与诊断 ……… 59
2.5.1 柴油机燃料供给系的组成 ……… 59
2.5.2 柴油机燃料供给系的检修 ……… 60
2.5.3 常见故障诊断 ……… 66
2.6 发动机异响的诊断 ……… 74
2.6.1 异响的类型及影响因素 ……… 74
2.6.2 异响诊断仪 ……… 75
2.6.3 常见异响分析 ……… 78
本章小结 ……… 85
习题 ……… 86

第3章 发动机集中控制系统的检测与诊断 ……… 90
3.1 电控系统检测与诊断专用仪器 ……… 91
3.1.1 解码器 ……… 91
3.1.2 车用数字万用表 ……… 95
3.1.3 车用示波器 ……… 100
3.1.4 发动机综合性能检测仪 ……… 105

3.2 电控汽油喷射系统的检测与诊断 … 110
   3.2.1 传感器的检测 … 110
   3.2.2 开关信号的检测 … 131
   3.2.3 燃油供给系的检测与诊断 … 135
   3.2.4 空气供给系的检测与诊断 … 141
3.3 电控点火系统的检测与诊断 … 143
   3.3.1 点火示波器的使用 … 143
   3.3.2 点火波形分析 … 144
   3.3.3 点火正时的检测 … 149
3.4 电控系统故障诊断的原则及注意事项 … 150
   3.4.1 故障诊断时注意事项 … 150
   3.4.2 发动机故障诊断的基本原则 … 152
   3.4.3 故障诊断常用方法 … 154
   3.4.4 电控发动机故障程序 … 158
本章小结 … 161
习题 … 161

第 4 章 汽车底盘的检测与诊断 … 167

4.1 传动系的检测与诊断 … 168
   4.1.1 传动系的常见故障及诊断 … 168
   4.1.2 传动系的仪器检测 … 172
4.2 自动变速器的检测与故障诊断 … 175
   4.2.1 自动变速器的基本检查 … 175
   4.2.2 自动变速器的试验 … 178
   4.2.3 自动变速器的自诊断 … 182
   4.2.4 自动变速器常见故障的诊断 … 189
4.3 转向系的检测与诊断 … 193
   4.3.1 转向系的常见故障及诊断 … 193
   4.3.2 转向盘自由行程和转向阻力的检测 … 194
   4.3.3 车轮定位的检测 … 196
   4.3.4 电控转向系统(PSS)检测与诊断 … 197

4.4 车轮平衡度的检测 … 211
   4.4.1 车轮不平衡的原因 … 211
   4.4.2 车轮不平衡的检测方法 … 211
4.5 悬架系的检测与诊断 … 214
   4.5.1 悬架系的常见故障及诊断 … 214
   4.5.2 电子控制悬架系统(TEMS)检测与诊断 … 216
4.6 制动系的检测与诊断 … 232
   4.6.1 制动系的常见故障及诊断 … 232
   4.6.2 防抱死制动系统(ABS)检测与诊断 … 236
本章小结 … 240
习题 … 241

第 5 章 整车的检测与诊断 … 244

5.1 动力性检测 … 245
   5.1.1 汽车底盘测功试验台的结构与原理 … 245
   5.1.2 汽车底盘测功试验台的测功方法 … 249
5.2 汽车经济性的检测 … 252
   5.2.1 汽车燃油消耗量的两种基本试验方法 … 252
   5.2.2 常用油耗仪的结构与工作原理 … 252
   5.2.3 汽车燃油经济性的台架试验 … 255
5.3 车轮侧滑量的检测 … 257
   5.3.1 汽车侧滑试验台的结构与原理 … 258
   5.3.2 汽车侧滑的检测与调整 … 262
5.4 汽车制动性能的检测 … 264
   5.4.1 对汽车制动系的要求 … 264
   5.4.2 制动性能的检测 … 265
5.5 车速表指示误差检验 … 271
   5.5.1 车速表试验台的结构与测量原理 … 271

5.5.2 车速表的检测方法 …… 273
　　5.5.3 车速表诊断参数标准及
　　　　 结果分析 …………… 274
5.6 汽油车排放污染物检测 …… 274
　　5.6.1 汽车排气污染物的主要成分
　　　　 及其危害 …………… 274
　　5.6.2 汽油车排气污染物的标准及
　　　　 检测 ………………… 275
5.7 柴油车自由加速烟度测试 …… 279
　　5.7.1 柴油车排气污染物的检验
　　　　 标准 ………………… 279
　　5.7.2 柴油车排气污染物的
　　　　 检测 ………………… 280
5.8 前照灯检测 ………………… 283
　　5.8.1 前照灯光束照射位置标准及
　　　　 屏幕检测法 ………… 284
　　5.8.2 前照灯发光强度标准及仪器
　　　　 检测方法 …………… 285
5.9 噪声检测 …………………… 290
　　5.9.1 噪声的评价指标 …… 290
　　5.9.2 汽车噪声的标准及检测 … 291
5.10 客车防雨密封性检测 ……… 296
　　5.10.1 客车防雨密封性检测
　　　　　设备 ………………… 296
　　5.10.2 客车防雨密封性的检测
　　　　　方法 ………………… 296
　　5.10.3 客车防雨密封性检测的
　　　　　质量评定 …………… 298
5.11 侧倾稳定角检测 …………… 299
　　5.11.1 车身侧倾角检测台的
　　　　　结构 ………………… 299
　　5.11.2 汽车最大稳定侧倾角的
　　　　　检测 ………………… 299

　　5.11.3 侧倾角试验台的适用与
　　　　　维护 ………………… 301
　　5.11.4 侧倾角检测台的检定和
　　　　　调整 ………………… 301
本章小结 ………………………… 302
习题 ……………………………… 302

第6章 车身电气系统的检测与诊断 … 306

6.1 汽车仪表与照明信号系统的检测
　　与诊断 ……………………… 307
　　6.1.1 汽车仪表系统检测与故障
　　　　 诊断 ………………… 307
　　6.1.2 汽车照明信号系统检测与
　　　　 故障诊断 …………… 309
6.2 汽车巡航控制系统的检测与
　　诊断 ………………………… 313
6.3 汽车安全控制设备的检测与
　　诊断 ………………………… 318
　　6.3.1 中央门锁及防盗系统检测
　　　　 与故障诊断 ………… 318
　　6.3.2 安全气囊检测与故障
　　　　 诊断 ………………… 324
6.4 汽车空调系统的检测与诊断 …… 328
　　6.4.1 汽车空调系统 ……… 328
　　6.4.2 汽车空调系统常见故障
　　　　 诊断 ………………… 333
　　6.4.3 电脑控制的全自动空调常见
　　　　 故障诊断 …………… 334
本章小结 ………………………… 336
习题 ……………………………… 336

参考文献 ……………………… 339

第 1 章
汽车检测与诊断基础

 教学目标

通过学习本章，了解汽车检测的发展，掌握汽车检测的基础知识。

 教学要求

能力目标	知识要点	权重	自测分数
了解汽车检测的发展	汽车检测的发展	25%	
了解汽车检测的常用设备	汽车检测的常用设备	25%	
掌握汽车检测的基础知识	汽车检测的基础知识	25%	
掌握汽车检测站	汽车检测站	25%	

> **引例**
> 我的奇瑞风云家用轿车行驶了80000km，最近总是为是否更换正时带犹豫不决，换了吧，怕换早了有些浪费，不换吧，又怕哪天正时带突然断裂酿成严重的机械事故，我该怎么办呢？

1.1 汽车检测与诊断技术概述

1.1.1 概述

最初传统的汽车检查，是通过"看、听、摸、嗅"等手段，并配合简单的仪器进行检测的，不能定量地确定汽车的性能参数或技术状况，完全依赖于人工经验。随着汽车技术的发展，汽车已成为一个复杂的机电产品，其中融入了当前先进的涉及机械、电子、信息、材料等学科最新技术成果，使汽车的动力性、经济性、环保性、安全性、操纵稳定性、平顺性、舒适性、通过性和可靠性等使用性能愈来愈完善、使用寿命愈来愈长。同时，汽车的结构也愈来愈复杂。

一方面，传统的检测方法已不能满足现代汽车检测的需要，另一方面，其他领域新技术的发展渗透也促进了汽车检测设备与手段的发展更新，进而形成了区别于传统汽车检测诊断技术的现代汽车检测与诊断技术。现代汽车检测与诊断技术不仅可以定量地指示检测结果，而且具有自动控制检测过程、自动采集检测数据、自动分析判断检测结果和自动存储、打印检测报表等功能。带有示波器的检测设备还能显示被测量的曲线、波形和图形等，结合维修人员的分析判断，使检测与诊断过程更快捷，结果更准确。

汽车的检测，一般是指对在用车辆动力性、经济性、安全性、环保性等方面进行检测，以确定其现行的技术状况和工作能力。

汽车的诊断，是使用专用仪器对故障车辆性能进行检查、测试，判断出故障原因与故障点，并确定出排除方法的过程。

1.1.2 检测与诊断的目的和意义

1. 安全环保

对汽车实行定期和不定期安全运行和环境保护方面的检测，目的是在汽车不解体情况下，建立安全和公害监控体系，确保车辆具有符合要求的外观容貌、良好的安全性能和规定范围内的环境污染，保证汽车在安全、高效和低污染下运行。

2. 综合性能

对汽车实行定期和不定期综合性能方面的检测，目的是在汽车不解体情况下，确定运行车辆的工作能力和技术状况，查明故障或隐患的部位和原因；对维修车辆实行质量监督，建立质量监控体系，确保车辆具有良好的安全性、可靠性、动力性、经济性和排气净化性，以创造更大的经济效益和社会效益。同时，对车辆实行定期综合性能检测，又是实行"定期检测、强制维护、视情修理"这一修理制度的前提和保障。"视情修理"

与"计划修理"相比，既不会因为提前修理造成浪费，也不会因为迟后修理造成车况恶化。"强制维护、视情修理"是以检测、诊断和技术鉴定为依据的。没有科学、可靠的依据，就无法确定汽车是继续运行还是进厂维修，更无法视情况确定修理范围和修理深度。

3. 故障诊断

对汽车进行故障诊断，目的是在汽车不解体（或仅卸下个别小件）情况下，对车辆的故障部位、原因进行的检查、测量、分析和判断。故障被诊断出来后，通过调整或修理的方法排除，以确保车辆在良好的技术状况下运行。

1.1.3 检测与诊断的类型、方法和特点

汽车技术状况的诊断是由检查、测量、分析等一系列活动完成的，其基本方法主要有两种：一种是传统人工经验诊断法，另一种是现代仪器设备诊断法。

1. 传统人工经验诊断法

这种方法往往是诊断人员凭丰富的实践经验和一定的理论知识，在汽车不解体或局部解体情况下，依靠人的直观感觉，或借助一些简单工具，用眼看、耳听、手摸和鼻子闻等检查手段，通过分析试验，并参照以往经验，进而对汽车技术状况做出判断的一种方法。这种诊断方法具有不需要专用仪器设备、方便、灵活、投资少等特点，但要求诊断人员有较高的技术水平和较丰富的诊断经验，同时具有诊断速度慢、准确性差、不能进行定量分析等缺点。人工经验诊断法多适用于中、小维修和运输企业的故障诊断。值得说明的是，即使是普遍使用了现代仪器设备进行检测，最终也需要检测人员依据仪器检测结果进行人工经验诊断。而所谓的专家诊断系统，也是把人脑的分析、判断通过计算机语言变成了计算机的分析、判断。所以，不能鄙薄人工经验诊断法。

2. 现代仪器设备诊断法

这种方法是指在汽车不解体情况下，用专用仪器设备检测整车、总成和机构的参数、曲线、波形，为分析、判断汽车技术状况提供定量依据。有些仪器设备能自动分析、判断、存储并打印汽车的技术状况。现代仪器设备诊断法的优点是检测速度快，准确性高，能定量分析，可实现快速诊断等；缺点是投资大，占用厂房，操作人员需要培训，检测成本高等。这种方法适用于汽车检测站和中、大型维修企业。使用现代仪器设备诊断是汽车检测诊断技术发展的必然趋势。

1.1.4 汽车检测有关的法规和标准

为了保证交通安全、减少环境污染和保证在用汽车处于良好的技术状况，国家公安交通、环保等部门先后发布过多项法律法规和相关标准，对在用汽车进行严格的管理。

1. 相关法律法规

近年来国家和各部颁布的有关法律法规主要如下。

1987年的《中华人民共和国大气污染防治法》，提出对机动车船污染大气实施监督管理。

1988年的《中华人民共和国道路交通管理条例》，提出对机动车辆上路行驶的要求。

1989年公安部发布第2号令《机动车安全技术检测站管理办法》，提出安全检测站应有的功能和管理办法。

1990年交通部发布第13号令《汽车运输业车辆技术管理规定》，提出运输车辆技术状况的要求、技术等级以及车辆的检查、维修、报废等条件。

1991年4月23日交通部发布第29号令《汽车运输业车辆综合性能检测站管理办法》，主要对交通部门建立的综合性能检测站的功能和等级做出了规定。

2. 有关标准

国家和各部颁布的主要标准如下。

1989年的国家标准《汽车安全检测设备检定技术条件》（GB 11798.1～11798.6—1989），提出对安全检测设备进行标定的方法。

1995年《汽车技术等级评定标准》（JT/T 198—95）与《汽车技术等级评定的检测方法》（JT/T 199—95），将汽车根据技术状况分为一、二、三级，并提出了评定等级的检测方法。

1999年的国家标准《汽车综合性能检测站通用技术条件》（GB/T 17993—1999），是依据交通部1990年第13号令《汽车运输业车辆技术管理规定》、1991年第29号令《汽车运输业车辆综合性能检测站管理办法》以及1998年第2号令《道路运输车辆维护管理规定》中提出的检测站的主要任务、等级、职能和检测条件等要求制定的。该标准明确规定了汽车综合性能检测站的检测项目、设备、厂房、人员、场地以及管理制度等条件。

国家质量技术监督局于2000年12月28日发布了强制性国家标准《在用车排气污染物限值及测试方法》（GB 18285—2000）。该标准是参考了美国国家环保局1996年7月发布的一个相关标准《加速模拟工况试验规程、排放标准、质量控制要求及设备技术要求技术导则》（EPA-AA-RSPD-IM-96-2)制定的。在对排气污染物的限制方面，比以前的标准严格了很多；在测试方法和使用设备方面也与GB 7258—1997有很大不同。

2001年12月13日发布、2002年8月1日实施的国家标准《营运车辆综合性能要求和检验方法》（GB 18565—2001）是依据国家有关安全、节能、环保等方面的政策、法规和我国汽车运输车辆技术管理有关规定，并参照先进国家相关标准制定的。该标准大量引用国家标准《机动车运行安全技术条件》（GB 7258—1997）及其相关标准，所以也具有与GB 7258—1997类似的框架结构。其中在排放污染物限值和测量方法方面，则引用了国家标准GB 18285—2000。后者是参考了较先进的国际标准制定的。

2004年12月颁布的国家标准《机动车运行安全技术条件》（GB 7258—2004），是根据1997年发布的同一标准修订的。这是机动车检测的一个权威性标准，是我国机动车安全技术管理的最基本的技术性法规，是公安机关交通管理部门新车注册登记和在用车定期检验、事故车检验等安全技术检验的主要技术依据，同时也是我国机动车新车定型强制性检验、新车出厂检验及进口机动车检验的重要技术依据之一。

以上这些法律法规和管理制度，对保证我国在用汽车具有良好的技术状况，对车辆的检测与维修都具有极其重要的意义。

1.2 汽车检测与诊断技术发展概况

1.2.1 国外检测与诊断发展概况

汽车检测技术是从无到有逐步发展起来的，国外一些发达国家，早在20世纪四五十年代就出现了一些以故障诊断和性能调试为主的单项检测技术和检测设备。20世纪60年代后，检测设备的应用获得较大发展，设备使用率大大提高，逐渐将单项检测、诊断设备联线建站（出现汽车检测站），形成既能进行安全环保检测，又能进行维修诊断的综合检测技术。进入20世纪70年代以来，随着计算机技术的发展，出现了汽车检测诊断、数据采集处理自动化、检测结果直接打印等功能的汽车性能检测仪器和设备。20世纪80年代后，一些先进国家的现代检测诊断技术已达到广泛应用的阶段，不仅社会上针对在用汽车的专职汽车检测站众多，使汽车检测制度化，而且汽车制造厂装配线终端和汽车维修企业内部也都建有汽车检测线，给交通安全、环境保护、节约能源、降低运输成本和提高运力等方面带来了明显的社会效益和经济效益。国外的检测技术具有以下特点。

1. 制度化

汽车的检测工作由交通部门统一领导，在全国各地建有由交通部门认证的汽车检测场（站），负责新车的登记和在用车的安全检测，修理厂维修过的汽车也要经过汽车检测场的检测，以确定其安全性能和排放是否符合国家标准。

2. 标准化

工业发达国家的汽车检测有一整套的标准。判断受检汽车技术状况是否良好，是以标准中规定的数据为准则，检查结果是以数字显示，有量化指标，以避免主观上的误差。国外比较重视安全性能和排放性能的检测，如美国规定，修理过的汽车必须经过严格的排放检测方能出厂。除对检测结果有严格完整的标准以外，国外对检测设备也有标准规定，如检测设备的检测性能、具体结构、检测精度等都有相应标准，对检测设备的使用周期、技术更新等也有具体要求。

3. 智能化、自动化检测

目前国外的汽车检测设备已大量应用光、机、电一体化技术，并采用计算机测控。有些检测设备具有专家系统和智能化功能，能对汽车技术状况进行检测，并能诊断出汽车故障发生的部位和原因，引导维修人员迅速排除故障。随着科学技术的进步，国外汽车检测设备在智能化、自动化、精密化、综合化方面都有新的发展，不断地应用新技术，开拓新的检测领域，研制新的检测设备。

1.2.2 国内检测与诊断发展概况

我国从20世纪60年代开始研究汽车检测技术，至20世纪70年代，研制、开发了发动机汽缸漏气量检测仪点火正时灯、汽车制动试验台、惯性式汽车制动试验台、发动机综合检测仪、汽车性能综合检验台等检测仪器设备，同时也从国外引进过少量现代检测设备，但由于种种原因，该项技术一直发展缓慢。进入 20 世纪 80 年代，随着改革开放，国民经济及科学技术的各个领域都有了较快的发展，汽车检测及诊断技术也随之得到快速发展，加之我国的汽车制造业和公路交通运输业发展迅猛，对汽车检测诊断技术和设备的需求也与日俱增。我国机动车保有量迅速增加，随之而来的是交通安全和环境保护等一系列社会问题。如何保证车辆良好的性能并尽可能不造成社会公害等问题，逐渐被提到政府有关部门的议事日程，促进了汽车诊断和检测技术的发展。国家在"六五"期间重点推广了汽车检测和诊断技术。交通部主持研制开发了汽车制动试验台、侧滑试验台、轴（轮）重仪、速度试验台、灯光检测仪、发动机综合分析仪、底盘测功机等。同时，交通部门自 1980 年开始，有计划地在全国公路交通运输系统筹建汽车综合性能检测站，取得了较好的成绩。公安部门在全国中等以上城市中，也建成了许多安全性能检测站。到 20 世纪 90 年代初，除交通、公安两部门外，机械、石油、冶金、煤炭、林业、外贸等系统和部分大专院校，也建成了相当数量的汽车检测站。目前，交通、公安两部门的汽车检测站已建至县市级城市，已基本形成了全国性的汽车检测网，汽车检测诊断技术已初具规模。全国各地的汽车维修企业使用的检测诊断设备，也日益增多。同时，为了配合汽车检测工作，国内已发布实施了有关汽车检测的国家标准、行业标准、计量检定规程等 100 多项。从汽车综合性能检测站建站到汽车检测的具体检测项目，都基本做到了有法可依。可以预见，随着国民经济的发展，我国的汽车检测与诊断技术在 21 世纪必将获得进一步的发展。

1.3　汽车检测与诊断基础知识

1.3.1　汽车技术状况

1. 汽车技术状况的分类

表征汽车技术状况的参数分为两大类：一类是结构参数，另一类是技术状况参数。结构参数是表征汽车结构的各种特性的物理量，如几何尺寸、声学、电学和热学的参数等。技术状况参数是评价汽车使用性能的物理量和化学量，如发动机的输出功率、扭矩、油耗、声响、排放限值和踏板自由行程等。

（1）汽车完好技术状况，是指汽车完全符合技术文件规定要求的状况，即技术状况的各种参数值，既包括主要使用性能的参数值，也包括外观、外形等次要参数值，都完全符合技术文件的规定。处于完好技术状况的汽车，完全能正常发挥汽车的全部功能。

（2）汽车不良技术状况，是指汽车不符合技术文件规定的任一要求的状况下。处于不良技术状况下的汽车，可能是主要使用性能指标不符合技术文件的规定，不能完全发挥汽车应有的功能，也可能是主要使用性能指标完全符合技术文件的规定，仅外观、外形及其他次要性能的参数值不符合技术文件的规定，而又不致影响汽车完全发挥自身的功能，如前照灯的损坏并不影响汽车白昼的正常行驶。

2. 汽车技术状况变化的外观症状

汽车技术状况变化往往是汽车处于工作能力状况又同时处在故障状况或者完全失去工

作能力。按照 GB 7258—1997《机动车运行安全技术条件》，汽车技术状况变差的主要外观症状如下。

（1）汽车动力性变差。如接近大修里程的汽车的加速时间将增加 25%～35%，发动机的有效功率和有效扭矩低于原设计规定的 75%。

（2）汽车燃料消耗量和润滑油耗量显著增加。

（3）汽车的制动性能变差。

（4）汽车的操纵稳定性能变差。

（5）汽车排放值和噪声超限。

（6）汽车在行驶中出现异响和异常振动，存在着引起交通事故或机械事故的隐患。

（7）汽车的可靠性变差，使汽车因故障停驶的时间增加。

1.3.2 汽车故障及其规律

汽车按技术文件规定的使用性能指标，执行规定功能的能力，称为汽车的工作能力，或称为汽车的工作能力状况。

所谓汽车故障，是指汽车部分或完全丧失工作能力的现象。因此，只要汽车工作能力遭到破坏，汽车就处于故障状况。例如，汽车的油耗超过了技术文件的规定，虽然该汽车仍在运行，但该汽车又同时处于故障状况。

1. 故障的分类

1）按故障存在的时间分

（1）间断性故障。只在很短的时间出现并且在出现故障后很快又完全恢复其全部功能。如汽车在高温下行驶，供油系产生气阻现象，导致供油中断，发动机熄火。而待发动机冷却后，气阻现象自然消失，供油系恢复作用。

（2）永久性故障。只有在更换或修复有故障的零件后才能恢复其全部功能。如曲轴轴瓦烧损而抱死。

2）按故障发生的快慢分

（1）突发性故障。不能预测突然发生的故障。此类故障的特点是具有偶然性。如汽车行驶中轮胎被铁钉刺破等。

（2）渐发性故障。由于汽车零部件的磨损、疲劳、变形、腐蚀等现象逐渐发展而形成的。它的特点是发生的概率与使用时间有关，它只在产品有效寿命的后期才明显地显示出来，并能通过早期的检测诊断来预测。

3）根据故障发生的原因分

（1）人为故障。汽车在制造或大修时由于使用了不合格的零件、装配调整不当、使用中违反操作规程等原因使汽车过早地丧失应有的使用功能。

（2）自然故障。使用期间，由于不可抗拒的自然原因而引起的故障。如正常情况下的磨损、腐蚀、变形、老化等形式造成的故障。

4）按故障的危害程度分

（1）致命故障。危及汽车行驶安全，导致人身死亡，引起主要总成报废，造成重大经济损失，或对周围环境造成严重危害的故障。

（2）严重故障。可能导致主要零件、总成严重损坏，或影响行车安全，且不能用易损备件和随车工具在较短时间（30min）内排除的故障。

(3) 一般故障。使汽车停驶或性能下降，但一般不导致主要零件、总成严重损坏，并可用易损备件和随车工具在较短时间（30min）内排除的故障。

(4) 轻微故障。一般不会导致汽车停驶或性能下降，不需要更换零件，用随车工具能轻易（5min）排除的故障。

2. 汽车的故障规律

汽车维修工作是依据汽车的可靠性程度结合汽车检测诊断技术而进行的。汽车磨损是以故障形式表现出来的，通过对汽车故障的统计分析，用可靠度、不可靠度、故障率、故障密度等指标来进行度量，对汽车的维修时机、维修周期、使用寿命、维修方法进行确定。汽车故障规律通常表现为"浴盆曲线"，它是以使用时间或行驶里程为横坐标，以故障率为纵坐标的一条曲线。因该曲线两头高，中间低，有些像浴盆，故称"浴盆曲线"，如图1.1所示。

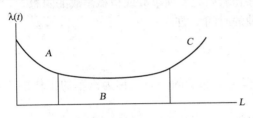

图1.1 汽车故障变化规律曲线

从图1.1可以看出，故障率随使用时间（或行驶里程）的变化分为3个阶段：早期故障期（图中 A 段）、随机故障期（图中 B 段）和耗损故障期（图中 C 段）。

1) 早期故障期

该故障期出现在汽车投入使用后的一段较短的时间内。其特点是故障率较高，且随使用时间或行驶里程的延续而迅速下降。新车出现这种现象是由于设计或制造上的缺陷等原因引起的，如材料有缺陷、工艺质量问题、装配不当、质量检查不认真等。这些故障在汽车磨合期内反映得特别明显。

刚刚大修过的汽车出现这种现象，是由于装配不当、修理质量不高所致。刚出厂的新车和刚大修的汽车，在最初一段使用期常出故障就是这个道理。

2) 随机故障期

在早期故障期之后，是产生随机故障的时期，其特点是故障率低且稳定，与汽车使用时间（或行驶里程）的增长关系不大。即该阶段的故障并不随时间的增加而增加。这个时期的故障多是偶然因素引起的，所以无法预料，无法事先采取预防措施加以消除或控制。汽车在正常使用的过程中所出现的故障，多属于此类故障。

3) 耗损故障期

该故障期出现在随机故障期之后，其特点是故障随使用时间（或行驶里程）的延长而增加。它是由于汽车机件本身磨损、疲劳、腐蚀、老化等原因造成的。汽车一旦进入这个阶段，就很容易产生故障。所以，防止产生耗损故障的唯一办法就是在汽车机件进入耗损故障期之前或之后及时地维修或更换。因此，确定汽车机件何时进入耗损故障期对汽车维修具有重要意义。汽车厂家规定定期更换易损件的理论根据就在于此。

1.3.3 诊断参数、诊断参数标准与诊断周期

1. 诊断参数

1) 诊断参数概述

参数是表明某一种重要性质的量。汽车诊断参数是供诊断用的，表征汽车、总成及机构技术状况的量。尽管有些结构参数（如磨损量、间隙量等）可以表征技术状况，但在不解体情况下直接测量汽车、总成和机构的结构参数往往受到限制。如汽缸间隙、汽缸磨损量、曲轴和凸轮轴各轴承间隙、曲轴和凸轮轴各道轴颈磨损量、各齿轮间隙及磨损量、各轴向间隙及磨损量等，都无法在不解体情况下直接测量。因此，在检测诊断汽车技术状况时，需要采用一种与结构参数有关而又能表征技术状况的间接指标（量），该间接指标（量）称为诊断参数。

汽车诊断参数包括工作过程参数、伴随过程参数和几何尺寸参数。

（1）工作过程参数。该参数是汽车、总成或机构工作过程中输出的一些可供测量的物理量和化学量。例如发动机功率、驱动车轮输出功率或驱动力、汽车燃料消耗量、制动距离或制动力或制动减速度、滑行距离等，往往能表征诊断对象工作过程中总的技术状况，适合于总体诊断。举例：通过检测得知底盘输出功率符合要求，这说明汽车动力性符合要求，也说明发动机技术状况和传动系技术状况均符合要求；反之，通过检测得知底盘输出功率不符合要求，说明汽车动力性不符合要求，也说明发动机输出功率不足或传动系损失功率太大。因此，可以整体上确定汽车和总成的技术状况。汽车不工作时，工作过程参数无法测得。

（2）伴随过程参数。该参数是伴随汽车、总成或机构工作过程输出的一些可测量。例如，汽车、总成或机构工作过程中出现的振动、噪声、异响、过热等，可提供诊断对象的局部信息，常用于复杂系统的深入诊断。汽车不工作（过热除外）时，伴随过程参数无法测得。

（3）几何尺寸参数。该参数可提供总成或机构中配合零件之间或独立零件的技术状况。例如，总成或机构中的配合间隙、自由行程、圆度、圆柱度、端面圆跳动、径向圆跳动等，都可以作为诊断参数使用。它们提供的信息量虽然有限，但却能表征诊断对象的具体状态，汽车常用诊断参数见表1-1。

表1-1 汽车常用诊断参数

序号	诊断对象	诊 断 参 数
1	汽车整体	1. 最高车速（km/h）
		2. 最大爬坡度（°）或（%）
		3. 加速时间（s）
		4. 驱动车轮输出功率（kW）
		5. 驱动车轮驱动力（kN）
		6. 汽车燃料消耗量（L/km，L/100km，L/100t，km/L）
		7. 汽车侧倾稳定角（°）
		8. 汽油机怠速排放 CO 的体积分数（%）
		9. 汽油机怠速排放 HC 的体积分数（%）
		10. 汽油机怠速排放 NO_x 的体积分数（%）
		11. 汽油机怠速排放 CO_2 的体积分数（%）
		12. 汽油机怠速排放 O_2 的体积分数（%）

(续)

序号	诊断对象	诊断参数
2	发动机总成	1. 发动机功率(kW)
		2. 发动机燃油消耗量(L/h)
		3. 单缸断火(油)转速下降值(r/min)
		4. 排气温度(℃)
		5. 额定转速(r/min)
		6. 怠速转速(r/min)
		7. 柴油机自由加速烟度(FSN)
		8. 异响
3	曲柄连杆机构	1. 汽缸压力(MPa)
		2. 曲轴箱窜气量(L/min)
		3. 汽缸漏气量(kPa)
		4. 汽缸漏气率(%)
		5. 进气管真空度(kPa)
4	配气相位	1. 正时皮带张紧度(mm)
		2. 配气相位(°)
5	点火系	1. 蓄电池电压(V)
		2. 点火波形重叠角(°)
		3. 点火提前角(°)
		4. 火花塞间隙(mm)
		5. 各缸点火电压值(kV)
		6. 各缸点火电压短路值(kV)
		7. 点火系最高电压值(kV)
		8. 火花塞加速特性值(kV)
6	汽油机供给系	1. 供油系统供油压力(kPa)
		2. 供油系统残余(保持)压力(kPa)
		3. 供油系统供油量(mL)
		4. 喷油器喷油量(mL)
		5. 喷油器雾化性能(喷射锥角°)
		6. 喷油器密封性能(少于1滴/3分钟)
		7. 各缸喷油器喷油不均匀度(%)
		8. 空燃比(A/F)

(续)

序号	诊断对象	诊断参数
7	柴油机供给系	1. 输油泵输出压力(kPa)
		2. 喷油泵高压油管最高压力(kPa)
		3. 喷油泵高压油管残余压力(kPa)
		4. 喷油器针阀开启压力(kPa)
		5. 喷油器针阀关闭压力(kPa)
		6. 喷油器针阀升程(mm)
		7. 各缸喷油器喷油不均匀度(%)
		8. 供油提前角(°)
		9. 各缸供油间隔(°)
		10. 各缸喷油器喷油量(mL)
8	冷却系	1. 冷却液温度(℃)
		2. 冷却液液面高度(mm)
		3. 风扇传动带张紧力(N/10～15mm)
		4. 风扇离合器离合温度(℃)
9	润滑系	1. 机油压力(kPa)
		2. 机油质量
		3. 油底壳油面高度(mm)
		4. 机油温度(℃)
		5. 机油消耗量(kg)
10	传动系	1. 传动系机械效率
		2. 传动系功率损失(kW)
		3. 传动系游动角度(°)
		4. 各总成工作温度(℃)
		5. 振动和异响
11	制动系	1. 制动力(N)
		2. 制动距离(m)
		3. 制动拖滞力(N)
		4. 驻车制动力(N)
		5. 制动系协调时间(s)
		6. 制动完全释放时间(s)

(续)

序号	诊断对象	诊断参数
12	转向系	1. 车轮侧滑量(m/km) 2. 车轮前束(mm) 3. 车轮外倾角(°) 4. 主销后倾角(°) 5. 主销内倾角(°) 6. 转向轮最大转向角(°) 7. 最小转弯直径(m) 8. 转向盘最大自由转动量(°) 9. 转向盘最大转向力(N)
13	行驶系	1. 车轮静不平衡量(g) 2. 车轮动不平衡量(g) 3. 车轮端面圆跳动量(mm) 4. 车轮径向圆跳动量(mm) 5. 轮胎胎冠花纹深度(mm)
14	其他	1. 前照灯发光强度(cd) 2. 前照灯光束照射位置(mm) 3. 车速表允许误差范围(%) 4. 喇叭声级(dB) 5. 客车车内噪声级(dB) 6. 驾驶员耳旁噪声级(dB) 7. 其他

2) 诊断参数选用原则

在汽车使用过程中,能够表征汽车技术状况的参数很多,为了保证诊断结果的可信性和准确性,应该遵循以下选用原则。

(1) 灵敏性。

灵敏性亦称为灵敏度,是指诊断对象的技术状况在从正常状态到进入故障状态之前的整个使用期内,诊断参数相对于技术状况参数的变化率。选用灵敏性高的诊断参数诊断汽车的技术状况时,可使诊断的可靠性提高。例如,当发动机汽缸出现磨损时,功率下降 5%~7%,而压缩空气泄漏率可达 40%~50%。因此,为了诊断汽缸磨损量,选用汽缸漏气率作为诊断参数是灵敏的,可以获得较高的可靠性。

(2) 单值性。

单值性是指汽车技术状况参数从开始值变化到终了值的范围内,一个诊断参数只对应一个技术状况参数。

(3) 稳定性。

稳定性是指在相同的测试条件下，多次测得的同一参数的测量值，具有良好的重复性。

(4) 信息性。

信息性是指诊断参数能够表明其与故障本质因果关系、揭示汽车技术状况的特征和现象的能力。信息性越好，诊断参数越能说明故障原因，诊断越准确，可靠性越强。

(5) 可操作性和经济性。

经济性是指获得诊断参数测量值所消耗的人员、设备、工时等费用。可操作性是指诊断参数易于测量、提取。所用设备仪器尽量简单，工艺简便，费用低。

2. 诊断参数标准

为了定量地评价汽车及其总成、机构的技术状况，确定维修的范围和深度，预报无故障工作里程，必须建立诊断参数标准，提供一个比较尺度，即诊断参数标准值，这样才能使检测参数与标准值对照，才能准确确定汽车是继续运行还是需要维修。

1) 诊断参数标准值的组成

诊断参数标准一般由初始值、许用值和极限值3部分组成。

(1) 初始值。

初始值相当于无故障新车和大修车诊断参数值的大小，往往是最佳值，可作为新车和大修车的诊断标准。当诊断参数测量值处于初始值范围内时，表明诊断对象技术状况良好，无需维修便可继续运行。对于维修检测人员，要经常积累日常维修车辆的初始值，为日后的维修检测提供最佳数据。

(2) 许用值。

许用值是指诊断对象技术状况在正常范围，无需修理，诊断对象可按要求维护即可继续运行。当诊断参数测量值超过此值范围时，诊断对象应及时进行修理。

(3) 极限值。

极限值是指诊断对象技术状况正常范围的临界值。当测量值超过此值时，诊断对象技术状况变坏，汽车的动力性、经济性和排放性大大降低，行驶安全得不到保证，有关机件磨损严重，甚至可能发生机械事故，此时，汽车需立即停驶而进行修理。

总之，通过对汽车进行检测诊断，当诊断参数测量值在许用值以内，汽车可继续运行；当诊断参数测量值达到或超过极限值，需停止工作而进行修理。因此，将测得的诊断参数测量值与诊断参数标准值比较，就可得知汽车技术状况，并做出相应的判断。诊断参数标准的初始值、许用值和极限值，可能是一个单一的数值，也可能是一个范围。随着经济的发展和技术的进步，诊断参数标准将会不断修正，在使用各类标准时，应及时采用最新的版本。

2) 诊断参数标准的分类

汽车诊断参数标准与其他标准一样，分为国家标准、行业标准、地方标准和企业标准4类。

(1) 国家标准。

国家标准一般由某行业部委提出，由国家质量监督检验检疫总局发布，全国各级各有关单位和个人都必须贯彻执行，具有强制性和权威性。国家强制性标准冠以中华人民共和国国家标准（GB）字样。如 GB 18565—2001《营运车辆综合性能要求和检验方法》、GB 17691—2001《车用压燃式发动机排气污染物排放限值及测量方法》和 GB 7258—2004《机动车运行安全技术条件》等，都是国家级的标准，在对汽车进行检测中必须执行。

（2）行业标准。

行业标准在行业系统内贯彻执行，一般冠以中华人民共和国某某行业标准，也在一定范围内具有强制性和权威性，有关单位和个人也必须贯彻执行，如 JT/T 201—1995《汽车维护工艺规范》、JT/T 198—1995《汽车技术等级评定标准》，均为中华人民共和国交通行业标准，其与诊断有关的限值均可作为诊断参数标准使用。

（3）地方标准。

地方标准是省级、市地级、县级制定并发布的标准，在地方范围内贯彻执行，也在一定范围内具有强制性和权威性，所属范围内的单位和个人必须贯彻执行。省、市地、县三级除贯彻执行上级标准外，可根据本地具体情况制定地方标准或率先制定上级没有制定的标准。地方标准中的限值可能比上级标准中的限值要求更严格。

（4）企业标准。

企业标准包括汽车制造厂推荐的标准，汽车运输企业和汽车维修企业内部制定的标准及检测仪器设备制造厂推荐的参考性标准 3 种类型。

汽车制造厂推荐的标准是汽车制造厂在汽车使用说明书中公布的汽车使用性能参数、结构参数、调整数据和使用极限等，可以把它们作为诊断参数标准来使用。该类标准是汽车制造厂根据设计要求、制造水平，为保证汽车的使用性能和技术状况而制定的。

汽车运输企业和维修企业的标准是汽车运输企业、汽车维修企业内部制定的标准，只在企业内部贯彻执行。该类标准除贯彻执行上级标准外，往往根据本企业的具体情况，制定一些上级标准中尚未规定的内容。企业标准中有些诊断参数的限值甚至比上级标准还要严格，以保证汽车维修质量和树立良好的企业形象。企业标准需达到国家标准和上级标准的要求，同时允许超过国家标准和上级标准的要求。

检测仪器设备制造厂推荐的参考性标准是检测仪器设备制造厂针对本仪器或设备所检测的诊断参数，在尚没有国家标准和行业标准的情况下制定的诊断参数的限值，通过仪器或设备的使用说明书提供给使用者，作为参考性标准。

任何一级标准的制定，都既要考虑技术性和经济性，又要考虑先进性，并尽量靠拢同类国际标准。诊断标准是对汽车诊断的方法、技术要求和限制等的统一规定。汽车诊断参数诊断标准是对汽车诊断参数限值的统一的规定，简称诊断标准。

3. 诊断周期

1) 诊断周期

诊断周期是汽车诊断的间隔期，用行驶里程或使用时间表示。诊断周期的确定，应满足技术和经济两方面的条件，获得最佳诊断周期。最佳诊断周期，是指能保证车辆完好率最高，且消耗费用最少的诊断周期。因此，最佳诊断周期的确定工作是非常重要的。

2) 制定最佳诊断周期应考虑的因素

制定最佳诊断周期，应考虑汽车技术状况、汽车使用条件以及汽车检测诊断、维护修理、停驶损耗的费用等多项因素。

(1) 汽车技术状况。

在汽车新旧程度不一、行驶里程不一、技术状况等级不一，甚至还有使用性能、结构特点、故障规律、配件质量不一等情况下，制定的最佳诊断周期显然也不会一样。新车、大修后的车辆，其最佳诊断周期长；旧车的最佳诊断周期则短。

(2) 汽车使用条件。

汽车使用条件包括气候条件、道路条件、装载条件、驾驶技术、是否拖挂、燃润料质量等。气候恶劣、道路状况差、经常重载、驾驶技术不佳、拖挂行驶、燃润料质量得不到保障的汽车，其最佳诊断周期应短些。

(3) 经济性。

经济性是指检测诊断、维护修理、停驶损耗费用的多少等。若使检测诊断、维护修理费用降低，则应使最佳诊断周期延长，但汽车因故障停驶的损耗费用增加；若使停驶损耗的费用降低，则应使最佳诊断周期缩短，但检测诊断、维护修理的费用增加。因此，最佳诊断周期的制定应考虑其经济性。

3) 制定最佳诊断周期的方法

大量统计资料表明，实现单位里程费用最小和技术完好率最高，两者是可以求得一致的。根据交通部《汽车运输业技术管理规定》，汽车应实行"定期检测、强制维护、视情修理"的制度。该规定要求车辆二级维护前应进行检测诊断和技术评定，根据结果，确定附加作业或修理项目，结合二级维护一并进行。《汽车运输业技术管理规定》又指出，车辆修理应贯彻"视情修理"的原则，即根据车辆检测诊断和技术鉴定的结果，视情按不同作业范围和深度进行，既要防止拖延修理造成车况恶化，又要防止提前修理造成浪费。

从上述规定中可以看出，二级维护前和车辆大修前都要进行检测诊断，其中，大修前的检测诊断，一般在大修间隔里程行将结束时结合二级维护前的检测诊断进行。既然规定在二级维护前进行检测诊断，则二级维护周期就是我国目前的最佳诊断周期。根据JT/T 201—1995《汽车维护工艺规范》的规定，二级维护周期在10000～15000km 的范围内。

1.4 汽车检测与诊断设备配备

1.4.1 检测设备的测量误差与精度

测量的基本过程，是在一定的环境条件下，测量人员按照所设计的测量方法，使用合适的测量装置，将被测量直接或间接地与同类已知单位进行比较，从而取得测量结果。在测量过程中，测量人员、被测对象、测量方法、测量装置和测量环境称为测量条件，由于测量工具不准、测量方法不定及其他因素的影响，使实际取得的测量结果与被测量的真值不尽相同，这个差别就是测量误差，测量误差是不可避免的，任何测量过程都存在测量误差。测量误差主要来源于系统误差、环境误差、方法误差和人为误差。

1. 测量误差和绝对误差

测量结果与被测量真值之差称为绝对误差，表示为

$$\delta = X - X_0$$

式中：δ——绝对误差；
X——测量值；
X_0——被测量真值。

从式中可直观地看出，δ 值越小，测量值越接近真值，测量精度越高。但是，这种表示方法不适用于各测量值之间进行测量精度的比较。例如，使用某仪器测量 10m 的长度，绝对误差是 0.01mm，而使用另一仪器测量 100m 的长度，绝对误差也是 0.01mm，虽然两次测量绝对误差值是相同的，但被测量大小即长度不同，因此以上两个仪器的测量精度是不同的，后者的精度明显高于前者。所以，如果要在各测量值之间进行测量精度的比较，需要比较它们的相对误差。

测量值的绝对误差 δ 与被测量真值 X_0 的比值称为相对误差，用百分数表示为

$$\gamma = \frac{\delta}{X_0} \times 100\% = \frac{X-X_0}{X_0} \times 100\%$$

式中：γ——相对误差。

上面例子中两次测量的相对误差如下。

$$\gamma = \frac{0.01}{10} \times 100\% = 0.1$$

$$\gamma = \frac{0.01}{100} \times 100\% = 0.01$$

从式中可以看出，第二次测量的相对误差小于第一次测量，故后一种仪器的测量精度要高于前一种仪器。

检测仪器经常采用"最大引用误差"不能超过的允许值，来作为划分仪器精度等级的尺度。

引用误差 γ_0 是绝对误差 δ 与指示仪表量程 L 的比值，以百分数表示，如下式表示。

$$\gamma_0 = \frac{\delta}{L} \times 100\%$$

最大引用误差 γ_m 是指示仪表整个量程 L 中可能出现的绝对误差最大值 δ_m 与指示仪表量程 L 的比值，如下式表示。

$$\gamma_m = \frac{\delta_m}{L} \times 100\%$$

对于一台确定的检测设备，最大引用误差是一个定值。常见的精度等级有 0.1、0.2、0.5、1.0、1.5、2.0、2.5、5.0 级。精度等级为 1.0 的检测仪器，在使用中其最大的引用误差值不超过±1.0%。因此，在选择检测设备量程时，应尽量选择测量值接近满量程，以提高仪器的测量精度。

2. 系统误差与随机误差

（1）系统误差。在同一被测量的多次测量过程中，测量误差保持不变或按一定规律变化的误差，称为系统误差。测量设备本身精度不高，测量方法不当，使用方法不当和环境条件变化等因素，都可能产生系统误差。如指示仪表的刻度盘安装位置不正而引起的误差。

系统误差成因明确，有确定的变化规律，在实际测量中可采取相应的技术措施予以消除或减弱。

（2）随机误差。在同一被测量的多次测量过程中，测量误差以不可预见的方式变化着的误差，称为随机误差。随机误差主要是由测量过程中，众多相互独立的微小因素共同影响造成的。如噪声干扰、电磁场的微变等。

单独一次测量的随机误差没有规律，不可预知。但是，随机误差在足够多次测量的总体上服从统计规律。所以，对于多次测量随机误差分布较分散的测量值，可增加测量次数取其平均值以修正测量值。

（3）粗大误差。明显超出规定预期的误差称为粗大误差。粗大误差主要是由不应有的原因造成的，如测量人员的操作失误、测量装置的故障和外界的突发干扰等。含有粗大误差的测量结果称为异常值，误差分析时应剔除。

3. 精度

精度即精确度，是精密度与正确度的综合反映。精密度的高低表示随机误差的大小。随机误差大，精密度低；反之，精密度高。系统误差小，测量结果的正确度高；反之，正确度低。精确度高的测量，意味着系统误差和随机误差都小。

1.4.2 常用检测诊断设备

1. 发动机性能检测诊断仪器设备

1）发动机台架试验设备

此类设备主要与测功机、油耗计、水温传感器、油温传感器、机油压力传感器、转速传感器等仪器配套，可以完成发动机的空转特性、速度特性、负荷特性等常规试验项目的测试，可进行发动机扭矩、转速、功率、油耗率、比油耗、排气温度、机油压力、冷却水温度等参数的检测。

2）汽车点火示波器

可用来显示点火波形，通过对波形的分析从而对点火系故障进行快速诊断。

3）发动机功率测试设备

用于测试发动机的输出功率、扭矩大小。

4）正时灯

用于12V供电点火系统的点火提前正时。可测量点火提前角、转速等。

5）发动机转速表

用于测量发动机及其他旋转体的转速。

6）汽缸压力表

用于检测汽缸压缩压力，根据检测结果可判断汽缸衬垫、汽缸体与缸盖之间的密封状况、活塞环与缸壁配合状况及燃烧室内积炭是否过多等有关汽缸的工作状况。

7）真空表

用于检测汽油发动机进气歧管的真空度，通过进气歧管的真空压力数值及其变化状况，判断汽缸组和进气歧管密封状况，也可用于检测油泵输出压力、油路泄漏及真空控制系统的功能。

8）汽缸漏气量检测仪

使活塞处于上止点位置（此时气门关闭），将压缩空气注入汽缸内，观测汽缸内压力的变化，以测量表所示压力数值判定汽缸和气门的密封情况。

9）发动机曲轴箱窜气量检测仪

测量曲轴箱窜气量，以判断发动机漏气、磨损、拉缸、断环等缸内状况及动态密封性。

10）油耗计

用于测定各类发动机燃油消耗量、瞬时流量，可进行定容量、定重量、定时间等参数的测量。

11）发动机温度表

用于测量和比较空气出口、汽缸体、排气歧管、车轮轴承、化油器、散热器及其他有关部位的温度。

12）润滑油质量分析仪

用于快速检测润滑油质量，确定在用润滑油被污染的程度从而决定是否更换，同时从油质变化状况可判断发动机工况，有助于及时发现隐患和排除故障。

13）发动机异响测听器

用于发动机异响测听分析，可诊断轴承、滤清器、气门、齿轮等损伤故障，可检测液压泵、阀门、空压机和发电机等方面问题，亦可检测车门、车窗及天窗的密封。

14）喷油泵试验台

用于检测喷油泵泵体的密封性、出油阀的开启压力、喷油泵各缸供油量及其均匀度、喷油泵供油开始点及供油间隔角、机械式调速器的检查，加上附具后，对输油泵、滤清器进行试验。

15）工业纤维内窥镜

用于在不解体情况下窥视发动机燃烧室，观察汽缸组有关机件的技术状况。

16）曲轴、飞轮、离合器总成动平衡机

用于曲轴、飞轮、离合器及其总成的动平衡。

17）废气分析仪

用于检测汽车排放废气中的污染物 CO、HC、CO_2、O_2 及 NO_x 的含量。

18）烟度计

用于检测柴油机或柴油车的排气烟度。

19）声级计

用于测量汽车行驶所产生的车内、外噪声。

2. 底盘检测与诊断设备

1）底盘测功机

可测量出汽车驱动轮的输出功率和驱动力，汽车在给定速度区间内的加速时间，汽车在给定速度下的滑行时间和距离及进行车速/里程表校验并能显示功率—速度、驱动力—速度关系曲线。

2）底盘间隙检测仪

用于对汽车底盘各部位因磨损而产生的间隙进行检测。

3）汽车制动试验台

可检测汽车左、右轮的最大制动力、阻滞力，左、右轮的制动力的和与差，最大过程差，制动协调时间等有关制动性能参数。

4) 汽车侧滑试验台

用于检测汽车侧滑量以确定前轮定位是否准确。

5) 汽车轴重仪

轴重也叫轴荷，即汽车某一轴的重量。用于测量汽车车轴或车轮荷重，是检测制动力的配套设备。

6) 汽车车速表试验台

用来检验汽车车速表示值误差，并判断其是否合格。

7) 汽车前束尺

可用来测量汽车前束值。

8) 前轮定位仪

一般由转弯半径测量仪及倾角水准仪组成，分别用来测量转弯半径（最大转向角）、前轮外倾角、主销后倾角与内倾角。

9) 计算机四轮定位仪

可检测的项目包括前轮前束、前轮外倾、主销后倾、后轮前束、后轮外倾、轮距、轴距、后轴推力角和左右轴距差等。

10) 转向力、角测量仪

用于各类机动车辆机械转向系的转向力（矩）和转向角的测量。

11) 车轮动平衡机

能够检测、显示出车轮的不平衡量及相位，并能对其进行平衡。

12) 轮胎气压表

用来检查轮胎气压值。

3．电器试验设备

1) 电器万能试验台

用于检验汽车的直流、交流发电机，硅整流发电机，起动机，磁电机，分电器，调节器，蓄电池，点火线圈，电容器，电动刮水器，电喇叭等电器设备，并能对外充电。

2) 电池检测仪

用于蓄电池性能的检测。

3) 前照灯检测仪

用于检测前照灯的发光强度及照射方向。

4．电控系统检测诊断设备

1) 发动机综合分析仪

用于汽油机与柴油机的综合测试。对发动机的点火系统、管理系统、电子变速系统、电子控制的柴油喷射系统安全及舒适性、电子控制系统都可进行测试。一般具有发动机测试仪、万用表和数字示波器 3 种测试仪器的功能。

2) 解码器

可对发动机、变速器、ABS 防抱死刹车和车身等各计算机控制系统的故障进行检测与诊断。

3) 汽车示波器

可测试各类传感器和开关元件的波形，包括节气门位置传感器、温度传感器、空气流量计、进气歧管绝对压力传感器、氧传感器、轮速传感器、爆震传感器及怠速开关等波形曲线。

1.5 汽车检测站介绍

汽车检测站是综合运用现代化检测技术，按国家有关标准，对机动车不解体进行检测、诊断的机构。它使用现代化的检测设备和检测方法，能在室内检测、诊断出车辆的各种参数和可能出现的故障，为全面准确评价汽车的使用性能和技术状况提供可靠依据。

检测线是指由若干检测设备按一定的顺序排列组合后形成的检测系统。检测站视其功能和规模大小，可包括一条或数条检测线。

1.5.1 检测站的类型

1. 按服务功能分类

按服务功能不同，检测站可分为安全检测站、维修检测站和综合检测站。

安全检测站是按照国家规定的车检法规，定期检测车辆中与安全和环保有关的项目，以保证汽车安全行驶，并将污染降低到允许的范围。检测结果一般只显示"合格"和"不合格"，检测速度快，效率高。

维修检测站主要是对维修前、后的车辆的技术状况进行检测，它能检测车辆的主要使用性能，并能进行故障分析与诊断。

综合检测站既能承担车辆管理方面的安全环保检测，又能承担车辆维修方面的技术状况检测，还能承担科研或教学方面的性能试验和参数测试。这种检测站设备配套齐全，自动化程度高，数据处理准确，功能齐全，检测项目多，可为合理制定诊断标准、诊断周期以及为科研、教学、设计制造和维修部门提供可靠依据，并能承担对检测设备的精度测试。

2. 按规模大小分类

按规模大小不同，检测站可分为大、中、小3类。大型检测站检测线多，自动化程度高，能检测多种车型。中型检测站至少有两条检测线。小型检测站指那些服务对象单一的检测站。

3. 按自动化程度分类

按自动化程度不同，检测站可分为手动式、半自动式和全自动式。

4. 按检测线的数目分类

按站内检测线数分为单线检测站、双线检测站、三线检测站等多种类型。

1.5.2 安全环保性能检测

安全与环保检测主要检测内容：一是检测与行车安全有关的项目，如灯光、制动、侧滑等,二是检测与环保相关的项目,如汽车尾气排放和噪声等。

安全检测站主要承担新车上牌前的初次检验,在用车辆的定期检验(年检)、维修车、改装车的临时检验,特殊用途车辆的特殊性能检验等。

1. 检测项目及检测站的工位布置

1) 检测项目与使用设备

按照国家标准《机动车运行安全技术条件》(GB 7258—2004)的要求,安全与环保性能检测站的主要检测项目如下。

(1) 外观检查。属人工检查项目,可大致分成车上和车底,主要如下。

① 车辆外表,如喷字是否完好,牌照是否符合规定等。

② 各种灯光、后视镜、刮水器、喇叭、仪表等设备是否齐全可靠。

③ 驾驶室及车厢的密封情况,门窗的开闭、门窗玻璃升降是否正常。

④ 转向盘、离合器、制动踏板的自由行程是否符合要求。

⑤ 油、水、电、气系统的泄漏情况。

⑥ 转向系、制动系和传动系各机件是否连接牢固、转动灵活。

⑦ 前后桥、传动轴、车架等装置是否有明显的断裂、损伤、变形。

⑧ 排气管、消声器、燃油箱、蓄电池、减振器、冷却风扇等的连接是否可靠等。

(2) 前轮侧滑量。使用侧滑试验台检查前轮侧滑量。

(3) 轴重测量。使用轴重仪测量轴重。有时将轴重仪与制动试验台做在一起。

(4) 制动检查。使用制动试验台检测各轮制动力。

(5) 车速表校验。在车速表试验台上检查车速表指示误差校验车速表。

(6) 噪声测量。使用声级计测量车内噪声和喇叭声级。

(7) 前照灯检验。使用前照灯检验仪检测前照灯的发光强度和照射位置,以测量远光为主。

(8) 排气污染物检测。汽油机使用气体分析仪检测汽车排放废气中的 CO、HC、CO_2、O_2 及 NO_x 的含量;柴油机使用烟度计检查排气烟度。

2) 检测工位的布置

一般的检测线有 3~5 个工位,工位数太少,检测效率低;工位数太多,检测线太长,占地太多。为了提高检测效率,可将几个检测项目在一个工位同时检测,但同时应使各工位检测所用时间大致相同。另外,有些检测项目之间有先后顺序要求,如称轴重一定要在测制动之前进行。由于检测排气、烟度和校验车速表时要排出较多的废气,同时噪声较大,所以这些项目的检测尽量不安排在检测线的中间。

目前我国引进的检测线的布置一般有:车体上部的外观检查工位,称之为 L 工位(Lamps and Safety Device Inspection),侧滑制动车速表工位,称为 ＡＢＳ 工位(A‐Alignment,侧滑试验台;B‐Brake tester,制动试验台;S‐Speedometer,车速表试验台),灯光尾气工位,称为 HX 工位(H‐Headlight,前照灯检验仪;X‐Exhaustgas tester,废气分析仪),车底检查工位,称为 P 工位(Pit Inspection)。车底检查要设置地沟。图 1.2 所示为四工位检测线平面布置图。其中,第一工位为车辆申报和外观检查工位,第二工位为 ABS 及噪声检查工位,第三工位为 HX 工位,第四工位是车底检查及结果打印工位。

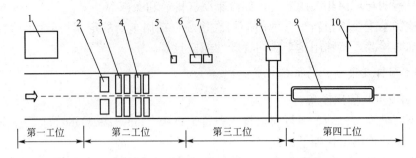

图 1.2　四工位安全检测线设备布置图

1—入口计算机房；2—侧滑试验台；3—制动试验台；4—车速表试验台；5—声级计；
6—废气分析仪；7—烟度计；8—前照灯检验仪；9—地沟；10—主控计算机房

手动和半自动安全检测线一般将外观检查和车底检查合并为一个工位，设置3个工位。

五工位一般是汽车资料输入及安全装置检查工位、侧滑制动车速表工位、灯光尾气工位、车底检查工位、综合判定及主控室工位。图1.3所示为国产五工位全自动安全检测线。

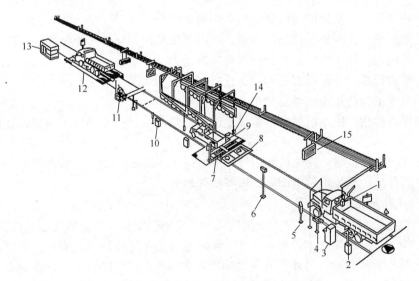

图 1.3　国产五工位全自动安全检测线

1—进线指示器；2—烟度计；3—汽车资料登录计算机；4—安全装置检查不合格项目输入键盘；
5—烟度计；6—电视摄像机；7—制动试验台；8—侧滑试验台；9—车速表试验台；10—废气分析仪；
11—前照灯检测仪；12—车底检查工位；13—主控室；14—车速表检测申报开关；15—检验程序指示器

安全环保检测线不论是几工位的，由于其检测项目是固定的，为了便于流水作业，均布置成直线通道式，以提高检测效率。

2. 检测工艺流程

检测线布置如图1.2所示。手动和全自动安全环保检测线的工艺流程如图1.4和图1.5所示。

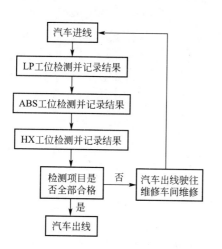 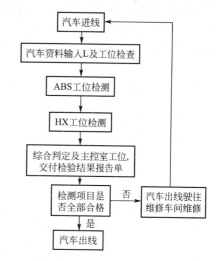

图 1.4 手动安全环保检测线工艺路线流程图　　图 1.5 全自动安全环保检测线工艺路线流程图

1) 汽车资料输入及 L 工位

进线指示灯为绿灯时,受检车辆可驶入检测线停在第一工位上。此时,进线指示灯转为红色。由登录员根据行车证和报检单,将该车辆有关资料输入入口计算机。这些资料包括车牌号、发动机号、底盘号、厂牌型号、车主、燃料类别、灯制、驱动型式、车辆状况(新车或在用)、检验类型(初检或年检)、检验次数等。由检查人员按规定项目进行车辆上部外观检查,此时,驾驶员应按照前上方工位检验程序指示器的指示操作,配合检查人员检查。检查结果由登录员输入计算机。这些资料将传给主控计算机,只要有一项不合格,主控计算机即判定安全装置检查不合格,并将结果显示在检验程序指示器上。当第二工位无车时,指示器会显示"前进"二字。当汽车驶离时遮挡光电开关,进线指示灯转为绿色,通知下一辆汽车进入。

2) ABS 及噪声检查工位

(1) 让汽车沿地面标线,低速通过侧滑试验台。通过时汽车应垂直于侧滑板,不可转动方向盘。通过后,同样由主控计算机判断是否合格,在第二工位指示器显示结果。

(2) 将汽车驶上轴重计或轮重仪测量轴重。

(3) 将前轮驶上制动试验台测量前轴制动力。按工位指示器的提示,将制动踏板踩到底,可测得左右车轮的最大制动力。若不合格,允许再测一次。

(4) 将后轮驶上制动试验台,按指示器提示踩住制动踏板。指示器会指示后制动检测结果。若不合格,允许再测一次。

(5) 拉紧驻车制动器,检测左右车轮最大制动力(只检测与驻车制动器相连的车轴)。若不合格,允许再测一次。

(6) 将与车速表相连的车轮开上车速表试验台,驾驶员手持测试开关。变速杆置于最高挡位,按照检测程序指示器的指令,慢踩加速踏板,均匀地将汽车加速至 40km/h(汽车驾驶室内车速表指示值)时按下测试按钮。主控计算机判断是否合格后在指示器上显示结果。若不合格,允许再测一次。

(7) 按提示要求按喇叭约 2s，或按要求测量车内噪声，测完后，指示器会显示检测结果。

需要注意的是，汽车的驱动轮的位置及驻车制动器安装位置不同，检测程序也不一样。

① 后驱动、后驻车。

前制动——后制动——驻车制动——车速表。

② 前制动、前驻车。

前制动——驻车制动——车速表——后制动。

③ 前驱动、后驻车。

前制动——车速表——后制动——驻车制动。

当指示器提示"前进"时，可将汽车开入下一工位。

3）HX 工位

(1) 按引导指示器的指令将汽车停在距前照灯检测仪一定距离（一般为 3m）的停车线上，注意应与前照灯检测仪导轨保持垂直。按指示器指令打开远光灯，前照灯检测仪会自动驶出，分别检测左右远光灯的发光强度和光轴照射方向，在指示器上显示检测结果。左右前照灯中有一项不合格，前照灯的综合判定即为不合格。

(2) 检测汽油机时，按引导指示器的指令将排气分析仪的探头插入怠速运转的汽车排气管中，抽取气样，几秒钟后指示器即可显示检测结果。

检测柴油机时，按引导指示器的指令将烟度计的探头插入汽车排气管规定深度，再按指令在怠速状态下，将加速踏板迅速踩到底，做 4 次自由加速。计算机以后三次检测数据的平均值作为烟度检测值。判定后在指示器上显示检测结果。

检测完成后，当指示器提示"前进"时，可将汽车开入下一工位。

4）P 工位

此工位以人工方式检查车底情况。检测人员在地沟内检查部件连接是否牢固、有无变形、断裂，水、电、油、气是否泄漏等，并通过对讲机或特制键盘等设备，将检测结果传送给主控计算机。主控计算机判定结果时，只要有一项不合格，即判定车底检查不合格，并通过工位检验程序指示器显示判定结果。

全部检测完毕后，主控计算机会根据前面各项检测结果进行综合判定。只有各项检查均合格，整车检测的总评价才判为合格，只要有一项不合格，则总评价判为不合格。然后将数据存储后打印出检测清单。驾驶员拿到检测结果报告单后，立即将汽车驶出检测线，全线检测结束。

检测不合格的汽车需送修理厂修理，然后再进行复检。

1.5.3 综合性能检测

1. 汽车综合检测站职能与检测内容

汽车综合检测站按职能分类，可分为 A 级站、B 级站、C 级站三种类型。

A 级站是能全面承担汽车技术状况检测、车辆技术等级评定检测、维修质量检测和接受有关部门委托对汽车及相关项目进行检测的汽车综合性能检测站。其检测内容有：车辆的制动、侧滑、灯光、转向、前轮定位、车速、车轮动平衡、底盘输出功率、燃料消耗、发动机功率和点火系状况以及异响、变形、噪声、废气排放等。

B级站是能承担汽车技术状况检测和维修质量检测的汽车综合性能检测站。其检测内容有：车辆的制动、侧滑、灯光、转向、车轮动平衡、燃料消耗、发动机功率和点火系状况以及异响、变形、噪声、废气排放等。

C级站是能承担在用车辆技术状况检测的汽车综合性能检测站。其检测内容有：车辆的制动、侧滑、灯光、转向、车轮动平衡、燃料消耗、发动机功率以及异响、变形、噪声、废气排放等。

2. 工位布置

A级站一般设置两条检测线，一条为安全环保检测线，主要承担车管部门对车辆年审的任务。另一条为综合检测线，主要承担对车辆技术状况的检测诊断。图1.6所示为综合检测线布置图。

图1.7为一种汽车的综合检测线设备布置图，其设备布置与检测流程如下。

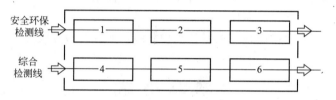

图1.6 综合检测线布置图

1—外观检查工位；2—侧滑制动车速表工位；3—灯光尾气工位；
4—外观检查及车轮定位工位；5—制动工位；6—底盘测功工位

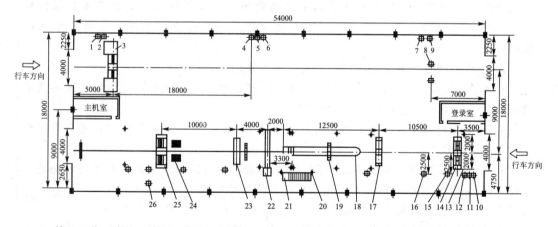

第一工位：车速　废气　烟度　侧滑　　第一工位：发动机分析仪　油耗计　底盘测功机
第二工位：灯光　喇叭　外检　　　　　第二工位：传动系检测　漏气检测　润滑油质分析仪
第三工位：轴重　制动　液压踏板计　　第三工位：转角仪　轮胎平衡　前束　轴距

图1.7 检测线设备布置图

1—发动机综合分析仪；2—油耗计；3—底盘测功机；4—传动系游动角度检测仪；5—汽缸漏气量检测仪；6—润滑质检测仪；7—车轮动平衡机；8—前轮定位仪；9—测力转向盘；10—轮胎气压表；11—气体分析仪；12—柴油车烟度计；13—光电开关；14—车速表试验台；15—设备仪器；16—广角镜；17—侧滑试验台；18—外检地沟；19—工位显示器；20—外检通信仪；21—声级计；22—大灯检测仪；23—轴重计；24—制动试验台摩擦板；25—制动试验台；26—液压式踏板力计

1) 安全检测线

安全检测线有3个工位。第一工位为车辆数据输入，车速表、废气和侧滑检测项目。第二工位包括灯光、喇叭和外观检查项目。第三工位有轴重、制动项目及结果打印等。

2) 综合检测线

综合检测线也有3个工位。

第一工位使用设备有发动机综合分析仪、油耗计和底盘测功机。发动机综合分析仪能测试发动机性能、点火等工作状况，底盘测功机和油耗计用于测量汽车的驱动力、功率、加速性等动力性能和燃料消耗情况。

第二工位的设备包括传动系游动角度检测仪、汽缸漏气量检测仪和润滑油质检验仪等，分别用于测量传动系游动角度、汽缸漏气量和分析润滑油质量。

第三工位主要包括车轮动平衡机、四轮定位仪或前轮定位仪、转向角度测试仪、转向盘测力计等设备。其中车轮动平衡机用于检验和校正轮胎动平衡，前轮定位仪或四轮定位仪可测量前轮（或前后轮）的定位参数，转向角度测试仪用于测量前轮最大转向角度，转向盘测力计可测量转动转向盘时所用力的大小。

综合检测站中，安全检测线一般是自动检测线，而综合检测线一般是手动线。

本 章 小 结

1. 汽车的检测，一般是指对在用车辆动力性、经济性、安全性、环保性等方面进行检测，以确定其现行的技术状况和工作能力。汽车的诊断，是使用专用仪器对故障车辆性能进行检查、测试，判断出故障原因与故障点，并确定出排除方法的过程。

2. 现代检测技术具有制度化、标准化、智能化、自动化等特点。

3. 检测诊断的目的与意义归纳有几点：保证交通安全、减少环境污染、改善汽车性能、提高维修效率、实现"视情修理"。

4. 汽车诊断的基本方法主要有两种：一种是传统的人工经验诊断法，另一种是现代的仪器设备诊断法。

5. 国家先后发布过多项法律法规和相关标准，如国家标准《机动车运行安全技术条件》(GB 7258—2004)等，对在用车辆进行严格的管理。

6. 汽车故障，是指汽车在使用过程中丧失规定功能的现象。

7. 故障按照不同的分类方式分为：间断性故障、永久性故障；突发性故障、渐发性故障；人为故障、自然故障；致命故障、严重故障、一般故障、轻微故障。

8. 汽车故障规律通常表现为"浴盆曲线"，故障率随使用时间（或行驶里程）的变化分为3个阶段：早期故障期、随机故障期和耗损故障期。

9. 汽车诊断参数是供诊断用的，表征汽车、总成及机构技术状况的量，包括工作过程参数、伴随过程参数和几何尺寸参数。诊断参数应具有灵敏性、单值性、稳定性、表征性、可操作性和经济性。

10. 诊断标准是对汽车诊断的方法、技术要求和限制等的统一规定。汽车诊断参数诊断标准是对汽车诊断参数限值的统一的规定，简称诊断标准。常见的诊断标准有：国家标准、行业标准、地方标准和企业标准。

11. 汽车诊断周期是汽车诊断的间隔期，以行驶里程或使用时间表示。最佳汽车诊断周期是保证车辆的完好率最高而消耗的费用最少的诊断周期。

12. 测量过程中，实际取得的测量结果与被测量的真值之间的差别就是测量误差，测量过程都存在测量误差。其主要来源于系统误差、环境误差、方法误差和人为误差。

13. 测量结果与被测量真值之差称为绝对误差，在同一被测量的多次测量过程中，测量误差以不可预见的方式变化着的误差，称为随机误差。明显超出规定预期的误差称为粗大误差。

14. 精度即精确度，是精密度与正确度的综合反映。精密度的高低表示随机误差的大小。

15. 常用发动机性能检测诊断仪器设备有：发动机台架试验设备、汽车点火示波器、发动机功率测试设备、正时灯、发动机转速表、汽缸压力表、真空表、汽缸漏气量检测仪、发动机曲轴箱窜气量检测仪、油耗计、发动机温度表、润滑油质量分析仪、发动机异响测听器、喷油泵试验台、工业纤维内窥镜、曲轴、飞轮、离合器总成动平衡机、废气分析仪、烟度计、声级计。

16. 常用底盘及整车检测与诊断设备有：底盘测功机、底盘间隙检测仪、汽车制动试验台、汽车侧滑试验台、汽车轴重仪、汽车车速表试验台、汽车前束尺、前轮定位仪、计算机四轮定位仪、转向力角测量仪、车轮动平衡机、轮胎气压表。

17. 常用电器试验设备有：电器万能试验台、电池检测仪、前照灯检测仪。

18. 电控系统检测诊断设备有：发动机综合分析仪、解码器、汽车传感器检测仪等。

19. 机动车检测站是综合运用现代化检测技术，按国家有关标准，对机动车不解体进行检测、诊断的机构。检测线是指由若干检测设备按一定的顺序排列组合后形成的检测系统。

20. 检测站按照不同的分类方法，可分为安全检测站、维修检测站和综合检测站；大、中、小型检测站；手动式、半自动式和全自动式检测站；单线检测站、双线检测站、三线检测站等多种类型。

21. 安全与环保检测主要检测内容：一是检测与行车安全有关的项目，如灯光、制动、侧滑等；二是检测与环保相关的项目，如汽车尾气排放和噪声等。

22. 安全环保检测线的工艺流程一般为：汽车资料输入及L工位将该车辆有关资料输入入口计算机并由检查人员按规定项目进行车辆上部外观检查。ABS及噪声检查工位检查前轮侧滑量、各轴轴重、各轮行车制动力和驻车制动力、车速表指示误差及噪声。HX工位检测左右远光灯的发光强度和光轴照射方向、汽油机怠速排放污染物或柴油机自由加速烟度。

23. 汽车综合检测站按职能分类，可分为A级站、B级站、C级站三种类型。一般设置两条检测线，一条为安全环保检测线，另一条为综合检测线。

 习 题

一、选择题

1. 在不解体(或仅拆卸个别小件)的条件下,确定汽车技术状况或查明故障部位、故障原因,进行的检测、分析和判断是( )。
　　A. 汽车检测　　　　　B. 汽车诊断　　　　　C. 汽车维护
2. ( )是确定汽车技术状况或工作能力进行的检查和测量。
　　A. 汽车检测　　　　　B. 汽车诊断　　　　　C. 汽车维护
3. 发动机功率和汽车的驱动力等属于汽车诊断参数中的( )类。
　　A. 工作过程参数　　　B. 伴随过程参数　　　C. 几何尺寸参数
4. 异响、振动和温度等属于诊断参数中的( )类。
　　A. 工作过程参数　　　B. 伴随过程参数　　　C. 几何尺寸参数
5. 配合间隙和自由行程等属于诊断参数中的( )类。
　　A. 工作过程参数　　　B. 伴随过程参数　　　C. 几何尺寸参数
6. 当发动机的有效功率和有效转矩低于额定值的( )时,说明汽车的动力性变差。
　　A. 90%　　　　　　　B. 75%　　　　　　　C. 50%
7. 国产汽车的二级维护周期在( )范围内。
　　A. 1200～2000km　　 B. 10000～15000km　　C. 50000～80000km
8. 可以作为汽油机供给系的诊断参数是( )。
　　A. 喷油器喷油压力　　B. 车轮侧滑量　　　　C. 车轮前束值
9. 当诊断参数测量值处于( )范围内时,表明诊断对象技术状况良好,无需维修便可继续运行。
　　A. 初始值　　　　　　B. 许用值　　　　　　C. 极限值
10. 诊断参数测量值若在( )范围内,则诊断对象技术状况虽发生变化,但尚属正常,无需修理,按要求维护即可继续运行。
　　A. 初始值　　　　　　B. 许用值　　　　　　C. 极限值
11. 诊断参数测量值超过( )后,诊断对象技术状况严重恶化,汽车须立即停驶修理。
　　A. 初始值　　　　　　B. 许用值　　　　　　C. 极限值
12. 我国维修制度中规定在用车辆实行( )。
　　A. 定期检测、强制维护、视情修理
　　B. 定期检测、视情维护、强制修理
　　C. 视情检测、强制维护、定期修理
13. 在检测系统中,把被测量的某种信息拾取出来,并将其转换成有对应关系的电信号,便于测量的装置是( )。
　　A. 传感器　　　　　　B. 记录与显示装置　　C. 数据处理装置
14. 以下( )不是智能化检测系统的特点。
　　A. 自动零位校准　　　B. 自动量程切换　　　C. 装有传感器
15. ( )是按照国家规定的车检法规,定期检测车辆中与安全和环保有关的项目,

以保证汽车安全行驶，并将污染降低到允许的限度。

  A．安全检测站   B．维修检测站   C．综合检测站

 16．（ ）主要是从车辆使用和维修的角度，担负车辆维修前、后的技术状况检测。它能检测车辆的主要使用性能，并能进行故障分析与诊断。

  A．安全检测站   B．维修检测站   C．综合检测站

 17．（ ）既能担负车辆管理部门的安全环保检测，又能担负车辆使用、维修企业的技术状况诊断，还能承接科研或教学方面的性能试验和参数测试。

  A．安全检测站   B．维修检测站   C．综合检测站

 18．一般来说，具有汽车底盘测功试验台的综合检测站是（ ）。

  A．A级站   B．B级站   C．C级站

二、填空题

 1．表征汽车技术状况的参数分为两大类，一类是_____参数，另一类是_____参数。

 2．汽车检测与诊断的目的是确定汽车的_____和_____，查明_____、_____，为汽车继续运行或维修提供依据。

 3．汽车检测可分为_____检测和_____检测两大类。

 4．汽车技术状况的诊断是由检查、测量、分析、判断等一系列活动完成的，其基本方法主要分为两种：一种是_____诊断法，另一种是_____诊断法。

 5．汽车诊断参数包括_____参数、_____参数和_____参数。

 6．在选择诊断参数时应遵守的原则是_____、_____、_____、_____。

 7．汽车诊断参数标准与其他标准一样，分为国家标准、_____标准、地方标准和_____标准4类。

 8．诊断参数标准一般由_____、_____和_____3部分组成。

 9．汽车检测系统通常由_____、_____、_____、_____等组成。

 10．传感器是一种能够把被测量的某种信息拾取出来，并将其转换成有对应关系的，便于测量的_____的装置。

 11．变换及测量装置是一种将传感器送来的电信号变换成易于测量的_____或_____信号的装置。

 12．记录和显示装置的显示方式一般有_____显示、_____显示和_____显示3种。

 13．智能检测系统一般由_____、_____、_____、_____、显示器、打印机和电源等组成。

 14．智能检测系统一般是指以_____为基础而设计制造出来的一种新型检测系统。

 15．按服务功能分类，汽车检测站可分为_____检测站、_____检测站和_____检测站3种。

 16．综合检测站按职能分类，可分为_____站、_____站和_____站3种类型。

三、判断题

 1．汽车检测是指确定汽车技术状况或工作能力进行的检查和测量。 （ ）

2. 汽车诊断是指在不解体(或仅拆卸个别小件)的条件下,确定汽车技术状况或查明故障部位、故障原因,进行的检测、分析和判断。（　）

3. 综合性能检测的目的是建立安全和公害监控体系,确保车辆具有符合要求的外观容貌、良好的安全性能和符合规定的尾气排放物,在安全、高效和低污染下运行。（　）

4. 现代仪器设备诊断法比人工经验诊断法准确性差。（　）

5. 制动距离或制动力是工作过程参数。（　）

6. 振动、噪声、异响、温度等是伴随过程参数。（　）

7. 配合间隙、自由行程是几何尺寸参数。（　）

8. 诊断参数标准的初始值、许用值和极限值,可能是一个单一的数值,也可能是一个范围。（　）

9. 诊断参数的稳定性是指在相同的测试条件下,多次测得同一诊断参数的测量值,具有良好的一致性(重复性)。（　）

10. 诊断参数的稳定性是指诊断参数对汽车技术状况具有的表征性。（　）

11. 传感器是一种能够把被测量的某种信息拾取出来,并将其转换成有对应关系的,便于测量的电信号的装置。（　）

12. 所有检测设备在使用前不必进行预热。（　）

13. 指针式检测设备在使用前应检查指针是否在机械零点位置上,否则应调整。（　）

14. 检测设备的电源电压应在额定值±5％范围内,并应加强交流滤波。（　）

15. 检测站的任务之一是对在用运输车辆的技术状况进行检测诊断。（　）

16. 维修检测站是国家的执法机构,不是营利型企业。（　）

17. 安全检测站主要是从车辆使用和维修的角度,担负车辆维修前、后的技术状况检测。（　）

18. 综合检测站对检测结果往往只显示"合格"、"不合格"两种,而不作具体数据显示和故障分析。（　）

19. A级站配置的检测设备比B级站多。（　）

20. C级站能全面承担检测站的任务,检测设备比A级站的多。（　）

四、问答题

1. 汽车检测诊断的目的与意义是什么?
2. 现代汽车诊断的基本方法主要有哪几种?
3. 汽车诊断参数的选择原则有哪些?
4. 什么叫做绝对误差、随机误差?
5. 现代汽车有哪些常用的检测诊断设备?
6. 汽车检测站的任务是什么? 有哪几种类型?
7. 什么是安全检测站?
8. 安全环保检测线的一般工艺流程是什么?
9. 什么是维修检测站?
10. 什么是综合检测站?
11. 如何做好检测设备的使用与维护工作?
12. 智能检测系统与一般检测系统相比有哪些特点?
13. 汽车技术状况变差的外观症状有哪些?

14. 什么是诊断周期、最佳诊断周期？
15. 确定最佳诊断周期应考虑哪些因素？

五、简述题

1. 简述最佳诊断周期的制定方法。
2. 简述 A 级站的职能和检测项目。
3. 简述安全与环保性能检测站的主要检测项目。

第 2 章
发动机的检测与诊断

教学目标

通过学习本章,能够掌握发动机功率和汽缸密封性的检测内容、检测方法和步骤;能够掌握润滑系、冷却系的检测内容、检测方法和步骤;能够掌握柴油机燃料系的检测与诊断;能够掌握发动机异响的诊断。

教学要求

能力目标	知识要点	权重	自测分数
能够掌握发动机功率和汽缸密封性的检测内容、检测方法和步骤	发动机汽缸功率的检测方法 发动机汽缸密封性的检测方法	25%	
能够掌握润滑系、冷却系的检测内容、检测方法和步骤	润滑系的检测内容和检测方法 冷却系的检测内容和检测方法	25%	
能够掌握柴油机燃料系的检测与诊断	柴油机燃料系的检测内容和检测方法	25%	
能够掌握发动机异响的诊断	发动机异响的诊断方法	25%	

引例

小郭的捷达柴油出租车行驶了 35000km 后进行了大修，大修出厂后他发现该车提速很慢，最高车速只有 125km/h，然而百公里耗油量由原来的 5L 增加到现在的 9L，而且维修企业为小郭开出了维修出厂合格证，小郭该不该向维修企业提出质疑呢？

2.1 发动机功率的检测

发动机功率是指通过曲轴或飞轮对外输出的功率，也称有效功率，是一个综合性评价指标。通过该指标可以确定发动机的技术状况如何，进而分析和确定汽车的动力性、经济性、可靠性和排气净化性等性能指标。检测发动机有效功率的方法，有稳态测功法和动态测功法两种。

2.1.1 稳态测功

1. 稳态测功

稳态测功是指发动机在节气门开度一定、转速一定和其他参数保持不变的稳定状态下，在测功器上测定功率的一种方法。常见的测功器有水力测功器、电力测功器和电涡流测功器等。测功器可测出发动机的转速和转矩，然后通过计算得出功率。稳态测功时，不论发动机的工作行程数和形式如何，其有效功率 P_e、有效转矩 T_e 和转速 n 均具有下列关系。

$$P_e = \frac{T_e n}{9550} \tag{2-1}$$

式中：T_e——发动机有效转矩(N·m)；

n——发动机转速(r/min)；

P_e——发动机有效功率(kW)。

测试条件是：将节气门全开，由测功器给发动机施加一定负荷，测出额定转速以及相应转矩，即可由式(2-1)计算出功率，即为稳态发动机最大有效功率。

由于稳态测功时，需由测功器对发动机施加外部负荷，故也称为有负荷测功或有外载测功。稳态测功的结果比较准确可靠，但该方法测功需要大型、固定安装的测功器，费时费力且成本较高，故在维修企业和检测站中已很少使用。

2. 动态测功

动态测功是指发动机在节气门开度和转速等均为变动的状态下，测定其功率的一种方法。动态测功时，无需对发动机施加外部负荷，故又称为无负荷测功或无外载测功。方法是通过测量发动机的瞬时角加速度或加速时间，经过公式计算，从而间接获取发动机功率的数值。

测试条件：当发动机在怠速或处于空载某一低速下运转时，突然全开节气门，使发动机克服惯性和内部阻力而加速运转,用其加速性能的好坏直接反映最大功率的大小。

1) 测量瞬时角加速度

根据动力学原理,发动机转矩曲轴的角加速度之间存在下列关系。

$$T_e = I \cdot \frac{d\omega}{dt} \tag{2-2}$$

式中:T_e——发动机有效转矩(N·m);

I——发动机曲轴中心转动惯量(kg·m²);

$\frac{d\omega}{dt}$——曲轴的角加速度(rad/s²)。

把 T_e 代入式(2-1)中,得

$$P_e = \frac{kIn}{9550} \frac{d\omega}{dt} \tag{2-3}$$

由于 $\frac{d\omega}{dt} = \frac{\pi}{30} \frac{dn}{dt}$,所以

$$P_e = \frac{kIn\pi}{9550 \times 30} \frac{dn}{dt} \tag{2-4}$$

式中:n——发动机转速(r/min);

$\frac{dn}{dt}$——曲轴的加速度(1/s²);

P_e——发动机有效功率(kW);

k——修正系数。

由式(2-4)可知,发动机在加速过程中,在某一转速下的有效功率与该转速下的瞬时加速度成正比。因此,只要测出加速过程中的这一转速和对应的加速度,即可求出该转速下的有效功率。

由于加速过程是非稳定工作状况,故测得的功率值小于同一转速下的稳态测功值,所以上式还应乘以修正系数 k,所以,测量某一转速下的功率,就可以用测量该转速下的角加速度来取代。修正系数 k 值,则可通过台架对比试验得出。

2) 测量加速时间

将式(2-4)经积分后,可得出在一定转速范围内的平均有效功率。

$$P_{e\text{平}} = \frac{k\pi I}{9550 \times 60}(n_2^2 - n_1^2)\frac{1}{t} \tag{2-5}$$

式中:$P_{e\text{平}}$——发动机平均有效功率(kW);

n_1,n_2——发动机加速过程测定区间的起始转速和终止转速(r/min);

t——加速时间(s)。

由公式可知:平均有效功率与加速时间成反比,这样通过测量加速时间就能直接读出功率数值。即当节气门突然全开时,发动机由转速 n_1 加速到 n_2 的时间越长,表明发动机的有效功率越小;反之加速时间越短,有效功率越大。因此,测出某一转速范围内的加速时间,便可获得平均有效功率值。

2.1.2 测功仪及应用

目前使用的无负荷测功仪很多,主要有单一功能的便携式测功仪和与其他测试仪表组装在一起的发动机综合测试仪两种类型。常见的有 FG-1 便携式检测仪、QFC-4 型综合检测仪、远征 EA-1000 型综合检测仪、EA-3000 型综合检测仪等。近年来,便携式无负荷测功仪在国内发展很快,主要是向小型化、使用方便性和适用多车型方面发展。有的厂家甚至将无负荷测功仪制成袖珍式,像袖珍式收音机一般大,带有拔节天线,可收取发动机运转时的点火脉冲信号,而不必与发动机采取任何有线连接。使用时,手持该测功仪,面对发动机侧面拉出拔节天线,当发动机突然加速运转时,即可遥测到加速时间和转速;然后翻转测功仪查看仪器背面印制的几种常见车型的功率—时间对照表,便可得知发动机功率的大小。

无负荷测功仪既可以检测发动机的整机功率,又可以检测某汽缸的单缸功率。其测试方法和测试条件基本相同。下面以 EA-3000 型综合检测仪为例,介绍其测试方法。

1. 测试条件

(1) 按仪器使用说明书给定的方法,对仪器进行检查、调试和校正,待完全符合使用要求后才能投入使用。

(2) 未接通电源前,如指示装置为指针表头,应检查指针是否在机械零点上,否则应进行调整。接通电源,电源指示灯亮,预热仪器至规定时间。

(3) 准备预热发动机至正常工作温度(80~90℃)。调整发动机怠速,使其在规定范围内稳定运转。

(4) 联机仪器和发动机准备好后,把仪器的传感器按要求连接在规定部位(离合器壳特制孔、分电器低压接柱或低压导线、柴油机高压喷油管等);无连接要求的则应拉出拔节天线。

2. 整机功率测试

(1) 按下"复零"键,使指示装置复零。

(2) 按下其他必要的键位,如机型(汽油机、柴油机)选择键、缸数选择键和"测试"键等。需要输入操作码的仪器,则应按要求输入规定的操作码。

(3) 使发动机在怠速下稳定运转,再将加速踏板一脚踩到底,发动机转速猛然上升,当超过终止转速 n_2 时立即松开加速踏板,记下或打印出读数后,按下"复零"键使指示装置复零。

注意:切忌发动机长时间高速空转。

(4) 重复上述操作 3 次,计算检测结果的平均值。

(5) 测得加速时间。

(6) 根据公式(2-5),计算出发动机的整机实测功率。

(7) 对照检测仪推荐的标准功率曲线图或标准功率表,根据国家标准 GB 7258—97《机动车运行安全技术条件》和 GB/T 15746.2—95《汽车修理质量检查评定标准·发动机大修》附录 B 的规定,在用车发动机功率不得低于原标定功率的 75%,大修后发动机最大功率不得低于原设计标定值的 90%。部分汽车发动机的动力性标准见表 2-1。

表 2-1 部分汽车发动机的动力性标准

汽车型号	发动机型号	排量/L	最大功率/kW	最大功率对应转速/(r/min)
桑塔纳 2000	AJR	1.8	74	5200
别克	6L46	3.0	126	5200
奥迪	JW	1.8	66	4800
红旗	CA488	2.2	65	4800

3. 单缸功率测试

（1）测出发动机整机功率。

（2）测出某缸断火情况下的发动机功率。

（3）计算两功率之差，即为断火之缸的功率。

对于技术状况良好的发动机，各缸功率应是一致的，否则会造成发动机运转不平稳。比较各单缸功率，可判断各缸工作状况。此外，也可以利用在单缸断火情况下测得的发动机转速下降值，来评价各缸的工作状况。工作正常的发动机在某一转速下稳定运转时，发动机的指示功率和摩擦功率是平衡的。此时，若取消任一缸的工作，发动机的转速都会有相同的下降值。当发动机在 800r/min 下稳定工作时，每断开一个缸工作致使转速正常平均下降值见表 2-2。要求最高和最低下降值之差不大于平均下降值的 30%。如果转速下降值偏低，说明断火之缸工作不良。

表 2-2 转速正常平均下降值

发动机缸数	转速正常平均下降值/(r/min)	发动机缸数	转速正常平均下降值/(r/min)
4 缸	150	8 缸	50
6 缸	100		

🔑 特别提示

在进行断火试验时，断火时间不宜过长，因为没有燃烧的燃油会洗掉汽缸壁上的油膜，造成润滑不良，加速汽缸磨损等故障。

2.2 汽缸密封性的检测

在发动机使用过程中，当汽缸体、汽缸盖、汽缸垫、活塞、活塞环和进排气门等零件出现磨损、烧蚀、结焦或积炭时，将导致汽缸密封性下降、功率下降、燃油消耗率增加等现象，因此，汽缸密封性是表征发动机技术状况的重要参数。汽缸密封性的检测一般包括汽缸压缩压力检测、曲轴箱窜气量检测、汽缸漏气量和汽缸漏气率检测、进气管真空度的检测等。在就车检测时，只要进行其中的一项或两项，就能确定汽缸密封性的好坏。

2.2.1 汽缸压缩压力的检测

汽缸压缩压力是指活塞到达压缩行程上止点时燃烧室内的压力，测量汽缸压缩压力的大小可以确定汽缸的密封性如何。常见的测量仪器有汽缸压力表和汽缸压力测试仪两种。

1. 用汽缸压力表检测

汽缸压力表如图 2.1 所示。一般由表头、导管、单向阀和接头等组成。由于汽缸压力表具有实用性强和检测方便等优点，因而在汽车维修企业中应用十分广泛。用汽缸压力表测量汽缸压缩压力的方法及步骤如下。

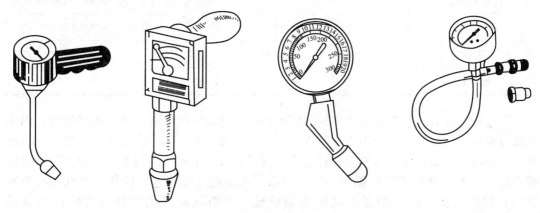

图 2.1　汽缸压力表类型

（1）起动发动机，将水温提高到 80℃以上。
（2）停机后，拆下空气滤清器，用压缩空气吹净火花塞或喷油器周围的灰尘和脏物。
（3）卸下全部火花塞或喷油器，并按汽缸次序放置。

🔑 特别提示

对于汽油机，应把分电器中央电极高压线拔下，并可靠搭铁，以防止电击和着火。

（4）把汽缸压力表的橡胶接头插在被测缸的火花塞孔内，扶正压紧。
（5）将节气门和阻风门置于全开位置，用起动机转动曲轴 3～5s(不少于 4 个压缩行程)。
（6）待压力表头指针指示并保持最大压力后停止转动。
（7）取下汽缸压力表，记下读数。
（8）按下单向阀使压力表指针回零。
（9）按上述方法依次测量各缸，每缸测量次数不少于两次。

🔑 特别提示

就车检测柴油机汽缸压力时，应使用螺纹接头的汽缸压力表。如果该机要求在较高转速下测量，此种情况除受检汽缸外，其余汽缸均应工作。其他检测条件和检测方法同于汽油机。

（10）结果分析。

将测得结果与汽缸压缩压力标准值进行对照。大修竣工发动机的汽缸压力应符合原设计规定，每缸压力与各缸平均压力的差，汽油机不超过 8%，柴油机不超过 10%。常见几种车型发动机汽缸压缩压力的标准值见表 2-3。

表2-3 常见几种车型汽缸压缩压力值

汽车型号	压缩比	汽缸压缩压力标准值/kPa	测定转速/(r/min)
桑塔纳2000 AJR	9.3	900~1100	200~250
奥迪100	8.5	1000~1350	200~250
捷达EA827	8.5	900~1100	200~250
富康TU3	8.8	1200	200~250
本田雅阁	8.9	930~1230	200~250
切诺基	8.6	1068~1275	200~250

通过对比分析，若测量值超出标准值允许范围时，可向该缸火花塞或喷油器孔内注入适量机油，然后用汽缸压力表重测汽缸压力并记录。如果第二次测出的压力比第一次高，说明汽缸、活塞环、活塞磨损过大或活塞环对口、卡死、断裂及缸壁拉伤等原因造成汽缸不密封；如果第二次测出的压力与第一次相近，说明进、排气门或汽缸衬垫不密封；如果两次检测某相邻两缸压力均较低，说明该两缸相邻处的汽缸衬垫烧损窜气。

2. 用汽缸压力测试仪检测

汽缸压力测试仪按结构原理不同可分为压力传感器式、电感放电式、起动电流或起动电压降式等几种类型，在使用测试仪检测汽缸压力时，发动机不应着火工作。汽油机可拔下分电器中央高压线并搭铁或按测试仪要求处理，柴油机可旋松喷油器高压油管接头断油，即可达到目的。下面以测量起动电流来测定各缸发动机压缩压力为例，介绍其测试方法和步骤。

（1）发动机正常运转，使水温达80℃以上。

（2）停机后，拔下分电器中央高压线并搭铁或按测试仪要求处理。

（3）按要求将测试仪与发动机连接牢固。

（4）记录发动机各缸的起动时电流曲线，如图2.2所示。

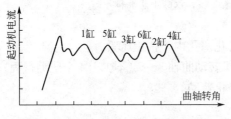

图2.2 发动机各缸起动时的电流曲线

🔑 **特别提示**

工作时，蓄电池端电压的变化取决于起动机电流的变化。当起动电流增大时，蓄电池端电压降低，即起动电流与电压降成正比。起动电流与汽缸压力成正比，因此起动时蓄电池的电压降与汽缸压力也成正比，所以通过测蓄电池电压降可以获得汽缸压力。

（5）结果分析。

由于各段的峰值与各缸的最大压缩压力成正比，所以在确定某一电流峰值所对应的汽缸后，则可按点火次序确定各缸所对应的起动电流峰值，其大小可表示相应汽缸最大压缩压力值。若各缸电流波形振幅一致，且峰值在允许范围内，说明各缸压缩压力符合要求；

若各缸电流波形振幅不一致,对应某缸电流峰值低于允许范围,则说明该缸压缩压力不足。

2.2.2 曲轴箱窜气量的检测

曲轴箱窜气量是指汽缸内的工作介质和燃气从汽缸与活塞间不密封处窜入曲轴箱气体量,曲轴箱窜气量会随着汽车行驶里程的增加而增加。曲轴箱窜气将导致发动机功率下降,油耗逐渐上升。所以,在发动机工作时,通过测量单位时间内窜入曲轴箱的气体量多少,可确定汽缸密封性如何。曲轴箱窜气量检测仪如图 2.3 所示。其检测方法和步骤如下。

(1) 打开电源开关,按仪器使用说明书的要求对检测仪进行预调。

(2) 密封曲轴箱,即堵塞机油尺口、曲轴箱通风进出口等。

(3) 将取样头插入机油加注口内。

(4) 起动发动机,待其运转平稳后,仪表箱仪表的指示值即为发动机曲轴箱在该转速下的窜气量。

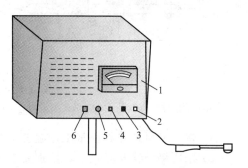

图 2.3 曲轴箱窜气量检测仪
1—指示仪表;2—预测按钮;3—预调旋钮;
4—挡位开关;5—调零旋钮;6—电源开关

> **特别提示**
>
> 在检测时,发动机应加载,节气门全开(或柴油机最大供油量),在最大转矩转速(此时窜气量达最大值)下测试。发动机加载可在底盘测功机上实现,测功机的加载装置可方便地通过滚筒对发动机进行加载,以实现发动机在全负荷工况下从最大转矩转速至额定转速的任一转速下运转。

(5) 结果分析。

若曲轴箱窜气量过大,说明汽缸活塞组磨损严重;若某次曲轴箱窜气量过大,可能原因是活塞环对口。由于曲轴箱窜气量不但与磨损及装配间隙有关,还与缸径大小和缸数有关,所以,目前还没有统一的诊断参数标准。结合国内外各汽车厂家的诊断参数,可以给出单缸平均窜气量参考标准如下。

汽油机:新机 2~4L/min,达到 16~22L/min 时需大修。

柴油机:新机 3~8L/min,达到 18~28L/min 时需大修。

2.2.3 汽缸漏气量和漏气率的检测

当发动机不工作,活塞处在压缩行程的上止点时,使压缩空气从火花塞(或喷油器)孔处进入汽缸,通过检测仪观察汽缸漏气量或漏气率,来确定汽缸密封性如何,进而来确定整个汽缸组的密封性。

1. 汽缸漏气量检测仪

国产 QLY-1 型汽缸漏气量检测仪如图 2.4 所示。由调压阀、进气压力表、测量表、校正孔板、橡胶软管、快速接头、充气嘴以及外部气源等组成。外部气源的压力相当于汽缸压缩压力，一般为600～900kPa。压缩空气按箭头方向进入汽缸漏气量检测仪，其压力由进气压力表2显示。随后，它经由调压阀、校正孔板、橡胶软管、快速接头和充气嘴进入汽缸，汽缸内的压力变化情况由测量表3显示。检测方法和步骤如下。

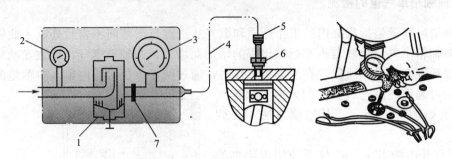

图2.4　汽缸漏气量检测仪

1—调压阀；2—进气压力表；3—测量表；4—橡胶软管；5—快速接头；6—充气嘴；7—校正孔板

（1）将发动机预热到正常工作温度，然后熄火。

（2）用压缩空气吹净缸盖，特别要吹净火花塞（或喷油器）孔上的灰尘，拧下所有火花塞（或喷油器），装上充气嘴。

（3）按要求将仪器接上气源，并保证仪器出气口密封良好，通过调节调压阀，使测量表的指针指在0.4MPa位置上。

（4）摇转曲轴，先使第1缸活塞处于压缩终了上止点位置，然后转动活塞定位盘，使刻度"1"对正指针。变速器挂高速挡，拉紧驻车制动器，以保证压缩空气进入汽缸后，不会推动活塞下移。

（5）把1缸充气嘴接上快速接头，给1缸充气，测量表上的读数便反映了该缸的密封性。在充气的同时，可以从进气口、排气消声器口、散热器加水口和加机油口等处，观察是否有漏气。

（6）摇转曲轴，使指针对正活塞定位盘下一缸的刻度线，按以上方法检测下一缸漏气量。

（7）为使数据可靠，应按点火次序将各缸的漏气量都测量一次。

（8）结果分析。

将测量结果参照标准对比分析，并确定汽缸密封性如何。对于解放和东风等国产发动机，若读数大于0.25MPa，可确定汽缸密封性良好；如读数小于0.25MPa，可确定汽缸密封性不良，应更换或维修。

2. 汽缸漏气率检测仪

汽缸漏气率检测仪的原理及检测的方法，与汽缸漏气量检测仪基本一样，只不过汽缸漏气量检测仪的测量表标定单位为kPa或MPa，而汽缸漏气率测量表的标定单位为百分数。一般说来，当汽缸漏气率达30%～40%时，说明汽缸密封性不良，应查找原因，及时更换或维修。

2.2.4　进气管真空度的检测

发动机进气管真空度（也称负压）是指进气管内的压力与外界大气压力的差值，通过检测发动机进气管真空度大小，来确定进气管的密封性如何。常用真空表检测发动机进气管真空度，方法简便且快速，应用很广。真空表由表头和软管组成，如图 2.5 所示。其检测方法和步骤如下。

（1）起动发动机，并使其以高于怠速的转速空转 30min 以上，使发动机达到正常工作温度（80℃）。

（2）将真空表软管接到进气歧管的测压孔上。

（3）变速器挂空挡，发动机怠速运转。

（4）读取真空表上的读数，如图 2.6 所示。

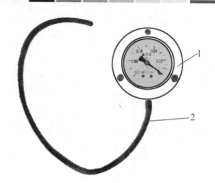

图 2.5 真空表
1—表头；2—真空软管

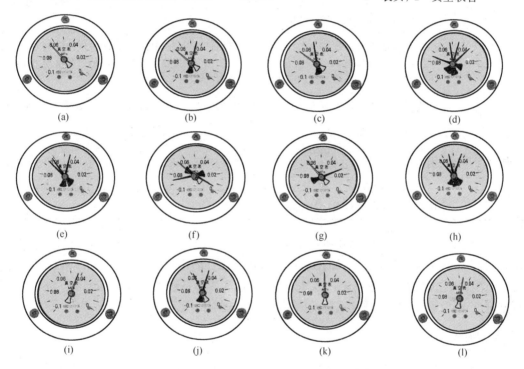

图 2.6 真空表上的读数

（5）结果分析，见表 2-4。

表 2-4 真空表不同读数说明

图号	图示说明
图 2.6(a)	发动机怠速时，若真空表指针稳定在 55～70kPa 之间，表明汽缸密封性正常
图 2.6(b)	发动机怠速时，若真空表指针跌落 5～25kPa，并有规律地摆动，表明气门与气门座密封不良
图 2.6(c)	发动机怠速时，若真空表指针迅速跌落 10～20kPa，表明气门与导管卡滞
图 2.6(d)	发动机怠速时，若真空表指针在 33～74kPa 范围内迅速摆动，则表明气门弹簧弹力不足；若某一只气门弹簧折断，则真空表指针将相应地产生快速波动

(续)

图号	图 示 说 明
图 2.6(e)	发动机怠速时,若真空表指针较正常值低 10～13kPa,且缓慢地在 47～60kPa 范围内摆动,则表明气门导管磨损严重
图 2.6(f)	当发动机转速升至 2000r/min 时,突然关闭节气门,真空表指针迅速跌落至 6～16kPa;当节气门关闭时,指针不能回复到 83kPa,则表明活塞环磨损严重。当迅速开启节气门时,指针在 6～16kPa,则表明活塞环工作良好
图 2.6(g)	发动机怠速时,若真空表指针从正常值突然跌落至 33kPa,随后指针又恢复至正常值,在发动机运转过程中,真空表指针总是这样来回地波动,则表明汽缸衬垫窜气
图 2.6(h)	发动机怠速时,若真空表指针不规则跌落,则表明发动机的混合气过稀;若真空表指针缓慢摆动,则表明发动机的混合气过浓
图 2.6(i)	发动机怠速时,若真空表指示值比正常值低 10～30kPa,则表明进气歧管衬垫漏气;若发动机转速升至 2000r/min,突然关闭节气门,真空表指针从 83kPa 跌落至 6kPa 以下,并迅速回至正常,则表明排气系统堵塞
图 2.6(j)	发动机怠速时,若真空表指针稳定地指示在 47～57kPa 之间,则表明发动机点火过迟
图 2.6(k)	发动机怠速时,若真空表指针稳定地指示在 27～50kPa 之间,则表明发动机气门开启过迟
图 2.6(l)	发动机怠速时,若真空表指针缓慢地摆动在 47～54kPa 之间,则表明火花塞电极间隙太小,断电器触点接触不良

根据 GB 3799—83《汽车发动机大修竣工技术条件》的规定,大修竣工的四行程汽油机转速在 500～600r/min 时,以海平面为准,进气管负压应在 57.33～70.66kPa 范围内。波动范围:6 缸汽油机一般不超过 3.33kPa,4 缸汽油机一般不超过 5.07kPa。如果进气管真空度波动过大,要检查进气系统的密封性、各缸的压力。

特别提示

进气管负压随海拔升高而降低。海拔每升高 1000m,负压约减少 10kPa,检测应根据所在地的海拔高度进行折算。

应用案例

一辆捷达汽车出现发动机加速无力、耗油量加大、怠速发抖等现象,经检查,进气系统无阻塞,油压正常,使用大众 1552 进入发动机系统,读取故障码,提示为系统正常,更换高压线、火花塞后故障没有好转。连接真空表,检测进气压力数据,发现怠速状态下进气压力大幅抖动,检查进气系统密封状况,结果良好。经断缸法检测 2 缸、3 缸工作不良,检测汽缸压力,大大低于标准值,到此故障已明了,2—3 缸的机械故障。经发动机缸盖分解检测,发现 2—3 缸严重拉缸,经镗磨汽缸,更换活塞、环等部件后,故障排除。

案例分析:故障码不能用于所有故障的诊断,机械故障还要通过维修人员的分析、判断,通过相关的故障现象分析,利用正确的检测仪器确认故障,最终解决相关问题。

2.3 润滑系的检测与诊断

在使用过程中,发动机润滑系经常会出现一些异常变化,如机油压力过高、过低,机油消耗量增加,机油品质恶化等现象。这些变化将直接影响发动机的工作性能和使用寿命。因此,为确保发动机技术状况良好,应定期对机油压力、机油消耗量和机油品质进行检测和诊断。

2.3.1 机油品质的检测与分析

在发动机使用过程中,机油品质会逐渐发生变化,如颜色变黑、黏度下降、黏度上升、添加剂性能丧失等。机油品质的变化会对发动机润滑造成严重后果,因此,为保证发动机润滑良好,保证发动机技术状况良好。应定期对机油品质进行检测与分析,其方法通常有滤纸斑点分析法、清净性分析法、介电常数分析法、透光率分析法、理化性能指标分析法、光谱分析法、铁谱分析法和磁性探测器分析法等,其原理及优缺点见表2-5。

表2-5 机油品质的各种分析方法

检测方法	检测原理	分析说明	优缺点
滤纸斑点分析	滴在滤纸上的机油,会逐渐向四周扩散,并形成环形油斑图,颜色由深到浅逐渐变化。对照标准滤纸斑点图特征,即可知道被测机油的污染程度	如果中心区与扩散区的杂质浓度及颜色差别小,说明机油中杂质粒度小,且清净分散剂性能良好;如果中心区与扩散区的杂质浓度及颜色差别大,说明机油中杂质粒度大,且清净分散剂性能丧失	优点:简单、快速,适合现场作业。 缺点:不能测定机油中的各种杂质成分
清净性分析	利用清净性分析仪中的光电传感器将照射油斑图后的光信号转变为电信号,送入主机进行比较分析,由显示器指出油斑图沉积环阻光度 a 和扩散环阻光度 b,再由公式 $$K=1-\frac{a-b}{a+b}=\frac{2b}{a+b}$$ 计算出 K 值大小	当 $a>b$,$0<K<1$ 时,说明机油污染老化严重,清净分散性已变得很差,机油中的杂质大部分集中在沉积环内。 当 $b=0$ 时,$K=0$,说明机油已无清净分散性,油斑图仅存沉积环,已无扩散环。 当 $a=b$,则 $K=1$,说明机油清净分散性极好,油滴能从滤纸中心扩散到较远处,且沉积环与扩散环阻光度相等	优点:能准确测定机油的污染程度。 缺点:测定过程较长,较复杂,且不能测定机油中的各种杂质成分
介电常数分析	利用平面电容器中介电质的变化,使电容值发生变化,通过电路将非电量信号转变成电信号,送入计算机与参考值进行分析,然后由显示器显示	显示0时,说明被测机油没有污染;显示不为0时,说明被测机油有污染,且数值越大,说明机油污染越严重。一般汽油机在4.2~4.7,柴油机在5.0~5.5时,发动机应更换机油	优点:能准确测定机油的污染程度。 缺点:测定过程较长,较复杂,且不能测定机油中的各种杂质成分

(续)

检测方法	检测原理	分析说明	优缺点
透光率分析	利用机油不透光度分析仪来测量一定厚度机油膜的不透光度,以检测机油的污染程度	当指针指在0%~80%之间时,此油尚可继续使用;超过80%时,必须换油。有的表指针面板上用红黄绿3色大致表示污染范围。指针在绿色区域,表明污染较轻,可继续使用;指针在黄色区域,表明污染较严重,但尚可使用;指针进入红色区域,表明污染十分严重,应立即换油	优点:结构简单,使用方便。 缺点:测量精度差,使用范围窄,而且不能测出机油中的各种杂质成分
理化性能指标分析	利用分析仪对被测机油的黏度、酸值、水分及不溶物等主要理化性能指标的变化情况进行检测,参照国家标准来确定发动机的机油品质	检测黏度的变化,能反映机油被污染、氧化或燃油稀释的程度;检测酸值的变化,能反映机油被氧化的程度;检测闪点的变化,能反映机油被燃油稀释的程度;检测石油醚不溶物、正戊烷不溶物和苯不溶物等的含量,能反映机油被燃料炭、高度裂化物、金属微粒、腐蚀产物和外界杂质等污染的程度;检测水的含量,能反映机油被乳浊的程度;检测金属微粒的含量,其中特别是铁含量,既能反映机油被污染的程度,又能反映有关机件的磨损速度和磨损程度	优点:该方法是比较全面、准确的检测分析方法。 缺点:比较复杂
光谱分析法	利用各种元素独特的光谱特性原理,对被测机油所含金属微粒进行光谱法分析,即可以确知机油中金属微粒的成分和含量,以此来检测发动机机油的品质。光谱分析法可分为分光光度分析法、原子发射光谱分析法和原子吸收光谱分析法3种	元素　　允许范围(%) 铁(Fe)　　<0.005 铝(Al)　　<0.001 铜(Cu)　　0.001~0.004 铅(Pb)　　0.001~0.002 锡(Sn)　　0.0005~0.001 铬(Cr)　　<0.0005 钼(Mo)　　0.0005~0.001 硅(Si)　　<0.001	优点:灵敏度高、准确度和稳定性较好、对微量元素分析效果好、操作简单等。 缺点:不能反映金属微粒产生的原因和部位以及零件的磨损程度等;磨粒粒度大于$10\mu m$时,准确度差
铁谱分析	利用高强度磁场力把铁磁性金属微粒从机油中分离出来,用铁谱显微镜或电子显微镜等仪器,对金属微粒进行观察、测定和分析,以获得金属微粒的大小、外形、成分和含量,进而分析出金属微粒产生的原因、部位和机件磨损程度,来检测机油品质	不同的检测仪器,有不同的参考标准。检测时,可参照所用仪器说明书提供的标准,对被测机油进行结果分析	优点:消除了非金属污染物的影响。 缺点:分析误差大,速度慢,难以适应现场分析。磨粒粒度在$0.1\sim1000\mu m$的检测准确度高

(续)

检测方法	检测原理	分析说明	优缺点
磁性探测器分析	利用磁力捕获机油中悬浮的铁磁性金属微粒的原理，对被测机油进行观察和测量，从而可得知金属微粒的形状、尺寸和含量。根据含量可分析出机油的污染程度；根据形状、尺寸和含量可分析出各摩擦表面的磨损速度和磨损程度	不同的检测仪器，有不同的参考标准。检测时，可参照所用仪器说明书提供的标准，对被测机油进行结果分析	优点：可适应现场分析，检测范围广，检测效率高。缺点：分析误差大，磨粒粒度在 $9\sim1000\mu m$ 的检测准确度高

2.3.2 机油压力的检测与诊断

机油压力是发动机润滑系的重要参数。发动机在正常转速范围内，汽油机机油压力应为 $196\sim392kPa$，柴油机机油压力应为 $294\sim588kPa$。当机油压力过高或过低时，将影响发动机的工作性能和使用寿命。

机油压力值可由仪表板上的机油压力表或油压信号指示灯显示来获得。机油压力的大小，取决于机油的温度、黏度，机油泵的供油能力，限压阀的调整，机油通道和机油滤清器的阻力以及曲轴主轴承、连杆轴承和凸轮轴轴承的间隙等。当机油压力出现异常时，应对相关部位进行检测。

1. 机油压力过高的检测

当机油压力过高时，应停止发动机工作，进行故障检测与诊断。故障检测与诊断的流程如图 2.7 所示，故障的现象、原因及诊断方法见表 2-6。

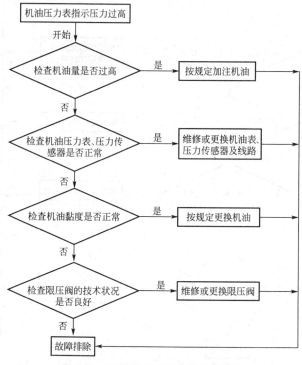

图 2.7 机油压力过高故障诊断流程

表2-6 机油压力过高故障的现象、原因及诊断方法

故障现象	可能原因	诊断方法
发动机在正常工作温度和转速下,机油压力表读数高于规定值	① 机油压力表或机油压力传感器失准。 ② 机油限压阀犯卡或调整不当。 ③ 机油池油面太高。 ④ 机油变稀或新换机油黏度太大。 ⑤ 通往各摩擦表面的分油道内积垢阻塞或主轴承、连杆轴承、凸轮轴轴承等间隙太小	① 连接机油压力表到发动机主油道,起动发动机观察检测油表与发动机机油压力表的指示是否相符。不符,检查机油压力传感器及油压表是否正常。 ② 检查机油限压阀技术状况是否正常,若不正常应更换。 ③ 检查机油池油面。 ④ 检查机油黏度是否正常,若不正常应按规定更换和加注。 ⑤ 若上述检查都正常,而故障现象仍存在,则应检查主轴承、连杆轴承、凸轮轴轴承等间隙,必要时调整

2. 机油压力过低的检测

当机油压力过低时,应停止发动机工作,进行故障检测与诊断。故障检测与诊断的流程如图2.8所示,故障的现象、原因及诊断方法见表2-7。

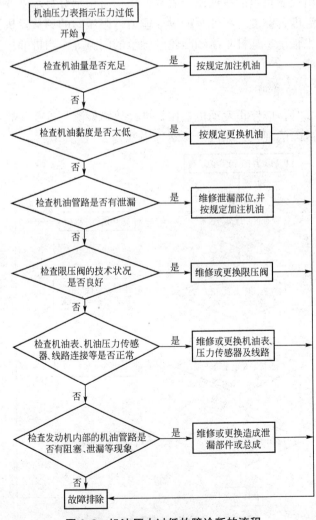

图2.8 机油压力过低故障诊断的流程

表 2-7 机油压力过低故障的现象、原因及诊断方法

故障现象	可能原因	诊断方法
发动机在正常工作温度和转速下，机油压力表读数低于规定值	① 机油压力表失准。 ② 机油压力传感器效能不佳。 ③ 机油池油面太低或机油黏度降低。 ④ 汽油泵膜片破裂，使汽油或燃烧室未燃气体漏入机油池，将机油稀释。 ⑤ 柴油机喷油器滴漏或喷雾不良，使未燃柴油流入机油池，将机油稀释。 ⑥ 机油泵齿轮或叶片磨损、泵盖磨损或泵盖衬垫太厚造成供油能力太低。 ⑦ 机油集滤器滤网堵塞。 ⑧ 机油限压阀调整不当、关闭不严或其弹簧折断。 ⑨ 内、外管路有泄漏之处。 ⑩ 曲轴主轴承、连杆轴承或凸轮轴轴承磨损松旷、轴承盖松动、减磨合金脱落或烧损	① 起动发动机，观察机油压力表的指示情况。若刚起动时压力正常，然后迅速下降至低于规定值，说明油量不足应加注。 ② 若刚起动时机油压力就低，故障可能在传感器或机油压力表，应进行检查。 ③ 检查机油品质和机油油面高度是否正常。 ④ 检查机油压力表与传感器导线两端的连接状况如何。若连接完好，可将导线从传感器上拆下，然后打开点火开关，使导线直接搭铁，如果机油压力表指针急速上升到最大，说明压力表良好；否则，说明压力表有故障。 ⑤ 检查传感器的技术状况。从发动机机体拆下传感器，然后起动发动机，观察机油流动情况，若流出的机油压力很足，说明传感器有故障；反之，若机油流动压力不足，油道又无堵塞，说明故障不在传感器。 ⑥ 如机油限压阀露在发动机机体外部，可直接检查限压阀的技术状况。 ⑦ 若上述检查都正常，则应进一步检查机油泵、集滤器、内部管路或各处轴承间隙

2.3.3 机油消耗量的检测与诊断

发动机机油消耗过多或过快，说明发动机的技术状况差。因此，应按照一定的行驶里程定期对发动机机油消耗情况进行检测。检测发动机机油消耗时，应先将发动机预热至正常工作温度，待机油的温度稳定后，再将发动机熄火，才能进行测定机油消耗量。检测方法有油标尺检测、质量检测和油位报警等。

一般情况下，消耗的机油与燃油的比值应小于 0.5%～1.0% 为正常，若大于 1.0%，说明机油异常。

注意：每次检测时，测试条件应相同，否则，会带来很大的误差。

1. 油标尺检测法

（1）车辆置于水平硬路面上，预热发动机至正常温度。
（2）将发动机熄火，加注机油至规定的液面高度，注意机油标尺上刻线位置。
（3）驾车上路行驶，当机油消耗至油标尺下限或行驶一定里程时，停车检测。
（4）按相同条件，再加注机油至规定的液面高度，即达到机油标尺上规定刻线位置，计算一下第二次所加机油的量，即为机油消耗量。

这种测定方法比较简单，但测量误差较大。

2. 质量检测法

(1) 车辆置于水平硬路面上,预热发动机至正常温度。

(2) 将发动机熄火,打开放油堵,放出机油池内的机油,一直放到机油成油滴状,拧上放油堵。

(3) 将已知质量的机油加入机油池至规定的液面。

(4) 驾车上路行驶,当机油消耗至油标尺下限或行驶一定里程时,停车检测。

(5) 按同样的测试条件,放出机油池内的在用机油,并秤量出其质量,这样,就可以计算出加入和放出的质量之差,即为机油消耗量。

这种方法费力、费时,但测量精度比油标尺检测法高。

3. 油位报警

目前有些高配置汽车(宝马系列车)中,采用油位传感器进行油位监测。油位传感器将发动机机油中的传感器元件的加热时间和冷却时间的变化,提供给发动机控制单元,控制单元对脉冲信号的宽度和频率进行处理和分析,便可确定机油的消耗情况。高电平时间(脉冲接通时间)和低电平时间(脉冲断开时间)与传感器加热元件的加热和冷却时间(传感器通过机油冷却)相对应。高电平时间取决于机油温度,低电平时间取决于机油油位。低电平时间约150ms时油位高,冷却时间约550ms时油位低。

监控发动机油位的显示装置,当机油标记的背景显示红色时,说明油压太低;当机油标记的背景显示黄色时,说明油位太低。如果油压和油位都过低时,则发动机机油标记显示红色;如果油位太低但仍有油压,则发动机机油标记显示黄色。被识别到一次的状态机油损耗会一直被存储,即使在行驶过程中也会有显示,直至点火开关关闭。

当点火开关打到ON挡位置时,若检测到机油压力正常,但油位传感器失灵,则发动机会在约25~30s后发出信号。如果在行车过程中出现传感器失灵,则不会显示油位报警。

2.4 冷却系的检测与诊断

发动机的工作温度主要取决于冷却液的温度,温度的高低直接影响发动机的工作效率和燃油经济性。发动机工作时,冷却系统应能保证发动机处于最佳的温度(80~90℃)范围内才能使发动机技术状况良好,发动机的动力性和经济性较高。因此,当冷却系温度过高、过低以及出现漏水等故障时,要及时诊断维修。

2.4.1 冷却系统检测

1. 冷却系统密封性检测

冷却系统要有良好的密封性,是保证发动机有良好工况的前提。冷却系统密封性检测的目的是检查水箱、水泵、水管、水套等部位是否有泄漏。方法是首先应进行外观检查,看是否有泄漏部位;对于不明原因缺水的可以使用系统压力检测仪来确定是否存在泄漏,也可以使用废气分析仪来确定汽缸垫、汽缸盖等处是否存在泄漏。冷却系统出现泄漏的常见部位见表2-8。

表 2-8　冷却系统出现泄漏的可能部位

序号	可能出现泄漏的部位	序号	可能出现泄漏的部位
1	散热器上、下软管	6	散热器
2	暖风机软管	7	节温器壳
3	旁通软管	8	暖风机芯
4	水泵	9	进气歧管垫、汽缸垫或缸体破裂等
5	发动机膨胀塞或缸体加热器		

1）压力检测仪

使用压力检测仪检测冷却系统泄漏情况，方法和步骤如下。

（1）打开散热器盖，将压力检测仪安装在散热器注水口上，如图 2.9 所示。

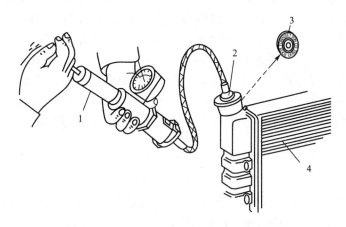

图 2.9　压力检测仪检测冷却系统泄漏
1—压力检测仪；2—适配器；3—散热器盖；4—散热器

（2）操作检测仪上的泵，直到在检测仪表上显示的值为散热器盖的额定压力值为止。

（3）等待几分钟，然后观察仪表压力，如果在这段时间内仪表上的压力值没有降低，说明冷却系统没有泄漏；如果压力下降，就说明冷却系统存在泄漏。

（4）如果压力降低了但是外部没有明显的泄漏时，应拆下火花塞，转动发动机，观察是否有冷却液从火花塞孔处泄漏出来。如果有泄漏，说明汽缸垫、汽缸盖或汽缸壁存在泄漏或有裂纹。

🔑 **特别提示**

不要旋松炙热发动机上的散热器盖。如果旋松此盖，冷却液的压力被释放，因而冷却液会突然喷出，这个动作会使维修人员或站在旁边的人被严重地烫伤。热车首先进行冷却，再缓慢打开散热器盖

2）废气分析仪

使用废气分析仪检测冷却系统泄漏情况，方法和步骤如下。

（1）拆下散热器盖，并将废气分析仪的取样探针放置在散热器注水口上，如图 2.10 所示。如果没有散热器盖的话，也可以放置在冷却液膨胀罐注水口上。

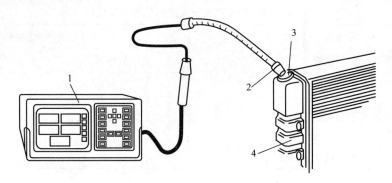

图 2.10　废气分析仪检测冷却系统泄漏
1—废气分析仪；2—测试探头；3—加水口；4—散热器

（2）起动发动机，使发动机转速达到 1500～2000r/min，同时观察读数。

（3）如果分析仪是两种气体的红外线分析仪，就观察 HC 的读数。HC 的读数上升，说明存在燃烧室泄漏；如果分析仪是 4 种气体的红外线分析仪，观察到二氧化碳数值出现，且在上升，说明燃烧室内部存在泄漏。

（4）如果冷却剂液面高度下降，但外部没有明显泄漏的迹象，那么冷却剂有可能是从缸体的裂纹流入油底壳了。如果怀疑是这种泄漏，那么就要进行机油油面高度检测，方法见润滑系的检查内容。隐藏较深的暖风水箱及节气门体加热水道的泄漏，也是不明泄漏原因之一。

> **特别提示**

（1）当打开散热器盖时要非常小心，尤其是在发动机已经炙热的时候。如果冷却系统中存在压力，在这样做以前要先使冷却系温度降下来，否则很危险。

（2）测试时，千万不要将探头浸在冷却液中，避免冷却液进入分析仪装置中，否则就会损坏分析仪。

2. 冷却系零件性能检测

1）散热器的检查

如果发动机在冷却液充足的情况下发生高温，就需对散热器进行检查。散热器常见故障和原因见表 2-9。

表 2-9　散热器常见故障原因及诊断维修

常见故障	可能原因及诊断	维修方法
散热器芯部被杂物堵塞	汽车长时期行驶在泥泞、多尘、多杂草等路面上，散热器被尘土、草叶、昆虫等塞满，造成散热不良	可在发动机熄火后，从散热器后面用压缩空气吹或用低压水流冲洗，以除去杂物，然后再用软毛刷清理芯部
散热片变形粘连	由于机械损伤等原因，造成散热片堆积或粘结在一起，使气流不能通畅穿过散热器芯，造成散热不良	用薄钢片（如废钢锯条）小心地将散热片拨至原位，恢复散热片的平直形状

(续)

常见故障	可能原因及诊断	维修方法
散热器芯管堵塞	驾驶员长期向冷却系加注硬水、泥沙含量大的河水，使冷却水中的泥沙与污垢等粘附于芯管内壁致使芯管不通畅或被堵塞。 诊断方法是：发动机预热后，用手触摸芯管的上部与下部，若上、下部有温差，但相差不大，应属正常；若感到芯管上、下温差明显，则说明该芯管堵塞	将散热器拆下，置于含有5%~10%的苏打热水(80~90℃)中冲洗，并用钢针疏通芯管，然后再用热水冲洗
散热器盖密封失效	在发动机不工作时，将50kPa的压缩空气从散热器放水口导入，如果气压不降低，表示散热器加注口密封正常。 提示：应在冷却系统无其他泄漏的情况时，作此检查	更换失效的散热器盖

2) 风扇皮带张紧度的检查

风扇皮带的作用是将发动机的动力传递给风扇，使风扇工作。皮带的张紧度过大过小，都将影响冷却系冷却效果，张紧力测试仪如图2.11所示。若皮带张紧度过小，则出现打滑、冷却效果下降现象。若皮带张紧度过大，则常出现皮带损坏等现象。因此，应经常检查皮带的张紧度与损坏等情况，确保冷却系统工作正常。风扇皮带常见检查内容和方法见表2-10。

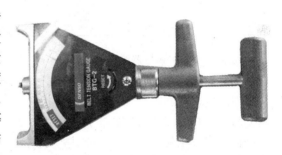

图2.11 张紧力测试仪

表2-10 风扇皮带检查方法

故障类型	现象及后果	维修方法
皮带失效	(a) 撕裂 (b) 磨光 (c) 油污 (d) 裂纹 **皮带磨损情况检查**	如左图所示，若出现橡胶脱层或纤维层折断、分裂、撕裂、磨光、油污等现象，则应更换

(续)

故障类型	现象及后果		维修方法
张紧力过小	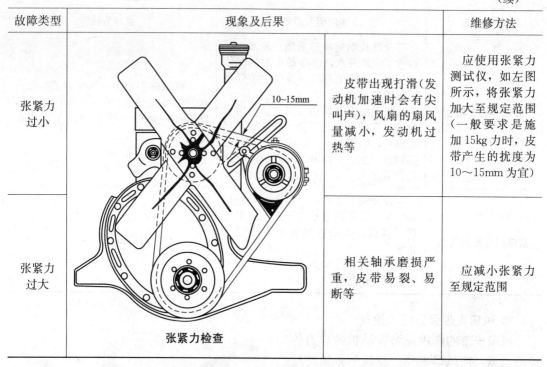 张紧力检查	皮带出现打滑(发动机加速时会有尖叫声)、风扇的扇风量减小,发动机过热等	应使用张紧力测试仪,如左图所示,将张紧力加大至规定范围(一般要求是施加15kg力时,皮带产生的扰度为10~15mm为宜)
张紧力过大		相关轴承磨损严重,皮带易裂、易断等	应减小张紧力至规定范围

3) 风扇与风扇离合器的检查

硅油风扇离合器能在发动机低温时,自动断开风扇的动力传递,使发动机快速升温,减少冷态时的快速磨损;当发动机达到正常工作温度时,又能将动力传递给风扇,使风扇正常旋转,维持发动机温度在正常范围内。如果风扇离合器中的硅油泄漏,或双金属片发生故障而造成风扇转速过低,将造成冷却水温过高。因此,应对风扇与风扇离合器进行检查,检查方法见表2-11。

表2-11 风扇与风扇离合器检查方法

故障现象	检查内容	方法及步骤
离合器冷车接合,发动机温度过低	冷车打滑检查	① 起动发动机,以中速运转1~2min,使工作腔内硅油返回储油室。 ② 将发动机熄火,然后用手拨动风扇,应转动轻松,用力较小;否则,说明硅油的黏度高或离合器故障
离合器热车打滑,发动机温度过高	热车接合检查	① 起动发动机,使水温达到90~95℃。 ② 仔细倾听风扇处的响声变化。如几分钟内噪声明显增大,风扇转速迅速提高,离合器正常。 ③ 当风扇达到全速时,立即将发动机熄火,此时用手拨转风扇,感觉较费力为正常

4) 电动风扇电路的检查

在现代轿车上大都使用电子扇来控制冷却水温。一般情况下,水温在89~92℃时,电子扇以低速旋转;水温在97~103℃时,则以高速旋转。当发动机冷却水循环良好,但水温过高时，则需检查风扇电路，如图 2.12 所示。

（1）如果空调系统正常，打开 A\C 开关观察风扇电机是否工作，如果工作，风扇电机、风扇继电器良好，应检查发动机温度开关及相关线路。

（2）就车检查温度开关。断开发动机温度开关处的接线，并接通点火开关，用一条跨接线将温度开关线和接地相连接。如果此时冷却风扇运转了，则说明继电器和风扇电动机是好的，而发动机温度开关或其连接导线发生损坏。

（3）打开 A\C 开关后风扇电机如果不工作，检查风扇继电器是否良好。

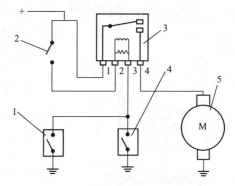

图 2.12　电动风扇控制电路检查方法及步骤

1—冷凝器开关；2—点火开关；3—风扇继电器；4—温度开关；5—风扇电机

（4）打开点火开关，端子 1、端子 2 与接地之间应有电源电压，否则检查相关线路。在端子 1、端子 2 与接地之间有电源电压的状态下，将端子 3 接地，端子 4 和接地之间应有电源电压，否则更换风扇继电器。

（5）若端子 4 和接地之间电源电压正常，那么就将测试灯连接在风扇电动机供电端子上。如果不亮，应检查继电器到风扇电动机供电端子是否断路；如果亮，则断开风扇电动机导线，用欧姆表将电动机的接地线与接地端连接起来。欧姆表的读数应该非常接近于 0 欧姆。如果欧姆表读数高于 0 欧姆，那么就需要维修电动机接地线中的高电阻问题。可通过电路图查找接地点并清理氧化物，重新紧固螺钉。

（6）如果风扇电动机供电及接地都正常，那就需要更换冷却风扇电动机了。

特别提示

不同车型的电路控制略有不同，可参考上述检查思路，结合相关车型的电路特点灵活运用检测设备排除故障。

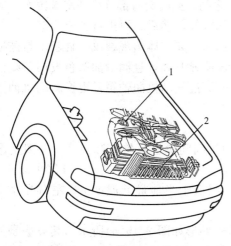

图 2.13　节温器就车检查法

1—节温器；2—散热器

5）节温器的检查

节温器是通过控制冷却水流量的大小，来控制冷却强度的。性能良好的节温器应在水温 68～72℃时，通往散热器的主阀门开始开启，80～85℃时主阀门完全打开。若开启水温过高，说明节温器阀门开启过晚，会导致冷却水温过高。在冬季，水温过低会导致散热器结冰，造成芯管损坏等。因此为了保证冷却系技术状况良好，应对节温器性能进行检查。节温器性能的检查有就车检查和元件检查两种。

（1）就车检查方法及步骤如下。

① 在冷却水温度较高时，拆下汽缸盖通往散热器上水室接头胶管，用布或纱塞住上水室接头，如图 2.13 所示。

② 向散热器内加注冷却水，然后起动发动机。当水温达到 80℃ 时，节温器处于开启状态，此时看到散热器中的水从用布或纱塞住的上水室接头冒出。

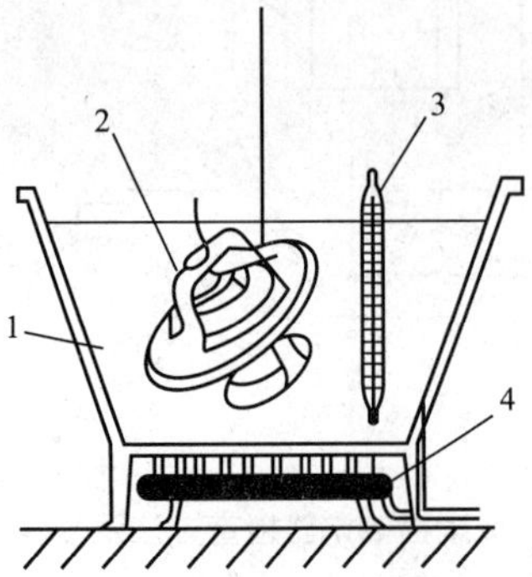

③ 当发动机转速越高时，泵出的距离越远。

④ 高温水泵出一段时间后，向散热器内加入冷却水，节温器随着发动机冷却水温度降低而关闭，通往上水室的胶管就没有水泵出了。

⑤ 如果发动机继续运转，冷却水温升到 80℃ 以上时，节温器又重新开启。

⑥ 若节温器开启和关闭温度不符合标准或动作失灵，则应更换节温器。

(2) 元件检查方法及步骤如下

① 将节温器拆下，放在盛有水的器皿中加热，如图 2.14 所示。

图 2.14 节温器元件检查法
1—容器；2—节温器；
3—温度计；4—加热器

② 用量程为 100℃ 的温度计，测量主阀门开始开启和完全开启时的温度，并用量具测量全开时主阀门的升程来检查节温器的性能（不同车辆装用的节温器可能有不同的要求，应参照该车型说明书给出的标准）。

③ 检查节温器的主阀门在全开时最大升程，一般要求为 8.5mm，使用限度为 6mm；节温器的性能检验若不符合上述要求，一般应予更换。

3．冷却液检测

1) 冷却液液面检查

冷却液是用防冻液与水按照一定的比例混合配制而成，具有防腐、防垢、防冻、防沸腾功能。不同车型防冻液混合比不同，因此，在加注时不能够混用，以免起化学反应、沉淀或产生气泡。发动机冷却水缺失会造成发动机温度过高，所以，应及时检查冷却液液面。

发动机正常工作时，冷却水温度应在 80~95℃ 之间，此时会有部分冷却水被蒸发，应及时进行补充；若发现明显泄漏，先进行泄漏部位的维修，然后，再进行补充冷却液；若未发现泄漏，但液面明显过低时，应进行泄漏部位诊断，如缸体出现裂纹、缸套水封破损等，都会造成冷却液液面下降。如拔出机油尺，油面明显升高，且润滑油颜色发白，则说明冷却水漏进了曲轴箱，应找出漏油部位予以修复并清洗发动机曲轴箱且更换新的机油及机油滤清器，最后，再进行冷却液加注。

2) 冷却液冰点检查

冷却系统应按行驶一定的千米数或每隔一定的时间间隔进行检查和更换。一般情况下，防冻液与水的比例为 40∶60 时，冷却液沸点为 106℃，冰点为 -26℃，当 50∶50 时，冷却液沸点为 108℃，冰点为 -38℃。一般要求按照低于当地最低温度 5℃ 左右配制冷却液。

可利用冰点测试仪对冷却液冰点进行测试，结构外形如图 2.15(a) 所示。其方法是如下。首先，用取液管吸取冷却液，再滴在冰点测试仪测试片上，如图 2.15(b) 所示（注意：水平放置测试仪）。最后，目视观察窗即可读取冰点值，如图 2.15(c) 所示。

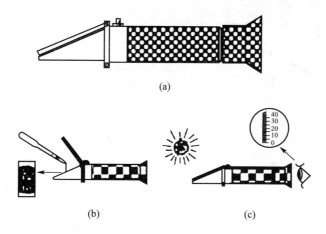

图 2.15 冰点测试仪

3）冷却液更换

冷却液有效使用期多为两年，到期或发现冷却液失效就要更换，更换方法和步骤见表 2-12。

表 2-12 冷却液更换方法和步骤

更换步骤	具 体 内 容
第一步：系统检查	在更换防冻液之前，要先对冷却系进行全面检查。系统无泄漏、工作良好
第二步：放水	将旧的防冻液放出，之后用清水清洗冷却水道。将清水加入防冻液补充罐，加满后将车急速运转 3～5min，让水循环起来然后放掉冷却水。注意别忘了将暖风水管拆掉，把暖风水箱的水放干净
第三步：换新液	放水大约 1 小时后，将新的防冻液加入防冻液罐，加到防冻液罐快满了为止，打着车 10min 左右，这时冷却系统由于排除了部分空气，液面有所下降，再把防冻液加进去，加注到储液罐的最高标记"MAXT"为止

2.4.2 冷却系常见故障诊断

冷却系在使用过程中，常出现冷却水温过高、冷却水温过低、漏水等故障。当冷却水温过高时，不仅使润滑油变稀而降低润滑质量，加剧运动件表面的磨损，而且容易导致粘缸、活塞环卡死等故障发生。因此，行车中如发现水温过高，应及时进行检查，做出诊断，并采取相应措施，将故障予以排除，以保证汽车能正常运行。

1. 温度过高故障诊断

当冷却系温度过高时，应停止发动机工作，进行故障检测与诊断。故障检测与诊断的流程如图 2.16 所示，故障的现象、原因及诊断方法见表 2-13。

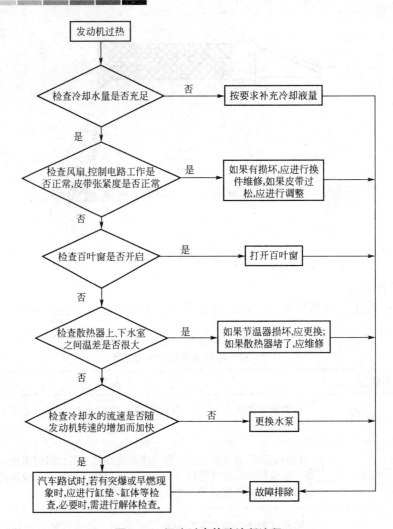

图 2.16 温度过高故障诊断流程

表 2-13 温度过高故障现象、原因及诊断

故障现象	可能原因	诊断方法
汽车在运行中，在百叶窗完全打开的情况下，水温表指针经常指在 100℃ 上，且散热器伴随有"开锅"现象；汽油机易发生突爆或早燃，柴油机易发生工作粗暴；发动机熄火困难	① 冷却系中水量不足。 ② 百叶窗未完全打开或水温表和水温传感器出故障。 ③ 风扇传动带打滑或断裂；风扇离合器接合时机太晚；风扇不工作。 ④ 节温器损坏或失效。 ⑤ 散热器下、上部出水管冻结或堵塞。 ⑥ 水泵泵水效能欠佳或水泵轴与叶轮脱开。 ⑦ 燃烧室积炭太多；突爆或早燃；混合气太稀或太浓；点火时间或供油时间太迟等。 ⑧ 机油池油面太低、机油太稠、机油老化变质，致使润滑性能、散热性能降低。 ⑨ 汽车超载、长时间用低挡行驶、爬越长坡、在天气炎热或高原地区行驶	① 检查百叶窗是否完全打开。 ② 确认水温表和水温传感器技术状况应良好。 ③ 检查风扇传动带松紧度，如果过小，应按要求调整。 ④ 检查散热器上下水室之间温差，如果过大，检查节温器、水箱芯管是否损坏。 ⑤ 检查水流流速是否随发动机转速增加而加快，如果不是，说明水泵出故障，应更换或维修

2. 温度过低故障诊断

当冷却系温度过低时,应停止发动机工作,进行故障检测与诊断。故障检测与诊断的流程如图 2.17 所示,故障的现象、原因及诊断方法见表 2-14。

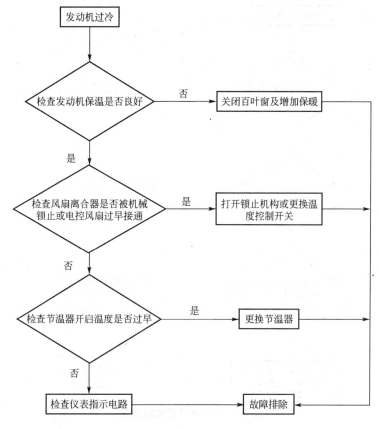

图 2.17 温度过低故障诊断流程

表 2-14 温度过低故障现象、原因及诊断

故障现象	可能原因	诊断方法
冬季使用车辆时,在百叶窗完全关闭、水温表和水温传感器技术状况完好的情况下,发动机达不到正常工作温度;出现发动机动力不足,油耗增加等现象	① 冬季汽车头部保温不良。 ② 发动机两侧下部的挡风板失落或严重变形等。 ③ 未装节温器或节温器失效。 ④ 风扇离合器接合太早或损坏。 ⑤ 电子扇温控开关失效	① 检查百叶窗是否完全关闭、水温表和水温传感器技术状况是否正常。 ② 检查汽车头部保温是否良好,若保温不好,应加强发动机保温。 ③ 起动发动机,当水温未达到80℃时,检查散热器是否也在升温,如果是说明节温器失效。 ④ 检查风扇转速情况,当水温未达到80℃时,风扇是不是也开始转动,如果是说明风扇离合器接合太早或损坏。 ⑤ 检查电子扇温控开关接合温度

3. 漏水故障诊断

当冷却系出现漏水时,应停止发动机工作,进行故障检测与诊断。故障检测与诊断的流程如图 2.18 所示,故障的现象、原因及诊断方法见表 2-15。

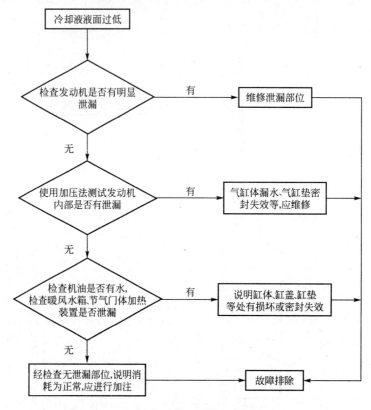

图 2.18　漏水故障诊断流程

表 2-15　漏水故障的现象、原因及诊断

故障现象	可能原因	诊断方法
冷却水消耗量较大,停车检查时,会发现有明显的冷却水滴落地面;或有时发现机油池内有水等现象	① 缸盖、缸体变形或有裂纹、缸垫损坏。 ② 缸盖螺栓松动或未按规定顺序上紧,或水套侧盖衬垫损坏、螺钉松动或螺钉未按规定顺序上紧。 ③ 散热器上下水室、芯管破裂或开焊。 ④ 橡胶软管破裂或卡子松动,或放水开关关闭不严。 ⑤ 水泵衬垫损坏、螺钉松动或水封失效。 ⑥ 机体上的水堵封水不严。 ⑦ 湿式缸套下端封水不佳或密封条损坏	① 外观检查发动机有无漏水部位,若有应维修此处。 ② 检查水泵壳体下部有无漏水,若有说明水封损坏。 ③ 检查机油池内有无水分,若有说明汽缸衬垫损坏或缸盖螺栓松动,再或者是湿式缸套下端封水不佳或密封条损坏等。 ④ 使用加压法检测发动机内部是否存在泄漏部位,若有应进行维修

🔑 特别提示

造成发动机高温，除了冷却系统原因外，还有汽油机的点火提前角或柴油机的供油提前角过早或滞后；频繁起动和长时间怠速运转；加装空调的汽车，若冷凝器与散热器距离太近，散热受阻；在超载情况下高速行驶；在长距离的上坡路上连续行驶；水冷系中水垢过多，热传递受阻，不能及时散热等。

应用案例

一辆桑塔纳2000GLI汽车(发动机AFE，电控系统为M1.5.4)发动机出现高温现象，经检查，冷却液位正常，经与驾驶员交流得知，发动机高温时电控扇没有起动，维修工检查风扇电机正常后更换了温度控制开关，故障现象没有好转，发动机高温状态下检测温度控制开关，检测结果为断路。新的温控开关有问题？维修进入僵局。检查水箱上下的温差发现，上下温差很大，水泵皮带紧度正常、水箱无阻塞现象，检查节温器发现已经失效。到此故障已明了，节温器故障导致水循环不好，进而导致温控开关无法工作。更换节温器，故障排除。

案例分析：故障诊断要注意相关元件的工作条件，问题的解决还要通过维修人员的分析、判断，通过故障相关元件的工作条件确认，最终解决相关问题。

2.5 柴油机燃料供给系的检测与诊断

在使用过程中，柴油机燃料供给系经常会出现一些异常变化，如燃油系统泄漏会使油管内形成泡沫或气泡，造成发动机起动困难、功率不足、易熄火等故障。因此，为确保柴油机技术状况良好，应定期对燃料供给系进行密封性检测和零件性能检测。

2.5.1 柴油机燃料供给系的组成

柴油黏度大，蒸发性差，不可能通过化油器或低压的电喷嘴在汽缸外部与空气形成均匀的混合气，故采用高压喷射，在压缩行程终了时把柴油喷入汽缸，直接在汽缸内部形成混合气，并借助缸内压缩空气的高温自行发火燃烧，由此决定了柴油机供给系的组成、构造及其工作原理与汽油机供给系有较大的区别。柴油机燃油供给系统主要包括燃油高压供给系统和低压供给系统两大部分。主要由柴油箱、输油泵、低压油管、柴油滤清器、喷油泵、高压油管、喷油器和回油管等组成。

1. 直列式高压泵供油系统

直列式高压泵供油系统主要组成如图2.19所示。

2. 轴向压缩式分配泵供油系统

轴向压缩式分配泵供油系统主要组成如图2.20所示。

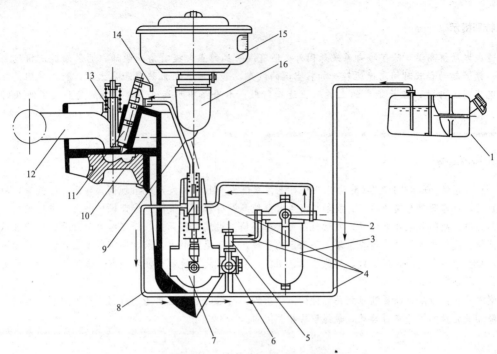

图 2.19 直列式高压泵供油系统

1—油箱；2—溢流阀；3—柴油滤清器；4—低压油管；5—手动输油泵；6—输油泵；7—喷油泵；
8—回油管；9—高压油管；10—燃烧室；11—喷油器；12—排气管；13—排气门；
14—排油管；15—空气滤清器；16—进气管

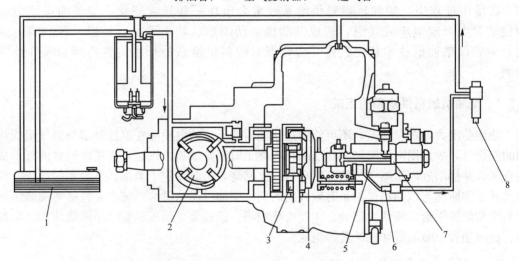

图 2.20 轴向压缩式分配泵供油系统

1—油箱；2—输油泵；3—滚轮；4—凸轮盘；5—转子；6—出油阀总成；7—高压泵；8—喷油器

2.5.2 柴油机燃料供给系的检修

1. 柴油机燃料供给系的密封性检查

以捷达 SDI 发动机燃料供给系统为例介绍柴油机燃料供给系的密封性检查方法，设备连接如图 2.21 所示,将 V.A.G1274/11 与 V.A.G1274 相连。拆下喷油泵回油管后将 V.A.G1274/11 软管接到回油管。将专用工具 3094 夹到燃油滤清器后的输油管和喷油泵回油管上。

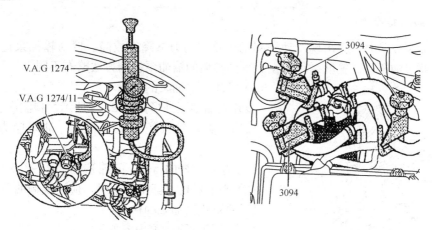

图 2.21 柴油机燃料供给系密封性检查

用 V.A.G1274 产生 100~150kPa 的真空压力,若该压力不断下降,则应查找泄漏点并排除故障。用同样的方法分段对其他油路进行检查。

2. 柴油机燃料供给系的排气

当柴油耗尽,重新加油或柴油机燃料供给系统维修后,必须对柴油机燃料供给系统排气。以捷达 SDI 发动机燃料供给系统为例介绍排气方法,设备连接如图 2.22 所示,用专用工具 3094 夹住燃油回油管,拔下右侧缸体上的喷油嘴回油管,将软管 3 插到喷油泵软管接头上,将 V.A.G1390/1 中的渐缩管 2 插到软管 3 上。将渐缩管 2 与软管 1 和 V.A.G1390/1 相连。操纵手动真空泵 3 次,给 V.A.G1390/1 加油。注意:即使给 V.A.G1390/1 加了 3 次油,管路中仍可能会有气泡。

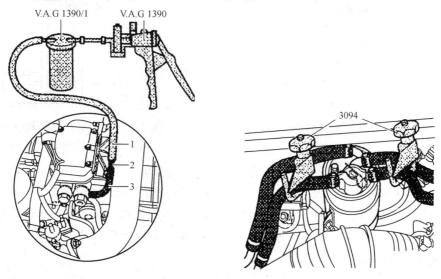

图 2.22 柴油机燃料供给系排气

再次将回油管接到喷油泵上。取下回油管上的夹子(3094),重新装上 28 号保险丝。起动发动机,检查燃油系统是否有气。注意:试起动不要超过 15s。若发动机无法起动,则再次重复上述排气过程。

3. 输油泵的检测

当输油泵故障时,会出现发动机起动困难、动力下降等故障。要对输油泵进行检修,项目包括调节油压值、输油泵供油量。不同类型的输油泵检测方法略有不同。

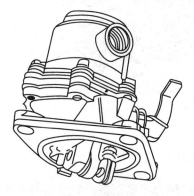

图 2.23 膜片式输油泵外形

1) 膜片式输油泵的检测

膜片式输油泵外形如图 2.23 所示。检测内容如下。

(1) 检查输油泵正常工作油压,油压应为 250kPa±0.5kPa。

(2) 检查推杆的行程,正常应为 2.5～2.6mm。

(3) 当上述检查都不正常时,应更换输油泵。

2) 柱塞式输油泵的检测

柱塞式输油泵检测内容如下。

(1) 检查输油泵气密性,如图 2.24 所示。加入 0.2MPa 的压缩空气,顶杆配合处不得有漏气现象。

(2) 检查输油泵的泵油性能,如图 2.25 所示。

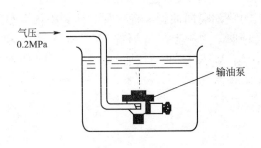

图 2.24 输油泵气密性检查

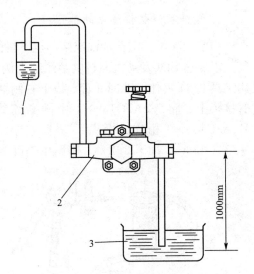

图 2.25 输油泵的泵油性能检查
1—油杯 A;2—输油泵;3—油杯 B

测试条件:输油管内径 8mm、长度 2000mm、油面高度落差 1000mm。

首先,用手动方式,使输油泵以 80～100 次/min 进行工作,输油泵在 30s 内应有燃油从出油口流出,即燃油从油杯 A 流到油杯 B。然后,检测输油泵流量,要求在试验台上以 1100r/min 工作,应满足 1.8L/min 燃油从出油口流出(凸轮升程不低于 6mm)。

4. 喷油器的检测

喷油器性能好坏,直接影响发动机的工作状况。有故障的喷油器将导致发动机动力下降、过量的冒黑烟、冷起动时有较强的青烟、较高的燃油消耗量、发动机过热、一个或几个缸工作不良、起动困难等故障。当出现上述现象时,应对喷油器进行检修。

1) 检测时注意事项

(1) 拆装前,连接处和周围环境应清理干净。

(2) 拆后的零件应放在干净的地方并盖好,不能使用脱落纤维的抹布。

(3) 当维修不立即进行时,打开的零件应仔细盖好。

(4) 配件应在装配前直接开包取出,不使用的零件不能开包。

(5) 对拆开的设备尽可能不用压缩空气处理,车辆尽可能不移动。

(6) 柴油不能流进冷却水管。否则,应立即清理冷却水管,不能清理干净的应更换。

2) 喷油器针阀密封性检测

(1) 将被测喷油器按图 2.26 所示,进行连接,连接管路密封要良好。

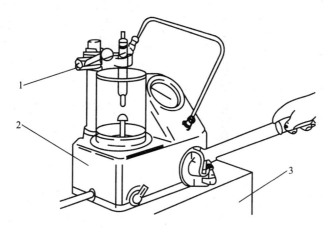

图 2.26 喷油器针阀密封性检测
1—喷油器;2—专用工具;3—工作台

(2) 用手泵以每分钟 10 次的速度均匀地按动手泵,将油压升至约 15MPa,并在压力为 15MPa 下保持 10s,此时,喷油嘴处不得有渗漏或滴油现象,当存在密封问题时应清洗或更换喷油器。

(3) 继续调整高压螺钉,并用手泵将油压升至 22.54~24.5MPa,停止压油,记录油压从 19.6MPa 降到 17.64MPa 的时间,应不少于 9~12s。若少于,则说明喷油器针阀密封性不好。

3) 喷油器开启压力检测

校准喷油器即对喷油器弹簧施加一定的载荷,这一载荷实际上就是浮起喷油器针阀所需的压力,它应与规定的喷油压力相符。通过调整高压螺钉或更换喷油压力调整垫片可改变弹簧的负载,从而也就调整了喷油压力。检测方法和步骤如下。

(1) 用手泵将油压升高直至喷油器开始喷油,此时的喷油压力应符合各型号喷油器的规定值,如图 2.27 所示。

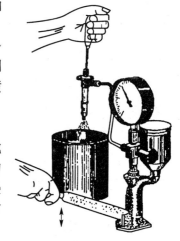

图 2.27 喷油器开启压力检测及调整

(2) 旋入高压螺钉，喷油压力增大，反之压力下降；增加垫片厚度，喷油压力增大，反之压力下降。为保证柴油机运转平稳，同一台柴油机各缸喷油压力差应不得大于 245kPa。

4) 喷油器雾化质量检测

用手泵以 60~70 次/min 的速度压油，进行雾化试验，喷孔喷出的柴油应成雾状，不应有明显的肉眼可见的飞溅油粒或连续性油柱，以及极易判别的局部浓稀不均匀现象。

5. 柱塞偶件的检测

柱塞偶件的磨损有其一定的规律，常见磨损部位如图 2.28 所示。在无专用设备检测条件下，磨损程度可以通过外观检视、滑动试验和密封试验判定。

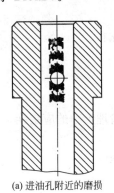
(a) 进油孔附近的磨损

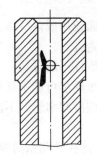
(b) 回油孔附近的磨损

图 2.28 柱塞偶件磨损部位

🔑 **特别提示**

(1) 喷油器试验是在高压条件下进行的，千万不要将手掌放在喷嘴下压油，以免高压油粒穿透皮肤，造成局部肌肉坏死。另外，要注意防火。

(2) 不同车型的技术参数略有不同，维修可查阅相关车型维修手册。

1) 外观检查

将认真清洗后的柱塞从柱塞套筒中拉出检视，若其表面光亮并呈淡蓝紫色光泽，则表明磨损不大，可以继续使用；若表面呈无光泽的黄色或严重的拉痕，则表明柱塞已磨损严重，不能再用。

2) 滑动试验

将在清洁柴油中清洗后的柱塞偶件保持与水平线成 60°的位置，拉出柱塞长度的 1/3。如它能借自重缓慢滑下，则属正常，如图 2.29 所示；如出现卡滞或急剧滑下，则均应更换新件。

3) 密封试验

将用柴油浸润后的柱塞偶件拿在手上，用手指堵住柱塞套上端孔、进油孔和回油孔，如图 2.30 所示。另一只手拿住柱塞下脚，转至最大供油位置，将柱塞拉出 5~7mm，当

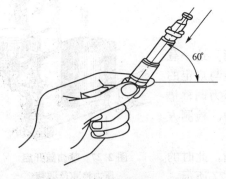

图 2.29 柱塞偶件滑动情况检查

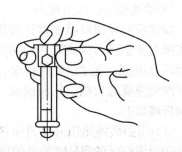

图 2.30 柱塞偶件密封情况检查

感到有真空吸力时，迅速松开，若此时柱塞能迅速回到原来位置，则可继续使用，否则应更换新件。

6. 出油阀偶件的检测

出油阀偶件的磨损主要在密封锥面和减压环带上，如图 2.31 所示。检修方法和柱塞偶件检修方法类似。外观检视工作面不允许有任何刻痕、裂纹、锈蚀、局部阴影及斑纹；密封锥面环带应光泽明亮，连续完整，宽度不得大于 0.5 mm。

7. 喷油泵检测

在正常情况下，汽车行驶约 80000km 或发动机的经济性和动力性明显下降时，应对喷油泵做一次检修。喷油泵的检修通常是把喷油泵和调速器视为一个整体来维修。检修作业的内容包括检查喷油泵的工作性能是否满足柴油机的工作要求，需要将喷油泵取下来装在试验台上做调整作业，典型喷油泵试验台结构如图 2.32 所示。试验台常见检测项目如下。

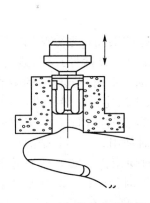

图 2.31 出油阀偶件密封性检查

图 2.32 典型喷油泵试验台结构
1—气路输出调节；2—工作台；3—量油箱；
4—测控显示箱；5—仪表面板；
6—配电柜；7—转速调节

(1) 喷油泵密封性检验。
(2) 预行程检查和调整。
(3) 供油间隙角检查和调整。
(4) 规定转速下的供油量及其均匀性检测和调整。
(5) 机械离心式调速器齿杆行程测量及相关调整。
(6) 机械离心式调速器动态调速性能检测。
(7) 带增压补偿器的调速器性能检测及调整。
(8) 喷油泵附带电磁阀性能检查。
(9) 气膜真空调速器的检查和调整。
(10) 分配泵供油性能检查和调整。
(11) 分配泵泵体内压检测和调整。

(12) 输油泵供油压力检查。

(13) 输油泵供油流量检查。

(14) 回油阀回油压力检测和调整。

8. 供油系统结蜡的预防

在寒冷地区，选用柴油的标号如果不适合使用温度区间，柴油机供油系统就可能结蜡，堵塞油路，俗称"挂蜡"。挂蜡将影响发动机的正常工作，严重的会造成车辆起动困难，柴油的标号越低，结蜡的可能性就越小，当然价格也就越高。柴油挂蜡的解决方法如下。

1) 添加剂法

选合适的添加剂把柴油防凝剂按一定的比例添加到柴油里之后，就能有效地防凝防冻，保证供油畅通。以0#柴油为例，如果气温骤降至零下时，对于使用0#柴油的车辆就无法正常行驶了，按1∶1000的添加比例添加柴油防凝剂后，检测数据显示：冷凝点最高可降低20℃，最低凝点能达到−16℃～−38℃。可见，0#柴油按1∶1000比例添加防凝剂可达到−10#柴油的降凝效果，−10#柴油可达到−20#柴油的降凝效果。油品较好的0#柴油可以直接达到−20#柴油的降凝效果。

2) 使用高凝固点柴油

柴油机防冻的最好办法是根据气温变化加注抗冻性好的柴油，划分柴油标号的依据则是柴油的凝固点。目前国内应用的轻柴油按凝固点分为6个标号：5#柴油、0#柴油、−10#柴油、−20#柴油、−35#柴油和−50#柴油。选用不同标号的柴油应主要根据使用时的气温决定。一般来讲，5#柴油适合于气温在8℃以上时使用；0#柴油适用于气温在8℃至4℃时使用；−10#柴油适用于气温在4℃至−5℃时使用；−20#柴油适用于气温在−5℃至−14℃时使用；−35#柴油适用于气温在−14℃至−29℃时使用；−50#柴油适用于气温在−29℃至−44℃或者低于该温度时使用。

3) 电加热器法

柴油机防结蜡器，属柴油机油箱所用的电加热器之一。它由电热丝、外壳、陶瓷和电源线组成，具有能提高油箱内柴油温度，防止结蜡，同时提高了供油系统的油温，使雾化更细腻，燃烧彻底，节省燃料，尾气排放干净，有利环保的功效。电加热器控制电路如图2.33所示。

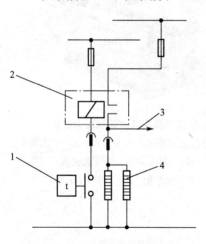

图2.33 柴油电加热器控制电路

1—燃油温度开关；2—燃油预热继电器；3—接仪表；4—燃油预热塞

2.5.3 常见故障诊断

柴油机供给系的常见故障有起动困难、功率不足、工作不稳、排气烟色不正常和飞车等。故障的原因是多种多样的，它们的外部表现也是错综复杂的，某一故障的原因会产生多种故障现象。因此，当发动机出现故障时，应根据故障出现的时机、特征以及伴随的现象,进行综合分析、判断,直至诊断出故障部位。

1. 起动困难

1) 故障现象

柴油机起动时无着车征兆,或虽有着车征兆但多次起动仍发动不起来;起动过程中排气管冒烟极少或不冒烟;起动时排气管冒白烟或灰白烟。

2) 可能原因

(1) 油箱内无柴油、油箱开关未打开或油箱盖通气孔堵塞。

(2) 油路中有空气或水,汽缸进水。

(3) 油管堵塞、破裂或管接头漏油。

(4) 柴油滤清器滤芯堵塞或密封不好。

(5) 输油泵工作不良或进油口滤网堵塞。

(6) 柴油牌号不对或柴油质量不佳。

(7) 喷油泵供油拉杆卡死在不供油位置或犯卡而无法达到起动加浓供油的位置。

(8) 油门操纵拉杆脱落。

(9) 喷油泵联轴器损坏。

(10) 出油阀偶件关闭不严或其弹簧疲劳、折断。

(11) 喷油器针阀卡死在关闭位置或喷孔被积炭堵塞。

(12) 喷油泵柱塞偶件严重磨损。

(13) 高压油管破裂或接头松动。

(14) 供油时间过早、过迟或联轴器可调节部分松动。

(15) 低压油路溢流阀损坏,使低压油供油压力不足。

(16) 喷油器针阀偶件严重磨损或弹簧疲劳、折断、调整不当。

(17) 起动转速太低或起动预热程度不够。

(18) 汽缸压缩压力不足或空气滤清器严重堵塞。

(19) 排气不畅通,使缸内废气过多。

(20) 起动供油量调整不够。

3) 诊断方法

当柴油机起动困难时,首先要检查起动的必要条件是否都能满足,即起动时转速、汽缸压缩压力、空气和燃油的量是否满足条件。若必要条件满足,则应观察起动时排气管的排烟情况,若起动时排气管不冒烟,说明燃油没能进入燃烧室中,其诊断流程图如图 2.34 所示。若起动时排气管冒白烟或灰白烟,表明柴油已进入燃烧室,但未能着火燃烧,其诊断流程图如图 2.35 所示。

2. 功率不足

1) 故障现象

汽车行驶中柴油机运转无力、爬坡能力下降、加速不灵敏、需经常换低挡位行驶。

2) 可能原因

(1) 冬季保温措施不足,致使发动机工作温度太低。

(2) 供油拉杆犯卡或调速弹簧折断。

(3) 调速器调节不当,使发动机达不到额定转速。

(4) 配气定时不准确。
(5) 额定循环供油量调整得太低或太高。
(6) 个别缸工作不良或根本不工作。
(7) 燃烧室内窜入机油。
3) 诊断方法
发动机工作时功率不足时，其诊断流程如图 2.36 所示。

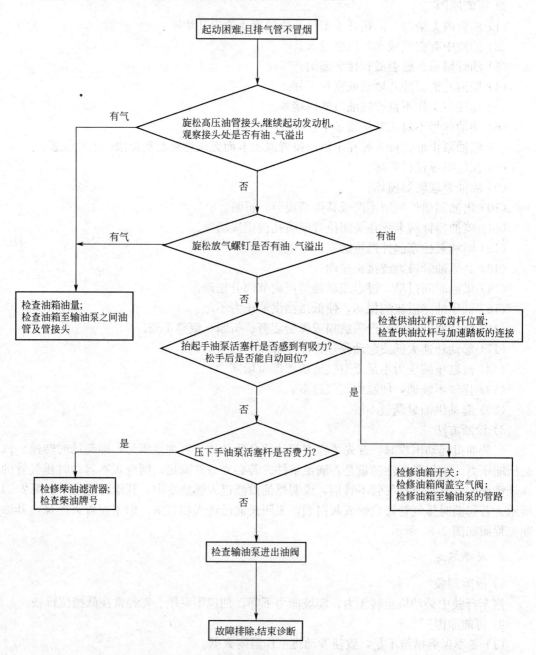

图 2.34　起动困难且排气管不冒烟故障诊断流程

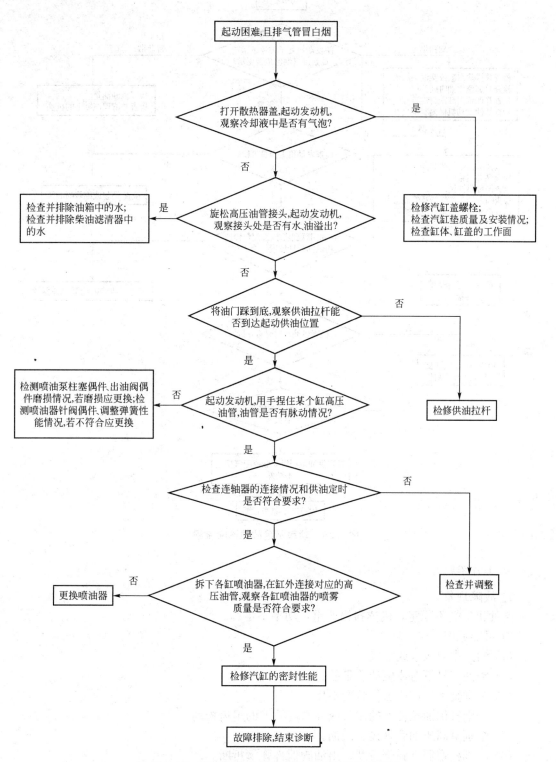

图 2.35 起动困难且排气管冒白烟故障诊断流程

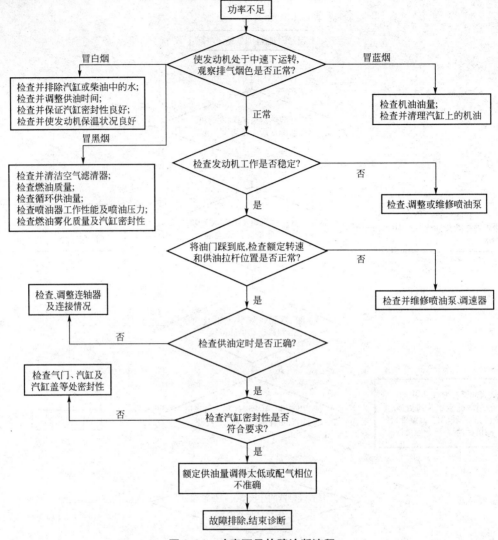

图 2.36 功率不足故障诊断流程

3. 工作不稳定

1) 故障现象

柴油机运转不稳定,机体抖振严重,功率不足。

2) 可能原因

(1) 油路中混入水或空气。

(2) 柴油牌号不对或柴油质量差。

(3) 个别缸不工作或工作状况不良。

(4) 个别缸供油拉杆上的拨叉或柱塞套筒上的扇齿松动。

(5) 个别缸高压油管管接头漏油。

(6) 个别柱塞偶件弹簧折断、出油阀偶件弹簧折断。

(7) 各缸供油时间、供油量不均匀。

(8) 个别喷油器喷油质量不好。

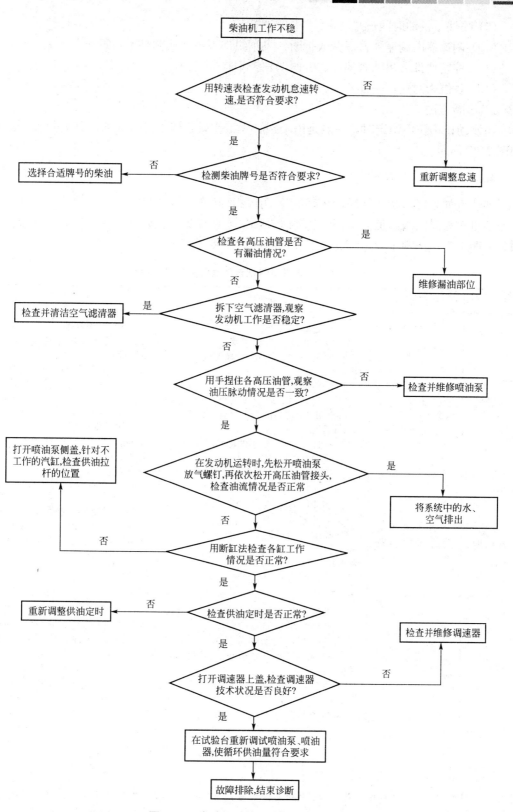

图 2.37 发动机工作不稳故障诊断流程

(9) 喷油泵供油时间过早。

(10) 调速器因调速弹簧疲劳或折断、飞锤组件不灵活或调整不当等。

(11) 柱塞偶件、出油阀偶件、针阀偶件技术状况不一。

(12) 各缸密封性不一样。

3) 诊断方法

当发动机工作不稳定时,一般是由个别缸不工作或工作不良造成的,其故障诊断流程如图2.37所示。

4. 排气烟色不正常

柴油机如果技术状况良好,在有负荷工作时,正常的排气应该是无色透明的气体。只有柴油机在短时间内超负荷运转或起动时,排气才呈现灰色。如果出现黑烟、蓝烟或白烟时,表明发动机出现了故障。其原因和诊断过程见表2-16。

表2-16 不正常排气烟色的原因和诊断过程

排气烟色	故障现象	可能原因	原因分析
排黑烟	柴油机排气管排出灰色或深灰色烟雾	① 柴油质量太差。 ② 空气滤清器严重堵塞。 ③ 增压柴油机的增压器失效,供气压力不足。 ④ 循环供油量太大。 ⑤ 喷油器喷雾质量差或喷油器滴油。 ⑥ 校正加浓供油量太大,常在超负荷下运行。 ⑦ 各缸供油不均匀度太大。 ⑧ 喷油时间过迟。 ⑨ 汽缸工作温度低或压缩压力不足	① 将柴油机循环供油量增大,如果急速时排黑烟,说明急速循环供油量太大。 ② 使发动机处于额定转速工作,如果排黑烟,说明额定循环供油量太大。 ③ 使发动机处于大负荷运转,如果排黑烟,说明校正加浓供油量太大。但柴油机短时间超负荷运转,其排气烟色为灰色尚属正常
排白烟	柴油机排气管排出白色烟雾	① 柴油中有水或汽缸中进水。 ② 喷油器喷雾质量差。 ③ 喷油时间过迟。 ④ 汽缸工作温度太低或汽缸压缩压力不足。 ⑤ 柴油牌号不对或柴油质量低劣	冬季起动柴油机后,排气管往往冒白烟,但当柴油机达到正常工作温度后,白烟能自行消失,这是正常现象而并非故障
排蓝烟	柴油机排气管排出蓝色烟雾	① 油浴式空气滤清器内机油油面过高。 ② 柴油机机油加入过多。 ③ 活塞与汽缸壁间隙过大、活塞环弹力太小、活塞环磨损过大或活塞环装反。 ④ 进气门杆与其导管间隙过大,气门油封失效。 ⑤ 机油黏度过小	① 机油池和油浴式空气滤清器油面高时,会造成排蓝烟现象,机油油面降低后排蓝烟消失。 ② 当进气门与其导管松旷或气门油封失效后,配气机构上的机油进入汽缸,出现蓝烟现象

🔑 **特别提示**

对于进气门与其导管松旷或气门油封失效后的检查,可采取不解体检查法,可利用内窥镜检查进气门是否有大量积炭,配气机构上的机油进入汽缸,出现蓝烟现象。

5. 飞车

1) 故障现象

柴油机在汽车高速运行或自身高速空转时，尤其是全负荷或超负荷运转突然卸荷后，转速自动升高超过额定转速而失去控制。

2) 可能原因

（1）喷油泵供油拉杆（或齿杆）卡在额定供油位置不回位。

（2）柱塞调节臂与供油拉杆拨叉的连接脱落。

（3）供油拉杆（或齿杆）与飞锤组件脱开。

（4）调速器飞锤组件因犯卡、锈污或润滑不良等原因，失去效能或效能不佳。

（5）调速器内机油过多或过于粘稠。

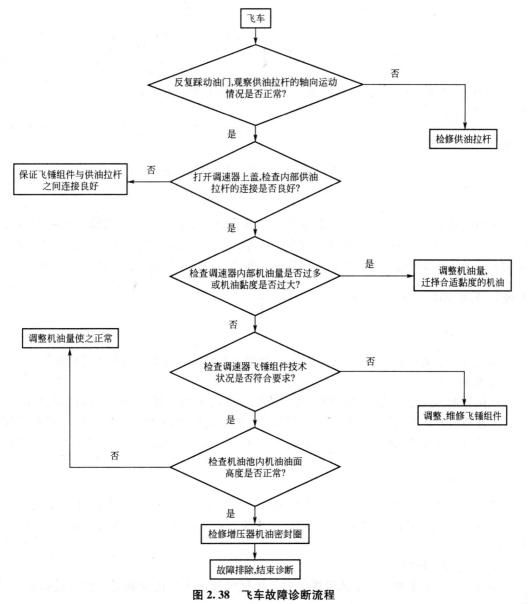

图2.38 飞车故障诊断流程

(6) 机油池加机油太多、汽缸上机油或进气门与其导管严重松旷，使燃料额外进入汽缸。

3) 诊断方法

汽车在运行中，若出现飞车现象时，千万不要脱挡或踩下离合器，应紧急制动直至发动机熄火。若汽车静止发动机空转，可采用关闭油箱开关、卸下柴油滤清器至喷油泵的管接头、用衣服和座垫等物堵死进气管口、操纵减压手柄使汽缸处于减压状态等方法，使柴油机尽快停机，其故障诊断流程如图2.38所示。

应用案例

一辆南京依维克汽车因发动机严重烧机油进厂维修，维修人员在进行发动机检查时突发发动机高速运转情况，由于事发突然，维修人员采取断油措施，但未能阻止发动机飞车，发动机持续高速运转近3min，并冒出大量蓝烟，并出现发动机异响。发动机解体后发现，缸筒已严重拉缸，发动机机油耗尽。经检修发现，废气涡轮增压器油封严重损坏，大量机油经进气系统进入发动机燃烧，废气涡轮增压器油封故障导致严重的机械故障，维修发动机并更换废气涡轮增压器油封故障排除。

案例分析：柴油机飞车故障不仅仅是高压油泵的问题，诊断类似故障要注意相关元件的检查，以防类似事故再次出现。

2.6 发动机异响的诊断

发动机异响是发动机工作时，发动机上的某个机件或部位发生的振动或产生的声波，而且在声调、声频、声强、出现的位置和次数等方面均不相同。如果发动机运转中出现异常响声，表明某部位出现了故障，应根据故障现象，分析产生的原因，诊断出异响部位。

2.6.1 异响的类型及影响因素

1. 异响的类型

发动机的常见异响，主要有机械异响、燃烧异响、空气动力异响和电磁异响等。

1) 机械异响

机械异响主要是运动副配合间隙太大或配合面有损伤，运转中引起冲击和振动造成的。因磨损或调整不当造成运动副配合间隙太大时，运转中要产生冲击和振动声波，如曲轴主轴承响、连杆轴承响、凸轮轴轴承响、活塞敲缸响、活塞销响、气门脚响、正时齿轮响等。

2) 燃烧异响

燃烧异响主要是发动机不正常燃烧造成的。如汽油发动机产生爆燃或表面点火时，汽缸内均会产生极高的压力波，这些压力波相互撞击，发出了强烈的类似敲击金属的异响。

3) 空气动力异响

空气动力异响主要是在发动机进气口、排气口和运转中的风扇处，因气流振动而造成的。

4) 电磁异响

电磁异响主要是在发电机、电动机或某些电磁元件内，由于磁场的交替变化，引起机械中某些部件或某一部分空间产生震动而造成的。

2. 异响的影响因素

发动机异响与发动机的转速、温度、负荷和润滑条件等有关。通过对发动机异响的影响因素的分析，可以找出异响变化的规律，有助于异响故障的诊断。

1) 转速

机械异响的强度一般是随转速升高而加强，所以，诊断机械异响时，发动机转速不一定很高。如听诊气门响和活塞敲缸响时，在怠速下或低速下就能听得非常明显；当主轴承响、连杆轴承响和活塞销响较为严重时，在怠速和低速下也能听到。总之诊断异响应在响声最明显的转速下进行，并尽量在低转速下进行。

2) 温度

有些异响与发动机温度有关。在机械异响诊断中，对于热膨胀系数大的配合副要特别注意发动机的热状况，最典型的例子是活塞敲缸。在发动机冷起动时，该响声非常明显，当温度升高后，该响声会减弱或消失。所以，诊断该响声应在发动机低温下进行。

发动机温度也是燃烧异响的影响因素之一。柴油机过冷时，往往会产生工作粗暴声；汽油机温度过高时，会产生爆燃或表面点火。

3) 负荷

有些异响与发动机的负荷有关。如曲轴主轴承响、连杆轴承响、活塞敲缸响、汽缸漏气响等，均随负荷增大而增强，随负荷减小而减弱；柴油机着火敲击声随负荷增大而减小。但是，也有个别异响与负荷大小无关，如气门响，在负荷变化时，其异响大小不变化。

4) 润滑条件

机械异响强度，在润滑条件不佳时，异响一般都显得严重。例如，液压挺杆在润滑不良时会有较大的异响。

5) 发动机工作循环

发动机异响往往与发动机的工作循环有明显的关系，尤其是曲柄连杆机构和配气机构的异响，都与工作循环有关。比如配气机构的异响均为发动机做功一次就发响一次；曲柄连杆的异响均为发动机做功一次就发响两次。所以，只要正确掌握异响的特点和规律，就能准确诊断发动机异响故障。

2.6.2 异响诊断仪

发动机异响的仪器诊断法，较常见的是示波器诊断法。利用示波器，能观测到异响产生的缸位、波形特征、波形幅度等，可实现快速诊断。其原理是利用振动传感器（拾振器）把各种异响对应的振动信号拾取出来，经过选频放大处理后送到示波器显示出波形，对异响进行频率鉴别和幅度鉴别，再辅之以单缸断火（或单缸断油）、转速变换等手段，就能迅速、准确地判断出异响的种类、部位和严重程度。

除了专用的异响示波器以外,很多的发动机综合检测仪均带有示波功能。下面以 WFJ-1 型微电脑发动机检测仪为例,说明发动机异响波形检测方法和步骤。

(1) 按说明书要求,输入规定的操作码,并进行异响选择。

(2) 将加速度传感器触在预测异响部件的位置,具体测试项目见表 2-17~表 2-20。

表 2-17 曲轴主轴承异响的诊断

图示	图示说明	诊断与分析
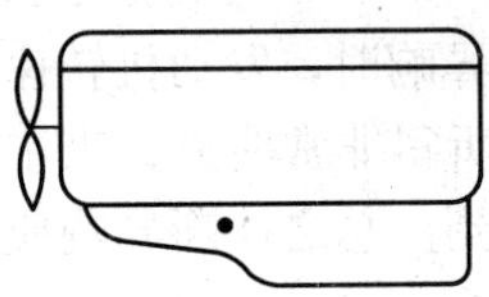	图中黑点表示加速传感器触及位置	
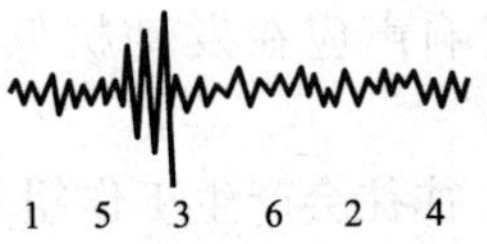	某直列 6 缸发动机的全缸波形 1 5 3 6 2 4	从全缸波形图中可以看出,有一道靠近 3 缸的主轴承波形幅度是最高的。 通过单独显示各缸波形,其中 3 缸波形幅度最高,所以确定为故障波形,即 3 缸对应的主轴承响
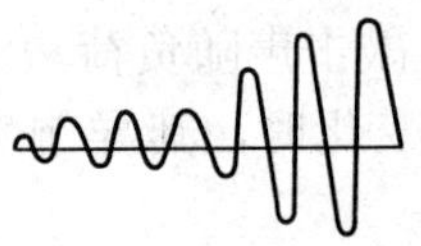	3 缸异响故障波形	

表 2-18 连杆轴承异响的诊断

图示	图示说明	诊断与分析
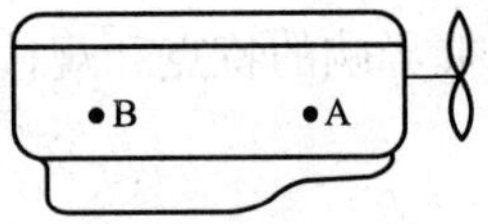	图中黑点表示加速传感器触及位置	
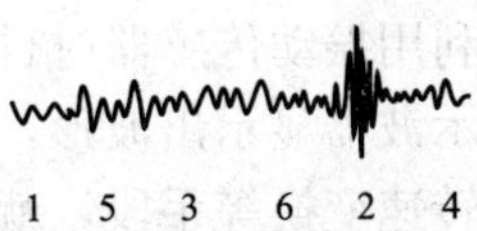	某直列 6 缸发动机的全缸波形 1 5 3 6 2 4	从全缸波形图中可以看出,有一道靠近 2 缸的主轴承波形幅度是最高的。 通过单独显示各缸波形,其中 2 缸波形幅度最高,所以确定为故障波形,即 2 缸对应的连杆轴承响

(续)

图 示	图示说明	诊断与分析
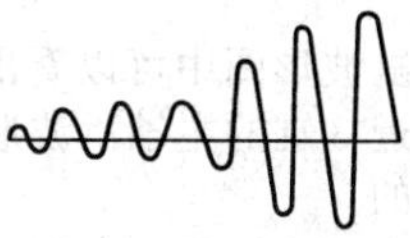	2缸异响故障波形	从全缸波形图中可以看出,有一道靠近2缸的主轴承波形幅度是最高的。 通过单独显示各缸波形,其中2缸波形幅度最高,所以确定为故障波形,即2缸对应的连杆轴承响

表 2-19 活塞敲缸异响的诊断

图 示	图示说明	诊断与分析
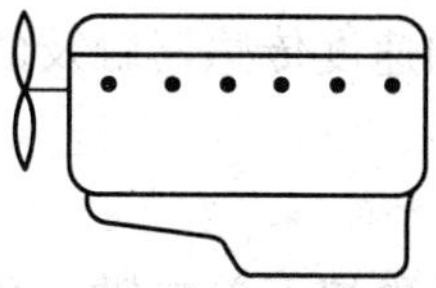	图中黑点表示加速传感器触及位置	
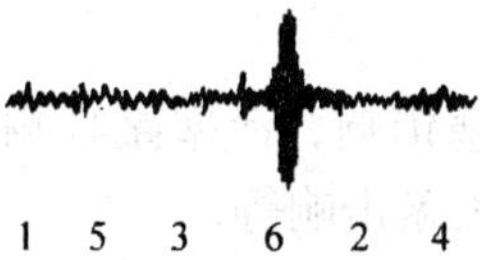 1 5 3 6 2 4	某直列6缸发动机的全缸波形	从全缸波形图中可以看出,有一道靠近6缸的主轴承波形幅度是最高的。 通过单独显示各缸波形,其中6缸波形幅度最高,所以确定为故障波形,即6缸对应的活塞敲缸响
	6缸异响故障波形	

表 2-20 活塞销异响的诊断

图 示	图示说明	诊断与分析
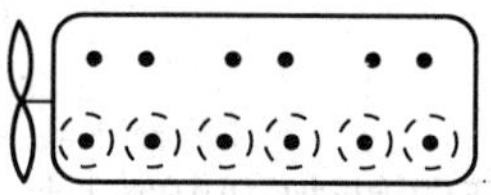	图中黑点表示加速传感器触及位置	从全缸波形图中可以看出,有一道靠近3缸的主轴承波形幅度是最高的。 通过单独显示各缸波形,其中3缸波形幅度最高,所以确定为故障波形,即3缸对应的活塞销响

(续)

图　示	图示说明	诊断与分析
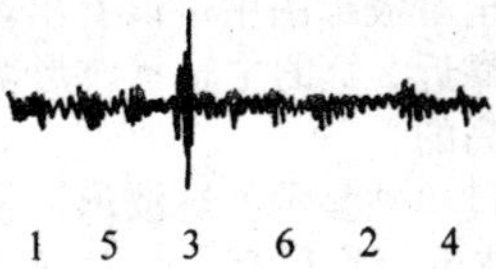 （波形图）1 5 3 6 2 4	某直列 6 缸发动机的全缸波形	从全缸波形图中可以看出，有一道靠近 3 缸的主轴承波形幅度是最高的。 通过单独显示各缸波形，其中 3 缸波形幅度最高，所以确定为故障波形，即 3 缸对应的活塞销响
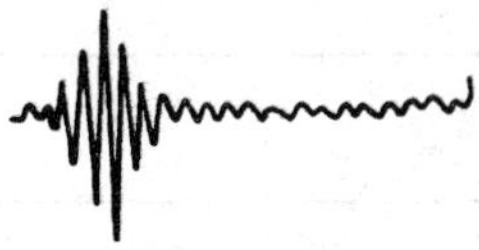 （波形图）	3 缸异响故障波形	

（3）提高发动机转速，找出响声明显的转速，并在该转速下，稳定运转或轻微抖动油门，观察示波器上瞬时波形的出现，同时响声又沉重有力，此时加速度传感器触及的位置为异响部件。

（4）按下存储键，将异响部件的故障波形存储在仪器内。

（5）按下全缸键，可显示全缸波形；找出波形幅值最大的缸，再按下单缸键，显示单缸波形。

（6）将波形幅值最大的缸进行断缸，若波形减弱或消失，则可确定产生异响的部件。

2.6.3　常见异响分析

发动机的常见异响，主要有曲轴主轴承响、连杆轴承响、活塞销响、活塞敲缸响、气门响、汽缸漏气响、正时齿轮响、汽油机点火敲击响和柴油机着火敲击响等。

1. **曲轴主轴承响**

1）故障现象

发动机突然加速时会发出沉重而有力的"刚、刚、刚"的金属敲击声，严重时机体发生很大振动。响声随发动机转速的提高而增大，随负荷的增加而增强，产生响声的部位是在缸体下部的曲轴箱内。单缸断火时响声无明显变化，相邻两缸同时断火时，响声会明显减弱。温度变化时响声不变化，机油压力明显降低。

另外，后道轴承发响，一般声音钝重发闷；前道轴承发响，声音较轻、较脆。曲轴轴向窜动出现的响声，在低速下采用微抖节气门的方法，可听到较沉重的"咯噔"、"咯噔"的响声。当踩踏离合器踏板时发动机皮带轮会有前后摆动，或伴随离合器分离不彻底。

2）可能原因

（1）主轴承盖固定螺钉松动。

（2）主轴承减磨合金烧毁或脱落。

（3）主轴承和轴颈磨损过大、轴向止推装置磨损过大，造成径向和轴向间隙过大。

（4）曲轴弯曲。

(5) 机油压力太低或机油变质。

3) 诊断过程

具体诊断步骤和操作方法见表2-21。

表2-21 曲轴主轴承响诊断过程

步骤和方法	操 作 过 程
第一步：抖动并加大节气门	使发动机在低速下运转，用手微微抖动并反复加大节气门进行试验，同时仔细倾听。如响声是随着发动机转速的升高而增大，抖动节气门时在加油的瞬间曲轴箱下部响声较明显，这一般是主轴承松旷；如发动机在急速或低速运转时响声较明显，高速时显得杂乱，则可能是曲轴弯曲；如在高速时机体有较大振动，机油压力显著降低，则一般是主轴承松旷严重、烧毁或减磨合金脱落
第二步：听诊	从加机油口处听诊。打开加机油口盖，从加油处仔细倾听，同时反复变更发动机转速进行试验。如果是主轴承响，可明显听到沉重有力的金属敲击声
	将听诊器或自制的简易听诊杆，在节气门开度不断变换的同时，触在机体曲轴箱两侧与曲轴轴线齐平的位置上进行听诊，响声最强的部位即为发响的主轴承
第三步：断火试验	断开某缸高压线或松开某缸高压油管接头，如1缸断火或断油后响声明显减弱，则为第一道主轴承响；如末缸断火后响声明显减弱，则为最后一道主轴承响；如任意相邻两缸同时断火响声明显减弱，则为两缸之间的主轴承响。曲轴轴向窜动所产生的响声，单缸断火无变化
第四步：踩离合器踏板试验	踩下离合器踏板保持不动，如果响声减弱或消失，则为曲轴轴向窜动产生的响声
第五步：柴油机的降速试验	诊断柴油机主轴承响时，为避开着火敲击声的干扰，可采取加大供油拉杆行程后再迅速收回的方法，趁发动机降速之际，如听到坚实而沉重的"刚、刚、刚"声，则有可能为主轴承响。同时应打开加机油口盖，辅之以听诊法和汽缸断油法，以便于确诊

2. 连杆轴承响

1) 故障现象

当发动机突然加速时，有"铛、铛、铛"连续明显的敲击声，是连杆轴承异响的主要特征。轴承严重松旷时，急速运转也能听到明显的响声，且机油压力降低。发动机温度变化时，响声不变化；发动机负荷变化时，响声随负荷增加而加剧；单缸断火，响声明显减弱或消失。

2) 可能原因

(1) 连杆轴承盖的固定螺栓松动或折断。

(2) 连杆轴承减磨合金烧毁或脱落。

(3) 连杆轴承或轴颈磨损过甚，造成径向间隙太大。

(4) 机油压力太低或机油变质。

3) 诊断过程

具体诊断步骤和操作方法见表2-22。

表 2-22 连杆轴承响诊断过程

步骤和方法	操作过程
第一步：变换转速试验	使发动机怠速运转，然后由怠速向低速，由低速向中速，再由中速向高速加大节气门进行试验，同时结合逐缸断火法和在加机油口处听诊等方法反复进行。响声随着转速的升高而增大，抖动节气门时，在加油的瞬间异响突出。响声严重时在任何转速下均可听到，甚至在怠速时也可听到清晰、明显的敲击声
第二步：断火试验	在怠速、中速和高速情况下，逐缸反复进行断火试验。如某缸断火后响声明显减弱或消失，在复火的瞬间又能立即出现，则可断定为该缸连杆轴承响
第三步：听诊	如用听诊器或简易听诊杆触在机体上听诊，往往不易听清楚。但在加机油口处直接倾听，可清楚地听到连杆轴承敲击声
第四步：检查机油压力	诊断中要注意检查机油压力。如果响声严重，又伴随有机油压力低，这往往成为区别连杆轴承响与活塞销响、活塞敲缸响的重要依据
第五步：柴油机连杆轴承响的诊断	柴油机连杆轴承的响声比较钝重，诊断时要避开着火敲击声的干扰，才能听得清楚。如果响声随着供油拉杆行程的加大，响声逐渐增强，并在迅速收回供油拉杆，趁发动机降速之际，能明显听到坚实的"哐、哐、哐"的敲击声，即可初步断定为连杆轴承响

3. 活塞销响

1) 故障现象

发动机在怠速、低速和从怠速向低速抖动油门时，可听到明显而又清脆的"嗒、嗒、嗒"好像两个钢球相碰的声音。响声严重时随转速的升高响声增大，但机油压力不降低。单缸断火时响声明显减弱或消失，复火瞬间，响声又出现或连续出现两个响声。

2) 可能原因

(1) 活塞销与连杆小头衬套配合松旷。

(2) 活塞销与活塞上的销孔配合松旷。

3) 诊断过程

具体诊断步骤和操作方法见表 2-23。

表 2-23 活塞销响诊断过程

步骤和方法	操作过程
第一步：抖动节气门试验	发动机怠速运转，然后由怠速向低速急抖油门，响声能随转速的变化而变化。每抖一次节气门，如能听到清脆而连贯的"嗒、嗒、嗒"的响声，则有可能是活塞销响
第二步：断火试验	将发动机稳定在响声较强的转速上，松开高压油管接头进行断火试验。当某缸断火后响声明显减弱或消失，在复火的瞬间又能立即出现或连续出现两个响声，则可断定为此缸活塞销响。如果响声严重，并且转速越高，响声越大，此时在响声较大的转速下进行断火试验，往往响声不消失且变得杂乱，这一般是由于配合间隙增大到了很大程度的缘故
第三步：听诊	在微抖油门使发动机转速不断变化的情况下，用听诊器或简易听诊杆触在发响汽缸的上部或汽缸盖上，可听到清脆的响声。打开加机油口，也能清楚地听到这一响声

4. 活塞敲缸响

1) 故障现象

发动机在急速或低速运转时，在汽缸的上部发出清晰而明显的"嗒、嗒、嗒"的响声，发动机中速以上运转时，这种异响便会减弱或消失。该响声冷车时明显，热车时减弱或消失；单缸断火，响声减弱或消失；响声严重时，负荷愈大响声也愈大，但机油压力不降低。活塞敲缸响与活塞销响较为相近。

2) 可能原因

(1) 活塞与汽缸壁配合间隙太大。
(2) 活塞与汽缸壁间润滑条件太差。
(3) 活塞在常温时反椭圆或椭圆度太小。
(4) 活塞销与活塞销座孔装配过紧。
(5) 活塞销与连杆小头衬套装配过紧。
(6) 连杆轴承装配过紧。
(7) 活塞圆柱度过大。

3) 诊断过程

具体诊断步骤和操作方法见表2-24。

表 2-24 活塞敲缸响诊断过程

步骤和方法	操 作 过 程
第一步：在不同水温下观察	若冷车时有敲击声，热车响声消失，说明是活塞敲击响，且故障尚轻，车辆可继续运行；若发动机热起后响声虽有减弱，但仍较明显，特别是大负荷低转速时听得非常清楚，说明响声严重，应停驶检修
第二步：断火(油)试验	把发动机置于敲击声最明显的转速下运转，松开高压油管接头进行断火(油)试验。如某缸断火(油)后响声减弱或消失，则为该缸敲缸响
第三步：加机油确诊	可将发动机熄火，卸下有响声汽缸的喷油器，往汽缸内倒少许机油，并用手摇把或起动机转动曲轴数圈，使机油布满在汽缸壁与活塞之间。然后装上喷油器，起动发动机，若响声短时间内减弱或消失，过一会儿又重新出现，则可确诊为是活塞敲缸响
第四步：听诊	将听诊器或简易听诊杆触在机体上部的两侧进行听诊。一般在发响汽缸的上部往往响声较弱并稍有振动，再结合断火试验，即可确定出发响的汽缸来。有时听诊还可诊断出发响的原因来，如听到"嗒、嗒、嗒"好像用小锤敲水泥地的声音时，一般是汽缸与活塞间隙太大造成的；如听到"刚、刚、刚"好像用小锤敲钢管的声音时，则有可能是汽缸壁润滑不良造成的

5. 气门响

1) 故障现象

发动机急速运转时发出连续不断的、有节奏的"嗒、嗒、嗒"（在气门脚处）或"啪、啪、啪"（在气门座处）的敲击声，转速增高时响声亦随之增高，温度变化和单缸断火时响声不减弱。若有数只气门响，则声音显得杂乱。气门脚响和气门落座响统称为气门响。

2) 可能原因

(1) 气门脚间隙太大。

(2) 气门脚间隙调整螺钉松动或该间隙处两接触面不平。

(3) 配气凸轮外形不准或磨损过大，造成缓冲段效能下降，加重了挺杆对气门脚的冲击。

(4) 气门脚处润滑不良。

(5) 气门杆与其导管配合间隙太大。

(6) 气门头部与其座圈接触不良。

(7) 气门座圈松动。

(8) 气门脚间隙太大。

(9) 液力挺杆损坏。

3) 诊断过程

具体诊断步骤和操作方法见表 2-25。

表 2-25 气门响诊断过程

步骤和方法	操 作 过 程
第一步：听诊	不打开加机油口盖。当发动机怠速运转时，听到如现象中所述的有节奏的响声，可稍加大油门。如果此时响声较明显，逐渐加油时响声又随转速的提高节奏加快，可初步断定为气门脚响或气门落座响
第二步：检查气门间隙	打开气门室侧盖或气门室顶盖，用厚薄规检查，用手晃试气门脚间隙，间隙最大的往往是最响的气门。运转中的发动机，当用厚薄规插入气门脚间隙处致使响声减弱或消失时，即可确定是该气门响，且由间隙太大造成。若需进一步确诊是气门脚响还是气门落座响，可在气门脚间隙处滴入少许机油。如瞬间响声减弱或消失，说明是气门脚响；如响声无变化，说明是气门落座响。气门落座响由系座圈松动造成，其响声不由气门脚响坚实，且带有破碎声

6. 汽缸漏气响

1) 故障现象

发动机运转时可从加机油口处听到曲轴箱内发出"嘣、嘣、嘣"的漏气声，负荷、转速愈高时响声愈大。当收回油门或单缸断火时，响声减弱或消失。此外，随着响声的出现，可看到加机油口处脉动地向外冒烟，脉动次数与发响次数相同。

2) 可能原因

(1) 新换活塞环与汽缸壁的漏光度太大。

(2) 活塞环和汽缸壁严重磨损。

(3) 活塞环开口间隙太大或各环开口重合。

(4) 活塞环弹力太弱或因其侧隙、背隙大小而使背压力建立不起来。

(5) 活塞环卡死在环槽内。

(6) 活塞环或活塞环岸折断。

(7) 汽缸壁拉伤，出现沟槽。

3) 诊断过程

具体诊断步骤和操作方法见表 2-26。

表 2-26　汽缸漏气响诊断过程

步骤和方法	操作过程
第一步：断火试验	打开加机油口盖，提高发动机转速至响声最明显、冒烟最大处稳住。若某缸断火后响声减弱或消失，且加机油口处的冒烟量明显减少，说明该缸漏气
第二步：加机油法	将发动机熄火，卸下有响声汽缸的喷油器，往汽缸内倒少许机油，并用手摇把或起动机转动曲轴数圈，使机油布满在汽缸壁与活塞之间。然后装上喷油器，起动发动机，若响声短时间内减弱或消失，过一会儿又重新出现，则可确诊该活塞敲缸 如果往所有汽缸内倒少许机油，并用手摇把或起动机转动曲轴数圈，使机油布满在汽缸壁与活塞之间。然后装上喷油器，起动发动机，若响声短时间内减弱或消失，过一会儿又重新出现，则可确诊所有汽缸过度磨损

7. 正时齿轮响

1) 故障现象

发动机运转时，在其前部发出一种连续的或节奏明显的响声。在有节奏的响声中，有的属于间响，有的属于连响。转速越高，响声往往越大，温度变化时响声不变化；使用单缸断火，响声不减弱。

2) 可能原因

(1) **齿轮啮合间隙过大或过小**。
(2) **曲轴主轴承孔与凸轮轴轴承孔的中心距在使用或修理中发生变化**。
(3) **齿轮的齿形不符合要求或齿面磨损过大**。
(4) 齿轮转动一周中啮合间隙松紧不一或发生根切。
(5) 齿面有伤痕、脱层或轮齿断裂。
(6) 齿轮在曲轴或凸轮轴上松动或脱出。
(7) 齿轮端面圆跳动或径向圆跳动太大。
(8) 曲轴或凸轮轴轴向间隙太大。
(9) 未成对更换齿轮。

3) 诊断过程

具体诊断步骤和操作方法见表 2-27。

表 2-27　正时齿轮响诊断过程

步骤和方法	操作过程
第一步：变换油门开度	操作节气门不断变换发动机转速，找出响声明显的转速，并在该转速下稳定运转
第二步：听诊	用一字螺具或听诊器，在发动机前端听诊。判断响声是否发生在正时齿轮室盖处，如果是，则可初步诊断为正时齿轮响
第三步：继续听诊	如果出现一种连续不断的"嗷——"的响声，发动机转速越高时响声越大，并且经证实该机更换过正时齿轮，则有可能是齿轮啮合过紧的缘故
第四步：继续听诊	若在发动机怠速运转时听到"咯啦、咯啦"的撞击声，加大油门开度时，变为较杂乱的"哇啦啦"的声音，甚至还带点"咯棱、咯棱"的撞击声，正时齿轮室盖处又伴随有振动，通常，这是一对金属正时齿轮发生根切造成的

(续)

步骤和方法	操作过程
第五步：继续听诊	如果出现有节奏的"哽、哽、哽"的响声，发动机转速越高时响声越大，则可能是齿轮啮合间隙不均造成的。若响声为连响，则故障出在曲轴正时齿轮上；若响声为间响，则故障出在凸轮轴正时齿轮上
第六步：继续听诊	若响声是有节奏的，发动机怠速运转时可听到"嗒啦、嗒啦"的声音，中速以上时又变为紧凑的"嗒、嗒、嗒"的响声，这往往是金属齿轮齿面碰伤以后出现的响声，如果故障在曲轴正时齿轮上则为连响，在凸轮轴正时齿轮上为间响

8. 汽油机点火敲击响

1) 故障现象

汽车运行中，当在最高挡由较低车速急加速运行时，可听到发动机发出类似金属敲击的"嘎、嘎、嘎"的响声，此时如果稍抬加速踏板，响声便减弱或消失，再踩加速踏板时，响声又重新出现；发动机温度越高、负荷越大时，响声越强烈。

2) 可能原因

(1) 汽油的品质差，特别是辛烷值太低。

(2) 在使用、维修和改机中造成压缩比太高(如经过缸盖过度磨削)。

(3) 发动机过热或负荷太大。

(4) 燃烧室积炭。

(5) 点火正时过早、分电器离心弹簧过软或折断、点火控制 ECU 故障。

(6) 混合气太稀。

(7) 发动机在燃烧室形状、火花塞位置等结构设计上存在问题，造成火焰传播距离太长。

(8) 火花塞型号错误。

3) 诊断过程

具体诊断步骤和操作方法见表 2-28。

表 2-28 汽油机点火敲击响诊断过程

步骤和方法	操作过程
第一步：路试	当汽车跑热后，现以最高挡、最低稳定车速行驶，然后将油门一下踩到底，使汽车加速行驶。此时发动机发出强烈的敲击声，且长时间不消失。若稍抬油门则响声立即减弱，当再踩下油门时，响声重新出现
第二步：停车调整	将车停稳，适当推迟点火时间
第三步：再路试	上路行驶，若响声减弱，且随车速的升高逐渐消失，则确诊为汽油机点火敲击响

诊断中要注意与气门响的区别，不要把点火敲击声误诊为气门响。气门响可发生在任何转速(包括空转转速)下，而点火敲击声发生在汽车加速行驶、爬坡和超越车辆等情况下。

发动机产生点火敲击声后，只要适当推迟点火时间，即可继续运行。如推迟点火时间后响声仍不消除，则应进一步找出原因，加以排除，决不能勉强使用。

9. 柴油机着火敲击响

1) 故障现象

柴油发动机在低速、无负荷运转时，有时可听到尖锐、清脆和连续的"嘎啦、嘎啦"或"刚嘟、刚嘟"的敲击声，冷起动时响声尤其明显；发动机温度上升、转速升高和负荷增大时，响声减弱或消失，但发动机过热和超负荷运转时响声又增大；微抖供油拉杆时，抖得越急响声越大。

2) 可能原因

(1) 柴油品质差，其中特别是自燃性能不好。

(2) 喷油泵供油时间太早。

(3) 发动机超负荷运转。

(4) 发动机过冷或过热。

(5) 在燃烧室的型式、汽缸内的涡流运动、压缩终了的温度和压力、供油规律和喷射质量等方面存在问题。

(6) 空气滤清器严重阻塞，使进气量不足。

(7) 个别缸供油时间太早，亦即供油间隔不均匀。

(8) 个别缸供油量大，亦即供油不均匀度超过标准。

(9) 个别缸喷射质量不佳。

(10) 个别缸密封性不佳，压缩终了的温度和压力太低。

3) 诊断过程

具体诊断步骤和操作方法见表 2-29。

表 2-29 柴油机着火敲击响诊断过程

步骤和方法	操作过程
第一步：变换供油拉杆位置	通过改变供油拉杆位置，将发动机的转速由低速向高速变化，再由高速向低速变化，观察响声变化情况，当加速越急，响声是否越明显
第二步：路试	汽车跑热后，现以最高挡、最低稳定车速行驶，然后将油门一下踩到底，使汽车加速行驶。此时发动机发出强烈的敲击声，且长时间不消失。若稍抬油门则响声立即减弱，当再踩下油门时，响声重新出现
第三步：停车调整	将车停稳，适当推迟供油时间
第四步：再路试	再上路行驶，若响声减弱，且随车速的升高逐渐消失，则确诊为柴油机着火敲击响

本 章 小 结

1. 发动机功率是指通过曲轴或飞轮对外输出的功率，是一个综合性评价指标。检测方法有稳态测功法和动态测功法两种。

2. 汽缸密封性是表征发动机技术状况的重要参数。检测项目有汽缸压缩压力检测、曲轴箱窜气量检测、汽缸漏气量或汽缸漏气率检测、进气管负压检测等。

3. 发动机润滑系经常出现的故障现象有：机油压力过高、过低，机油消耗量增加，机油品质恶化等。所以，为了保证发动机技术状况良好，应定期对机油压力、机油消耗量和机油品质进行检测和诊断。

4. 发动机冷却系经常出现的故障现象有：温度过高、过低以及出现漏水等。所以，为了保证发动机技术状况良好，应定期对冷却系统进行密封性检测和零件性能检测。

5. 柴油机燃料供给系的常见故障有起动困难、功率不足、工作不稳、排气烟色不正常和飞车等。当发动机出现故障时，应根据故障出现的时机、特征以及伴随的现象，进行综合分析、判断，直至诊断出故障部位。

6. 发动机工作时，如果出现异响现象，说明发动机上的某个机件或部位发生了振动或产生了声波，即表明某部位出现了故障。所以，为了保证发动机技术状况良好，应及时根据故障现象，分析原因并排除异响。

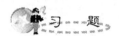

一、选择题

1. 在用车发动机功率不得低于原额定功率的（   ），大修后发动机功率不得低于原额定功率的 90%。
    A. 75%   B. 90%   C. 50%

2. 用汽缸压力表检测汽缸压缩压力时，节气门和阻风门置于（   ）位置。
    A. 全闭   B. 半开   C. 全开

3. 用汽缸压力表检测汽缸压缩压力时，应用（   ）转动曲轴 3~5s（不少于 4 个压缩行程），待压力表头指针指示并保持最大压力后停止转动。
    A. 手摇柄   B. 起动机   C. 其他车辆拖动

4. 用汽缸压力表检测汽缸压缩压力时，测得压力如高于原设计规定，可能的原因是（   ）。
    A. 燃烧室内积炭过多   B. 汽缸磨损过大   C. 气门关闭不严

5. 用汽缸压力表检测汽缸压缩压力时，两次检测结果均表明某相邻两缸压力都相当低，说明是（   ）窜气。
    A. 两缸相邻处的汽缸衬垫烧损
    B. 某缸进气门关闭不严
    C. 某缸汽缸磨损过大

6. 用专用气体流量计检测曲轴箱窜气量时，节气门应（   ）。
    A. 关闭   B. 半开启   C. 全开

7. 进气管负压用（   ）检测，无须拆任何机件，而且快速简便，应用极广。
    A. 汽缸压力表   B. 真空表   C. 万用表

8. 大修竣工的四行程汽油机转速在 500~600r/min 时，以海平面为准，进气管负压应在( )范围内。
　　A. 20～30kPa　　　　B. 57～70kPa　　　　C. 90～100kPa
9. 进气管负压随海拔升高而( )。
　　A. 增高　　　　　　B. 降低　　　　　　　C. 不变
10. 以下能用来表征发动机汽缸密封性的诊断参数是( )。
　　A. 气门间隙　　　　B. 汽缸压力　　　　　C. 点火提前角

二、填空题

1. 发动机功率的检测可分为_____测功和_____测功。
2. 测功器是发动机性能测试的重要设备，主要的类型有_____式、_____式和_____式。
3. 电涡流测功器利用_____产生涡电流形成制动作用。
4. 感应子式电涡流测功器的制动器由_____和_____组成，制成平衡式结构。
5. 在单缸断火情况下测得的发动机转速下降值时，转速下降值愈小，则单缸功率_____，当下降值等于零时，单缸功率也_____，即该缸_____。
6. 在用车发动机功率不得低于原额定功率的_____，大修后发动机功率不得低于原额定功率的_____。
7. 在不解体的条件下，检测汽缸密封性的常用方法有：测量_____、测量_____、测量_____、测量_____等。
8. 检测活塞到达压缩终了上止点时汽缸压缩压力的大小可以表明汽缸的_____。检测方法有：用_____检测和用_____检测。
9. 用汽缸压力表检测汽缸压缩压力时，应使用_____转动曲轴3～5s(不少于4个压缩行程)，待压力表头指针指示并保持最大压力后停止转动。每缸测量次数不少于_____次。
10. 大修竣工发动机的汽缸压力应符合原设计规定，每缸压力与各缸平均压力的差，汽油机不超过_____，柴油机不超过_____。
11. 曲轴箱窜气量除与发动机汽缸活塞组技术状况有关外，还与发动机的_____和_____有关。
12. 发动机已接近大修、汽缸压缩压力降低时，点火时间可略微_____。
13. 柴油机高压油管内的压力波形，可用全周期单缸波、多缸_____、多缸_____和多缸_____4种形式进行观测。
14. 检查并校正柴油机供油正时的方法有_____、_____和_____3种。

三、判断题

1. 稳态测功是指在发动机试验台上由测功器测试功率的方法。( )
2. 动态测功是指发动机在低速运转时，突然全开节气门或置油门齿杆位置为最大，使发动机加速运转，用加速性能直接反映最大功率。( )
3. 动态测功的测量精度比稳态测功的测量精度要高。( )
4. 汽缸压缩压力越高越好。( )
5. 发动机台架测功属于动态测功。( )
6. 在用车发动机功率不得低于原额定功率的75%，大修后发动机功率不得低于原额定功率的 90%。   (   )
  7. 在单缸断火情况下测得的发动机转速与没有单缸断火情况下一样，说明该断火缸工作良好。   (   )
  8. 汽缸压缩压力可以表征汽缸密封性。   (   )
  9. 进气管负压与汽缸密封性无关。   (   )
  10. 测量曲轴箱窜气量可以表征汽缸密封性。   (   )
  11. 汽缸漏气量或汽缸漏气率与汽缸密封性无关。   (   )
  12. 用汽缸压力表检测汽缸压缩压力时，节气门和阻风门都应置于全开位置。(   )
  13. 用汽缸压力表检测汽缸压缩压力时，用起动机转动曲轴 3~5s（不少于 4 个压缩行程），待压力表头指针指示并保持最大压力后停止转动。   (   )
  14. 大修竣工发动机的汽缸压力应符合原设计规定，每缸压力与各缸平均压力的差，汽油机不超过 8%，柴油机不超过 10%。   (   )
  15. 大修竣工发动机的汽缸压力应符合原设计规定，每缸压力与各缸平均压力的差，汽油机不超过 10%，柴油机不超过 8%。   (   )
  16. 用汽缸压力表测量汽缸压力，必须先把火花塞全部拆下，一缸一缸地进行。(   )
  17. 用起动电流或起动电压降式汽缸压力测试仪检测汽缸压力时，无须拆下火花塞。   (   )
  18. 曲轴箱窜气量除与发动机汽缸活塞组技术状况有关外，还与发动机转速和负荷有关。   (   )
  19. 喷油器漏油或严重雾化不良，会引起热车起动困难。   (   )
  20. 燃油压力过高或喷油器有故障，会使发动机油耗大。   (   )
  21. 多缸平列波是将某一缸高压油管中的压力随喷油泵凸轮轴转过 360° 时的变化情况显示出来的波形。   (   )
  22. 全周期单缸波是以各缸高压油管内的残余压力 p_r 为基线，将各缸波形按着火次序从左向右首尾相连的一种排列波形。   (   )
  23. 全周期单缸波是将各缸波形按着火次序自下而上单独放置并将其首部对齐的一种排列形式。   (   )

  四、问答题
  1. 汽缸密封性的诊断参数有哪些？
  2. 如何用汽缸压力表检测汽缸压缩压力？
  3. 如何用真空表测进气管负压？
  4. 发动机无负荷测功的原理是什么？
  5. 什么是发动机的稳态测功？
  6. 什么是发动机的动态测功？
  7. 如何获得发动机单缸功率？
  8. 如何用经验法检查并校正供油正时？
  9. 何谓柴油机全周期单缸波？
  10. 何谓柴油机多缸平列波？
  11. 何谓柴油机多缸并列波？
  12. 何谓柴油机多缸重叠波？

五、简述题

1. 简述发动机功率稳态测功过程。
2. 简述动态测功过程。
3. 简述用汽缸压力表检测汽缸压力的过程。
4. 简述用汽缸压力测试仪检测过程。
5. 简述汽缸漏气量和漏气率的检测过程。
6. 简述进气管真空度的检测过程。
7. 简述机油品质的检测内容有哪些。
8. 简述机油品质的检测方法和检测原理。
9. 简述机油压力过高的检测过程。
10. 简述机油压力过低的检测过程。
11. 简述机油消耗量的检测与诊断过程。
12. 简述冷却系统密封性的检测过程。
13. 简述冷却系零件性能检测内容有哪些。
14. 简述节温器的检查过程。
15. 简述冷却液检测内容和检测方法。
16. 简述温度过高故障诊断过程。
17. 简述温度过低故障诊断过程。
18. 简述柴油机燃料供给系的密封性检查过程。
19. 简述柴油机燃料供给系的排气过程。
20. 简述输油泵的检测过程。
21. 简述喷油泵的检测过程。
22. 简述起动困难故障现象、原因及诊断方法。
23. 简述功率不足故障现象、原因及诊断方法。
24. 简述工作不稳定故障现象、原因及诊断方法。
25. 简述排气烟色不正常故障现象、原因及诊断方法。
26. 简述飞车故障现象、原因及诊断方法。
27. 简述异响的类型及影响因素有哪些。
28. 简述曲轴主轴承响故障现象、原因及诊断方法。
29. 简述连杆轴承响故障现象、原因及诊断方法。
30. 简述活塞销响故障现象、原因及诊断方法。
31. 简述活塞敲缸响故障现象、原因及诊断方法。
32. 简述气门响故障现象、原因及诊断方法。
33. 简述正时齿轮响故障现象、原因及诊断方法。

第3章
发动机集中控制系统的检测与诊断

 教学目标

通过学习本章,能够正确掌握电控系统的诊断原则及注意事项;能正确掌握故障诊断常用方法及故障诊断程序;正确使用检测工具、专用仪器诊断传感器、开关信号、燃油供给系及点火系的故障。

 教学要求

能力目标	知识要点	权重	自测分数
掌握电控系统检测与诊断仪器的使用	解码器、万用表、示波器、发动机综合性能检测仪正确使用	10%	
掌握电控汽油喷射系统的检测与诊断	传感器的检测、开关信号检测、燃油供给系的检测与诊断、空气供给系的检测与诊断	50%	
掌握电控点火系统的检测与诊断	点火波形测试、分析及点火正时的检测	30%	
掌握电控系统故障诊断的程序原则及注意事项	诊断原则与注意事项;故障诊断常用方法;故障诊断的一般程序	10%	

引例

一次我乘坐小李的上海通用别克林荫大道轿车，发现该车的发动机故障灯一直在亮，我劝他尽快去4S店检查一下，小李说亮了半个月了，不影响使用，等有空了再去检查，小李这样做合适吗？

3.1 电控系统检测与诊断专用仪器

常用电控系统检测与诊断专用仪器包括解码器、万用表、示波器、发动机综合性能检测仪等。

3.1.1 解码器

1. 解码器的种类

目前常见的解码器大致分为两大类，一类为专用解码器，只能检测一种车系，如 V.G.A1552 大众车系的专用仪器，优点是仪器功能强大，缺点是价格高、检测车型单一。另一类为通用解码器，可以检测多种车系，如远征431、威宁达的K6、K80，金奔腾的K2000等。现代解码器的发展方向是向PC平台发展，如大众车系的VGA5051、宝马车系的GT1等，其优点是数据容量大、升级方便、维修方案和资料可以集中在同一个平台。

2. 解码器的功能

解码器的测试功能是在发动机不同工作条件下进行的，表3-1中示出了要选择功能的前提条件。

表3-1 常用诊断仪的测试功能及前提条件

功 能		打开点火开关，不起动发动机	发动机怠速	车辆行驶过程中
01	查询控制单元版本号	是	是	是
02	查询故障代码	是	是	是
03	执行元件诊断	是	否	否
04	基本设置	是	否	否
05	清除故障代码	是	否	否
06	系统登录	是	否	否
07	控制单元编码	是	否	否
08	读取测量数据块	是	是	是

1）查询控制单元版本号

解码器功能菜单中，单击【查询控制电脑型号】选项，屏幕显示所测系统控制电脑相关信息,如电脑型号、系统类型、发动机类型、适用配置的设定号等。

2) 查询故障代码

解码器功能菜单中,单击【查询故障代码】选项,屏幕显示所测系统控制电脑存储的故障码及相关内容。

比如氧传感器发生故障时,自诊断系统即产生一个故障代码,该代码一方面存入故障存储器,另一方面点亮故障指示灯,告诉汽车驾驶员,汽车出现故障应该维修。

3) 执行元件诊断

解码器功能菜单中,单击【执行元件诊断】选项,屏幕显示驱动的执行元件,可按照屏幕提示逐一执行元件测试。

下面以帕萨特1.8T发动机执行元件的诊断为例,介绍其触发过程。

(1) 喷油器触发方法。燃油泵必须运转,并在燃油压力调节器处能听到回油流动声。若燃油泵不运转,检查触发状况,检查燃油泵。踏下节气门,怠速开关打开,1缸喷油器应咔嗒5次。每按一次→键,就切换到下一个喷油器(如对某个喷油器不进行检测,也可照此切换)。按此方法依次检查所有的喷油器。如某个喷油器未被触发(无咔嗒声):应检测喷油器电气性能及相关控制线路(电路检测可参阅维修手册)。

(2) 活性碳滤清器电磁阀触发方法。按→键显示屏显示:活性碳滤清器电磁阀必须一直发出咔嗒声,直到通过按→键切换到下一个执行元件。如电磁阀不发出咔嗒声,从电磁阀上拔下插头,将发光二极管接到拔下的插头上,二极管必须闪亮。二极管闪亮:关闭点火开关,更换电磁阀。二极管不闪亮:按电路图检查电磁阀与ECU之间是否断路。导线电阻最大1.5Ω,另外检查线路是否对地短路。如未查出导线故障应检查发动机控制单元。

4) 系统基本调整

在汽车维修和保养后必须进行系统基本调整。所谓系统基本调整,是通过数据通道将一些数据写入到控制单元中,将数据调整到生产厂家指定的基本值,或将某些元器件参数写入控制单元,从而使汽车达到最佳运行状态。

当发动机经过一定时间运行,节气门体变脏后,导致在怠速时,在相同的开度下进气量减少,从而难以维持发动机的稳定运转;或者因为脏污使节气门轴发卡,使节气门不能关闭到原来位置,增大了进气量,使怠速过高。这时候就需要对节气门进行清洗,使进气顺畅或减小怠速时节气门的开度,但汽车电脑ECU的记忆值并没有清除,从而导致传感器实际输入电脑的信号,电脑无法确认,出现发动机运行不稳定的现象。这个时候就需要用汽车解码器对汽车的执行元件或传感器进行"基本调整",使汽车电脑ECU的记忆值与各执行元件的初始状态进行匹配学习,让电控单元了解节流阀体的基本特性、基本参数,这样才会在以后的运行过程中自动地调节它与节气门的动作。如果更换或装拆了某些零部件之后,不进行节气门匹配,就会出现电控单元与怠速控制元件的工作不协调,出现怠速控制不精确,不稳定,如怠速忽高忽低,怠速熄火等现象。

🔑 特别提示

系统基本调整应具备的条件:故障存储器中无故障码;关掉用电器;冷却液温度高于80°;电瓶电压不低于11.5V;变速器处于N挡或P挡。

知识链接

系统基本调整是通过通道号来进行的,常见大众车系的节气门基本设定通道号见表3-2。

表3-2 常见车型节气门位置设定通道号

通道号	适 用 车 型
001	红旗488、帕萨特B4、奥迪(100,200,V6等老款车型)
060	捷达前卫(2阀)、A6(1.8,1.8T,2.4,2.8)、帕萨特B5(1.8T,2.8)、BORA、POLO
098	桑塔纳GSI、帕萨特B5(1.8)、捷达王(5阀)、奥迪(A6,V6)

应用案例

一辆桑塔纳2000GSI汽车(发动机AJR,电控系统为M3.8.2)清洗节气门后出现怠速不稳现象,经小维修厂转到我站维修,我们使用大众1552进入发动机系统,读取数据流通道098,查看系统设定是否正确(如果节气门系统设定不正确,在数据流的第四块数据标有[自适应状态]将显示[自适应错误])。经检测显示[自适应错误],清除发动机故障码,进行节气门系统基本调整,故障解除。

案例分析:节气门清洗后,改变了节气门位置传感器怠速信号值,ECU无法辨认怠速状态,不能按怠速供油,即出现怠速不稳现象。所以电控燃油喷射系统进行节气门洗、更换节气门体、更换ECU的维修作业后必须进行系统基本调整,否则会出现怠速不稳现象。

5) 清除故障代码

解码器功能菜单中,单击【清除故障代码】选项,可以清除系统控制计算机存储的故障码及相关内容。故障代码分为偶发与非偶发,随机性(偶然的)故障在V.A.G1551显示时用"/SP"提示。如果所存储的故障在40次预热阶段不再发生,则该故障自动清除。

特别提示

车辆维修完毕后,要及时清除系统控制电脑存储的故障码及相关内容,以防给其他维修人员下次维修造成误导。

6) 控制单元编码

当车辆的代码没有显示或主电脑已更换,则必须进行控制单元编码。由于控制器中存储了多套软件,使一个控制器可以在不同配置的汽车上使用,而调用方法为控制器编码,每一种编码均代表了控制器中不同的软件。显示的编码与原车不符、更换了控制单元、车辆经过维修和改变了汽车的配置等情况下需要给控制器编码。如果控制器编码不正确会造成排放值升高、油耗增加、发动机工作不佳、换挡冲击等故障。严重的情况不着车,甚至损坏元件。

特别提示

控制器编码有一定的规则,这些规则是由厂家规定的,根据车型和配置不同,由厂家提供的编码规则即可确定其编码。控制器编码必须通过仪器进行操作，国产仪器和进口仪器均可，且具备下列条件。

(1) 电源电压不低于11.5V。
(2) 连接线正常。
(3) 发动机处于电源打开，不着车状态。
(4) 控制器单元中不能有DTC存在，如有必须先清除。

AUDI A6的控制器单元编码共由5位组成，AUDI A6车变速箱编码如图3.1及表3-3所示。AUDI A6仪表系统控制单元编码如图3.2及表3-4所示。每一部分均代表不同的含义。

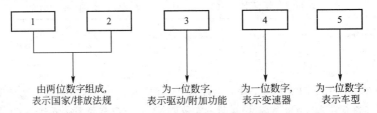

图3.1 AUDI A6车变速箱编码

表3-3 AUDI A6车变速箱电控单元编码规则

国家/排放法规		驱动/附加功能		变速器		车 型	
代码	含义	代码	含义	代码	含义	代码	含义
00		0	前驱动	0	五挡手动变速器	0	
01		1		1		1	
02	欧盟成员国1	2	四驱动	2		2	AUDI A6
03		3		3		3	
04	欧盟成员国2	4		4		4	
05		5	带ESP前驱	5	自动变速器	5	
06		6		6		6	
07		7		7			
08	中国	8	带ESP四驱				

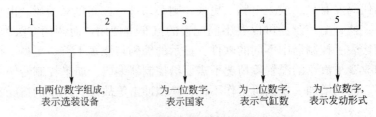

图3.2 AUDI A6仪表系统控制单元编码

举例说明：以表3-3加重选项的AUDI A6为例，对于中国生产的前驱动、自动变速器、A6车型其控制器编码为08052。

表3-4 AUDI A6仪表系统控制单元编码规则

选装设备		国家		汽缸数		发动机形式	
00	无选装设备	0	德国	4	4缸	0	TDI发动机
01	制动衬块磨损指示器	1	欧洲	6	6缸	2	4/6缸汽油机
02	安全带警报系统	2	美国	8	8缸	3	8缸汽油机
04	清洗液警报系统	3	加拿大				
16	导航系统	4	英国				
		5	日本				
		8	中国				

举例说明：以表3-4加重选项的AUDI A6 2.4 L为例。

备注：对于第一项选装设备，如果有多项，既有制动衬块摩损指示器，又有安全带指示器，又有清洗液警报系统，即将它们的代码全部加在一起，即：01＋02＋04＝07。则该款A6车型仪表系统控制单元编码为07840。

7) 读取测量数据块

数据流的作用是可以检测到各种传感器的工作状态及汽车的运行数据。通过解码器【读取测量数据块】功能，即可实时读取，从而能够判定该传感器是否工作正常。

读取测量数据块应满足下列检测条件：冷却液温度不低于80℃；关闭所有用电设备（在检测过程中散热器风扇不能转动）；空调开关关闭；换挡杆在P挡或N挡位置。

🗝 特别提示

行车状态下进行动态数据流检测存在一定安全隐患，解码器必须固定在后排座椅，并由另一人操纵检测仪。若解码器置于右前座椅，则可能引发事故，安全气囊触发时极易严重致伤该位置的人员。

 应用案例

一辆桑塔纳2000GLI汽车(发动机AFE，电控系统为M154)出现发动机加速无力、耗油量加大、排气管冒黑烟等现象，经检查，进气系统无阻塞，油压正常，使用大众1552进入发动机系统，读取故障码，提示为氧传感器调节超出范围，更换氧传感器故障现象有所好转，但运转一会又恢复原来现象。读取与混合气过浓的故障相关的喷油量与进气压力数据，发现怠速状态下喷油量近10ms(正常为3ms)，进气压力为1000kPa，到此故障已明了，更换进气压力传感器，故障排除。

案例分析：故障码仅能提示大致的范围，问题的解决还要通过维修人员的分析、判断，通过故障相关的数据流检查，最终解决相关问题。

3.1.2 车用数字万用表

万用表是将电压表、电阻表和电流表等组合为一体的多功能工具，常用于诊断和检测发动机性能和电路系统故障。万用表按显示型式分为数字式和图形式；按内部阻值大小分为高电阻型和低电阻型。多数万用表对于每个功能设有多个量程，量程选择有手动的和自动的，在使用时应选好挡位和量程再测量。

以UNI-T系列UT-105数字式万用表为例，如图3.3所示，介绍其主要功能的使用方法，见表3-5。

表3-5 万用表功能符号及显示屏符号含义

符号	含义
V⎓	直流电压测量
V∽	交流电压测量
Ω	电阻测量
⊣▷⊢	二极管pn结电压测量 单位：mV
♪	电路通断测量 单位：Ω
A⎓	直流电流测量
DWELL	汽车点火闭合角测量 单位：度
RPMx10	汽车发动机转速测量（显示读数X10）单位：转/分
POWER	电源开关
HOLD H	数据保持开关
🔋	电池欠压提示符
AC	测量交流时显示，直流关闭
—	显示负的读数
4CYL/6CYL/8CYL	汽缸数

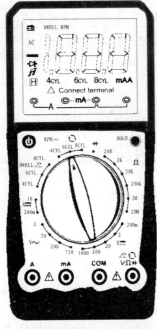

图3.3 数字万用表

1. 交、直流电压测量

用UT-105数字式万用表进行交、直流电压测量的方法和步骤见表3-6。

表3-6 交、直流电压测量的方法

连接示意图	使用方法及步骤	注意事项
	① 根据电压的大小选择适当的电压测量量程。 ② 检测时红表笔插入"V/Ω"插孔中。 ③ 黑表笔接触电路"地"端，红表笔接触电路中待测点	禁止测试过程中转换量程，以免损坏万用表

2. 直流电流测量

用UT-105数字式万用表进行直流电流测量的方法和步骤见表3-7。

3. 电阻测量

用UT-105数字式万用表进行电阻测量的方法和步骤见表3-8。

表3-7 直流电流测量的方法

连接示意图	使用方法及步骤	注意事项
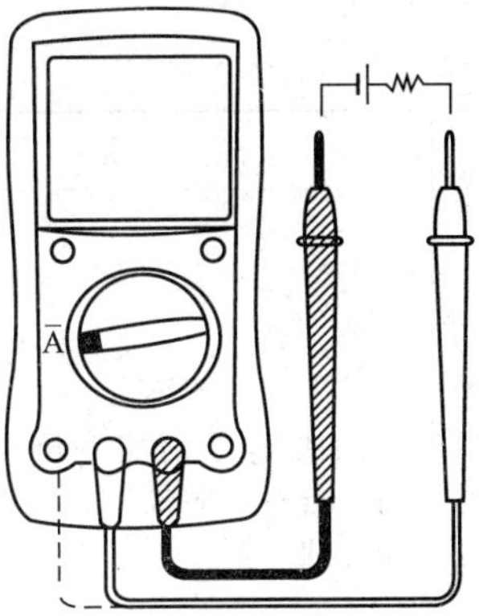 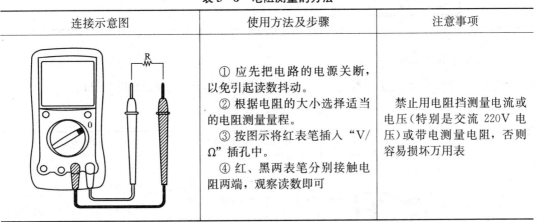	① 根据测量电流的大小选择适当的电流测量量程。 ② 按图示将红、黑表笔插入孔中。 ③ 红表笔接触电压高一端,黑表笔接触电压低的一端。 检测时,如果要测量的电流大小不清楚时,应先用最大的量程来测量,然后再逐渐减小量程来精确测量	禁止测试过程中转换量程,以免损坏万用表

表3-8 电阻测量的方法

连接示意图	使用方法及步骤	注意事项
	① 应先把电路的电源关断,以免引起读数抖动。 ② 根据电阻的大小选择适当的电阻测量量程。 ③ 按图示将红表笔插入"V/Ω"插孔中。 ④ 红、黑两表笔分别接触电阻两端,观察读数即可	禁止用电阻挡测量电流或电压(特别是交流220V电压)或带电测量电阻,否则容易损坏万用表

4. 二极管测量

用UT-105数字式万用表进行二极管测量的方法和步骤见表3-9。

表3-9 二极管导通测量的方法

连接示意图	使用方法及步骤	注意事项
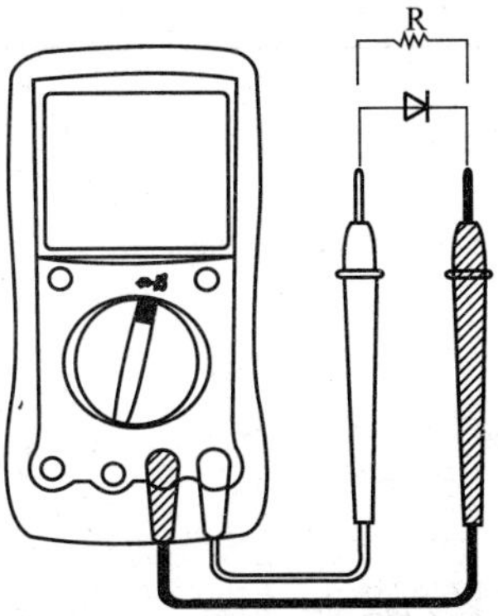	① 按图示将红表笔接万用表内部正电源,黑表笔接万用表内部负电源。 ② 红、黑两表笔分别接触二极管两端,观察读数。 ③ 假若显示"000",则说明二极管击穿短路,假若显示"1",则说明二极管正向不通	万用表显示二极管的正向导通电压,单位是mV。通常好的硅二极管正向导通电压应为500~800mV,好的锗二极管正向导通电压应为200~300mV

5. 电路通断测量

用 UT-105 数字式万用表进行电路通断测量的方法和步骤见表 3-10。

表 3-10 电路通断测量的方法

连接示意图	使用方法及步骤	注意事项
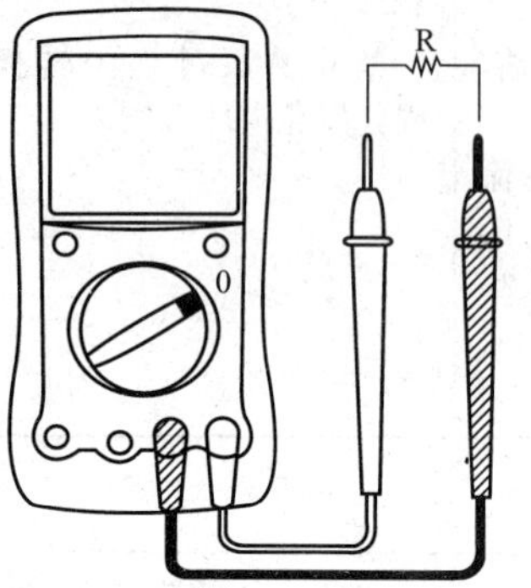 (图示)	① 按图示将红、黑表笔插入孔中。 ② 将功能、量程开关转到"·)))"位置。 ③ 两表笔分别接触测试点	两表笔分别接触测试点时,若有蜂鸣器响,说明电路导通

6. 汽车闭合角测量

用 UT-105 数字式万用表进行汽车闭合角测量的方法和步骤见表 3-11。

表 3-11 汽车闭合角测量的方法

连接示意图	使用方法及步骤	注意事项
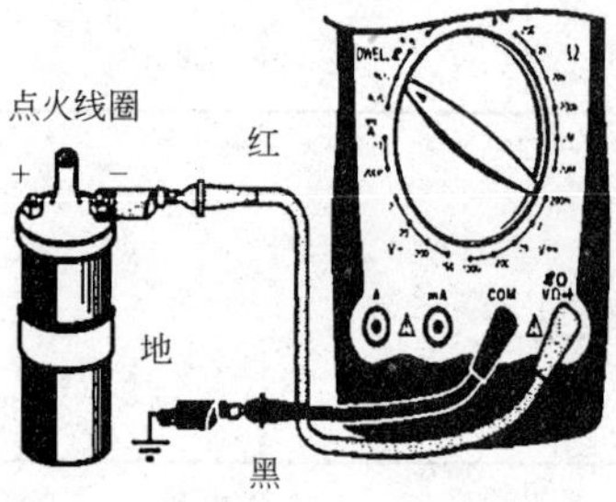 (图示)	① 将"选择开关"旋转到触点闭合角区域中对应的缸上(4CYL、5 CYL、6 CYL、8CYL)位置。 ② 红表笔的导线插入面板闭合角插孔(与电压/欧姆插孔为同一插孔)中。 ③ 黑表笔的导线插入面板 COM 插孔中。 ④ 红、黑表笔连接到被测电路上,读取触点闭合角度值	4 缸机闭合角显示范围为 0°~90.0°。 6 缸机闭合角显示范围为 0°~60:0°。 8 缸机闭合角显示范围为 0°~45.0°。 分辨率为 0.1°

7. 发动机转速测量

用 UT-105 数字式万用表进行发动机转速测量的方法和步骤见表 3-12。

8. 温度测量

用 UT-105 数字式万用表进行温度测量的方法和步骤见表 3-13。

9. 数据保持(HOLD)

用 UT-105 数字式万用表进行数据保持操作的方法和步骤见表 3-14。

表 3-12　发动机转速测量的方法

连接示意图	使用方法及步骤	注意事项
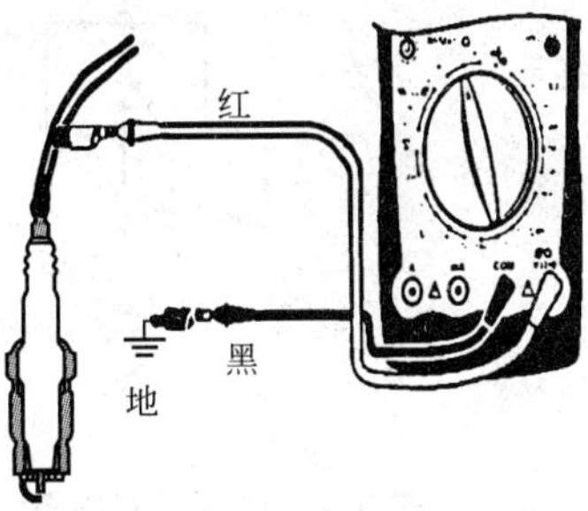	① 将"选择开关"旋转到转速（RPM 或 RPM×10）位置上。 ② 感应夹的红色导线插入面板电压/欧姆插孔内，黑色导线插入 COM 插孔内，感应夹夹在通往火花塞的高压线上，其上方的箭头应指向火花塞，按下"转速"选择按钮，根据被测发动机的冲程数和有无分电器，选择"4"或"2/DIS"，读取发动机转速值	发动机转速测量时检测表笔连接线要远离发动机旋转件，以防事故发生

表 3-13　温度测量的方法

连接示意图	使用方法及步骤	注意事项
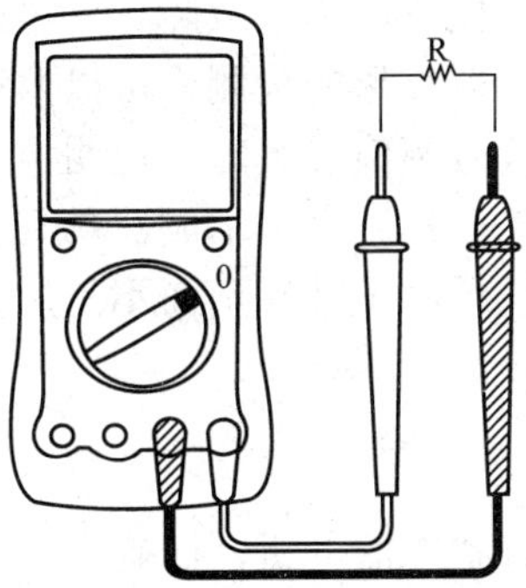	① 将"选择开关"旋转到温度（℃ 或 ℉）位置上。 ② 将汽车万用表配备的带测针的特殊插头插接到面板上黄色插孔内，测针与被测温度的部位接触，温度稳定后，读取测量值	操作时要注意烫伤发生

表 3-14　数据保持的方法

连接示意图	使用方法及步骤	注意事项
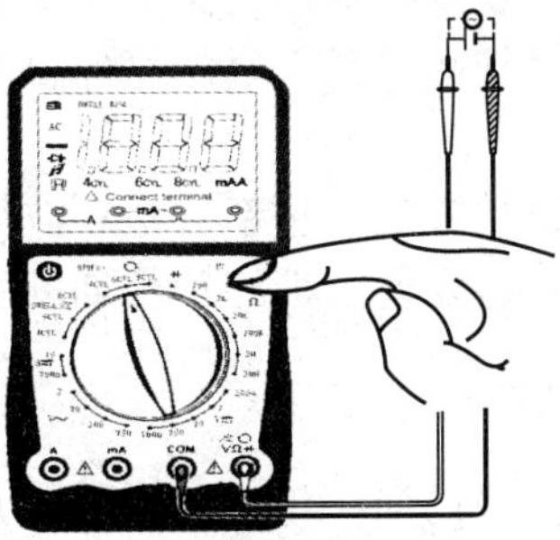	检测数据可以按下 HOLD 键将检测数据保持，然后读取	检测数据基本稳定后按下 HOLD 键进行读数

> **应用案例**

有多种方法可以检查电路是否断路,除了万用表外,也可以用试灯检查。图3.4所示的电路分别用试灯、电压表进行检查,并比较分析。

(1)将测试灯的一根引线接地。如果用电压表取代测试灯,则将接地侧引线接地。

(2)将测试灯的另一条引线连接到开关插接器电源侧端子上。测试灯应点亮或电压表应显示有电压。

(3)然后,将测试灯或电压表连接到电机插接器上。测试灯不应点亮或电压表应显示无电压。在此状态下,当开关旋至"ON"时,电机开始运转,测试灯应点亮或电压表应显示有电压。

(4)此处图示的电路是正常的。若有问题,如电机不运转,在离电机最近处的插接器开始检查电压,直到找到故障。

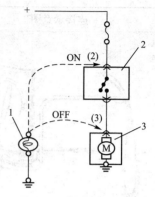

图3.4 电路断路检查
1—测试灯;2—开关;3—电机

3.1.3 车用示波器

汽车电控系统故障诊断中,使用汽车示波器的目的是让维修人员可以"看"到在电子电路中发生了什么。特别是对点火系故障诊断时,点火波形不仅可以确定故障,还可以帮助查出许多电子和机械方面的故障。利用车用示波器对氧传感器波形的检测,可以监测到电控系统和机械系统的运行情况。当检测到的氧传感器波形信号幅值过大时,说明混合气过浓;当检测到的氧传感器波形信号幅值过小时,说明混合气过稀。汽车示波器具有实用性和通用性,但目前大多数解码器只能用英文字母或数字来显示测试结果,而不是用观看起来比较容易的画面来显示。

1. 汽车示波器诊断故障方式

汽车示波器诊断故障方式有两种,一种是对整个系统运行状态的分析,而确定整个系统运行的情况;第二种是对某个电器或电路的故障分析,确定在整个系统运行正常的情况,进而确定某个电器或某段电路的故障。

1)系统运行情况分析(O2FB-氧反馈平衡方法)

通过氧传感器波形测试可以诊断故障和验证修理的结果,通过这一过程维修技术人员将汽车示波器接到氧传感器电路上,通过氧传感器波形分析确定氧传感器本身是否工作正常,发动机控制系统是否工作正常。发动机机械系统是否工作正常,进而确定需要进行怎样的修理(电子或机械的)或修复后交车前验证燃料反馈控制系统故障是否真的已经排除或还需要重新测试。

用氧反馈平衡诊断汽车故障的方法是分析电控喷射发动机故障的一种新方法,波形分析是很复杂的学科,维修技术人员不仅要有扎实的理论基础,还要通过训练和长期的实际维修。

2)电器电路故障分析

示波器可以帮助分析某个电器电路是否有故障,以及验证维修的结果。虽然数字万用表也可以顺利地做出同样的诊断结果,但用示波器来检查某一特定电路元件,可以得到更直观的结果,例如节气门位置传感器波形如图3.5所示。通过测试的波形可以发现断点故障及电路断路故障等,图3.5(a)所示为正常节气门位置传感器波形;图3.5(b)所示为节气门位置传感器标准5V供电线路断路故障波形;图3.5(c)所示为节气门位置传感器接地线路断路故障波形。

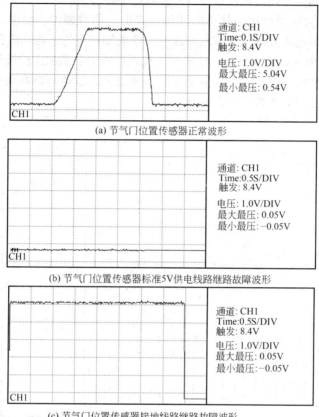

图 3.5 节气门位置传感器波形

2. 汽车示波器显示波形的参数

对于某一个传感器或执行器,可以用汽车示波器观察运行波形,汽车电子信号都可以用5种测量尺度来加以判断,也就是说任何一个汽车电子信号都应具有以下可度量的5个参数指标。

(1) 幅值——信号最高电压。
(2) 频率——信号的循环时间。
(3) 形状——信号的外形模样。
(4) 脉宽——信号的占空比或所占时间。
(5) 阵列——信号的重复特性(例如:同步脉冲或串行数据)。

汽车示波器可以显示出所有电子信号的这5种判定尺度,如果知道如何去分析电子信号的这5种参数,就能够判定这个电子信号的波形是否正常,通过波形分析可进一步检查出电路中传感器、执行器以及电路和控制电脑等各部分的故障,也可以进行修理后的结果分析。为维修方便,大多示波器给出了标准波形,维修人员可参考标准波形进行诊断。

故障电路从损坏状态到被修复状态在汽车示波器上显示的波形几乎总是在它的5种测量尺度上发生剧烈的变化。对于间歇性故障,利用汽车示波器对怀疑电路实时监控是很好的方法。图3.6(a)所示为发动机怠速状态曲轴位置传感器波形。波形的信号幅值、频率、形状等判定性尺度均匀一致,该曲轴位置传感器性能良好。

图3.6(b)所示为发动机加速状态的波形,波形的信号幅值、频率、形状等判定性尺度均匀一致,且频率能随发动机加速状态改变,该曲轴位置传感器性能良好。

图3.6(c)所示为一台别克君威发动机曲轴位置传感器怠速状态的波形,波形的信号幅值随发动机转数变化,该发动机出现怠速发抖、易熄火、起动困难等现象。经波形分析确认曲轴位置传感器故障,更换后故障解除。

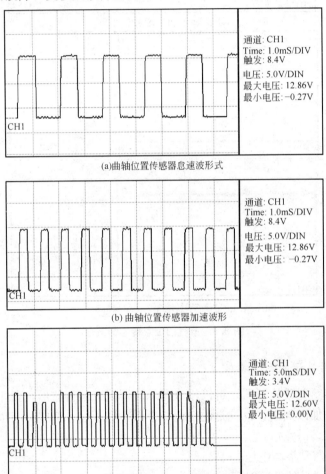

图3.6 曲轴位置传感器波形

3. 多通道汽车示波器介绍

汽车专用示波器从开始的单通道发展为多通道,图3.7所示为广泛使用的双通道和四通道汽车示波器。汽车维修行业对汽车示波器的要求也在不断提高。除了在性能上要求更高的带宽、更快的采样率和更大的存储容量之外,向小型化、便携式、数字化、多功能发展,示波器正被越来越频繁地应用于汽车电子控制系统的维修中。

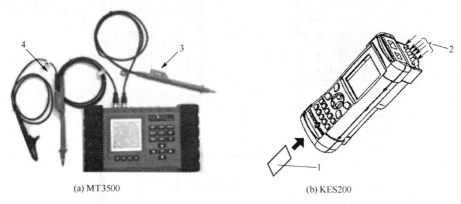

图 3.7 汽车专用示波器

1—测试卡；2—四通道接口；3—通道1测试线；4—通道2测试线

1) MT3500 示波器的基本功能设置

(1) 调整电压比例。

电压比例值决定了信号波形的高度,即幅度,V/格是指屏幕垂直方向上显示的每个格子所对应的实际电压值。对于同一信号,当选择不同的电压比例时,波形显示不同,如图 3.8 所示。设定电压值越低,则显示的波形就越高。

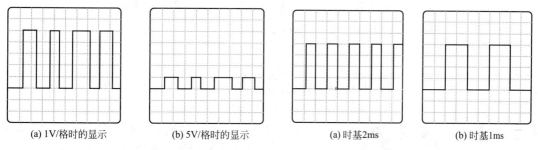

图 3.8 电压比例调整　　　　　　　　图 3.9 时基调整

(2) 调整时基。

时基的选择决定了重复性信号在屏幕上显示的频数,s/格是指屏幕水平方向上显示的每个格子所对应的实际时间值。对于同一信号,当选择不同的时基时,波形显示不同,如图 3.9 所示。设定时基值越高,则显示的频数就越多。

(3) 调整触发。

触发电平用于调节波形的起始显示电压值,即设定显示屏上显示的信号以大于或小于设定的触发电压为起始显示点。当设定的触发电平超出了信号的电平范围,示波器无法确定显示的起始位置时,显示的波形呈左右晃动,而无法锁定,如图 3.10(a)所示。当设定的触发电平在正常信号的电平范围时,示波器可以准确地锁定波形,如图 3.10(b)所示。所以触发参数的调整是使信号能在屏幕上稳定显示。

触发沿的设定用于确定显示的波形是以大于触发电平(正触发)的电压作为显示起始点,还是以小于触发电平(负触发)的电压作为显示起始点。当触发选择不同时,得到的波

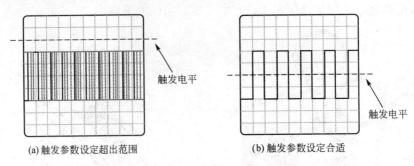

(a) 触发参数设定超出范围　　(b) 触发参数设定合适

图 3.10　触发参数调整

形也不同，只有正确的触发选择，才有完整的波形显示。

（4）自动触发及峰值捕捉。

在 MT3500 中设置了自动触发功能的选项。在测量过程中，当无法确定如何适当地设定触发参数时，可以启用这一功能，系统将会自动分析信号的特性，自动地设置触发电平、触发沿等参数。

MT3500 中还设置了峰值捕捉功能。在测量中，当碰到一些间歇性的故障信号时，峰值捕捉功能会根据用户设定的触发条件，等待故障信号的再次出现。一旦捕捉到符合设定条件的故障信号，MT3500 就会发出蜂鸣声进行提示，并自动冻结画面的显示。

（5）屏幕冻结功能。

使用 HOLD 按钮可冻结显示的波形。波形被冻结后，屏幕右上角将显示出［屏幕显示冻结］图标。再次单击 HOLD 按钮将取消显示冻结。

（6）保存波形。

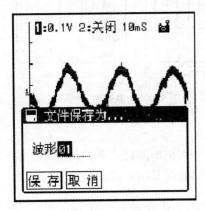

图 3.11　波形保存

需要保存屏幕上显示的波形可通过在菜单中选择［保存波形］命令或直接单击 SAVE 按钮。此时屏幕上将会显示图 3.11 所示的画面。

系统会自动为即将存储的文件起一个文件名，如果需要自定文件名时可单击 YES 按钮更改文件名。确定文件的名称后可按下［保存］按钮所对应的 F1 键保存文件，或是按［取消］按钮所对应的 F2 键取消文件的保存操作。

（7）对照标准波形分析测试波形。

启动仪器，根据要测试的内容选择适当的量程和时基。连接测试导线到被测元件，红表笔接信号线，黑表笔接地。此时屏幕上所显示的波形即为被测元件的波形，将其与标准波形相对照，来分析波形是否正常。

2）使用注意事项

（1）仪器及测试连线要远离汽车发动机的运动件，例如传动皮带、风扇及齿轮等。

（2）禁止用导电物体短路电池的正负电极。

（3）防止仪器被冷却液、水、油或其他液体弄湿。

（4）进行各种测试前，应首先连接好搭铁。

（5）禁止在没有安装防滑护套的情况下使用仪器。

(6) 禁止在仪器信号输入端输入超过 500V 的直流或交流电压。

(7) 使用完毕后,应将所有的接头、测试导线及测试夹卸下,并完整保存于 MT3500 的包装箱中。

3.1.4 发动机综合性能检测仪

近年来发动机综合性能检测仪向多功能、便携式、小型化发展。下面将以 KES-200 便携式发动机综合分析仪为例简单介绍其功用。

1. KES-200 发动机综合分析仪功能

KES-200 便携式发动机综合分析仪具有汽车四通道示波器、智能万用表、点火系统分析、起动系统分析、充电系统分析、汽缸系统分析、废气分析仪接口、PC 联机、打印等功能。主功能菜单显示如图 3.12 所示。

1) 四通道示波器

主要用于测量汽车各种传感器的输出波形,内置 50 页波形动态存储,包含了丰富的汽车传感器标准波形和维修信息,用户可以将测量波形与标准波形比较,分析判断汽车传感器的各种故障。同时,还提供了十几种常用传感器的测试方法和故障判断帮助信息。该功能具有完善的显示控制和触发方式,可同时测量、显示 4 个通道的波形。

2) 智能万用表

主要用于测量汽车传感器及控制电路的电压、

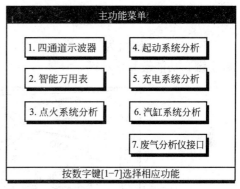

图 3.12 主功能菜单

电流、电阻、频率、占空比、电池电压、发动机转速、进气管真空度(此项为选配)、传感器模拟和电磁阀驱动,同时还具有传感器模拟信号输出、汽车驱动电磁阀信号输出等功能。

3) 点火系统分析

主要用于测量各种汽油发动机的初级和次级点火波形,其波形的显示形式为单缸波、平行波、并列波和棒形图,适用于无分电器和有分电器车辆,可测量击穿电压、闭合角、火花持续时间和火花电压。系统配备了初级和次级点火信号的标准波形和故障波形,通过分析和比较,可以帮助用户分析判断汽车发动机的各种故障。

4) 起动系统分析

主要测量发动机起动电流、电压。起动电流测试过程中,显示波形的同时显示起动电流的最大值和最小值;起动电压测试的是汽车起动时的蓄电池电压,测试过程中,显示波形的同时显示起动电压的初始值和终止值。通过观察和分析,可以帮助用户分析判断起动系统是否存在故障。

5) 充电系统分析

主要测量发动机充电时的交流电压波形,同时还可以测量充电电流的大小和发动机转速的大小。通过观察和分析,可以帮助用户分析判断充电系统是否存在故障。

6) 汽缸系统分析

主要包括动力平衡测试功能、相对汽缸压缩压力测试功能和汽缸效率测试功能。其中,动力平衡测试功能,是指对 6 缸(包括 6 缸)以下的有分电器汽车发动机进行动力平衡测试,分析发动机各缸工作的均匀性,测试方法有自动和手动两种。汽缸压缩压力测试功能,是指对 6 缸(包括 6 缸)以下的有分电器汽车发动机进行汽缸压缩压力测试,分析发动机各缸压力均衡性。汽缸效率测试功能,是指通过测试相临两汽缸之间的初级点火时间间隔,来比较判断汽缸的动力性能。

该功能常常应用于发动机怠速发抖故障的诊断,常规的方法是逐缸检查汽缸压力,而汽缸系统分析功能可快速、准确地判断汽缸机械故障。

7) 其他

KES-200 除了上述功能外,还能与废气分析仪进行通信,实现怠速尾气测试,并把测试结果记录、保存和打印。还能把保存在 KES-200 存储卡中的波形数据导入电脑,运用 PC 的强大功能来对测试波形进行分析、处理、打印,还能与打印机相连,将测量的数据和波形打印出来,让用户更直观地分析或资料存档。

2. KES-200 主机键盘

KES-200 键盘为导电橡胶键盘,有 23 个键,如图 3.13 所示。主机键盘分为 3 类:数字键、功能键和指示键。具体内容及含义见表 3-15。

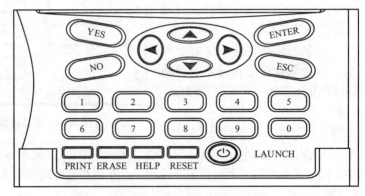

图 3.13 KES-200 主机键盘

表 3-15 KES-200 主机键盘内容及含义

数字键	0~9 数字键	用于选择菜单或输入数字
功能键	HEIP 键	显示帮助信息
	PRINT 键	打印数据
	ERASE 键	删除数据或故障码
	RESET 键	可以使主机复位,退回到主菜单
	ESC 键	返回上一级菜单或退出当前功能
	ENTER 键	当某项功能选定后,按此键执行
	YES 键	确定执行所选择的操作
	NO 键	取消执行所选择的操作
	电源键	用于主机开启或关闭。关闭主机时,需按住电源键 1s 以上,当出现关闭对话框时,松开按键,主机自动关闭
指示键	▲、▼、◄、► 键	用于选择菜单或移动波形

3. KES-200 发动机综合分析仪接线方法

KES-200 便携式发动机分析仪具有四通道示波器功能，可以测量汽车传感器的输出波形，并且可以同时显示四通道的波形。内部帮助信息提供了多种传感器的标准波形，通过与测试波形进行比较，为分析汽车各种传感器的故障提供可靠的依据。汽车传感器选择菜单如图 3.14 所示。因为各传感器有不同的电压和频率，自动设置要求选择传感器的类型，该菜单的第一行，显示需要选择传感器的通道号，这一通道号是系统按通道 1 至通道 4 的顺序自动设置的。

通道1自动设置	
1. 喷油嘴	10. 初级信号
2. 空气流量传感器	11. 水温传感器
3. 氧传感器0-1V	12. 交流发电机
4. 氧传感器0-5V	13. 曲轴位置传感器
5. ISC步进电机	14. 上止点
6. 点火时间信号	15. 真空电磁阀
7. 节气门传感器	16. 传感器(0-1V)
8. 进气管压力传感	17. 传感器(0-5V)
9. 车速传感器	18. 传感器(0-12V)
[▼▲◀▶]:移动	[ENTER]:选择

图 3.14 传感器选择菜单

以 KES-200 测试和分析所有点火模式的波形为例，不同点火模式，检测接线方法不同。通过点火系统的初级和次级的波形分析，可以判断影响波形的原因，从而找出故障。利用点火波形分析发动机故障的方法不仅准确而且效率高。

1) 有分电器点火模式的测试接线方法

有分电器点火波形测试的基本接线方法如图 3.15 所示。此种接线方法适用于有次级高压中心线的类型。

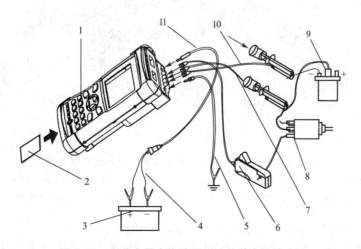

图 3.15 有分电器点火波形测试的基本接线方法
1—主机；2—测试卡；3—蓄电池；4—蓄电池电缆；5—接地电缆；6—一缸信号夹；
7—次级信号电缆；8—分电器；9—点火线圈；10—示波器电缆；11—点烟器电缆

2) 独立点火模式单缸初级次级点火波形测试的接线方法

独立点火模式单缸初级次级点火波形测试的接线方法如图 3.16 所示。这种接线方法用于高压线露在外面，并且点火线圈初级绕组的负极可以找到的类型。用这种接线方法测试次级点火波形时，应选择初级触发方式，可以测试到稳定的次级点火波形。如果点火线圈初级绕组的负极线无法找到，选择次级触发方式可以测试次级点火波形。如果次级高压线没有露在外面，可以采用贴片传感器来拾取次级高压信号。

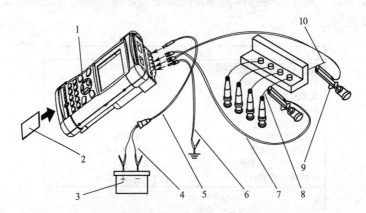

图 3.16　独立点火模式单缸初级次级点火波形测试的接线方法
1—主机；2—测试卡；3—蓄电池；4—蓄电池电缆；5—点烟器电缆；6—接地电缆；
7—次级信号电缆；8—次级高压线；9—示波器电缆；10—点火线圈负极线

3) 独立点火模式多缸测试点火波形的接线方法

独立点火模式多缸测试点火波形的接线方法如图 3.17 所示。此种测试方法适用于所有缸的次级高压线都露在外面的类型。

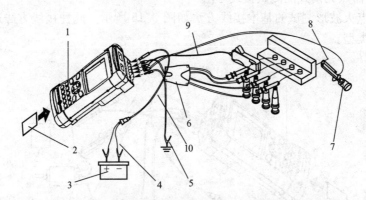

图 3.17　独立点火模式多缸测试点火波形的接线方法
1—主机；2—测试卡；3—蓄电池；4—蓄电池电缆；5—接地电缆；6—DIS 适配器；
7—示波器电缆；8—点火线圈负极电缆；9——缸信号夹；10—点烟器电缆

4) 双缸点火模式且有一个火花塞高压线露在外边的接线方法

双缸点火模式有一个火花塞的高压线露在外边，另外一个火花塞的高压线隐藏在点火线圈里面，初级线圈可以找到。这种点火方式可以测试初级和次级的点火波形，其接线方法如图 3.18 所示。用这种接线方法测试次级点火波形时，选择初级触发方式可以测试很稳定的次级点火波形，如果点火线圈初级绕组的负极线无法找到，选择次级触发方式可以测试到次级点火波形；如果要测试隐藏在点火线圈里面的高压点火信号波形，可以用 EA 多功能感应片来测试次级点火波形。

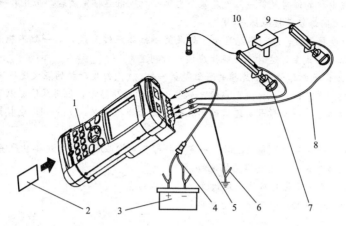

图 3.18　双缸点火模式且有一个火花塞高压线露在外边的接线方法
1—主机；2—测试卡；3—蓄电池；4—蓄电池电缆；5—点烟器电缆；6—接地电缆；
7—次级信号电缆；8—示波器电缆；9—初级点火信号线；10—次级高压点火线

5）双缸点火模式且两个火花塞高压线露在外边的接线方法

两个火花塞的高压线都露在外边，点火线圈初级线圈的负极线无法找到。这种方式只能测试次级点火波形，其接线方法如图 3.19 所示。用这种接线方法测试次级点火波形时，选择次级触发方式可以测试到次级点火波形。

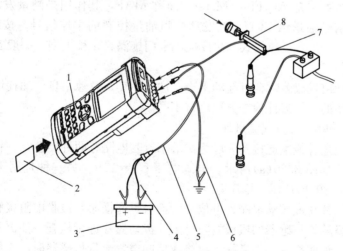

图 3.19　双缸点火模式且两个火花塞高压线露在外边的接线方法
1—主机；2—发动机分析测试卡；3—蓄电池；4—蓄电池电缆（双钳电源线）；
5—点烟器电缆；6—接地电缆；7—次级点火信号线；8—次级信号电缆

特别提示

接线时应注意的几个问题如下。

(1) 初级信号电缆采用示波器电缆，用探针或鳄鱼夹刺入初级点火线圈的负极。

(2) 因探针有高压，注意在使用过程中不要用手触摸探针。

(3) 使用一缸信号电缆时，注意将一缸信号夹表面刻有"SPARK PLUG SIDE"字的一面朝向第一缸火花塞。最靠近发电机的通常是第一缸火花塞。当第一缸探针连接完成后，而且第一缸信号触发良好，KES-200将在屏幕上闪烁显示接地标志(▼)。

(4) 第一缸探针连接不当，波形不能显示。如果第一缸高压线无效或第一缸不能点火，一缸信号电缆可以连接到其他缸高压线上，这时点火规律应该重新判定。

(5) KES-200默认一缸信号电缆连接的汽缸是第一缸，4汽缸发动机的点火规律通常是1-3-4-2。如果一缸信号夹连接到第三缸，点火波形应按3-4-2-1的顺序显示，但屏幕依然以1-3-4-2的顺序显示汽缸号。同样的道理，一缸信号夹连接到第二缸，显示规律为2-1-3-4，连接到第四缸，显示规律为4-2-1-3。

(6) 次级信号电缆连接到次级高压线时，一定要将探头的铜弧面与高压线接触严密，不能留有空隙。测量初级、次级点火波形时，一定要连接接地线。

(7) 在用EA多功能感应片时必须安装到位。

(8) 选择次级触发的点火波形可能不太稳定。

3.2 电控汽油喷射系统的检测与诊断

3.2.1 传感器的检测

1. 空气流量计的检测

空气流量计的英文是Air Flow Meter，简称MAF，其作用是测量发动机的进气量，并将进气量以电信号输送给ECU，是发动机喷油量控制的主控信号。按结构原理不同，空气流量计可分为叶片式、热线式、热膜式和卡门旋涡式4种类型，一般安装在空气滤清器和节气门体之间。

当空气流量计出现故障时会有起动困难、加速不良、怠速不良、油耗增加、排放超标等现象。不同类型的空气流计检查方法略有不同。

1) 万用表检测叶片式空气流量计

叶片式空气流量计线束连接器一般为7端子，其电路有两种类型，一种是用于模拟控制系统中，其电路如图3.20(a)所示。电源电压$U_B=12V$。另一种是用于数字控制系统中，其电路如图3.20(b)所示。电压$U_C=5V$。

常见故障有翼片总成摆动卡滞、电位计滑动触点磨损而与镀膜电阻接触不良、油泵触点烧蚀而接触不良等。传感器的机械故障可用手拨动翼片进行检查，如翼片摆动平稳、无卡滞或破损现象，说明机械部件良好。检修或拆卸空气流量传感器时，应细心操作、切忌碰撞，以免损伤其零部件。

用万用表电阻挡测量各端子之间的阻值与维修手册提供的标准阻值比较进行判断。

检测叶片式空气流量计时，可以从车上拆下，也可以在汽车上进行，如图3.21(a)所示。就车检测时，应先断开点火开关，拔下线束插头，再用万用表电阻挡测量传感器插座上各端子之间的阻值。表3-16所示为丰田皇冠(CROWN)2.8和丰田子弹头(PREVIA)车用叶片式空气流量计的标准阻值。如检测结果偏差过大，就应更换传感器。不同车型的

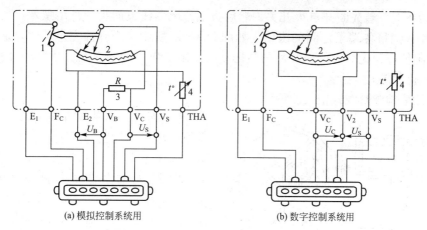

(a) 模拟控制系统用　　　　　(b) 数字控制系统用

图 3.20　叶片式空气流量计电路

1—油泵触点；2—电位计；3—限流电阻；4—进气温度传感器

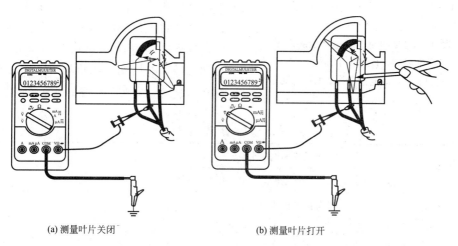

(a) 测量叶片关闭　　　　　(b) 测量叶片打开

图 3.21　叶片式空气流量计检测

空气流量计的标准阻值有些不同，检测时，应参照维修手册提供的阻值。

表 3-16　叶片式空气流量计的标准阻值

端子名称	测试条件	阻值/Ω	
		5M-E 发动机	2TZ-FE 发动机
$F_c - E_1$	叶片关闭	∞	∞
	叶片打开位置	0	0
$V_B - E_2$	20℃	200～400	
$V_c - E_2$	20℃	100～300	200～600
$V_s - E_2$	叶片关闭	20～100	200～400
	任何位置	20～1000	200～1200
$THA - E_2$	-20～+60℃	从 10000～20000 到 400～700	

动态检测时,首先断开点火开关,然后拔下传感器线束插头,再用螺丝刀拨动翼片,同时用万用表测量各端子之间的阻值,如图 3.21(b)所示。当叶片完全关闭,端子 F_c 与 E_1 之间的阻值应为无穷大;当叶片稍微摆动时,阻值应当为零;在叶片摆动过程中,V_s 与 E_2 之间阻值应连续变化。

2) 万用表检测热线式空气流量计

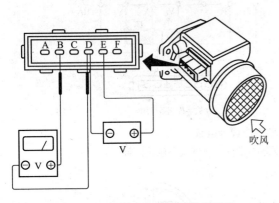

图 3.22 尼桑空气流量计检测端子
A—可变电阻器;B—输出信号;C—搭铁;
D—搭铁;E—蓄电池电压;F—自洁信号

静态检测时,先拔下传感器线束插头,接通点火开关,用万用表直流电压挡检测传感器插座上电源端子与搭铁端子之间的电压。测量信号输出端时,用嘴或电吹风机向空气流量计的空气入口吹气,同时再测量信号电压。尼桑千里马(MAXIMA)轿车 VG30E 型发动机空气流量计检测端子如图 3.22 所示。检测参考数据见表 3-17。检查自洁功能时,先将线束插头插好,并拆下空气流量传感器空气入口端的进气管;起动发动机并将转速升高到 2500r/min 以上,再使发动机怠速运转,然后使发动机熄火,同时观察热丝,应在 5s 后红热并持续 1s,否则,自洁功能失效。

表 3-17 参 考 数 据

B 与 C	发动机怠速时,1.0~1.5V 之间
	增加空气量时,2.0~4.0V 之间
E 与 D	应为蓄电池电压 12V
E 与 C	应为蓄电池电压 12V
F 与 D	发动机 OFF 时,电压为 0V,5s 后又上升,经过 1s 后又为 0V

动态检测时,先关闭所有用电器,起动发动机并怠速运转,怠速稳定后,用万用表检测空气流量计的信号输出电压,并进行急加速减速试验,观察空气流量计的信号输出电压的变化情况。通常热线式空气流量计信号输出电压范围为怠速 0.2V 到高速 4.0V 以上,急减速电压应比怠速时略低。

特别提示

不同车型的信号输出电压有很大差异,不要试图将一个车型的数据应用到所有车型,标准数据可参考维修手册。

3) 万用表检测热膜式空气流量计

热膜式与热丝式空气流量传感器的检修方法基本相同,现以桑塔纳 2000AJR 发动机用的热膜式空气流量计为例说明检测过程。桑塔纳 2000AJR 发动机用的热膜式空气流量计端子及连线如图 3.23 所示。检测参考数据见表 3-18。

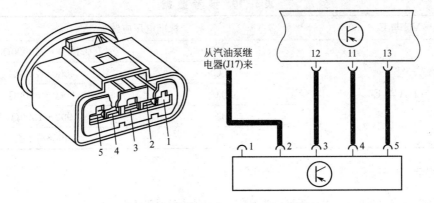

图 3.23 桑塔纳 2000AJR 空气流量计
1—空端子；2—接 J17；3—搭铁；4—5V 供电线；5—信号线

表 3-18 参 考 数 据

2 与缸体、2 与 3	蓄电池电压 12V	3 与 5	1.0～4.0 之间变化
4 与缸体、4 与 3	应为 5V		

特别提示

(1) 当检测端子 2 与缸体、端子 2 与端子 3 之间无 12V 电压时，应检查油泵继电器及相关电路。

(2) 当检测端子 4 与缸体、端子 4 与端子 3 无 5V 电压时，说明 4 与 11 断路，应检查发动机 ECU 及相关电路。

(3) 当发动机转速变化时，3 与 5 间应有 1.0～4.0 之间的电压变化，否则应更换空气流量计。

4) 万用表检测卡门旋涡式空气流量计

卡门旋涡式空气流量计检测以日本丰田凌志 LS400 轿车为例，检测端子如图 3.24 所示。检测参考数据见表 3-19。

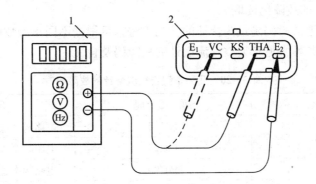

图 3.24 凌志 LS400 轿车空气流量计的检测
1—万用表；2—空气流量计；E_2—搭铁端子；
VC—5V 电压；KS—信号电压；THA—进气温度传感器端子

表 3-19 参考数据

VC 与 E_2	标准电压应约为 5V	
THA 与 E_2	-20℃	10000~20000Ω
	0℃	4000~7000Ω
	20℃	2000~3000Ω
	40℃	900~1300Ω
	60℃	400~700Ω

特别提示

(1) 检测 E_2 与 THA 电阻时,不同温度下应符合维修手册的阻值要求。
(2) 测量 VC 与 E_2 之间电压,应为 5V,否则检查发动机 ECU 及相关电路。

在静态检测正常的情况下,将万用表调整到频率挡,表笔接在空气流量计 KS 与 E_2 间,如图 3.25 所示。加减发动机油门,频率应随发动机转速平稳变化,怠速时的频率约为 2.77kHz。如果用电压挡检查,盘转发动机时正常应为 2.0~4.0V。

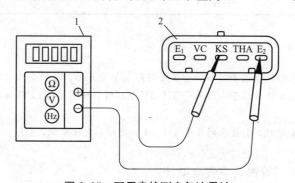

图 3.25 万用表检测空气流量计
1—万用表(频率表);2—空气流量传感器

5) 空气流量计的故障码读取

使用解码器调取故障码是最为快捷的检测方法,可根据不同车型故障码资料,了解其含义。表 3-20 为几种常见车型空气流量计的故障码及含义。

表 3-20 几种车型空气流量计的故障码

车 型	故 障 码	含 义
君 威	P0102	电路频率过低
	P0103	电路频率过高
一汽花冠	P0100	电路频率过低或过高
马自达 A6	P0102	低输入
	P0103	高输入
东风阳光	P0100	电路频率过低或过高
桑塔纳 2000AJR	00553	线路对地断路或短路

6)空气流量计的数据块读取

在相应的数据块中 MAF 信号是以 g/s 为单位的,可根据发动机故障的发生条件,读取相应工况的空气流量信号,通过流量信号的数据分析判断相应的故障。例如在发动机怠速时,空气流量一般为 1.8～4g/s,当发动机转速增加时,这个数据也逐渐增加。发动机转速不变时,读数应基本保持不变,否则,检查 MAF 及相关电路。

现以帕萨特 1.8T 为例介绍读取空气流量计数据块:起动发动机将冷却液温度提高到 80℃以上;关闭所有用电设备(在检测过程中散热器风扇不能转动);空调开关关闭;换挡杆在 P 挡或 N 挡位置。读取测量数据块如下。

(1) 将故障阅读仪 V.A.G1551(或 V.A.G1552)与发动机控制单元连接并输入地址码01。发动机保持在怠速工况,屏幕显示:

```
快速数据传递      帮助
选择功能 XX
```

(2) 按 0 和 8 键,选择"读取测量数据块",按 Q 键确认。屏幕显示:

```
读取测量数据块        Q
输入显示组号 XXX
```

(3) 输入 02 组号并按 Q 键确认,屏幕显示:

```
读取测量数据块 0           →
1 2 3 4 5 6 7 8 9 10
```

帕萨特 1.8T 02 显示组怠速时的基本参数见表 3-21。可通过怠速进气量、发动机加速时进气量数据变化状态,判断 MAF 及有关系统是否有故障。

表 3-21 显示组 02 怠速时基本参数

读取测量数据块 2 760～960r/min 0.15～1.50ms 1.0～3.00ms 1.8～4.0g/s		→ 屏幕显示
	进气量 1.8～4.0g/s:正常 小于 1.8g/s:进气管漏气 大于 4.0g/s:发动机额外负荷	
	经校正的曲轴转两周的喷油时间 在 1.00～3.00ms:正常 小于 1.00ms:有大量的来自油箱换气系统的混合气 大于 3.00ms:发动机额外负荷	
	发动机负荷(曲轴转一周理论上的喷油时间) 0.50～1.50ms:正常 小于 0.5ms:空气流量计漏气或燃油压力太高 大于 1.50ms:发动机额外负荷,则关闭负荷源	
每 40 步显示一次怠速 760～960r/min:正常 超出公差范围:检测发动机怠速		

> 特别提示

可通过怠速进气量、发动机加速时进气量数据变化状态,以及相对应的喷油量来判断发动机怠速不良、加速无力等故障是否与 MAF 有关。

7) 空气流量计的波形测试

空气流量计类型不同时,其标准波形也不同。MAF 标准波形有模拟型和频率型两种,标准波形如图 3.26 所示。

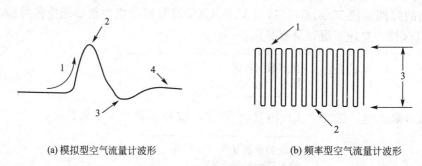

(a) 模拟型空气流量计波形　　　　　(b) 频率型空气流量计波形

图 3.26　空气流量计标准波形

利用示波器对空气流量计进行波形测试时,首先,将示波器的正极接到流量计的信号端子上,而负极接到搭铁位置。起动发动机并稳定在某一转速,在示波器的屏幕上应显示一个稳定的电压信号,若出现突变或不稳定的电压信号,则该 MAF 有故障。

模拟型空气流量计波形如图 3.26(a)所示。1 表示进入进气管的空气流量逐渐增加;2 表示节气门全开并最大加速;3 表示由测量叶片运动而造成的阻尼现象;4 表示由怠速旁通气道补偿来的空气进入了进气管。怠速输出电压约为 1V,油门全开时应超过 4V,全减速时输出的电压并不是从全加速电压回到怠速电压,而是比怠速时低些。

频率型空气流量计波形如图 3.26(b)所示。1 表示水平上线,指信号高电位;2 表示水平下线,指信号低电位;3 表示峰值电压,为信号电压。幅值应为 5V,形状要一致,矩形拐角和垂直下降沿应一致。水平下线几乎为地电位,水平上线应为参考电压。

频率型 MAF 波形应是一连串的方波,当发动机转速和进气量增加时,MAF 信号频率应平滑地增加,并且与发动机的转速变化成比例。如果 MAF 本身或连线有故障,则信号频率会出现不稳定的变化。

> 特别提示

部分频率型空气流量计(如三菱发动机采用的卡门旋涡式空气流量计),其频率与脉冲宽度随发动机转数一同变化,这是为了加速时能够向 ECU 提供异步加速信号,改善发动机加速性能。波形如图 3.27 所示。

2. 进气压力传感器的检测

进气压力传感器的全称为进气管绝对压力传感器,英文为 Manifold Absolute Pres-

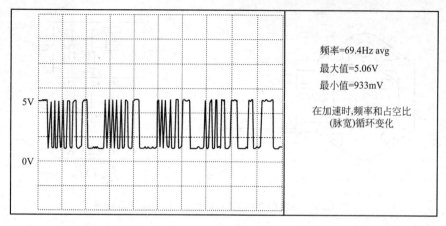

图 3.27 卡门旋涡式空气流量计加速波形

sure,简称 MAP,进气压力传感器的作用是测量进气管压力,并将信号输入 ECU,作为燃油喷射和点火控制的主控制信号。基本结构形式有两种:一种是压敏电容式,常见于福特公司生产的汽车上;另一种是压敏电阻式,普遍应用于 D 型电控燃油喷射系统中。

1) 万用表检测进气压力传感器

进气管压力传感器安装位置及其电路连接如图 3.28 所示。

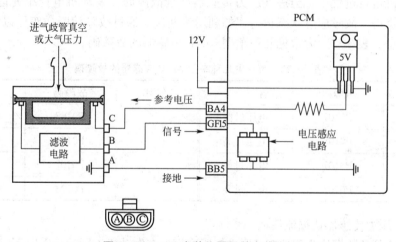

图 3.28 MAP 安装位置及其电路连接

用万用表电阻挡检测线束电阻时,断开点火开关,拔下控制器线束插头和传感器线束插头,检测两插头上各端子之间导线电阻应当小于 0.5Ω(或参照维修手册提供的标准数据),如阻值过大,说明线束与端子接触不良或断路。

当用万用表就车检测 MAP 各端子时,先检查 ECU 或其连接线路有无故障。再将点火开关转至 ON 位置,检查传感器电源电压及各端子电压情况(在检测传感器输出的信号电压时,一般先拆开传感器与进气管连接的软管,再用手动真空泵给传感器施加真空度,同时观察输出的信号电压的变化),若不符合要求,应更换 MAP 传感器,下面介绍几种典型 MAP 检测过程及要求。

桑塔纳 2000GLI 型轿车进气压力传感器端子及连线如图 3.29 所示。MAP 与进气温度传感器 G17 合为一体,与稳压箱相连,为压敏电阻式。

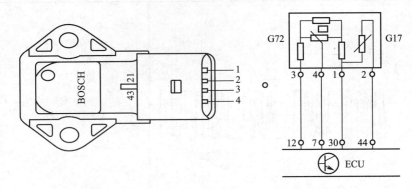

图 3.29 桑塔纳 2000GLI 型轿车 MAP 端子及连线

检测电压时，接通点火开关，检测传感器端子 3 与端子 1 之间的电压应为 5V 左右（参考电压）；当点火开关接通，发动机不起动时，检测传感器端子 4 与端子 1 之间的信号电压应为 3.8～4.2V；当发动机怠速运转时，信号电压应为 0.8～1.3V；当突然加大油门时，信号电压应随油门加大迅速升高到接近 5V。如信号电压不符合上述变化规律，说明传感器失效。

2）进气压力传感器故障码读取

在发动机运行过程中，当进气压力传感器出现故障时，发动机电控单元能够检测到，并能使发动机进入故障应急状态运行，如利用诊断仪，通过故障诊断插座可以读取此故障码等有关信息。表 3-22 为常见几种车型 MAP 传感器的故障码。

表 3-22 为常见几种车型 MAP 传感器的故障码

车型	故障码	含 义	车型	故障码	含 义
凯越	P0107	电压过低	雅阁	P0107	电压过低
凯越	P0108	电压过高	雅阁	P0108	电压过高
广州飞度	P0107	电压过低	现代	P0107	电压过低
广州飞度	P0108	电压过高	现代	P0108	电压过高

3）进气压力传感器数据流读取

利用诊断仪的数据流监测功能读取进气压力值。在发动机不同运行工况下，读取进气压力传感器的压力值，桑塔纳 2000GLI 型轿车进气压力传感器几种工况的数据见表 3-23。

表 3-23 桑塔纳 2000GLI 型轿车进气压力传感器数据流

不同工况时进气压力传感器数据		
怠 速	急加速	急减速
57.33～71.33kPa	最大 84.66kPa	最小 6.66kPa

特别提示

不同工况时进气压力传感器数据可能因车型、发动机转速不同略有不同。在进行进气压力传感器数据流读取时要确认传感器真空管完好。

4) 进气压力传感器波形测试

大多数汽车采用的进气压力传感器输出信号为模拟信号，如桑塔纳 2000GLI 型轿车的 AFE 发动机进气压力传感器；数字输出信号进气压力传感器广泛应用于 20 世纪 80 年代的福特、林肯等车型，两种进气压力传感器的标准波形如图 3.30 所示。

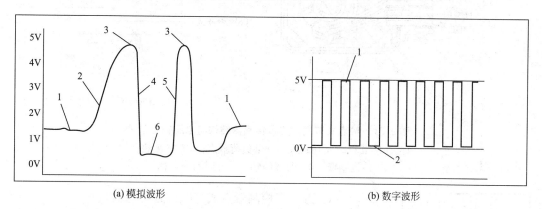

(a) 模拟波形　　　　　　　　　　　(b) 数字波形

图 3.30　进气压力传感器的标准波形

(1) 模拟型 MAP 的波形测试。

正确连接示波器，起动发动机，使其稳定怠速后，观察输出电压的信号波形；再将节气门逐渐开大至全开，保持约 2s；回到怠速并保持 2s；之后，再急加速至节气门全开，再怠速；最后，锁定波形，对照标准波形图 3.30(a) 进行分析。图中标注 1 表示怠速状态；标注 2 表示缓慢加速；标注 3 表示节气门全开；标注 4 表示全减速，节气门迅速关闭；标注 5 表示急加速；标注 6 表示全减速后，保持 2s 时的波形。

怠速时，输出电压应为 1.25V；当节气门全开时，应略低于 5V；全减速时应接近 0V。有些进气压力传感器设计成相反形式，即当真空度增高时，输出电压增高(怠速时，电压高)，真空度降低时，输出电压也降低(节气门全开时，电压低)。

(2) 数字型 MAP 的波形测试。

正确连接示波器，接通点火开关，但不起动发动机，用手动真空泵给进气压力传感器施加不同的真空度，同时观察示波器的波形，标准波形如图 3.30(b) 所示。应满足幅值是 5V 的脉冲，波形上沿如图 3.30(b) 中标注 1 所示位置，下沿如图 3.30(b) 中标注 2 所示位置；同时形状正确、波形稳定。矩形方角正确、上升沿垂直。当施加真空度时，频率随真空度而变化，但形状保持不变；当没有真空时，输出信号频率为 160Hz，而在真空度为 64kPa 时，输出信号频率约为 105Hz，检测时要参照维修资料给定的频率与对应真空度值。

3. 节气门位置传感器的检测

节气门位置传感器的英文为 Throttle Position Sensor，简称 TPS，安装在节气门体轴上，其作用是检测节气门的开度及开度变化，并转变成电信号，输送给 ECU，ECU 根据 TPS 信号来判别发动机的工况，根据工况不同来控制喷油时间。在自动变速器车上，TPS 信号同时输入给变速器电脑，来控制变速器换挡时机和变矩器锁止时机。根据结构和原理不同，可分为可变电阻式、触点式和组合式 3 种。当节气门位置传感器出现故障时会有怠速不稳、加速不良、油耗增加、排放超标等现象。当出现上述现象时可采取下述检查方法。

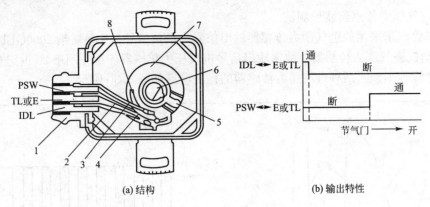

(a) 结构　　　　　　　　　　　(b) 输出特性

图 3.31　触点式节气门位置传感器结构与电压输出信号

1—连接器；2—动触点；3—全负荷触点；4—怠速触点；
5—控制臂；6—节气门轴；7—凸轮；8—槽

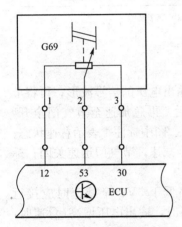

图 3.32　桑塔纳 2000AFE
节气门位置传感器接线图

1) 万用表检测触点式气门位置传感器

用万用表检测触点式节气门位置传感器时，可先拆开传感器线束连接器，就车检查各端子之间的通断情况，即检查活动触点端子与怠速触点端子之间通断情况，如图 3.31 所示。节气门接近全关时应导通，节气门在其他位置时应不导通；检查活动触点端子与全负荷触点端子之间：节气门中小开度时应不导通，节气门接近全开时应导通。如不符合，说明传感器内部断路或绝缘不良，应更换节气门位置传感器。

2) 万用表检测可变电阻式节气门位置传感器

桑塔纳 2000AFE 发动机可变电阻式节气门位置传感器的接线如图 3.32 所示。测试数据参照表 3-24 提供的标准值。

表 3-24　测试数据参照值

测试项目	测试条件	测试部位	标准值
TPS 电源电压	接通点火开关	传感器电源端子"1"至负极端子"3"	约为 5V
TPS 信号电压	1. 节气门关闭 2. 接通点火开关	传感器信号输出端子"2"至负极端子"3"	0.1～0.9V
TPS 信号电压	1. 节气门全开 2. 接通点火开关	传感器信号输出端子"2"至负极端子"3"	3.0～4.8V
TPS 正极导线	拔下控制器、传感器插头	控制器"12"端子至传感器插头"1"端子	<0.5Ω
TPS 信号线	拔下控制器、传感器插头	控制器"53"端子至传感器插头"2"端子	<0.5Ω
TPS 负极导线	拔下控制器、传感器插头	控制器"30"端子至传感器插头"3"端子	<0.5Ω

3) 万用表检测组合式节气门位置传感器

用万用表检测组合式节气门位置传感器各端子的输出电压时,应打开点火开关,但不起动发动机,测量各端子的输出电压(测量前,应明确该车型的 TPS 类型及 TPS 各端子的含义),参照维修手册提供的标准数据,如不符合,应更换节气门位置传感器。桑塔纳 2000GSI 的 TPS 与发动机电脑接线如图 3.33 所示。3 号端子为怠速开关信号,5 和 8 号端子为信号线,4 号端子为 5V 供电线,7 号端子为搭铁线。当怠速时,怠速开关触点闭合,ECU 通过此信号来判断是怠速工况。4 和 5 号端子组成节气门电位计,4 和 8 组成节气门定位电位计,并与节气门定位器和怠速开关合成一体。ECU 收到怠速开关、节气门电位计、节气门定位电位计信号时,才控制定位器动作,使发动机转速稳定在规定的怠速转速范围内。

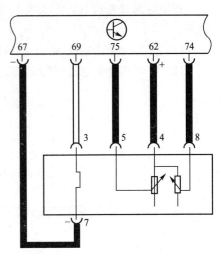

图 3.33 桑塔纳 2000GSI 节气门位置传感器接线图

4) 节气门位置传感器故障码读取

在发动机运行过程中,当节气门位置传感器出现故障时,发动机电控单元能够检测到,并能使发动机进入故障应急状态运行,如利用 V.A.G1551 或 V.A.G1552 诊断仪,通过故障诊断插座可以读取此故障码的有关信息。表 3-25 为常见几种车型 TPS 传感器的故障码。

表 3-25 常见几种车型 TPS 传感器的故障码

车 型		故 障 码	含 义
凯越		P0122	传感器电压过低
		P0123	传感器电压过高
广州飞度		P0122	传感器电压过低
		P0123	传感器电压过高
雅阁		P0122	传感器电压过低
		P0123	传感器电压过高
现代		P0122	传感器电压过低
		P0123	传感器电压过高
桑塔纳	AFE	00518	传感器 G69 对正极短路 传感器 G69 对地断路/短路
	AJR	00518	传感器 G69 线路对正极断路/短路
		00530	传感器 G88 线路对正极断路/短路

5）节气门位置传感器数据块读取

利用故障诊断仪 V.A.G1551，读取桑塔纳 2000GLI 节气门位置传感器的数据块方法如下。

(1) 接上故障诊断仪 V.A.G1551，输入"发动机电控单元"的地址指令 01。

(2) 发动机处于怠速运转状态，显示器上显示：

```
Rapid data transfer      HLEP
Select function          XX

快速的数据传输           帮助
功能选择       XX
```

(3) 输入"读取测量数据组"功能指令 08，并按下 Q 键确认，显示器显示：

```
Read measuring value block    HELP
Enter display group number    XX

读取测量数据组        帮助
输入显示器分组编号         XX
```

(4) 输入显示器 03 分组的代码 03，并按下 Q 键确认，显示器上显示：

```
Read measuring value block    →
1    2    3    4

读取测量数据组                →
1    2    3    4
```

(5) 1~4 为显示区，缓慢地将节气门开到最大，注意显示区 3 中显示的角度，其数值必须在整个开启范围内均匀升高，不得有跳跃或断点。否则进行电气检测，必要时更换节气门位置传感器。

(6) 按下→键，输入"结束输出"功能指令 06，并按下 Q 键确认。

6）节气门位置传感器波形测试

当怀疑节气门位置传感器出现故障时，可利用示波器测试节气门位置传感器波形，并与标准波形对比。

(1) 可变电阻式 TPS 波形。

可变电阻式 TPS 为模拟型波形，如图 3.34(a)所示。要求波形上不应有任何断点、对地尖峰或大的波折，特别是在前 1/4 油门运动中的波形要圆滑，节气门全开时，应接近 5V，节气门关闭时，应低于且接近 1V。若某处出现波形落下的尖峰时，则表示该位置是损坏点。图 3.34(b)所示为碳膜断裂的故障波形。

(2) 触点式 TPS 波形。

触点式 TPS 为脉冲型波形，如图 3.35 所示，要求节气门关闭时，ECU 收到一个怠速信号，水平下线为 0V，当节气门位于非全闭位置时，水平上线为参考电压；当节气门开

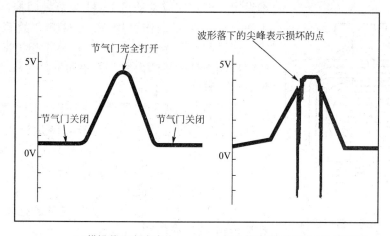

(a) 模拟型TPS标准波形　　(b) 模拟型TPS碳膜断裂故障波形

图 3.34　可变电阻式 TPS 波形

启的同时，电压应瞬间以直线上升到参考电压，若有微小的波动都表示触点接触不良或节气门回位弹簧松弛。

7) 桑塔纳 2000AJR 发动机节气门控制组件的检测

节气门直动式怠速控制装置广泛应用于捷达 ATK 发动机、桑塔纳 2000AJR 等发动机。为了使怠速稳定装置起作用，发动机控制单元必须知道节气门控制器(V60)的停止位置，同时还要知道节气开度的变化，这些由节气门电

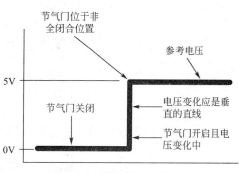

图 3.35　触点式 TPS 波形

位计(G69)和节气门定位电位计(G88)来完成监控任务。典型桑塔纳 2000AJR 发动机直动式节气门控制组件(J338)的结构如图 3.36 所示。

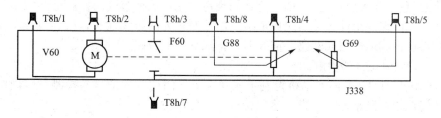

图 3.36　节气门控制组件

节气门电位计(G69)部件起着节气门位置传感器的作用。节气门定位电位计(G88)给发动机控制单元提供节气门控制器(V60)的停止位置。节气门控制器(V60)起着控制怠速的作用，能按照 ECU 的指令适当开大或关小节气门开度，所以 AJR 发动机没有怠速控制阀。怠速开关(F60)用于向发动机 ECU 提供怠速位置信号。怠速开关闭合时，由节气门定位器来决定怠速时节气门的开度。

如果拆装或换了新的节气门控制组件或者发动机 ECU 出了故障，都必须重新进行基

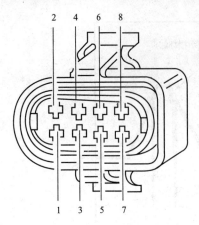

图 3.37 测量节气门控制组件供电电压

本设定,即:完成发动机 ECU 与节气门控制组件的匹配工作,这一匹配工作可用 V.A.G1552 故障诊断仪来完成。通过起动基本设置(功能 04)显示组 098 来完成。节气门控制组件的检测内容及方法如下。

(1) 测量供电电压。

测量节气门控制组件供电电压即是测量节气门定位电位计和节气门电位计的电源电压,测量方法如图 3.37 所示。打开点火开关,测量节气门控制组件插头,端子 4 和 7 间电压应约为 5V(用 20V 直流量程挡)。

(2) 怠速开关的检测。

打开点火开关,选择"读取测量数据块"(功能 08)和显示组 98,屏幕显示:

```
系统在基本设置状态 98      →
X.XXXV  X.XXXV  怠速  …
```

显示区 3 应显示:"怠速",渐渐地打开及关闭节气门,屏幕显示:

```
系统在基本设置状态 98      →
X.XXXV  X.XXXV  部分负荷  …
```

显示区 3 的显示应由"部分负荷"变到"怠速",屏幕显示:

```
系统在基本设置状态 98      →
X.XXXV  X.XXXV  怠速  …
```

如果显示没变成"怠速",应关闭点火开关,断开节气门控制组件端子,用万用表测量端子 3 和 7 之间的电阻,其规定值为导通(节气门关闭)。逐渐加大节气门开度,其规定值为不导通(怠速开关应打开)。如没有达到规定要求,更换节气门控制组件。

如果节气门控制组件正常,应拔下节气门控制单元的导线插头,检查电控单元的相关导线是否对正极或地短路或断路。需要时,排除导线的故障。

(3) 节气门电位计的检测。

节气门电位计(G69)向发动机控制单元发送节气门位置的信号。检测节气门电位计前应检查油门拉线的调整是否正常,然后检查节气门电位计。

打开点火开关,选择"读取测量数据块"(功能 08)及显示组 01,屏幕显示:

```
读取测量数据块 1           →
0r/min  0.00ms  4∠°XX.X  上止点前
```

检查显示区 3 的显示,其规定值为 0～5∠0。

```
读取测量数据块 1           →
0r/min  0.00ms  4∠°XX.X  上止点前
```

慢慢地踩下加速踏板,其规定值为显示区3的显示值应增大,最终在85～95∠°之间(加速踏板踏到底)。如初始和最终值都没达到规定值,应检测供电电压;如果显示值不变化或变化没有规律,应检测导线的连接。

(4) 节气门定位电位计(G88)检测。

起动发动机,选择"读取测量数据块"(功能08)及显示组98,屏幕显示:

```
读取测量数据块 98           →
4.420V  3.880V   怠速   自适应正常
```

查看显示区2的显示,其规定值为0.500～4.900V。如果没有满足规定值的要求,应关闭点火开关。先拔下节气门控制单元的导线的插头,检查同发动机控制单元连接的线束,检测导线连接是否断路或对正极或负极短路,需要时,排除导线的故障。如导线没问题应更换节气门控制单元(J338)。

(5) 检测节气门控制器(V60)。

节气门控制器(V60)是个电机,发动机怠速时,节气门控制器通过一齿轮机构驱动节气门来实现怠速的控制。

打开点火开关,起动发动机,选择"基本设置"(功能04)及显示组98,屏幕显示:

```
读取测量数据块 98                Q
4.420V  3.880V   怠速   进行自适应
```

按下Q键,节气门控制器转动到最小及最大限位点(可看见电机转动并能听到嗡嗡声)。

如节气门控制器没转动,应关闭点火开关。先拔下节气门控制单元的导线的插头,检查同发动机控制单元连接的线束,检测导线连接是否断路或对正极或负极短路,需要时排除导线的故障。如果导线没问题,应更换节气门控制单元(J338)。

4. 温度传感器的检测

进气温度传感器和冷却液温度传感器是EFI系统中重要的温度传感器,能反映发动机的热负荷状态。进气温度传感器(Intake Air Temperature Sensor,IATS)安装在进气管路中,作用是检测进气温度,并将温度信号变化为电信号,输送给ECU,是喷油和点火的修正信号。冷却液温度传感器(Coolant Temperature Sensor,CTS)安装在发动机冷却液出水管上,作用是检测发动机冷却液的温度,并转变为电信号,输送给ECU,是喷油和点火的修正信号。

温度传感器的常见类型有热敏电阻式、半导体晶体管式和金属丝式等。热敏电阻式又分为正温度系数型(PTC)和负温度系数型(NTC)两种,而汽车上的进气温度传感器和冷却液温度传感器都属于正温度系数型(PTC)的。

当温度传感器出现故障时会有起动困难、怠速不稳、加速不良、油耗增加、排放超标等现象。现以桑塔纳2000 AJR发动机为例介绍检查方法。

1) 万用表检测温度传感器

检测温度传感器阻值时,断开点火开关,拔下温度传感器插头,拆下温度传感器,将

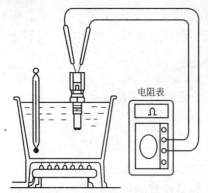

图 3.38 温度传感器检测方法

传感器和温度表放入烧杯或加热容器中,如图 3.38 所示。在不同温度下,用万用表电阻挡检测传感器插座上两端子间的电阻值,然后再与标准阻值进行比较。桑塔纳 2000GSI 型轿车用温度传感器的标准阻值见表 3-26。如阻值偏差过大、过小或为无穷大,说明传感器失效,应予更换。

检测时,应先拆开进气温度传感器线束连接器及电脑端子,测量两个端子与电脑相应端子之间有无断路、对地有无短路、阻值过大(大于 0.5Ω)等故障,否则应维修或更换相关线束。

表 3-26 桑塔纳 2000GSI 水温传感器标准阻值

温度/℃	阻值/Ω	温度/℃	阻值/Ω
-20	14000~20000	40	1000~1400
0	5000~6500	60	530~650
10	3300~4200	80	280~350
20	2200~2700	100	170~200

特别提示

检测时,不要用明火加热检测温度传感器,这样会损坏传感器。

2)温度传感器数据块读取

发动机怠速工况,解码器进入"读取测量数据块"功能,选择相应显示组读取冷却液温度传感器数据,如果显示数据与实际温度不符,关闭点火开关,检查传感器插头上端子和发动机控制单元线束插头间的线路是否有断路或短路,如果线路正常,更换冷却液温度传感器。

3)温度传感器波形测试

当温度传感器出现故障,但 ECU 又无故障信息,即无故障码显示时,发动机的工作性能不佳,这时可用示波器测试温度传感器的波形,与标准波形对照分析可找到故障原因。温度传感器标准波形如图 3.39 所示。低温时阻值高,信号输出电压高;高温时阻值低,信号输出电压低。

5. 曲轴/凸轮轴位置传感器的检测

曲轴位置传感器(Crankshaft Position Sensor,CPS)有时称为发动机转速传感器,用来检测曲轴转角和发动机转速信号,输送给 ECU,以便确定燃油喷射时刻和点火控制时刻。凸轮轴位置传感器(Camshaft Position Sensor,CPS)用来检测凸轮轴位置信号,输送给 ECU,以便 ECU 确定第一缸压缩上止点,从而

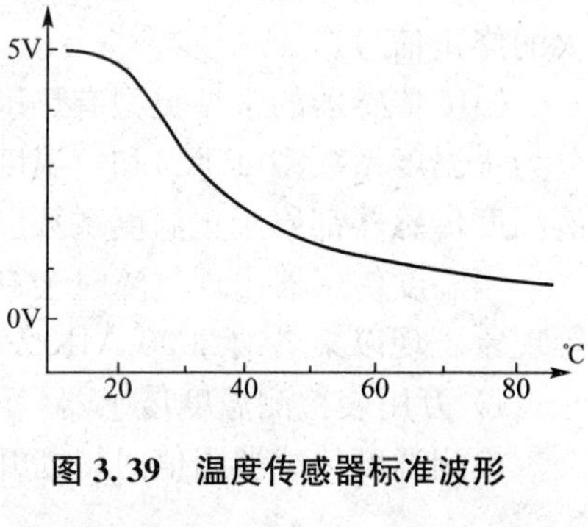

图 3.39 温度传感器标准波形

进行顺序喷油控制和点火时刻控制；同时，还用于发动机起动时识别第一次点火时刻；因此也称为判缸传感器。当发动机运行时，若霍尔式凸轮轴位置传感器出现故障而导致信号中断时，发动机会继续运转，也能再次起动。但是，喷油不是最佳时刻，对混合气品质产生的影响较小，对发动机的总体性能影响较小。但由于控制单元不能判别即将到达压缩上止点的是哪一缸，因此爆震调节将停止。为了防止发动机产生爆震，控制单元将自动减小点火提前角。

曲轴位置传感器和凸轮轴位置传感器通常安装在一起，只是各车型安装位置不同，如曲轴、凸轮轴、飞轮或分电器等处。根据结构和工作原理不同，可分为电磁式、霍尔式和光电式3种类型。当发动机运行时，若电磁式传感器出现故障导致信号中断，则发动机将立刻熄火而无法运转，这时，电控单元ECU能够检测到故障信息，利用V.A.G1551/2故障诊断仪，可以读取故障信息。也可以用万用表检测。

曲轴/凸轮轴位置传感器出现故障时会有起动困难、怠速不稳、加速不良、排放超标等现象。现以桑塔纳2000AJR发动机为例介绍曲轴/凸轮轴位置传感器的检查方法。

1）万用表检测电磁式曲轴位置传感器

当用万用表检测曲轴位置传感器信号线圈电阻时，断开点火开关，拔下传感器插头，接线如图3.40所示。各端子间的阻值应符合表3-27中规定，如阻值不符合则应更换线束或传感器总成。信号转子凸齿与磁头间的气隙应在0.2～0.4mm范围内。

表3-27 各端子间的阻值

测试端子	电阻值/Ω	测试端子	电阻值/Ω
1与2	450～1000	3与搭铁	不超过0.5
2与3	∞	1与63	不超过0.5
1与3	∞	2与56	不超过0.5

桑塔纳霍尔式凸轮轴位置传感器插头接线如图3.41所示。测试参考条件和数据见表3-28。

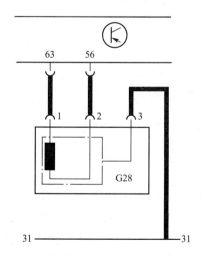

图3.40 桑塔纳电磁式曲轴位置传感器

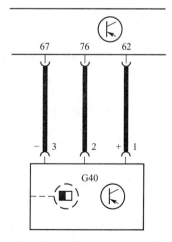

图3.41 桑塔纳霍尔式凸轮轴位置传感器

表 3-28 测试参考条件和数据

测试条件	测试端子	测试结果
点火开关 ON	1 与 3	5V，若过低或过高，说明线束断路、短路或控制单元 ECU 有故障
点火开关 OFF	1 与 62	应不大于 0.5Ω
	2 与 76	应不大于 0.5Ω
	3 与 67	应不大于 0.5Ω
	1(62) 与 2	应为 ∞
	1(62) 与 3	应为 ∞

2）故障诊断仪检测霍尔式凸轮轴位置传感器

当霍尔传感器出现故障信号中断时，控制单元 ECU 能够检测到故障信息，用 V.A.G1551/2 故障诊断仪可以读取故障信息。如故障代码显示霍尔传感器有故障，可用万用表检测传感器电源电压和导线电阻，如果上述检测正常，更换传感器。

3）曲轴/凸轮轴位置传感器波形测试

当怀疑传感器出现故障，但 ECU 没有故障信号，或发动机工作性能已出现故障现象时，可用示波器测试传感器输出波形，根据波形分析故障原因。曲轴/凸轮轴位置传感器波形依传感器类型不同，标准波形也不同，图 3.42 所示为电磁式、霍尔式曲轴/凸轮轴位置传感器的标准波形。

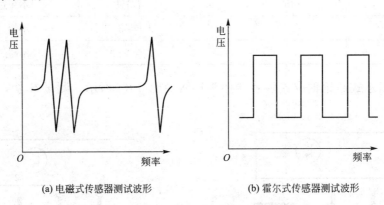

图 3.42 曲轴/凸轮轴位置传感器的标准波形

(1) 电磁式传感器测试波形，应满足图 3.42(a) 中的要求，否则应更换传感器。
(2) 霍尔式传感器测试波形，应满足图 3.42(b) 中的要求，否则应更换传感器。

6. 氧传感器的检测

氧传感器（Oxygen Sensor，O_2S）安装在排气管上，作用是检测排气中氧离子的含量，并将该信号转变为电信号输入 ECU。如果氧的含量高，输出电压就低；如果氧的含量低，输出电压就高。ECU 根据氧传感器信号，对喷油时间进行修正，实现空燃比反馈控制。

按结构原理不同，氧传感器分为氧化锆（ZrO_2）式和氧化钛（TiO_2）式两种类型，氧化锆式又分为加热型与非加热型氧传感器两种，非加热型的线束插头有一个或两个接线端子；加热型的线束插头有两个或 4 个接线端子。加热器采用陶瓷加热元件制成，设在锆管内侧，由汽车电源通入电流进行加热。氧化钛式一般都为加热型传感器。由于氧化钛式氧传感器价格低，且不易受到硅离子的腐蚀，因此应用越来越多。

当氧传感器出现故障时会有怠速不稳、加速不良、油耗增加、排放超标等现象。现以桑塔纳 2000GLI 型轿车氧传感器控制电路为例介绍检查方法。

1) 万用表检测氧传感器

用万用表电阻挡检测氧传感器时，先断开点火开关，拔下控制器线束插头和传感器线束插头，再检测两插头上各端子之间的相关参数。桑塔纳 2000GLI 型轿车氧传感器接线如图 3.43 所示，检测各端子之间的相关参数，应符合表 3-29 中规定的数据。如阻值过大或为无穷大，说明线束接触不良或断路。

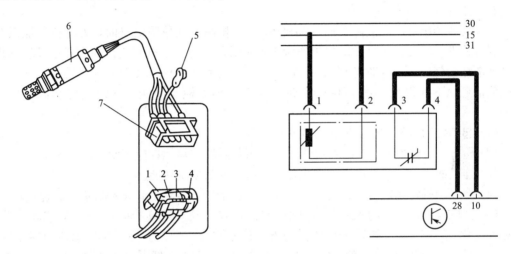

图 3.43 桑塔纳 2000GLI 型轿车氧传感器接线
1—加热元件正极；2—加热元件负极；3—信号线负极；
4—信号线正极；5—搭铁线；6—氧传感器；7—连接器

表 3-29 桑塔纳 2000GLI 型轿车氧传感器检测参考数据

检测项目	检测条件	检测部位	标准值
电源电压	发动机起动并怠速运行	检测传感器 1 与 2 端子间的电压	12～14V
信号电压	发动机起动并怠速运行	检测传感器 3 与 4 端子之间的电压	交替显示 0.1～0.9V 之间
模拟故障检测信号电压	1. 发动机起动并怠速运行 2. 拔下油压调节器真空软管并将调节器关口密封	检测传感器 3 与 4 端子之间的电压	显示 0.9V 短时稳定，然后开始摆动
加热元件电阻	拔下氧传感器插头	传感器插座 1 与 2 端子间阻值	0.5～20Ω
信号正极线	拔下控制器、传感器插头	28 与 4 端子	<0.5Ω

(续)

检测项目	检测条件	检测部位	标准值
信号负极线	拔下控制器、传感器插头	10与3端子	<0.5Ω
加热元件正极导线	新开点火开关拔下传感器插头	15与1端子	<0.5Ω
加热电源负极导线	新开点火开关拔下传感器插头	2与31端子	<0.5Ω

2) 氧传感器数据块的读取

当怀疑氧传感器出现故障，而发动机 ECU 又检测不到故障信息时，发动机仍能以开环控制方式继续运转，只是发动机工作状态不是最佳，排气中有害气体的含量以及发动机的燃油消耗量将增加。这时可利用 V.A.G1551/2 故障诊断仪，读取氧传感器的工作参数和故障信息。下面以桑塔纳 2000GLI 轿车的氧传感器检测为例，介绍氧传感器的检测方法。

(1) 起动发动机至工作温度正常或至少 80℃。

(2) 检查蓄电池电压、排气系统应正常，氧传感器加热元件应正常。

(3) 连接故障诊断仪，进入发动机控制系统读取数据块功能。

(4) 将发动机转速提高到大约 2500r/min，运行 1min，然后让发动机进入怠速运转。

(5) 读取显示区 3 上的氧传感器（λ 传感器）电压。其规定读数应在 0～1V 之间波动，每分钟变化 15～30 次。如果 λ 传感器的电压信号波动较慢，应检测 λ 传感器的加热器。如果 λ 传感器的电压信号保持在 0.45～0.5V 之间，说明 λ 传感器导线断路，应进行检测；如果 λ 传感器的电压信号保持在 0～0.5V 之间（混合气太稀），说明 λ 控制已达到加浓极限，但是 λ 控制还记忆"混合气太稀"；如果 λ 传感器的电压信号保持在 0.5～1.0V 之间（混合气太浓），说明 λ 控制已达到变稀的极限，但是 λ 控制还记忆"混合气太浓"。

3) 氧传感器波形测试

检修氧传感器主要是检查加热元件和信号电压变化频率是否正常。检测氧传感器信号电压变化的频率时，要求高、低电平之间变化应不低于 10 次/min。标准波形如图 3.44 所示。下面以急加速法来测试氧传感器，其测试方法和步骤如下。

(1) 使发动机以 2500r/min 运转 2～6min，然后再让发动机正常怠速运转 20s。

(2) 在 2s 内将发动机节气门从全闭（怠速）至全开 1 次，共进行 5～6 次。注意发动机转速不能超过 4000r/min。

(3) 锁定显示屏上的波形，参照标准波形要求，对比分析氧传感器的最高、最低信号电压值和信号的响应时间，最后判断氧传感器的好坏。在信号电压波形中，

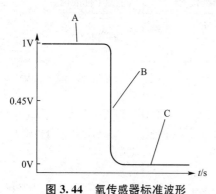

图 3.44 氧传感器标准波形
A—最高信号电压 1.1V；
B—信号的响应时间 40ms；
C—最低信号电压 0V

上升的部分是急加速造成的,下降的部分是减速造成的。检测时,注意查找该车型提供的氧传感器相关参数,见表 3-30。

表 3-30 氧传感器信号波形参考标准

测量参数	允许范围	测量参数	允许范围
最高信号电压	>850mV	从浓到稀的响应时间	100ms,波形中在 300~600mV 之间的下降线应为垂线
最低信号电压	75~175mV		

7. 爆震传感器的检测

爆震传感器安装于汽缸体上,如图 3.45 所示。它能将发动机爆震情况转换成电信号,输入给电控单元,供其修正点火时刻。

爆震传感器是一种固有频率大于 25kHz 的宽带加速度传感器,控制元件由压电陶瓷制成。为了隔热,传感器用塑料套包起来,允许工作温度为 130℃。

爆震传感器的工作情况,可用解码器的"读取测量数据块"、查询故障代码功能检测。也可以用万用表检测爆震传感器的 3 个端子之间的电阻,并与标准阻值对照,不符则更换爆震传感器。传感器插头和发动机控制单元线束插头间的线路若有断路或短路,应排除故障。

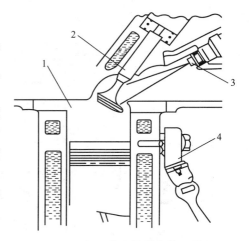

图 3.45 爆震传感器的安装位置
1—汽缸;2—进气门;3—喷油器;4—爆震传感器

▶ 特别提示

为了确保爆震传感器与缸体充分接触,必须按规定扭紧力矩。

3.2.2 开关信号的检测

电控发动机控制系统开关信号有起动开关信号、空调开关信号、驻车/空挡开关信号、制动开关信号和动力转向开关信号等,一般分为接地型开关和正极型开关两种。

接地型开关,以福特车为例,驻车/空挡开关和动力转向开关都是接地型开关,平时开关断开,发动机控制电脑测得信号电压为 5V,接通时发动机控制电脑测得的信号电压为 0V,如图 3.46(a)所示。正极型开关,断开时发动机控制电脑测得 0V 信号,接通时测得 12V 信号,如图 3.46(b)所示。例如,制动灯开关就属于正极型开关,其作用是告诉发动机 ECU 踩了制动,ECU 会使自动变速器中变矩器锁止离合器松开,并使发动机缓慢降速以免发动机熄火。

1. 起动信号的检测

起动时由起动开关向发动机控制电脑提供一个起动信号(12V),作为喷油量和点火提前角的修正信号,丰田 2JZ-GE 发动机起动电路如图 3.47 所示。

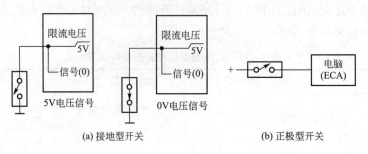

图 3.46 开关信号的检测

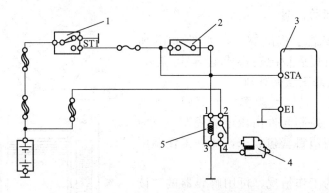

图 3.47 丰田 2JZ-GE 发动机起动电路

1—点火开关;2—空挡起动开关;3—发动机 ECU;4—起动电机;5—起动机继电器

当起动信号出现故障时会有起动困难现象。当出现上述现象时可采取下述检查方法。

(1) 首先,应保证起动时 STA 端子与 E1 端子的电压为 6~14V。

(2) 检查起动时起动电机是否工作。

(3) 若起动电机工作正常,则检查发动机 ECU 的 STA 端子至点火开关 ST1 之间导线和连接器是否正常。若正常,则检查 ECU 的 E1 端子搭铁是否良好。若良好,则应更换 ECU。

(4) 若起动时起动电机不能起动,则检查点火开关至起动电机继电器之间线路、连接器和蓄电池、点火开关、空挡起动开关(自动变速器)和起动机继电器是否正常。若正常,则检查起动电机 50 端子的电压,在起动时应为 6~14V。若电压正常,则应检查起动电机;若电压不正常,则应检查蓄电池至起动电机继电器之间线路与起动电机继电器和起动电机 50 端子之间的线路是否正常。

2. 空挡开关信号的检测

空挡开关 NPS(Neutral Position Switch)表示自动变速器挡位选择开关所处位置,一般安装在自动变速器壳体旁。此开关信号主要用于怠速系统的控制及起动电机的控制。控制原理如图 3.48 所示。

当自动变速器处于 N 挡或 P 挡时,空挡起动开关闭合,此时,发动机控制电脑 ECU 的 NPS 端子通过起动电机继电器和防盗 ECU 接地,NPS 端子的电压低于 1V。当自动变速器处于 D、2、L 或 R 挡时,空挡起动开关断开,NPS 端是高电平(蓄电池电压)。

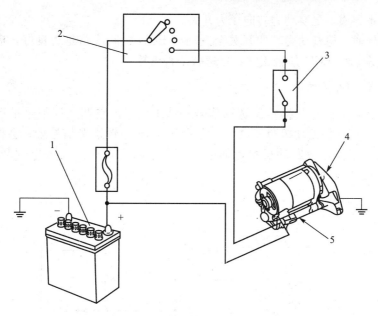

图 3.48 空挡开关信号的检测

1—蓄电池；2—点火开关；3—空挡起动开关；4—起动电机；5—电磁开关

当空挡开关信号出现故障时会有怠速不良、起动电机无法工作的现象。当出现上述现象时可采用万用表电阻挡检查空挡开关的导通性。

3. 动力转向压力开关

动力转向压力开关简称 PSW(Power Steering Pressure Switch)，当汽车低速运行或怠速时，若转动转向盘，则动力转向油泵向转向控制阀输出压力油。动力转向泵所增加的负荷可能使发动机转速下降甚至熄火。动力转向开关闭合的信号输送到发动机控制电脑后，ECU 立即控制怠速控制阀或步进电机动作，增加怠速空气量，使发动机转速升高。若此时空调也工作时，电脑会控制空调压缩机离合器的继电器暂时切断，使空调暂停工作，防止发动机因负荷增大而熄火。控制原理如图 3.49 所示。

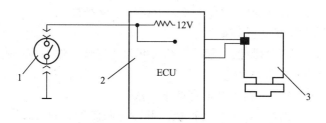

图 3.49 动力转向压力开关信号电路

1—压力开关；2—发动机电脑；3—怠速阀

当动力转向压力开关出现故障时会有怠速状态转向熄火、转速下降等现象。当出现上述现象时可采取下述检查方法。

(1) 拔下动力转向开关连接器，起动发动机并原地打方向。

(2) 用万用表电阻挡检查动力转向压力开关接柱是否导通。

(3) 如果不导通,更换动力转向压力开关。

(4) 如果导通,检查动力转向开关至发动机 ECU 之间线路是否良好,搭铁线连接是否良好,检查发动机 ECU 是否正常,怠速阀是否正常。

4. 空调(A/C)开关信号

空调(A/C)开关信号包括空调选择信号和请求信号。空调选择信号是指通知发动机 ECU,空调被选用而使发动机负荷增大。当 ECU 收到空调选择信号后,会控制怠速控制阀或步进电动机工作,使发动机怠速转速提高。电路为点火开关→空调开关→压力开关→ECU,如图 3.50 所示。

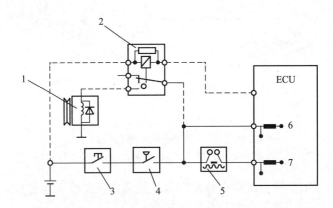

图 3.50 空调(A/C)开关信号电路

1—空调压缩机;2—空调继电器;3—空调开关;4—压力开关;
5—蒸发器开关;6—选择信号端子;7—请求信号端子

空调请求信号是指空调接通后,蒸发器开关若接通(蒸发器开关是由温度控制),ECU 便可收到请求信号,然后接通空调继电器线圈电路,使电磁离合器电路接通。电路为点火开关→空调开关→压力开关→蒸发器开关→ECU→空调继电器。

当蒸发器温度过高时,蒸发器开关断开,ECU 将切断空调继电器电路,空调停止工作;当空调制冷剂不足时,低压开关断开,ECU 也将切断空调继电器电路,空调停止工作。

现以桑塔纳时代超人车的空调系统为例,介绍诊断步骤如下。

(1) 检查线束连接器应连接正确。

(2) 连接 V.A.G1552 诊断仪,起动发动机并怠速运转,输入地址码 01 进入发动机检测,输入 08 读取数据块,输入组号 20。

(3) 将空调开关打开、关闭,读取空调工作数据。

(4) 急加速至节气门全开、紧急运行模式和冷却液温度超过 120℃ 时,电脑应切断空调压缩机工作。

5. 制动开关信号

在制动时,制动开关不仅点亮制动灯,而且向 ABS 控制电脑提供制动信号,有的还向发动机控制电脑、自动变速器控制电脑提供制动信号,作为对喷油量、点火提前角、自动变速器等的控制信号。桑塔纳 2000GSI-AT 的电路图如图 3.51 所示。制动开关信号的检查利用万用表电阻挡进行通路测试即可。

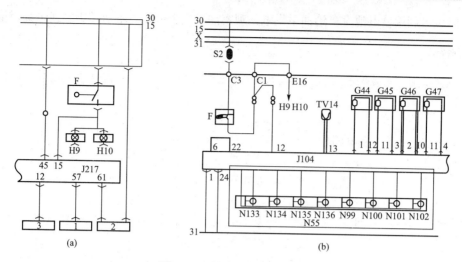

图 3.51 制动开关信号电路

J104—ABS 电脑；J217—发动机电脑；F—制动开关；M9、M10—制动灯

> **特别提示**
>
> 当制动灯不能点亮、自动变速器锁止离合器不能正常断开（解码器数据流检查）故障同时出现时，应检查制动开关信号。

3.2.3 燃油供给系的检测与诊断

1. 电动燃油泵的检测

电动燃油泵(Electric Fuel Pump，EFP)是一种由小型直流电动机驱动的燃油泵，其作用是给电控燃油喷射系统提供具有一定压力的燃油。

1) 电动燃油泵常规检测

电动燃油泵接头端子如图 3.52 所示。用万用表电阻挡测量接线柱 1 与 3 之间的电阻，应为 2～3Ω，否则，更换电动燃油泵。

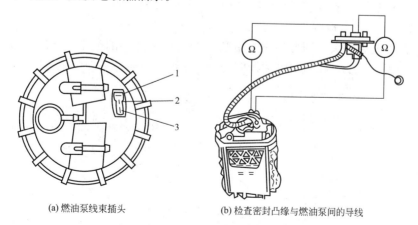

(a) 燃油泵线束插头　　(b) 检查密封凸缘与燃油泵间的导线

图 3.52 燃油泵插头端子

1—搭铁；2—接组合仪表控制单元；3—接泵继电器

有时也可利用蓄电池直接给油泵供电,观察油泵是否运转,不运转则更换电动燃油泵。

🔑 特别提示

在通电检测电动燃油泵时,注意不要将油泵置于无汽油的环境中,否则会烧坏电动机,甚至发生火灾等危险。

2)电动燃油泵控制电路检查

(1)蓄电池电压应正常,燃油泵熔丝和汽油滤清器良好。

(2)接通点火开关,瞬间应该能够听到汽油泵油的声音。

(3)如果燃油泵没有运转,应关闭点火开关,从中央线路板上拔下燃油泵继电器,用一根导线将中央线路板上相应燃油泵继电器的两个端子连接,再次起动发动机。如果燃油泵工作,说明燃油泵良好,检查油泵继电器及控制电路。

(4)如果汽油泵继电器良好,燃油泵仍不工作,则打开行李箱饰板,从密封凸缘拔下3个端子的导线插头,起动发动机,用万用表测量插头上端子1端子3之间的电压应为蓄电池的电压12V左右,如果供电电压正常,说明汽油泵有故障,应进行更换。

(5)如果电压不符合额定值,则根据电路图查找并消除电路中的断路故障。

2. 喷油器的检测

喷油器(Injector,INJ,全称电磁喷油器)是电控燃油喷射系统的执行元件,作用是根据ECU发出的脉冲喷油信号,控制燃油喷射量。单点喷射系统的喷油器安装在节气门体空气入口处,多点喷射系统的喷油器安装在各缸进气歧管或汽缸盖上的各缸进气道处。

按喷油口的结构不同,喷油器可分为轴针式、球阀式和孔式,国产轿车燃油喷射系统均采用轴针式电磁喷油器。按喷油器电磁线圈阻值大小,喷油器可分为高阻型(13~18Ω)和低阻型(1~3Ω)两种。按驱动方式可分为电流驱动和电压驱动两种。

1)喷油器就车诊断

接通点火开关,使发动机怠速运转;用螺丝刀或听诊器测试各缸喷油器工作声音,若各缸喷油器工作声音清脆均匀,说明各缸喷油器工作正常;若听不到某缸喷油器工作声音,则应测量该喷油器的电磁线圈电阻及检查喷油器控制线路。

2)喷油器线圈阻值检测

拔下喷油器线束插头,用万用表测量喷油器两端子之间的电阻,如图3.53所示,低阻值喷油器应为2~3Ω,高阻值喷油器应为13~16Ω,否则应更换喷油器。

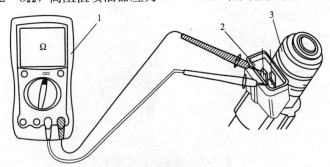

图3.53 测量喷油器电阻
1—万用表;2—线束插头;3—喷油器

3）喷油器控制电路检查

拆开喷油器线束连接器，接通点火开关，但不起动发动机，用万用表测量其电源端子与搭铁间电压应为12V电源电压（即插头端子1与发动机搭铁之间的电压），否则应检查供电线路、点火开关、继电器或保险丝是否有故障。测量各喷油器插头负极端子与发动机ECU喷油器端子之间的阻值应小于1Ω，如图3.54所示。如测量桑塔纳2000型喷油器端子2与ECU端子73、80、58、65之间的阻值应小于1Ω，否则线路有断路。

4）喷油器的喷油量检查

喷油器的喷油量可在专用设备上进行，也可按图3.55所示方法检查。检查方法是：燃油泵工作后，用导线让蓄电池直接给喷油器通电，并用量杯检查喷油器的喷油量。每个喷油器应重复检查2～3次，各缸喷油器的喷油量和均匀度应符合标准。各车型喷油器的喷油量和均匀度标准不同，一般喷油量为50～70mL/15s，各缸喷油器的喷油量相差不超过10%，否则应清洗或更换喷油器。同时，观察燃油从喷孔喷出的形状，应为35°左右的圆锥雾状。

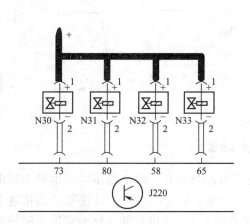

图3.54　桑塔纳2000型喷油器控制电路

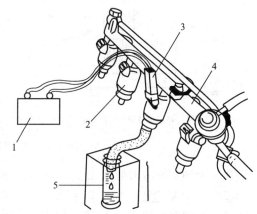

图3.55　喷油器喷油量的测试

1—蓄电池；2—喷油器；3—专用检测线；4—燃油总管；5—量杯

5）喷油器密封性检查

喷油器密封性可在专用设备上进行，在检测喷油量之前，直接给燃油泵通电工作，油压达到正常时，观察喷油器有无滴漏现象。也可将喷油器和输油管从安装位置上拆下，再与燃油系统悬空连接好，打开点火开关，让燃油泵通电工作，观察喷油器有无滴漏现象。一般要求2min内喷油器滴油不超过1滴，此时说明喷油器密封性良好，否则应更换喷油器。

注意：低阻喷油器不能直接与蓄电池连接，必须串联一个8～10Ω的附加电阻。

6）喷油器波形测试

喷油器标准波形形状，根据ECU内部控制喷油器电路的开关三极管类型不同，有pnp型和npn型，npn型常见有饱和开关型、峰值保持型和波许峰值保持型3种，如图3.56所示。

(1) 饱和开关型标准波形分析。

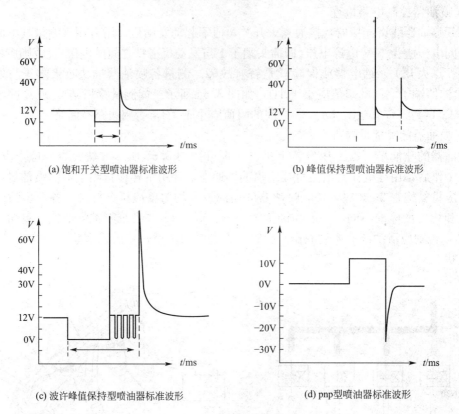

图 3.56 喷油器标准波形

饱和开关型标准波形如图 3.56(a)所示。标准波形条件是：喷油器不喷油电路为高电位，即蓄电池 12V 电压；喷油器喷油时电路为低电位，即 0V。当 ECU 使喷油器接地电路接通时，喷油器开始喷油，此时波形幅值应垂直向下至 0V 电位线；脉冲宽度为喷油器喷油时间，应为水平线。正常喷油时间会随着驾驶条件和氧传感器输出信号的变化而变化，一般怠速时约为 1~6ms，冷起动或节气门全开时约为 6~35ms。当 ECU 使喷油器断开电路时，喷油器停止喷油，此时波形幅值应垂直向上，由于喷油器线圈的磁场衰减而产生一个较高的峰值，一般正常断开峰值电压的范围大约是 30~100V，随后波形迅速呈 12V 水平电位线。

(2) 峰值保持型标准波形分析。

峰值保持型标准波形如图 3.56(b)所示。标准波形条件是：喷油器不喷油电路为高电位，即蓄电池 12V 电压；喷油器喷油时波形为低电位，即 0V。ECU 用 4A 电流打开喷油器针阀，然后用 1A 电流使针阀保持开启状态。当 ECU 将电流切换到 1A 时，将引起喷油器磁场的突变，于是产生一个电压尖峰；当完全断开接地电路而停止喷油时，则会再产生一个电压尖峰。在发动机工作时，一般从信号开启到第一个尖峰的时间与喷油时间无关，而两个尖峰之间的时间则随发动机的加减速应不断变化，即加速时，将看到第二个尖峰应向右移动，而第一个尖峰保持不动；混合气很浓时，两个尖峰之间会很近。

(3) 波许峰值保持型标准波形分析。

波许峰值保持型标准波形如图 3.56(c)所示。标准波形条件是：喷油器不喷油电路为高电位,即蓄电池 12V 电压;喷油器喷油时波形为低电位,即 0V。ECU 用 4A 电流打开喷油器针阀,然后,ECU 是通过高速脉冲开关电路来减少电流。波形中出现两个尖峰,第一个尖峰是由于在脉冲电路接通瞬间产生的,第二个尖峰是在脉冲电路断开的瞬间产生,产生原因同上。测试时,要观察脉冲波形幅值、频率、形状和脉宽等是否一致,同时起动时喷油脉宽应为 6~35ms,若发现喷油脉宽超过 50ms,发动机会被淹,则会出现起动困难。

(4) pnp 型标准波形分析。

pnp 型标准波形如图 3.56(d)所示。标准波形条件是:PNP 型喷油器的脉冲电压是在一个接地状态下触发喷油器开关的,所以喷油时电压突变尖峰的方向与其他类型的相反,这种类型喷油器常见于克莱斯特车系中。波形分析和要求同上。

3. 供油系统油压检测

发动机工作时,由于燃油泵的供油量远大于发动机消耗的油量,所以回油阀始终保持开启,使多余燃油经过回油管流回油箱。发动机停止工作(燃油泵停转)时,随输油管内燃油压力下降,回油阀在弹簧作用下逐渐关闭,以保持燃油系统内有一定的燃油压力。为了安全,在拆卸燃油系统内任何元件时,都必须首先释放燃油系统压力,以免系统内的压力油喷出,造成火灾。

为了保证发动机在各种工况下,供油系统都能供给足够数量的燃油,在不同工作条件下,供油系统实际供给的燃油压力并不是固定值。下面以桑塔纳 2000 型轿车燃油系统油压测试为例说明。

(1) 测试前应准备工作:电源电压正常;按要求释放系统油压;连接油压表如图 3.57 所示。

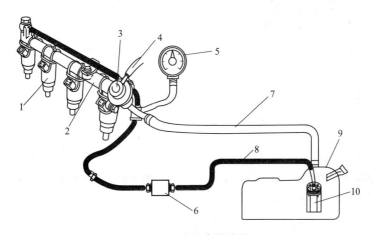

图 3.57 油压表的连接

1—喷油器;2—油轨(燃油管);3—压力调节器;4—真空管;5—压力表;
6—汽油滤清器;7—回油管;8—输油管;9—油箱;10—燃油泵

(2) 接通点火开关,发动机怠速运转时,油压表压力显示值应符合 300kPa。

(3) 突然加大节气门开度时,油压表压力应迅速增大到 350kPa 左右。

(4) 在怠速时,拔下油压调节器上的真空管,并用手指堵住进气管一侧的管口,油压表压力必须升高到 320kPa。

若燃油系统压力过低,可夹住回油软管以切断回油管路,再观察油压表指示压力,如果压力恢复正常,说明燃油压力调节器有故障,应更换;若仍压力过低,应检查燃油系统有无泄漏、燃油泵滤网、燃油滤清器和油管路是否堵塞,若无泄漏和堵塞故障,应更换燃油泵。

若油压表指示压力过高,应检查回油管路是否堵塞;若回油管路正常,说明燃油压力调节器有故障,应更换。

(5) 如果测试燃油系统压力符合标准,使发动机运转至正常工作温度后,重新接上燃油压力调节器上的真空软管,检查燃油压力表指示压力应略有下降(约 0.05MPa),否则应检查真空管路是否堵塞或漏气;若真空管路正常,说明燃油压力调节器有故障,应更换。

4. 油泵供油量检测

(1) 将燃油压力表的一端软管伸到一个量杯中,如图 3.58 所示。

(2) 接通点火开关,使燃油泵工作 30s(可用短接线将油泵继电器短接)。

(3) 将排出的油量与额定值相比较。汽油泵泵油量与电压的关系如图 3.59 所示。一般压力表显示 300kPa 时,泵油量应大于 0.58L/30s。

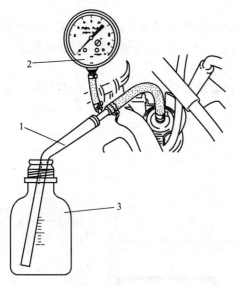

图 3.58 燃油压力表连接

1—软管;2—燃油压力表;3—量杯

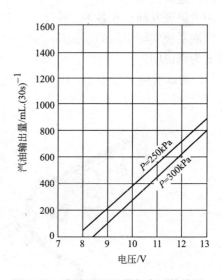

图 3.59 汽油泵泵油量与电压的关系

如果没有达到最低的供油量,故障原因可能为进油管折曲或阻塞、汽油滤清器阻塞、汽油泵故障等。

5. 密封性和保压能力检测

(1) 保证电源电压正常。

(2) 接通点火开关,发动机怠速运转,使油压表压力达到额定值。

(3) 断开点火开关,等待 10min 后,油压表压力必须高于 220kPa。

(4) 如果压力低于 220kPa,则重复(2)。

(5) 断开点火开关,夹住回油管,同时观察油压表压力,等待 10min 后,如表压力高于 200kPa,说明油压调节器失效,应予更换。

(6) 如果压力低于 200kPa 时,说明输油管、喷油器有泄漏或燃油泵单向阀故障或喷油器进油口"O"形密封圈失效,需逐项进行检修。

3.2.4 空气供给系的检测与诊断

空气供给系统的作用是提供并控制汽油燃烧所需的空气量。它主要包括空气滤清器、节气门体、进气压力传感器、稳压箱和附加空气阀等,图 3.60 所示为桑塔纳 2000GSI 发动机空气供给系统。

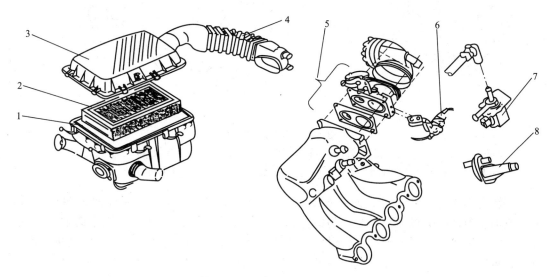

图 3.60 空气供给系统零件图
1—空气滤清器下部;2—滤芯;3—空气滤清器上部;4—进气软管;5—节气门体;
6—节气门位置传感器;7—怠速调节器;8—附加空气滑阀

1. 空气滤清器的检查

由空气滤清器过滤后的空气,由节气门体流入稳压箱并分配给各缸进气管,空气与喷油器喷出的汽油混合后形成可燃混合气进入汽缸。空气滤清器的洁净程度影响发动机的进气量,要定期进行维护检查,可根据空气滤清器的污损程度更换或清理。

2. 节气门体的检查

节气门体如图 3.61 所示。它位于空气滤清器和稳压箱之间,与加速踏板联动,用以控制进气通路截面积的变化,从而实现发动机转速和负荷的控制。节气门体的洁净程度影响发动机的怠速,要定期进行维护检查,可根据节气门体的污损程度或磨损情况更换或清理(注意:气门体更换或清理后必须进行电脑匹配)。

3. 怠速旁通阀的检查

节气门体上装有旁通道,当节气门关闭、发动机怠速运转时,汽油燃烧所需要的空气由怠速旁通阀进入发动机。为自动控制怠速转速,在怠速通道中设置了可以改变通道截面

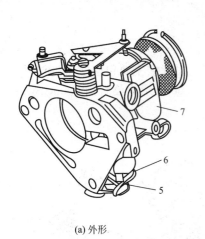
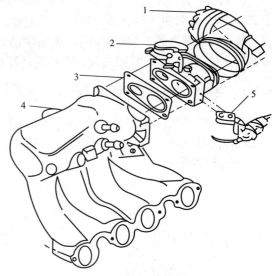

(a) 外形　　　　　　　　　　　　　　　　　(b) 结构组成

图 3.61　节气门体总成

1—进气连接管；2—节气门体；3—衬垫；4—进气歧管；
5—节气门位置传感器；6—怠速控制阀；7—空气流量计

积的旋转滑阀式怠速调节器，如图 3.62 所示。在冷起动结束后，发动机进入暖机阶段，发动机需要附加的暖机加浓。节气门的旁通阀，根据发动机温度向发动机输送附加空气。在计量空气量时，已考虑到这部分附加空气量，喷油器会输送更多的汽油。发动机温度升高时，怠速旁通阀减少通往节气门的旁通支路中的附加空气量。

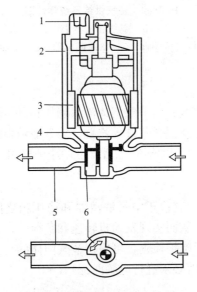

图 3.62　旋转滑阀式怠速调节器

1—接线插头；2—外壳；3—永久磁铁；4—电枢；
5—空气通道；6—转速调节滑阀

3.3 电控点火系统的检测与诊断

3.3.1 点火示波器的使用

1. 点火示波器功能

现代汽车采用了大量的电子控制系统，以往常规的检测方式已无法适应现代汽车的要求，特别是在直接点火系统的检查中，常规的断缸测试已经无法精确判断系统是否正常，而示波器由于其具有实时性、不间断性、直观性，越来越得到广泛的应用。由于点火次级波形受到各种不同的发动机、燃油系统和点火条件的影响，所以示波器能够有效地检测出发动机机械部件和燃油系统部件以及点火系统部件的故障。而且通过波形分析还能够分别指明在汽缸中的哪个部件或哪个系统有故障。点火示波器的主要用途如下。

(1) 分析单缸的点火闭合角(点火线圈充电时间分析)。
(2) 分析点火线圈和次级高压电路性能(燃烧线或点火击穿电压分析)。
(3) 检查单缸混合气空燃比是否正常(燃烧线分析)。
(4) 分析电容性能(白金或点火系统分析)。
(5) 查出造成汽缸断火的原因(如污染或破裂的火花塞、高压线短路或断路)。

2. 点火示波器测试波形

1) 分电器点火初级标准波形

分电器点火初级标准波形如图 3.63 所示。

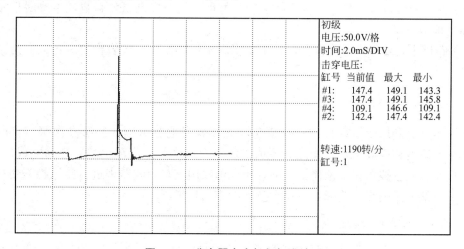

图 3.63 分电器点火初级标准波形

2) 分电器点火次级标准波形

分电器点火次级标准波形如图 3.64 所示。通过观察该波形，可以得到击穿电压、燃烧电压、燃烧时间以及点火闭合角等信息。由于点火次级波形受到发动机、燃油系统和点火条件的影响，所以它对检测发动机机械部分和燃油系统部件及点火系统相关部件的故障非常有用。同时每个点火波形的不同部分还能分别表明其相应汽缸点火系统的相应部件和系统的故障。对应于每一部分,可以通过参照波形图的指示点及观看波形特定段相应的变化来判定。

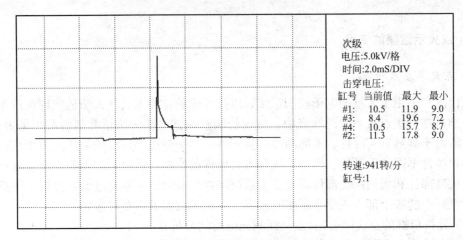

图 3.64　分电器点火次级标准波形

3. 点火示波器的使用注意事项

(1) 测试点火高压线时,必须使用专用的高压测试探头,不能将普通示波器探头直接接入点火次级电路。

(2) 使用汽车示波器时,注意远离热源,例如排气管、催化器等,温度过高会损坏仪器。

(3) 汽车示波器在测试时要注意让测试线尽量离开风扇叶片、发电机、胶带等转动部件。

(4) 测试时确认发动机舱盖的支撑装置是好的,防止发动机舱盖自动下降时伤及头部或损坏汽车示波器。

(5) 路试中,要专人操作仪器,且不要将汽车示波器放在仪表台上方,最好是拿在手中测试。

3.3.2　点火波形分析

汽车示波器利用专门设计的点火探头,能够容易地测试例如初级和次级点火阵列波形、单独汽缸的初级波形、急加速高压值等波形,这些都是汽车示波器容易完成的测试,并且,由于汽车示波器完全是便携式的,所以可以用汽车示波器来进行路试检查在行驶条件下很有可能发生的点火故障,所以示波器的应用越来越广泛。

1. 点火次级并列波形分析

点火次级并列波形是把所有汽缸的电压波形平行显示,如图 3.65 所示。通过异常点火波形及击穿电压的分析,找出是否有短路或开路的火花塞、高压线,或引起点火不良的污损火花塞。这个试验可以提供一个关于各个汽缸燃烧质量情况有价值的资料。由于点火二次波形明显地受到各种不同的发动机、燃油系统和点火条件的影响,所以它能够有效地检测出发动机机械部件和燃油系统部件以及点火系统部件,通过分析故障波形的不同部分,找出汽缸中的某一部件或系统的故障。

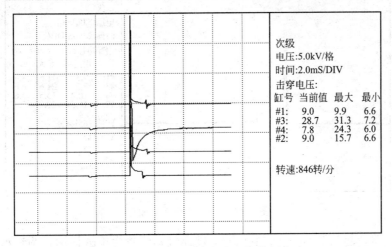

图3.65 99新秀故障发动机的点火波形

1) 测试方法及要求

连接示波器,起动发动机或驾驶汽车,调整示波器设置,直到波形稳定、清楚地在显示屏上显示出来。再现行驶性能故障或点火不良等情况,将波形保存。

2) 波形分析

对于正常的发动机,其点火波形的幅值、频率、形状和脉冲宽度等判定性尺度,在各缸上都是基本一致的,各缸的点火峰值电压高度应该相对一致、基本相等,任何峰值高度相互之间的差都表明有故障。如果某缸峰值电压高出很多,表明在该汽缸点火二次系统中存在着高的电阻,这可能意味着点火高压开路或电阻太大,如果某缸峰值电压低很多,表明点火高压线短路或火花塞间隙过小,火花塞污损或破裂。图3.65所示是一台99新秀故障发动机的点火波形,该发动机加速发抖,经检测发动机缸压正常、电控系统正常,经过对点火系统波形分析及万用表检测,三缸击穿电压为31kV、高压线阻值为90kΩ,检测结果与故障现象相符,更换高压线故障解除。

2. 点火次级单缸波形分析

单缸波形测试是对于每个汽缸的燃烧质量非常有价值的资料。点火次级波形明显受发动机汽缸压力、供油系统和点火系统工作状态影响,它对检测发动机机械部分和燃油系统部件及点火系统部件的故障非常有用。波形的不同部分能指明任一特定汽缸的某些部件和系统的故障。参照波形各部分的指示看波形特定段的相关部件运行状况。汽车示波器屏上用数字的方式显示出波形各部分的判定参数。图3.66所示为远征KES200单缸点火波形测试界面。点火次级单缸波形测试的主要作用如下。

(1) 分析单个汽缸的点火闭合角(点火线圈充电时间)。

(2) 分析点火线圈和次级高压电路性能(从点火线至点火电压线)。

(3) 查出单缸不适当的混合气空燃比(从燃烧线)。

(4) 查出造成汽缸失火的火花塞(从燃烧线)。

(5) 测出击穿电压(最小、最大、当前)。

(6) 测出火花时间(最小、最大、当前)。

1) 测试方法及要求

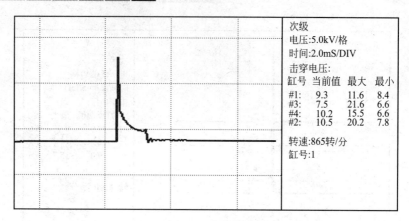

图 3.66　点火次级单缸波形

连接示波器,起动发动机或驾驶汽车,将示波器设置为单缸显示,调整示波器直到波形稳定、清楚地在显示屏上显示出来,再现行驶性能故障或点火不良等情况,将有问题汽缸的波形保存。次级电路正常波形及含义如图 3.67 所示。

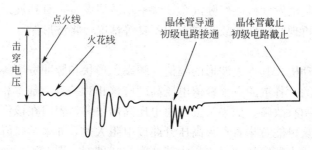

图 3.67　次级电路波形含义

2) 波形分析

点火线圈充电线:观察点火线圈在开始充电时,保持相对一致的波形的下降沿,这表明各缸有一致的闭合角(可用于分电器凸轮磨损的检查)。

点火线:点火线位于显示屏的左侧,是一条垂直线。表示开始点火所需的电压,点火线圈的电压要克服次级电路的电阻,并达到点火电压(跳火需至少 10000V 左右的电压)。一般点火线约 7~13kV,各缸间相差不高于 3kV。观察跳火电压的高度,一个太高的跳火电压(它甚至超过了示波器的显示屏)表明在点火次级电路中存在着高电阻(例如开路或损坏的火花塞、高压线或是火花塞间隙过大时),一个太短的跳火电压线,表明点火次级电路电阻低于正常值(污浊和破裂的火花塞和漏电的火花塞高压线等)。

🔑 **特别提示**

汽缸压力提高及混合气浓度变稀均会提高次级电路电阻,所需的点火电压增大,点火线圈性能下降会引起急加速断火的现象。

火花线或燃烧电压:火花线和点火线一起提供关于点火性能的信息,火花线的长度即火花持续时间(ms)是计量火花塞持续跳火的时间,对于多缸发动机,观察火花线或燃烧电压保持相对一致性,这表明火花塞工作的一致性和各缸空燃比的均衡性,次级电路电阻的增加，会加大点火电压的需求，点火线圈的能量维持火花塞跳火的时间变短，通过观察火花线可以判断火花塞间隙、高压线阻值等方面的故障。

燃烧线：观察火花或燃烧线应十分"干净"，没有过多的杂波在燃烧线上，过多的杂波表明汽缸点火不良，由于点火过早、喷油器损坏、污浊火花塞或其他原因。燃烧线的持续时间长度表明汽缸内异常稀或异常浓的混合比。过长的燃烧线（通常超过 2ms）表示混合气浓，过短的燃烧线（通常少于 0.75ms）表示混合气稀。以此可以判断单缸喷油器滴漏、阻塞、喷油器密封圈泄露等故障。

点火线圈振荡：观察在燃烧线后面最少两个，最好多于 3 个的振荡波，这表明点火线圈和电容器（在白金或点火系统）是好的。

3. 急加速次级点火波形分析

发动机急加速不良是很常见的故障，造成的原因很多。点火次级急加速高压测试是为了判定最大电压或确定在一组汽缸中某一故障汽缸的点火电压，这个测试可以帮助查出在重负荷或急加速时的点火不良故障。

1）测试方法及要求

起动发动机或驾驶汽车使行驶性能故障或点火不良等情况出现，确定幅值、频率、形状和脉冲宽度等判定性尺度是各缸一致的，特别是在急加速或高负荷时。

2）波形分析

正常情况下，各缸之间点火峰值电压高度应基本相等，在急加速或高负荷条件下由于汽缸压力的增加，所有点火峰值高度都将有所增加，各缸之间点火峰值电压高度相差很大都意味着故障，一个高出很多的峰值说明这个汽缸的点火次级电路中有高电阻，这可能意味着点火高压线开路或电阻太大，一个低的峰值指示出点火高压线短路或火花塞间隙过小、火花塞污损或破裂，在有负荷或急加速时点火不良，同时还出现所有汽缸的点火峰值高度都低，这可能意味着点火线圈性能差，如果仅是个别汽缸的点火峰值低，这可能表明该缸点火高压线短路或火花塞间隙过小、火花塞污损或破裂等故障。

4. 闭合角波形分析

为检测凸轮的均匀磨损情况，触点点火系统初级闭合角测试是必不可少的项目，然而电子点火控制系统的出现，使闭合角调整已不存在了，它改由发动机控制电脑来控制。现代发动机控制电脑含有最优化的点火控制图，它对点火正时、闭合角等进行精确控制，大大改善了发动机性能和尾气排放。

但发动机控制电脑以及它们的线路系统和点火控制模块都可能出故障，所以初级点火闭合角测试仍然是有用的，初级点火闭合角波形的作用如下。

（1）分析单个汽缸的点火闭合角（点火线圈充电时间）。

（2）确定平均闭合角的度数或毫秒数。

（3）分析点火线圈和初级电路性能（从点火高压线）。

1）测试方法及要求

按再现故障或点火不良发生的条件来驾驶汽车。确认各缸幅值、频率、形状和脉冲宽度等判定性尺度的一致性，观察对应特定部件的波形部分的问题，核实初级点火闭合角是否在厂家资料规定的范围内。

2) 波形分析

通过对各缸初级点火闭合角的测试，检查故障车点火控制系统运行数据是否在厂家资料规定的范围，以判断点火控制系统是否正常，对发现各缸点火过程中的间歇性故障非常有效。

5. 点火初级波形分析

可以用几种方法对点火线圈短路或点火模块开关晶体管故障进行诊断，可用万用表检测法检测初级线圈的电阻与标准值对照，也可以对点火初级线圈进行动态分析：利用示波器点火初级波形检测功能分析初级电流的波形。另外，在点火初级线圈电流测试中，可以对点火模块开关晶体管的工作状态进行检查，点火模块电流极限的测试能够确认在点火模块的开关晶体管中的电路运行极限电流是否合适。

1) 测试方法及要求

起动发动机并怠速运转，在使故障重复的条件下，加速发动机或驾驶汽车。如果发动机不能起动，就用起动机短时间带动发动机转动，然后观察示波器显示，并保存波形。

2) 波形分析

当电流开始流入点火初级线圈时，由于线圈特定的电阻和电感特性，引起波形以一定的斜率上升，波形上升的斜率是关键所在，通常点火初级线圈电流波形会以 60°上升（在 10ms/格时基下），如图 3.68 所示。如果在其左侧几乎是垂直上升的，这就说明点火线圈的电阻太小了（短路），可能造成行驶性能故障，并损坏点火模块中的开关晶体管。大多数新式点火初级电路先提供 5~6A 电流给点火线圈，当到达允许最大电流时（5~6A），在点火模块中的限流电路就开始起作用。这使得波形顶部变平，在点火初级线圈的"导通时间"（或闭合角）内电流波形的顶部保持平直。当点火模块关断电流时，电流波形几乎是垂直下降，点火线圈的电流将下降至 0。在每一个点火循环中，这个过程在重复着。

这个电流波形的初始上升相当于达到峰值的时间通常是不变的，这是由于充满一个好的点火线圈的电流所用的时间是保持不变的（随温度有轻微变化）。发动机控制电脑（逼迫点火模块）增加或减少点火线圈的导通时间。

可利用 4 个缸点火初级波形并列波形检测，对比初级电流流入点火初级线圈的时间，对于分电器凸轮磨损均匀度检查非常方便，图 3.68 所示为桑塔纳发动机的实测图形。各缸的闭合时间较为均匀，发动机运转平稳。如果电控点火系统各缸的闭合时间相差很大，要检查发动机 ECU。

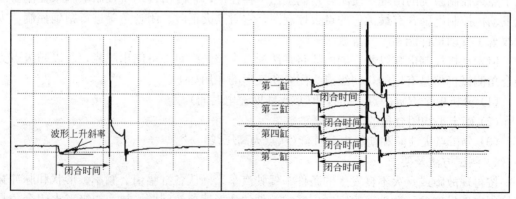

(a) 单缸点火初级波形　　　　　　　(b) 4个缸点火初级波形并列波形

图 3.68　点火初级波形分析

3.3.3 点火正时的检测

1. 点火正时的检测条件

发动机有一些比较常见的故障：怠速不稳、开空调熄火、空挡滑行熄火、加速无力等，上述故障均与点火正时不准有关。点火正时的检查与调整是维修当中常见的问题。在进行怠速点火提前角调整之前必须确认发动机满足以下条件。

（1）发动机冷却液温度大于80℃。
（2）蓄电池电压大于10.5V。
（3）节气门关闭位置正常。
（4）关闭空调及其他所有用电设备，散热风扇停止运转。
（5）发动机无故障代码存储。
（6）进排气系统无泄漏、阻塞。

2. 点火正时经验检测

检查发动机，确认满足检查点火正时的6项条件，路试进行检查，在变速器直接挡的条件下，将车速提高到40km/h。急加速到节气门全开，观察发动机是否有短暂的爆燃敲缸声，5s内爆燃敲缸声逐渐消失为正时基本准确；5s后爆燃敲缸声依然强烈为正时过早；无爆燃敲缸声为正时过晚。

3. 正时枪检测点火正时

1）正时枪检测原理

如果照射转动零件的光束频率与旋转零件的转动频率相同，则由于人的视觉暂留的生理现象，觉得其零件似乎不转动。点火正时枪就是利用该原理检测点火正时，其结构如图3.69所示，主要由闪光灯、传感器、显示装置等组成。

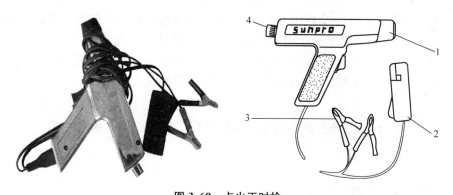

图3.69 点火正时枪
1—闪光器；2—点火脉冲传感器；3—电源夹；4—电位计旋钮

2）检测方法及步骤

（1）把飞轮或曲轴传动带盘上的一缸压缩上止点标记擦干净；起动发动机，运转到正常温度（80~90℃）。
（2）按要求将正时枪连接好，如图3.70所示。

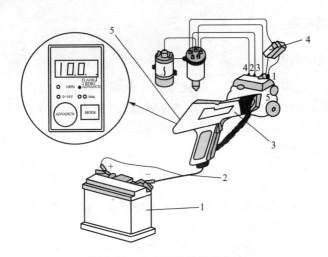

图 3.70 点火正时枪接线方法

1—蓄电池；2—电源线；3—正时灯；4—高压感应夹；5—显示屏

(3) 发动机怠速运转，打开正时枪并对准飞轮或曲轴传动盘上的上止点标记。

(4) 调整正时枪上的电位器，使飞轮或曲轴皮带盘上的上止点活动标记与固定指针对齐，这时点火正时枪上的读数就是发动机怠速时的点火提前角。若实际读数与维修手册的标准不符，调整分电器，直到实际读数与维修手册的标准相符。

(5) 用上述方法检测不同转速时的点火提前角，并与维修手册的标准值对照，不符检查分电器点火提前装置，有故障维修或更换。

(6) 把点火正时枪上的读数调整到怠速时的正确度数(桑塔纳为 12°)，然后用 13♯ 扳手松开分电器的紧固螺栓，转动分电器，让固定标记和活动标记对齐，然后紧固分电器。

4. 解码器检查点火正时

以装备 AFE 型电控发动机的桑塔纳 99 新秀，世纪新秀等车型为例，连接解码器 VAG1552 进入 01-08-012 显示组，其第四区显示的是点火提前角值，将发动机转数提高到 1500 转，操作者可一边转动分电器外壳，一边观察点火提前角值。当该值为 12°时，固定分电器外壳。此时的点火提前角即为 1500 转时最佳点火提前角。

3.4 电控系统故障诊断的原则及注意事项

3.4.1 故障诊断时注意事项

目前汽车发动机电控系统，已大量采用电子元件，在对电控元件进行检修过程中，若检修方法不正确，则会造成人为损坏电控系统的电子元件。所以，正确掌握电控系统的检修方法和步骤，以及全面掌握电子控制系统的结构、原理和线路连接方法，在诊断电控系统故障中尤为重要。为了快速而准确地诊断汽车电控系统故障，必须注意以下几点。

(1) 点火开关接通(ON)状态下，不能断开任何 12V 电气工作装置。因为在断开这类装置时，由于线圈的自感作用，都会产生很高的瞬时电压，使电脑及传感器严重受损。不能断开的部分电气装置如下：蓄电池的任一线缆；混合气控制电磁阀；急速控制装置（步进电动机）；电磁喷油器；二次空气喷射电磁阀；点火装置的导线；电脑的 PROM；任何电脑的导线；鼓风机导线连接器；空调离合器导线等。

（2）车辆进行电源跨接起动时，必须首先关断电控汽车上的点火开关，方可进行跨接线的拆装。

（3）为避免电弧焊接时的高压电造成电脑的损坏，在对装有电控系统的汽车进行电弧焊时，应断开电脑供电电源线。

（4）在拆卸电控系统各电线接头时，为防止短路，首先要关掉点火开关（OFF）并拆下蓄电池负极搭铁线。但拆下蓄电池负极搭铁线后，电脑内所储存的所有故障信息（代码）都会被清除掉，因此，如有必要，应在拆下蓄电池负极搭铁线前，读取电脑内的故障信息。

（5）电控汽车上所采用的供电系统均为负极搭铁，安装蓄电池时，正、负极不可接反。

（6）车上不宜装功率超过 8W 的无线电台，如必须装时，天线应尽量远离电脑，否则会干扰电脑的正常工作。

（7）当人员进出车厢时，人体的静电放电可能产生很高的电压，因此，在装上或取下 PROM 或用电脑操作和数字式仪表进行检修作业或靠近这种仪表时，一定要带上接铁金属带，将其一头缠在手腕上，另一头夹在车身上。否则，身体上的静电可能会损坏电脑。

（8）对电控系统进行检修时，应避免电控系统由于过载而损坏。电控系统中，电脑与传感器的工作电流通常都比较小，因此，与之相应的电路元器件的负载能力也比较小。在对其进行故障检查时，若使用输入阻抗较小的检测工具，则可能会因检测工具的使用，造成元器件超载而损坏。

（9）在对发动机进行清洗或雨天检修时，应防止将水溅到电脑及其他电子装备上。避免其因受潮而引起电脑电路板、电子元器件、集成电路和传感器的工作失常。切记不可用水冲洗电脑控制单元设置，当出现水渍时，应及时进行清理、烘干。

（10）在没有检测手段（检测电脑工作的示波器、信号发生器等设备）的情况下不要打开电脑盖板，以防操作不当而导致新的故障。

（11）电控系统的故障，主要是配线和连接器故障，一般为导线折断、连接器接触不良、连接器端子被拔出或没有插到底、连接器端子锈蚀、外界脏污、连接器插头与插座之接触压力降低等。在拆下导线连接器时，要注意松开锁紧弹簧（卡环）或按下锁扣，如图 3.71(a)所示。在安装导线连接器时，应注意一定要插到底并锁好锁止器（锁卡），如图 3.71(b)所示。

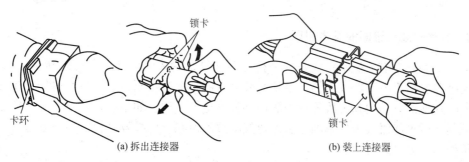

(a) 拆出连接器　　　　　(b) 装上连接器

图 3.71　导线连接器的拆装

(12) 用万用表检查连接器时,应按图 3.72 所示进行,对防水型导线连接器,应小心取下防水套,如图 3.72(a)所示。检查导通时,万用表测笔插入时不可对端子用力过大,如图 3.72(b)所示。测试时万用表测笔的插入方向如图 3.73 所示。

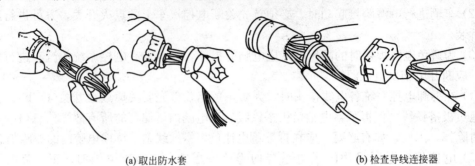

(a) 取出防水套　　　　　　　　　　　(b) 检查导线连接器

图 3.72　导线连接器的检查

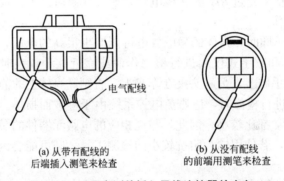

(a) 从带有配线的　　　　　　(b) 从没有配线的
后端插入测笔来检查　　　　　前端用测笔来检查

图 3.73　万用表测笔插入导线连接器的方向

(13) 拆开任何油路部分,应首先对燃油系统进行卸压。检修油路系统时要远离明火。

(14) 不可在缺油的状态下强行运转发动机,因为电动燃油泵是依靠流过燃油泵的燃油进行冷却的,缺油运转会使电动燃油泵因过热而烧毁,因此在对燃油泵(单体)进行通电试验时,时间也不宜过长。

(15) 在检查喷油器性能时,一定要清楚喷油器是高电阻型的还是低电阻型的。高电阻型的喷油器电阻一般有 $12\sim14\Omega$,可以直接接蓄电池电压来进行喷油器喷油性能试验。但低电阻型的喷油器其电磁线圈的电阻一般只有 $2\sim3\Omega$,直接接蓄电池会因电流过大而烧坏喷油器,须采用专用连接器与蓄电池连接,若用普通导线,则需串联一个 $8\sim10\Omega$ 的电阻。

3.4.2　发动机故障诊断的基本原则

电控发动机的电子控制系统是一个精密而又复杂的系统,其故障的诊断也较为困难。而造成电控发动机不工作或工作不正常的原因可能是电子控制系统,也有可能是电子控制系统外的其他部分的问题。故障检查的难易程度也不一样。如果能够遵循故障诊断的一些基本原则,就可能以较为简单的方法迅速找出故障所在,电控发动机故障诊断排除的基本原则可概括为如下几方面。

(1) 先思后行。对发动机的故障现象先进行故障分析,在了解了可能的故障原因有哪些的基础上再进行故障检查。这样,可避免故障检查的盲目性:既不会对与故障现象无关的部位作无效的检查,又可避免对一些有关部位漏检而不能迅速排除故障。

(2) 先简后繁。能以简单方法检查的可能故障部位先予以检查。直观检查最为简单,比如可以用眼睛观察线路是否有松脱、断裂、油路是否漏油、进气管路有无破损漏气等;还可以用手摸一摸可疑线路插接器连接有无松动,摸一摸火花塞的温度、喷油器的振动来判断火花塞、喷油器是否工作,摸一摸线路连接处有无不正常的高温以判断该处是否接触不良等;用耳朵或借助于起子、听诊器等听一听有无漏气声、发动机有无异响、喷油器有无规律的"喀嗒"声等直观检查方法将一些较为显露的故障迅速地找出来,然后借助于仪器仪表或其他专用工具再进一步检查。

(3) 先熟后生。由于结构和使用环境等原因,发动机的某一故障现象可能是以某些总成或部件的故障最为常见,先对这些常见故障部位进行检查,若未找出故障,再对其他不常见的可能故障部位予以检查,这样做往往可以迅速地找到故障,省时省力。

(4) 先外后内。在发动机出现故障时,先对电子控制系统以外的可能故障部位予以检查。这样可避免本来是一个与电子控制系统无关的故障,却对系统的传感器、电脑、执行器及线路等进行复杂且又费时费力的检查,即真正的故障可能是较容易查找到却未能找到。

(5) 代码优先。电子控制系统一般都有故障自诊断功能,当电子控制系统出现某种故障时,故障自诊断系统就会立刻监测到故障并通过"检测发动机"等警告灯向驾驶员报警,与此同时以代码的方式储存该故障的信息。但是对于有些故障,故障自诊断系统只存储该故障代码,并不报警。因此,在对发动机作系统检查前,应先按制造厂提供的方法,读取故障代码,并检查和排除代码所指的故障部位。待故障代码所指的故障消除后如果发动机故障现象还未消除,或者开始就无故障代码输出,则再对发动机可能的故障部位进行检查。

(6) 先备后用。电子控制系统的一些部件性能好坏,电气线路正常与否,常以其电压或电阻等参数来判断。如果没有这些数据资料,系统的故障检判将会很困难,往往只能采取新件替换的方法,这些方法有时会造成维修费用猛增且费工时。所谓先备后用是指在检修该型车辆时,应准备好维修车型的有关检修数据资料。除了从维修手册、专业书刊上收集整理这些检修数据资料外,另一有效的途径是利用无故障车辆对其系统的有关参数进行测量,并记录下来,作为日后检修同类型车辆的检测比较参数。如果平时注意做好这项工作,会给系统的故障检查带来方便。

总之,电控发动机是比较复杂的系统,其故障远比普通发动机复杂得多,在诊断故障时需要掌握系统的检修步骤和方法。如果要诊断排除一个可能涉及电控系统的故障,首先应判定该故障是否与电控系统有关。如果发现发动机有故障,而故障警告灯并未发亮(未显示故障代码),大多数情况下,该故障可能与发动机电控系统无关,此时,就应该像发动机没有装电控系统那样,按照基本诊断程序进行故障检查。否则,可能遇到一个本来与电控系统无关的故障,却检查电控系统的传感器、执行器和电路等,花费了很多时间,而真正的故障反而没有找到。

为便于电控发动机故障的诊断与排除,与发动机电子控制系统无关的典型故障及可能原因见表3-31。

表 3-31　与发动机控制系统无关的典型故障及原因

典型故障	与发动机电子控制系统无关的可能原因
怠速不稳(甚至可能熄火)	① 怠速过低。 ② 怠速混合气配比不当或不均匀(真空漏气)。 ③ 点火时间推迟。 ④ 曲轴箱强制通风阀或管道堵塞。 ⑤ 火花塞高压线有缺陷。 ⑥ 火花塞烧蚀或开裂。 ⑦ 活性碳罐系统的排污阀有裂缝或其他缺陷。 ⑧ 排气再循环阀因卡住而常开。 ⑨ 汽缸压力不均。 ⑩ 个别喷油器阻塞
加速时缺火	① 火花塞高压线有缺陷。 ② 分电器盖开裂或旁电极烧损。 ③ 分火头不良。 ④ 火花塞间隙过大。 ⑤ 点火线圈短路或裂缝。 ⑥ 电容器松脱。 ⑦ 初级线圈导线接头松动。 ⑧ 燃油滤清器被堵。 ⑨ 燃油泵油压不足。 ⑩ 燃油管有裂缝或发软
油耗高	① 点火时间过迟或过早。 ② 排气管被堵。 ③ 空气滤清器被堵。 ④ 恒温空气滤清器有故障,使热空气一直进入。 ⑤ 排气再循环阀因卡滞而常开。 ⑥ 冷却系统恒温器失灵或控制温度过低
加速时发生爆震	① 点火时间过早。 ② 燃油标号过低。 ③ 排气再循环阀不能正确开启。 ④ 爆震传感器失效或扭紧力矩不够

3.4.3　故障诊断常用方法

现代汽车诊断中,"快速"和"准确"是适应现代社会快节奏的一个基本前提。尽可能少用设备,利用快捷、简单的设备,是保证"快速"的基本前提;要达到"快而准"的目的,专业人员需要具有丰富的经验、扎实的专业知识,同时还必须选择正确的诊断方法。电控发动机故障诊断按诊断故障所采用的手段,可分为:直观诊断、随自诊断系统诊断、简单仪表诊断和专用诊断仪器诊断等。

1. 直观诊断

直观诊断方法也称经验诊断或人工诊断,就是通过人的感觉器官对汽车故障现象进行看、问、听、试、嗅等，了解和掌握故障现象的特点，通过人的大脑进行分析、判断得出结论的诊断方法。

（1）看：即目测检查，其目的是了解电控发动机的电控系统类型、车型，在进入更为细致的测试和诊断之前，能消除一些一般性的故障原因。比如滤芯及其周围是否有脏物、杂质或其他污染物；传感器或执行器的电连接器是否良好；线束间的连接器是否松动或断开；电线是否有断裂或断开现象；电连接器是否插接到位；电线是否有磨破或线间短路现象；电连接器的插头和插座有无腐蚀现象等。

（2）问：为了迅速地检查故障源，首先必须了解出现时的情形、条件、如何发生及是否已检修过等与故障有关的情况和信息。为此，必须认真听客户对故障现象的描述，进行初诊。

（3）听：主要是听发动机工作时的声音，有无爆震、有无敲缸、有无失速、有无进气管或排气管放炮等。

（4）试：主要是维修人员根据前述检查，有针对性地试车，以便进一步确认故障。

2. 利用随车自诊断系统诊断

随车诊断是利用汽车上电控系统所提供的故障自诊断功能对电控发动机故障进行诊断的方法，即利用故障自诊断系统调取发动机电控系统的有关故障代码，然后根据故障代码表的故障提示，找出故障所在的方法。随车自诊断系统通常只能提供与电控系统有关的电气装置或线路故障，一般只能做出初步诊断结构，具体故障原因，还需要通过直接诊断和简单仪器进行深入诊断。

随车故障自诊断虽然可以对系统的故障进行自诊断，在电控发动机故障诊断中是一种简便快捷的诊断方法，但是其诊断的范围和深度远远满足不了实际使用中对故障诊断的要求，常常出现发动机运行不正常而故障自诊断系统却没有诊断出所出现故障的情况，一方面是由于这些故障产生的原因可能与发动机电控系统无关，另一方面则是由于随车自诊断功能的局限性所造成的，不可能设计出一种自诊断系统对其所有可能产生的故障都能进行诊断。因此，以直观诊断方法为主进行检查和判断的工作在任何时候对任何系统来说，都是不可替代的。

3. 利用简单仪表诊断

利用简单仪表诊断，就是利用以万用表和示波器为主的通用仪表，对电控发动机故障进行诊断的方法。因为电控系统的各部件均有一定的电阻值范围，工作时有输出电压信号范围和输出脉冲波形，因此用万用表测量元件的电阻或输出电压，用示波器测试元件工作时的输出电压波形，用万用表测量导通性等可判断元器件或线路是否正常。其特点是方法简单、设备费用低，主要用于对电控系统和电气装置的诊断，因此，这种诊断方法可用于对故障进行深入诊断。但对操作者的要求较高，在利用简单仪表进行故障诊断时，要求操作者必须了解系统的结构、线路及其工作原理。

一般情况下，这种方法不太快捷，该方法常用的设备包括试灯、万用表、测温计、电流钳表、示波器、发动机综合分析仪、油压表、真空表、汽缸压力表等，可以根据故障现象或故障码、数据流有针对性地选择使用。

（1）试灯、万用表：测电源、搭铁、信号电压、元件电阻、线路等。对于不熟悉的车型，首先应查看电路图，这一点至关重要。

(2) 油压表、真空表、汽缸压力表等：用于判断机械方面的故障。由于需要拆装操作，一般在确定电控系统正常，而且最常见的可能性(凭经验)已经排除时才使用。

(3) 示波器：用于测量传感器波形、喷油波形、点火波形、其他电磁阀波形、发电机电压波形、电脑之间的信号波形等。操作方法可以很快学会，但读懂波形却不是普通修理工能做到的，需要经过专门的培训。不过需要用到示波器的情况并不多，只有在汽车出现了疑难故障，而且依靠常规的方法无法解决时才选择示波器。

(4) 发动机综合分析仪(如EA3000)：可以用来进行各缸功率平衡分析、各缸压缩压力平衡分析以及进行点火波形、进气管真空波形、柴油机高压油路波形、电控系统各信号波形等测试，与废气分析仪连接，还可以进行尾气排放与发动机工作情况的分析。

(5) 信号模拟器：可以用来进行曲轴与凸轮轴信号模拟、电压信号模拟、频率信号模拟、开关信号模拟等。在某些情况下确实能够提高诊断速度，不过使用时要注意模拟信号与原车信号之间的匹配，否则可能会引发原车电脑的故障。

4. 利用专用诊断仪器诊断

汽车专用诊断仪器根据其体积大小可分为：台式电脑分析仪、便携式电脑分析仪和袖珍型电脑分析仪。在对发动机电控系统进行的故障诊断中，使用最广的是便携式发动机电脑分析仪。采用电脑分析仪后，大大提高了对电子控制系统的诊断效率。但是由于专用诊断仪器成本较高，因此各种电脑分析仪一般适用于专业化的故障诊断和修理厂家。

当汽车故障超出常见范围，而且经验诊断法又无能为力时，读取故障码或数据流应该是最佳选择。电脑诊断仪连接比较方便，利用原车电脑信息来判断故障具有科学性和准确性。不过某些情况下原车电脑信息较为笼统(如某缸工作不良)，需要利用诊断仪读取原车电脑内部的信息，来判断具体的故障是属于机械故障还是电控系统故障。当汽车电控系统出现故障时，一般会出现两种情况：一种是故障灯亮或存在故障代码；另一种是故障灯不亮或没有故障代码。

1) 故障灯亮或存在故障代码

这种情况可以依照故障代码直接排除故障，判断故障是由代码所指的元件本身引起，还是由相关线路引起(甚至由电脑引起)，一般需要用万用表、试灯之类工具辅助检测。

故障排除后，应分析故障代码产生的原因。如故障代码显示混合气浓(稀)或混合比失常、氧传感器信号失常等，甚至同时出现混合气浓和混合气稀两个故障代码。在这种情况下，应分析故障代码产生的原因，并制定最佳的、进一步诊断的方案。

2) 故障灯不亮或没有故障代码

这种情况应先读取数据流，在读数据流时，应根据故障现象读取有关的数据，并加以分析。因为手册中往往给出了标准数据，却没有给出数据出现偏差的原因，需要诊断人员不仅具备丰富的理论基础还要有实际维修经验。例如油耗高、动力不足，重点观测的数据有：喷油脉宽、空气流量、进气温度、发动机温度、节气门信号、氧传感器信号、点火正时等。

案例分析：有一辆装备 AFE 电控发动机的桑塔纳新秀车，工作一段时间后，出现急速不稳、发动机加速无力现象，但故障自诊断系统却无故障码显示。

故障诊断过程及分析：①根据故障现象首先读取有关的数据，没有故障码；②检测点火正时及汽缸压力，均正常；③测试喷油量，加速时喷油量不正常；④测试进气歧管压力传感器数据流，发现急加速时信号不能立即改变。因为进气压力传感器性能的好坏，直接影响发动机喷油器的燃油喷油量,所以,确定进气歧管压力传感器有故障。

由此可见,电控发动机无故障码显示,电控系统不一定无故障。

5. 置换法诊断故障

置换法诊断故障是用完好的零件直接替换被怀疑零部件的诊断方法,虽然从节约的角度或从专业维修人员的角度来看,只有确定某零、部件确实存在故障,而且无法修复了,才决定更换。但在高节奏的现代社会,经济价值不仅是由某个零、部件本身体现的,而是由时间、效率等综合因素体现的,这种方式在当今社会形式下被广泛应用。

6. 模拟试验法诊断故障

在故障诊断中最困难的情形是有故障,但没有明显的故障征兆。在这种情况下必须进行彻底的故障分析,然后模拟与用户车辆出现故障时相同或相似的条件和环境。在故障征兆模拟试验中,首先必须把可能发生故障电路范围缩小,然后进行故障征兆模拟试验,判断被测试的电路是否正常,同时也验证了故障征兆。经常使用的模拟试验法有振动法、加热法、水淋法及电器全接通法。

1) 振动法

当有些故障只是在振动时出现时,可采用振动法进行诊断,如图3.74所示。这种方法常用在连接器、配线、零件和传感器的检查。

(1) 连接器。在垂直和水平方向轻轻摇动连接器,如图3.74(a)所示。

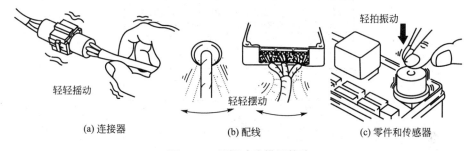

图3.74 用振动法模拟故障

(2) 配线。在垂直和水平方向轻轻地摆动配线,如图3.74(b)所示。连接器的接头,振动支架和穿过开口的连接器体都是应仔细检查的部位。

(3) 零件和传感器。用手指轻拍装有传感器的零件,检查是否失灵,如图3.74(c)所示。切记不可用力拍打继电器,否则可能会使继电器开路。

2) 加热法

当有些故障只是在热车时出现,可能是因为有关零件或传感器受热引起的。可用电吹风或类似加热工具进行故障诊断,如图3.75所示。但必须注意:加热温度不得高于60℃(温度限制在不致损坏电子元器件的范围内);不可直接加热电脑中的零件。

3) 水淋法

当有些故障是在雨天或高湿度的环境下产生时,可用水喷淋在车辆上,进行故障诊断,如图3.76所示。但必须注意:不可将水直接喷淋在发动机电控零件上,而应喷淋在散热器前面间接改变湿度和温度;不可将水直接喷在电子器件上;尤其应该防止水渗漏到电脑内部。

图 3.75　用加热法模拟故障　　　　图 3.76　用水淋法模拟故障

1—电吹风；2—故障电子元件

4）电器全接通法

当怀疑故障可能是因用电负荷过大而引起时，可接通车上全部电气设备，包括加热器鼓风机、前照灯、后窗除雾器等，观察故障是否再现，这种方法称电器全接通法。

3.4.4　电控发动机故障程序

电控发动机故障诊断的一般程序如图 3.77 所示。

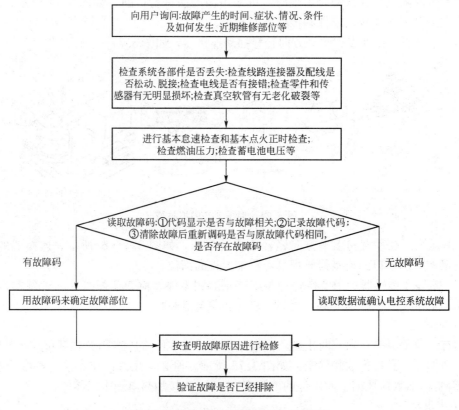

图 3.77　电控发动机故障诊断一般程序

当电控发动机出现的故障为疑难故障时，出现的故障既不能在故障代码检查中得到证实，也不能在基本检查中得到证实时，可以参照故障诊断表所给出的检测内容和顺序进行检测，以缩小范围，迅速查找出故障部位是十分实用和有效的。故障现象、检查部位及检测顺序见表3-32和表3-33。

表3-32　D型电控喷射发动机故障诊断表

故障现象		诊断顺序	故障编码
不能起动	发动机转不动	35	1→开关状态信号电路
	起动机转不动发动机	26, 34, 35	2→点火信号电路
	无初始燃烧	28, 2, 16, 5, 11, 20, 15, 33, 1, 19, 27	3→水温传感器电路
起动困难	发动机转动缓慢	26, 10, 34, 35, 1	4→进气温度传感器电路
	常温起动困难	20, 27, 15, 3, 12, 11, 13, 33, 1, 2, 4, 28, 14, 19	5→进气压力传感器电路
	冷态起动困难	3, 7, 20, 15, 4, 12, 13, 14, 19	6→节气门位置传感器电路
	热态起动困难	3, 20, 15, 4, 12, 11, 12, 13, 14, 19	7→起动机信号电路
怠速运转不好	着车开始怠速不正确	29, 3, 15, 17, 19, 14	8→爆震传感器电路
	怠速转速太高	29, 3, 15, 17, 4, 6, 10, 9, 14, 19	9→空挡起动开关电路
	怠速转速太低	3, 15, 5, 14, 19	10→空调A/C信号电路
	怠速不稳	20, 27, 2, 6, 28, 3, 33, 5, 14, 19, 36	11→燃油泵电路
驾驶性能不良	加速时发抖/加速性差	32, 30, 20, 27, 28, 33, 6, 5, 3, 4, 12, 11, 13, 14, 19	12→油压调节器
			13→油管
	加速回火	3, 6, 5, 4, 12, 11, 13, 14, 19	14→喷油器
	消声器放炮	18, 3, 12, 5, 6, 4, 14, 19	15→ISC阀电路
	发动机喘振	12, 27, 28, 14, 19	16→EFI主继电器电源
	爆震	8, 20, 27, 31, 19, 22	17→节气门减速缓冲器
发动机失速	起动后不久就失速	20, 12, 11, 13, 15, 5, 3, 14, 19	18→燃油切断系统
	在踩下油门踏板后	5, 6, 27, 12, 13, 14, 19	19→发动机和变速器ECU
	在松开油门踏板后	15, 5, 19	20→燃油质量
	在A/C工作时	10, 15, 19	21→漏燃油
	N挡换到D挡位时	9, 15, 19	22→漏冷却液
			23→漏机油
其他故障	燃油消耗过大	21, 20, 29, 32, 30, 18, 27, 28, 33, 14, 3, 6, 5, 9, 10, 4	24→起动机继电器
			25→空挡起动开关
	发动机过热	22, 31, 27, 8	26→起动机
	发动机过冷	31	27→火花塞
	机油消耗过高	23, 33	28→分电器
	机油压力太高	23	29→加速器踏板拉杆
	机油压力太低	23	30→制动器拖滞
	起动运转不停	24, 26	31→冷却风扇系统
			32→离合器
			33→汽缸压缩不良
			34→蓄电池及连接线路
			35→发动机机械故障
			36→真空漏气

表 3-33 L 型电控喷射发动机故障诊断表

故障现象		诊断顺序	故障编码
不能起动	发动机转不动	28, 38, 12	1→开关状态信号电路
	起动机转不动发动机	29, 39	2→点火信号电路
	无初始燃烧	12, 2, 17, 30, 14, 39	3→空燃比过高/过低；主氧传感器
	燃烧不完全	26, 29, 31, 30, 2, 14, 16, 35, 4, 17, 15, 39, 40	4→水温传感器电路
起动困难	发动机旋转缓慢	29, 21, 39	5→进气温度传感器电路
	常温起动困难	9, 16, 17, 29, 31, 30, 35, 14, 22, 19, 4, 15, 2, 5, 39, 40	6→副氧传感器电路
	冷态起动困难	9, 16, 17, 14, 29, 31, 30, 15, 4, 5, 40	7→空气流量计电路
	热态起动困难	9, 16, 18, 17, 14, 29, 15, 31, 30, 4, 5, 19, 22, 26, 40	8→节气门位置传感器电路
怠速运转不好	开始怠速不正确	1, 16, 40	9→起动机信号电路
	怠速转速太高	1, 16, 21, 12, 11, 13, 40	10→爆震传感器电路
	怠速运转太低	16, 21, 1, 11, 17, 14, 7, 13, 4, 19, 40	11→空挡起动开关电路
	怠速运转不柔和	1, 16, 18, 7, 14, 19, 20, 2, 35, 17, 29, 31, 30, 13, 26, 22, 15, 4, 3, 39, 40	12→EFI 主继电器电源
	缺火（怠速不稳）	1, 16, 7, 12, 17, 22, 4, 26, 39, 40	13→备用电源电路
驾驶性能不良	加速时发抖/加速性差	1, 7, 14, 17, 20, 2, 29, 31, 30, 37, 26, 32, 36, 39, 40	14→喷油器电路
	回火	26, 19, 20, 4, 5, 8, 7, 14, 39, 40	15→冷起动喷油器电路
	消声器放炮	1, 29, 31, 30, 14, 20, 4, 5, 8, 7, 17, 39, 40	16→ISC 阀电路
	发动机喘振	1, 17, 20, 31, 30, 14, 26, 4, 5, 39, 40	17→燃油泵电路
	爆震	22, 10, 30, 14, 19, 39, 40	18→燃油压力控制 VSV 电路
发动机失速	起动后不久失速	17, 7, 16, 26, 22, 4	19→EGR 系统电路
	踩下油门踏板后	1, 7	20→可变电阻器电阻
	松开油门踏板后	14, 17, 21, 40	21→空调 A/C 信号电路
	在 A/C 工作时	16, 21, 40	22→燃油质量
	从 N 挡换到 D 挡	11, 16	23→漏燃油
	旋转转向机构时	34	24→漏冷却液
	起动或停机时	37	25→漏机油
其他故障	燃油消耗过大	23, 22, 36, 32, 33, 4, 5, 8, 30, 31, 35, 17, 14, 18, 15, 16, 11, 3, 6, 37, 39, 40	26→漏真空
	发动机过热	24, 33, 39	27→起动机和继电器
	发动机过冷	33, 39	28→空挡起动开关
	机油消耗过高	25, 39	29→点火线圈
	机油压力太高	25, 39	30→火花塞
	机油压力太低	39	31→分电器
	起动机运转不停	27	32→加速踏板拉杆
	蓄电池经常放电	39	33→冷却风扇系统
			34→动力转向怠速提升装置
			35→汽缸压缩不良
			36→松开后制动器仍抱死
			37→变速器故障
			38→防盗和门锁控制 ECU
			39→发动机机械和其他故障
			40→发动机和变速器 ECU

本 章 小 结

1. 电控发动机常见故障有不易起动、起动后立即熄火、怠速不稳、怠速过高、行驶无力、加速不良、回火放炮、缺腿喘气、冒烟、耗油量过大等。

2. 任何一种故障的产生，都可能有多种原因，若要快速而准确地排除故障，则要熟练地掌握发动机的结构及工作原理，特别是对较为复杂的发动机电子控制系统，全面地了解和掌握电脑的作用及接脚的测试，各传感器的结构与作用以及传感器出现故障时会引起发动机产生什么故障。

3. 对于现象明显的故障一般不需要进行专门的试验或测试就可以确定发动机存在故障，例如，发动机无法运转、汽车行驶无力、排气管放炮等故障现象。而对另外一些故障，其故障现象不大明显，必须通过专门的试验甚至是测试方法方可确定，如燃油消耗量大、排气污染超标等故障现象。

4. 在故障诊断过程中，经常用到一些仪器和工具，为了能快速而准确地诊断故障，且又不损坏工具和仪器，要求正确掌握工具和仪器的使用方法。

5. 诊断电控发动机故障时，应遵循先思后行、先简后繁、先熟后生、先外后内等原则。

6. 诊断电控发动机故障时，常用诊断方法有：直观诊断法、利用随车自诊断系统诊断法、利用简单仪表诊断法、利用专用仪器诊断法、诊断置换法、诊断故障模拟法等。

7. 当电控发动机存在故障时，首先观察发动机电控系统自诊断故障指示灯"CHECK ENGINE（检查发动机）"的状况。若此灯在发动机运转过程中点亮，则说明电控发动机存在有故障自诊断系统能够监测到的故障，故障一般与电控系统有关。

8. 如果发动机确实存在故障，而仪表板上的发动机故障指示灯"CHECK ENGINE（检查发动机）"在发动机运转时未点亮，则说明发动机故障为电控单元自诊断系统不能辨识的故障，此时应按传统发动机故障诊断程序进行。

9. 进行故障诊断时，应先从检查各导线插头是否有松动、接触不良、断路、短路入手，然后观察各进气管路、真空管路、油路是否有漏气、漏油现象等。

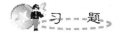

一、选择题

1. 将多缸发动机次级电压的波形重叠在一起的波形叫（　　）。
　　A. 直列波　　　　B. 重叠波　　　　C. 高压波

2. 多缸发动机各缸的次级点火电压同时显示于屏幕，即为（　　）。
　　A. 直列波　　　　B. 重叠波　　　　C. 高压波

3. 用示波器检测汽油机高压波形时，发现某一个汽缸的点火高压过高，说明故障可能在（　　）。

A. 点火器　　　　B. 点火线圈　　　　C. 火花塞

4. 用示波器检测汽油机点火系波形时,单缸直列波显示第一次振荡波少,说明初级电路中的(　　)。

　　A. 电阻过大　　　B. 电阻过小　　　C. 电容量过大

5. 用示波器检测汽油机点火系波形时,单缸直列波显示点火线变长,说明(　　)。

　　A. 火花塞间隙过大　　　　　　B. 火花塞间隙过小
　　C. 火花塞间隙为零

6. 用示波器检测汽油机点火系波形时,高压波显示个别汽缸点火电压过低,可能为该缸的(　　)或绝缘体损坏。

　　A. 火花塞间隙过大　　　　　　B. 火花塞间隙过小
　　C. 火花塞间隙为零

7. 使用辛烷值较高的汽油时,应将点火时间略微(　　)。

　　A. 提前　　　　B. 推迟　　　　C. 不变

8. 与平原地区相比,在相同的混合气成分下,高原地区点火提前角应(　　)。

　　A. 提前　　　　B. 推迟　　　　C. 不变

9. 正时灯是一种频率闪光灯,每闪光一次表示第一缸的火花塞发火(　　)。

　　A. 一次　　　　B. 二次　　　　C. 三次

10. 电控汽油喷射发动机的点火提前角一般是(　　)。

　　A. 可调的　　　B. 不可调的　　　C. 固定不变的

11. 丰田 8A 发动机水温传感器的 THW 与 E2 端在 80℃时的标准电压为(　　)。

　　A. 0~0.2V　　　B. 0.2~1.0V　　　C. 1.0~3.0V

12. 电控发动机上传感器的信号电压一般在(　　)之间。

　　A. 0V　　　　B. 0~5V　　　　C. 0~12V

13. 节气门位置传感器在怠速时的输出电压是 0.5~1V,而在节气门全开时是(　　)左右。

　　A. 0V　　　　B. 4.5V　　　　C. 12V

14. 七线式翼片式空气流量计内装有(　　)。

　　A. 节气门位置传感器　　　　B. 冷起动喷油器
　　C. 油泵开关

15. 装有氧传感器的电控发动机应使用(　　)。

　　A. 无铅汽油　　　B. 含铅汽油　　　C. 柴油

16. 测试氧传感器必须使用(　　)。

　　A. 电流表　　　B. 模拟电压表　　　C. 数字电压表

17. 检测磁感应式曲轴位置传感器是否良好,应检查磁感应线圈(　　)。

　　A. 阻值　　　　　　　　　　　B. 交流信号电压
　　C. 阻值与交流信号电压

18. 霍尔效应传感器信号是频率调制信号,其波形是(　　),所以可用直流电压挡检测平均电压,以判别霍尔传感器有无信号输出。

　　A. 方波　　　　B. 正弦波　　　　C. 递增信号波

19. 爆震传感器固定力矩(　　)。

　　A. 越大越好　　　B. 越小越好　　　C. 按规定的力矩安装

20. 喷油器按阻值可分为低阻和高阻两种,低阻(　　)。
   A. 0～1Ω   B. 2～3Ω   C. 13～18Ω
21. 喷油器按阻值可分为低阻和高阻两种,高阻(　　)。
   A. 0～1Ω   B. 2～3Ω   C. 13～18Ω
22. 以下(　　)不是电喷发动机冷车起动困难的根本原因。
   A. 水温传感器有故障   B. 点火能量不够
   C. 车速传感器有故障
23. 以下(　　)不是电喷发动机热车起动困难的根本原因。
   A. 水温传感器有故障   B. 混合气过浓
   C. 车速传感器有故障
24. 以下(　　)不是电喷发动机怠速转速过低的根本原因。
   A. 怠速控制阀有故障   B. 节气门位置传感器信号不正确
   C. 车速传感器有故障
25. 以下(　　)是电喷发动机怠速转速过高的原因之一。
   A. 节气门位置传感器信号不正确   B. 车速传感器有故障
   C. 喷油器线圈断路
26. 可以直接读取多种车型故障码的检测仪器是(　　)。
   A. 专用型解码器   B. 通用型解码器
   C. 车用数字式万用表
27. 可以直接读取某汽车制造厂生产的汽车故障码的检测仪器是(　　)。
   A. 专用型解码器   B. 通用型解码器
   C. 车用数字式万用表
28. 能在静态或动态下,向电控系统各执行器发出检修作业需要的动作指令,以便检查执行器的工作状况的检测仪器是(　　)。
   A. 解码器   B. 车用数字式万用表
   C. 点火正时灯
29. 不能直接清除故障码,使发动机故障报警灯熄灭的检测仪器是(　　)。
   A. 解码器   B. 发动机综合性能分析仪
   C. 车用数字式万用表
30. 利用车用数字万用表测量汽车电路的电压时,其表棒的极性是(　　)。
   A. 红棒接正极,黑棒接负极   B. 红棒接负极,黑棒接正极
   C. 无要求
31. 利用车用数字万用表测量传感器的电阻时,应该(　　)。
   A. 带电操作   B. 不可带电操作   C. 无所谓
32. 检测电控汽车电子元件要使用数字式万用表,这是因为数字式万用表(　　)。
   A. 具有高阻抗   B. 具有低阻抗   C. 测量精确
33. 当结构确定后,电磁喷油器的喷油量主要决定于(　　)。
   A. 喷油脉宽   B. 点火提前角   C. 工作温度
34. 起动发动机前如果点火开关位于"ON"位置,电动汽油泵(　　)。
   A. 持续运转   B. 不运转

C. 运转 10s 后停止 　　　　　　　　D. 运转 2s 后停止
35. 发动机关闭（　　）使汽油喷射管路中保持残余压力。
　　A. 电动汽油泵的过载阀　　　　　B. 汽油滤清器
　　C. 汽油喷射器　　　　　　　　　D. 回油管
　　E. 以上都正确　　　　　　　　　F. 以上都不正确
36. 某汽油喷射系统的汽油压力过高，以下哪项正确？（　　）
　　A. 电动汽油泵的电刷接触不良　　B. 回油管堵塞
　　C. 汽油压力调节器密封不严　　　D. 以上都正确
37. 关于空气流量计上的怠速调整螺钉，以下哪项正确？（　　）
　　A. 是用来调节汽油喷射器的供油量的
　　B. 是用来调节混合气的浓度的
　　C. 以上都正确
　　D. 以上都不正确
38. 汽油喷射发动机的怠速通常是由（　　）控制的。
　　A. 自动阻风门　　　　　　　　　B. 怠速调整螺钉
　　C. 步进电机　　　　　　　　　　D. 继电器
39. 在（　　）式空气流量计中，还装有进气温度传感器和油泵控制触点。
　　A. 翼片　　　B. 卡门旋涡　　　C. 热线　　　D. 热膜
40. 负温度系数的热敏电阻的阻值随温度的升高而（　　）。
　　A. 升高　　　B. 降低　　　　　C. 不受影响　　D. 先高后低
41. 丰田车系采用普通方式调取故障码时，将点火开关打开，不起动发动机，用专用跨接线短接故障诊断座上的（　　）端子，仪表板上的故障指示灯即闪烁输出故障码。
　　A. TE1 与 EP　　B. TE1 与 E1　　C. VF1 与 E1　　D. TE2 与 E1

二、填空题

1. 点火系故障部位可分为_____和_____两部分。
2. 点火示波器可显示电压随_____变化的波形，是一种多用途的检测设备，是唯一能即时显示瞬态波形的仪器。
3. 点火示波器可以显示发动机点火过程的 3 类波形：_____、_____和_____，通过所显示的波形与标准波形的比较，即可诊断出故障所在部位。
4. 直列波显示闭合时间短，说明初级电路的闭合角_____。
5. 重叠波是将多缸发动机次级电压的波形_____在一起。利用重叠波可以检查初级电路的闭合角、断电器凸轮的状况、各缸工作的_____等。
6. 多缸发动机各缸的次级点火电压同时显示于屏幕，即为_____，一般用于诊断_____级电路故障。
7. 高压波显示个别缸的电压高于其他汽缸，说明该缸火花塞的间隙_____。
8. 电子点火系点火波形若显示低频振荡波异常时，仅表示_____的技术状况不良，而不是电容器的原因，因为电子点火系中无电容器。
9. 最佳点火提前角是随_____、_____和汽油辛烷值等因素的改变而变化的。
10. 检测点火正时的方法有_____、_____和_____等。

11. 检查点火正时的目的是为了查证_____的准确性，而校正点火正时的目的是为了获得最佳_____。

12. 使用辛烷值较高的汽油时，应将点火时间略微_____；反之，使用辛烷值较低的汽油时，应将点火时间略微_____，以防爆燃。

13. 与平原地区相比，在相同的混合气成分下，高原地区点火时间应_____。

14. 气候寒冷时，点火时间应略微_____；气候炎热时，点火时间应略微_____。

三、判断题

1. 用点火示波器测量直列波时，显示第一次振荡波少，说明初级电路中的电阻过大。（   ）
2. 将多缸发动机次级电压的波形重叠在一起的波形称为直列波。（   ）
3. 多缸发动机各缸的次级点火电压同时显示于屏幕，即为高压波。（   ）
4. 点火系高压波显示个别汽缸点火电压过高，说明这个汽缸的火花塞间隙可能过小。（   ）
5. 突然将加速踏板踩到底，使汽车处于急加速状态，若听到的突爆声强烈，且车速提高后长时间不消失，则为点火时间过早。（   ）
6. 如点火时间过早，可使分电器壳顺分火头方向转动少许。（   ）
7. 容易产生爆燃的发动机，点火提前角应大些。（   ）
8. 电控汽油喷射发动机的点火提前角一般是不可调的。（   ）
9. 水温传感器与ECU之间只有一条电压信号连线。（   ）
10. 节气门位置传感器输出的模拟电压信号随节气门的开度而增大。（   ）
11. 节气门位置传感器的工作电压为12V。（   ）
12. 进气压力传感器都是3线的，一根电源线，一根信号线，一根接地线。（   ）
13. 进气压力传感器的工作电压为12V。（   ）
14. 丰田车起动电路中，起动时，STA端子与E1端子的电压应为5V。（   ）
15. 多点式燃油喷射系统油压过高将使混合气过稀。（   ）
16. 油泵故障、油泵出油管松动泄漏会造成燃油喷射系统油压过高。（   ）
17. 丰田车的燃油泵继电器断路，则燃油泵不能工作。（   ）
18. 用万用表电阻挡测量喷油器线圈的电阻值，低阻抗喷油器为13~18Ω。（   ）
19. 喷油器的工作电压为5V，由ECU提供。（   ）
20. 油压调节器的作用是调节燃油供给系统油压，保持喷油器内与进气歧管内的压力差为一个恒定值。（   ）
21. 步进电机型怠速控制阀4个线圈电阻值，正常时应为10~30Ω。（   ）
22. 怠速控制阀的工作电压为5V。（   ）
23. 点火系中央高压线无火将使电喷发动机不能起动。（   ）
24. 水温传感器不正常会引起热车起动困难。（   ）
25. 节气门位置传感器不良，会引起发动机减速时熄火现象。（   ）

四、问答题

1. 什么是通用型解码器？

2. 什么是专用型解码器？
3. 示波器可以显示发动机点火过程的哪几种波形？
4. 什么是点火系的重叠波？有什么作用？
5. 什么是点火系的高压波？
6. 检测点火正时的方法有哪几种？
7. 如何检测水温传感器电阻值？
8. 丰田翼片式空气流量计如何检测？
9. 电喷发动机冷车起动困难的原因有哪些？
10. 电喷发动机热车起动困难的原因有哪些？

五、简述题

1. 简述用解码器读取和清除故障码的过程。
2. 简述用解码器读取数据块的过程。
3. 举例说明用数字万用表进行交、直流电压测量的过程。
4. 举例说明用数字万用表进行电阻测量的过程。
5. 举例说明用数字万用表进行二极管测量的过程。
6. 举例说明用数字万用表进行电路通断测量的过程。
7. 用示波器测量节气门位置传感器波形，并分析（或自选一个传感器）。
8. 描述你最熟悉的一款发动机综合分析仪的功能，并举例说明检测过程。
9. 描述独立点火模式单缸初级、次级点火波形测试的接线方法。
10. 描述独立点火模式多缸测试点火波形的接线方法。
11. 简述诊断仪检测爆震传感器的过程。
12. 简述万用表检测热膜式空气流量计的过程。
13. 简述诊断仪检测空气流量计的过程。
14. 简述示波器检测节气门位置传感器的过程。
15. 简述空挡开关信号的检测过程。
16. 简述诊断仪检测节气门位置传感器的过程。
17. 简述用诊断仪检测氧传感器的过程。
18. 简述用示波器检测氧传感器的过程，并分析波形。
19. 简述检测冷却液温度传感器阻值的过程。
20. 简述示波器检测爆震传感器的过程。
21. 简述喷油器密封性检查的过程。
22. 简述喷油器波形检测的过程。
23. 简述喷油器的喷油量检查过程。
24. 简述电动燃油泵的供电电压检测过程。
25. 简述电动燃油泵油量检测过程。
26. 简述用正时枪检测点火正时的过程。
27. 简述燃油系统的油压检测过程。
28. 简述燃油系统的密封性和保压能力检测过程。
29. 简述动力转向压力开关的检测过程。
30. 简述制动开关信号的检测过程。

第 4 章
汽车底盘的检测与诊断

教学目标

通过学习本章,掌握以下内容。

(1) 掌握汽车传动系常见故障诊断方法;了解在汽车不解体的情况下,对传动系的主要部件进行检测诊断的仪器及其检测方法。

(2) 掌握自动变速器基本检查与性能测试的内容、方法;了解自动变速器各种试验的内容、方法及结果分析;掌握自动变速器系统检测和诊断故障的程序方法。

(3) 掌握汽车转向系常见故障诊断方法;了解转向盘自由行程和转向助力的检测仪器及检测方法;掌握车轮定位仪及其检测方法;掌握电控转向系统(PSS)的组成、控制电路及故障诊断。

(4) 掌握车轮平衡度的检测仪器及其检测方法。

(5) 掌握汽车悬架系常见故障诊断方法;掌握电控空气悬架系统(TEMS)的组成、控制电路及故障诊断。

(6) 掌握汽车制动系常见故障诊断方法;掌握电控防抱死制动系统(ABS)的组成、控制电路及故障诊断;掌握牵引力控制系统(TRC)的组成、控制电路及故障诊断。

教学要求

能力目标	知识要点	权重	自测分数
掌握汽车传动系常见故障诊断方法	传动系的主要部件进行检测诊断的仪器及其检测方法	15%	
掌握自动变速器系统检测和诊断故障的程序方法	自动变速器基本检查与性能测试的内容、方法;了解自动变速器各种试验的内容、方法及结果分析	25%	
掌握汽车转向系常见故障诊断方法	车轮定位仪及其检测方法;掌握电控转向系统(PSS)的组成、控制电路及故障诊断	15%	
车轮平衡度检测	车轮平衡度的检测仪器及其检测方法	10%	
汽车悬架系常见故障诊断方法	电控空气悬架系统(TEMS)的组成、控制电路及故障诊断	15%	
汽车制动系常见故障诊断方法	掌握电控防抱死制动系统(ABS)故障诊断;掌握牵引力控制系统(TRC)故障诊断	20%	

> **引例**
>
> 捷达 AT 型轿车行驶 90000km 之后，汽车低挡起步时，按照正确操作规范执行，但离合器不能平稳接合而且产生抖动，严重时整车产生振抖。
>
> 该汽车底盘哪些部分出现了问题？

4.1 传动系的检测与诊断

传动系包括离合器、变速器、万向传动装置、主减速器及差速器等部件，在汽车运行过程中，传动系功能会逐渐下降，出现异响、过热、漏油及乱挡等故障。发现故障现象应及时进行诊断、维修，确保汽车正常运行和安全行驶。

4.1.1 传动系的常见故障及诊断

1. 离合器常见故障诊断

离合器常见故障有打滑、分离不彻底、发抖、发响等。

1) 离合器打滑

汽车用低速挡起步时，放松离合器踏板后，汽车不能顺利起步；汽车加速行驶时，车速不能随发动机转速的提高而提高，感到行驶无力，严重时产生焦臭味或冒烟等现象。

（1）故障原因。

离合器踏板自由行程过小或没有自由行程，使分离轴承压在分离杠杆上；从动盘摩擦片、压盘或飞轮工作面磨损严重，离合器盖与飞轮的连接松动，使压紧力减弱；从动盘摩擦片油污、烧蚀、表面硬化、铆钉外露或表面不平，使摩擦力下降；压力弹簧疲软或折断，膜片弹簧疲软或开裂，使压紧力下降；分离轴承套筒与导管间油污严重，使分离轴承不能回位。

（2）故障诊断。

检查离合器踏板自由行程是否合适，不合适应进行调整；检查从动盘摩擦片、压盘或飞轮工作面磨损情况，若磨损严重应及时更换；检查压力弹簧、膜片弹簧是否疲软、折断或弹性不足，若弹性不足或破坏应及时更换；检查从动盘、分离轴承套筒与导管，若有油污应及时清理。

2) 离合器分离不彻底

发动机怠速运转时，踩下离合器踏板，挂挡时有齿轮撞击声，且难以挂入；如果勉强挂上挡，则在离合器踏板尚未完全放松时发动机熄火。

（1）故障原因。

离合器踏板自由行程过大；新换的摩擦片太厚或从动盘正反面装错；从动盘钢片翘曲、摩擦片破裂或铆钉松动；液压传动离合器的液压系统漏油造成油量不足，或有空气侵入；分离杠杆调整不当，其内端不在同一平面内或内端高度太低，或分离杠杆弯曲变形、支座松动、支座轴销脱出，使分离杠杆内端高度难以调整。

(2) 故障诊断。

检查离合器踏板自由行程是否合适，若自由行程过大，应进行调整；检查离合器从动盘或摩擦片安装是否正确，若从动盘变形或损坏应及时更换；检查液压系统管路、管接头是否漏油；检查分离杠杆是否变形，支座是否松动，分离杠杆调整是否合适；检查变速器第一轴和离合器从动盘配合是否良好，若配合不当应及时调整。

3) 离合器发响

行驶中操纵离合器时有不正常响声。

(1) 故障原因。

分离轴承磨损严重或缺油，轴承回位弹簧过软、折断或脱落；从动盘铆钉松动或减振弹簧折断；踏板回位弹簧过软、脱落或折断。

(2) 故障诊断。

稍稍踩下离合器踏板，膜片弹簧与分离轴承接触，听到有"沙沙"的响声，为分离轴承响。若加油后仍响，为轴承磨损松旷或损坏，应予以更换；踩下、放松离合器踏板时，如出现间断的碰击声，为分离轴承前后滑动响（分离轴支撑弹簧失效），应更换支撑弹簧；发动机一起动就有响声，将踏板提起后响声消失，为踏板弹簧失效，应更换踏板弹簧；连踩踏板，在离合器刚接触或分开时响，为从动盘铆钉松动和摩擦片铆钉外露，应修复铆钉。

4) 起步时发抖

起步时不能平稳结合，使车身产生抖动。

(1) 故障原因。

压盘和从动盘发生翘曲，或从动盘铆钉松动；变速器与飞轮壳或者离合器盖与飞轮固定螺栓松动；膜片弹簧弹力不均。

(2) 故障诊断。

让发动机怠速运转，挂上低速挡，缓慢松开离合器踏板并加大油门起步，如车身有明显的抖动，则为离合器发抖；检查变速器与飞轮壳、离合器盖与飞轮固定螺钉是否松动，检查膜片弹簧的高度；拆开离合器盖测量膜片弹簧的高度是否一致；若上述各项均符合要求，则拆下离合器，分别检查压盘、从动盘是否变形，铆钉是否松动，膜片弹簧的弹力是否在允许范围内。

2. 手动变速器常见故障诊断

手动变速器常见故障有跳挡、乱挡、异响、换挡困难和漏油。

1) 变速器跳挡

汽车在行驶时，自动跳回空挡，特别在中高速或负荷突然变化及剧烈振动时易出现跳挡。

(1) 故障原因。

操纵杆系磨损松旷或变速器内拨叉弯曲变形、止推垫片磨损，使齿轮不能全啮合；相啮合的齿轮或齿圈磨损严重；自锁装置的凹槽、钢球磨损严重，自锁弹簧疲劳或折断；轴或轴承磨损严重，使相啮合的齿轮或齿圈不同心；齿轮与轴的花键严重磨损，使配合间隙过大。

(2) 故障诊断。

检查操纵杆系是否松旷或严重磨损，变速器内拨叉是否弯曲变形，止推垫片严重磨损，若松旷或损坏严重，应及时调整或更换零件；检查相啮合的齿轮或齿圈的磨损情况，若磨损严重或断齿应更换；检查自锁装置的凹槽、钢球是否严重磨损，自锁弹簧是否疲劳或折断，若磨损严重或损坏应及时更换拨叉轴、钢球；检查轴或轴承是否磨损严重，必要时应更换；检查齿轮与轴的花键的磨损情况，若磨损严重应更换。

2）变速器乱挡

汽车在起步挂挡或行驶中换挡时，挂不上所需挡位；挂挡后不能退回空挡；车辆静止时可能同时挂上两个挡。

（1）故障原因。

互锁装置的凹槽、锁销或钢球磨损严重；变速杆下端长度不足、下端工作面磨损过大或拨叉导致凹槽磨损过大；变速杆球头定位销磨损松旷、折断或球头、球孔磨损过大。

（2）故障诊断。

检查互锁装置的凹槽、锁销和钢球的磨损情况，若磨损严重，应及时更换；检查变速杆下端长度与下端工作面的配合情况，若磨损严重、间隙过大应予更换；检查变速杆球头定位销，若松旷、折断或球头、球孔磨损严重应及时更换。

3）变速器异响

变速器异响主要有变速器齿轮的啮合声、轴承的运转声等。一般若在各挡都有连续响声，为轴承损坏；某挡位有连续、较尖细的响声，为该挡齿轮响声；挂上某挡时有断续、沉闷的冲击声，为该挡个别齿轮折断；停车时踩下离合器踏板不响，松开离合器踏板发响，为常啮合齿轮响。应根据响声特点，着重检修相应部位。

（1）故障原因。

变速器第一轴、第二轴或拨叉弯曲变形，轴承、同步器毂磨损、失圆；齿轮加工精度或热处理工艺不当等造成齿轮偏磨或齿形发生变化，齿轮啮合间隙或花键配合间隙过大；自锁装置的凹槽、钢球磨损过甚或自锁弹簧疲劳、折断；齿轮油不足、变质、规格不符合要求或油中有杂物。

（2）故障诊断。

检查变速器第一轴、第二轴或拨叉是否弯曲变形，钢球、同步器毂是否磨损失圆，变形或失圆应及时更换；检查齿轮及花键毂的磨损情况，若齿形发生变化或轮齿、花键毂磨损严重，造成配合间隙过大，应更换齿轮或花键毂；检查自锁装置的凹槽、钢球及弹簧，若磨损过甚或自锁弹簧疲劳、折断应及时更换；检查齿轮油的液面高度、油液颜色，若液面偏低或油液变质应按要求补充或更换。

4）变速器换挡困难

变速器不易挂上挡或挂上挡后不易脱出。

（1）故障原因。

离合器分离不彻底；拨叉轴弯曲或叉轴与导向孔严重锈蚀、拨叉固定螺栓松动；同步器磨损或弹簧安装不正确。

（2）故障诊断。

检查离合器能否分离彻底，操纵机构能否灵活移动。拆开变速器盖，查看拨叉轴是否弯曲，如弯曲应校直或更换；若轴与导向孔锈蚀应除锈修复；若拨叉固定螺钉松动，应拧紧。若同步器磨损或损坏，应更换。

3. 万向传动装置常见故障诊断

1）汽车起步或行驶中车速变换时的撞击声

汽车起步时，车身发抖并伴有撞击声，当改变车速时，响声更加明显。故障原因及诊断：万向节十字轴及滚针磨损松旷或滚针破碎；传动轴与滑动叉配合花键磨损过甚；各连接部分的紧固螺栓松动或中间支撑松动等。

2）汽车行驶中有异响

汽车在起步时没有异响，但在行驶中发生严重噪声，而且车速越快，噪声越大。当脱挡滑行时，噪声仍清晰可闻。故障原因及诊断：中间支撑轴承位置不恰当或支架偏斜；中间支撑橡胶垫环紧固螺栓过紧或过松，橡胶垫环损坏；中间支撑轴承磨损过大或润滑不良；万向节装配过紧。

3）汽车在行驶中有异响并伴随车身振抖

汽车行驶过程中发生异响，并随着车速的提高响声也增大，严重时使车身振抖。故障原因及诊断：传动轴弯曲变形；传动轴装配时未按标记装配，或平衡片脱落，或轴管凹陷，破坏了动平衡；万向节轴承磨损过大或已损坏；传动轴花键齿面与键槽配合松旷，或传动轴各连接部分的固定螺栓松动，或中间支撑的固定螺栓松动；中间支撑轴承损坏。

4. 驱动桥常见故障诊断

驱动桥常见故障有异响、发热和漏油。

1）驱动桥异响

汽车起步、转弯或突然改变车速行驶时，驱动桥发出较大响声，而当直行、滑行或低速行驶时响声减弱或消失。

（1）故障原因。

圆锥或圆柱主、从动齿轮，行星齿轮和半轴齿轮等啮合间隙过大或过小，齿面磨损严重、轮齿折断、变形或啮合印痕不符合要求；半轴齿轮与半轴的花键配合松旷，差速器壳与十字轴配合松旷或行星齿轮孔与十字轴配合松旷；后桥壳内润滑不良；圆锥滚子轴承预紧度调整不当；主减速器主动齿轮紧固螺母或从动齿轮连接螺钉松动，或驱动桥壳体、主减速器壳体变形。

（2）故障诊断。

检查圆锥或圆柱主、从动齿轮，行星齿轮和半轴齿轮的啮合情况，若间隙过大或过小、齿面磨损严重、轮齿折断、变形或啮合印痕不符合要求，应及时调整或更换；检查半轴齿轮与花键、差速器壳与十字轴、行星齿轮孔与十字轴的配合情况，若松旷或损坏应进行调整或更换；检查后桥壳内润滑情况，若漏油应更换垫圈，油量不足应及时补充；检查并调整圆锥滚子轴承的预紧度；检查并紧固主减速器主动齿轮和从动齿轮的连接螺母和螺钉，驱动桥壳体和主减速器壳体，若变形或损坏应及时修理。

2）驱动桥过热

汽车在行驶一段路程后，用手触摸后桥，有烫手感觉。故障原因及排除：齿轮油型号不对，应将旧油放净，并冲洗桥壳内部，换上规定型号的润滑油；油量不足，按规定将齿轮油加至规定高度；齿轮磨损严重，应更换齿轮；轴承预紧度过大，应重新调整；主、从动锥齿轮啮合间隙过小，应重新调整。

3）驱动桥漏油

故障原因及诊断：通气塞堵塞，检修通气塞；油面过高，放掉多余的齿轮油；油型号不对，放出所有齿轮油，注入规定型号的齿轮油；油封磨损或损坏，应更换油封；放油螺塞松动或垫片损坏,应更换垫片并拧紧螺塞;桥壳有裂纹,应修理或更换。

4.1.2 传动系的仪器检测

在汽车不解体的情况下,使用仪器既可以检测传动系的技术参数,如滑行距离、功率消耗和游动角等;还可以对传动系的主要部件进行检测诊断,如离合器是否打滑、各部分游动角、各部分异响和变速器是否跳挡等。

1. 离合器打滑的检测

离合器打滑会使发动机的动力不能有效地传递到驱动轮上,并使离合器磨损加剧、过热、烧焦甚至损坏。使用离合器频闪测定仪可检测离合器是否打滑。

1) 测定仪的结构和原理

离合器频闪测定仪由电源(车上的蓄电池)、透镜、电容、电阻和闪光灯等组成,如图4.1所示。

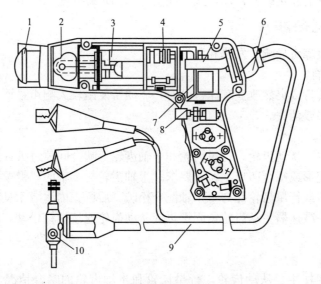

图 4.1 离合器打滑频闪测定仪

1—透镜;2—闪光灯;3—电阻器;4—电容器;5—二极管;
6—座套;7—变压器;8—开关;9—导线;10—传感接头

该仪器由发动机火花塞的高压电极输入电脉冲信号,火花塞每跳火一次,闪光灯就亮一次,闪光频率与发动机转速成正比。离合器不打滑时,传动轴上设定点会与闪光点同步动作,传动轴似乎处于不转动状态。否则,传动轴上设定点转速会滞后于闪亮点动作,这说明离合器存在打滑现象。

2) 测定仪的使用方法

离合器打滑的检测可以在底盘测功试验台上或车速表试验台上进行,无试验台的可支起驱动轮进行。检测时变速器应挂入直接挡并加油,使车轮原地运转,必要时可给试验台滚筒增加负荷或使用行车制动器,以增加驱动轮和传动系的负荷。将闪光灯发出的光亮点投射到传动轴的某一点。若离合器不打滑,传动轴上某点与光亮点同步。若离合器打滑,则传动轴上某点与光亮点不同步。

2. 传动系游动角度的检测

汽车传动系游动角度常用指针式游动角度检测仪和数字式游动角度检测仪进行检测。

1) 指针式游动角度检测仪及检测方法

(1) 仪器的结构与原理。

指针式游动角度检测仪是由指针、刻度盘、测量扳手等组成的。在测量过程中,指针固定在驱动桥主动轴上,刻度盘固定在主减速器壳上,如图 4.2(a)所示。测量扳手一端带有 U 形卡嘴,以便卡在十字万向节上。为了适应多种车型,卡嘴上带有可更换的钳口。测量扳手另一端有指针和刻度盘,可指示转动扳手的转矩值,如图 4.2(b)所示。

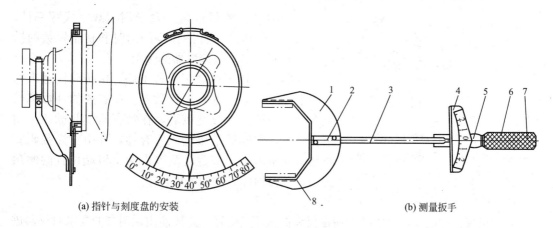

(a) 指针与刻度盘的安装　　　　　(b) 测量扳手

图 4.2　指针式游动角度检测仪

1—卡嘴;2—指针座;3—指针;4—刻度盘;5—手柄;6—手柄套筒;7—定位销;8—可更换钳口

检测传动系游动角度时,将检测扳手卡在万向节上,用不小于 30N·m 的转矩转动,使之从一个极端位置转到另一个极端位置,刻度盘上指针转过的角度即为所测游动角度值。

(2) 仪器的使用方法。

① 检测驱动桥的游动角度。变速器挂空挡,驻车制动器松开,驱动轮制动,将测量扳手卡在驱动桥主动轴万向节的从动叉上,即可测得驱动桥的游动角度。

② 检测万向传动装置的游动角度。与测驱动桥游动角度的方法基本相同,只是扳手卡在变速器后端万向节的主动叉上。此时获得的游动角度减去驱动桥的游动角度,即为万向传动装置的游动角度。

③ 检测离合器和变速器的游动角度。放松制动器,离合器处于接合状态,势必要支起驱动桥。测量扳手仍卡在变速器后端万向节的主动叉上,依次挂入各挡,即可获得不同挡位下从离合器到变速器的游动角度。

对上述三段游动角度求和,即可获得传动系的游动角度。

2) 数字式游动角度检测仪及检测方法

数字式游动角度检测仪的检测范围为 0°～30°,使用的电源为直流 12V。

(1) 仪器的结构与原理。

数字式游动角度检测仪由倾角传感器和测量仪两部分组成,两者以电缆相连。

① 倾角传感器。倾角传感器的作用是将其外壳随传动轴游动之倾斜角转换为相应频率的电振荡。传感器外壳是一个长方形的壳体,其上部开有 V 形缺口,并配有带卡扣的尼

龙带，因而可方便地固定在传动轴上。传感器壳内的装置如图 4.3 所示。图中弧形线圈固定在外壳中的夹板上，弧形铁氧体磁棒通过摆杆和心轴支撑在夹板的两轴承上，因此可绕心轴轴线摆动。在重力作用下，摆杆与重力方向始终保持某一夹角 α_0。当传感器外壳倾斜角度不同时，弧形线圈内弧形磁棒的长度亦随之不同，产生的电感量亦不同，因而也就改变了电路的振荡频率。可见，传感器实际上是一个倾角—频率转换器。为使传感器摆动后能迅速处于平衡状态，传感器外壳内装有变压器油。

② 测量仪。测量仪是一台专用的数字式频率计，由于采用了与传感器特性相应的门时和初始置数的措施，因而能直接显示传感器的倾角。

仪器采用 PMOS 数字集成电路。由传感器送来的振荡信号经计数门进入主计数器，在置成的补数基础上累计脉冲数。计数结束后，在锁存器接收脉冲作用下，将主计数器的结果送入寄存器，并由萤光数码管将结果显示出来，将游动范围内两个极端位置的倾角读出，其差值即为游动角度。

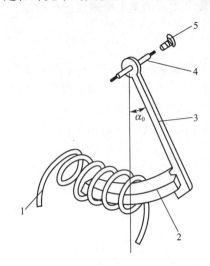

图 4.3　倾角传感器结构示意图
1—弧形线圈；2—弧形铁氧体磁棒；
3—摆杆；4—心轴；5—轴承

(2) 仪器的使用方法。

将测量仪接好电源，用电缆把测量仪和传感器连接好，先按使用说明书的要求对仪器进行自校，再将转换开关扳到"测量"位置上，即可进行实测。在汽车传动系统中，最便于固定倾角传感器的部位是传动轴。因此，在整个检测过程中，该传感器一直固定在传动轴上。

① 万向传动装置的游动角度。把传动轴置于驱动桥游动范围的中间位置或将驱动桥支起，拉紧驻车制动器。左、右旋转传动轴至极端位置，测量仪便直接显示出固定在传动轴上的传感倾斜角度，将两个极端位置的倾斜角度记下，其差值即为万向传动装置的游动角度。此角度不包括传动轴与驱动桥之间的万向节的游动角度。

② 离合器与变速器及各挡的游动角度。放松驻车制动器，将变速器挂入选定挡位，离合器处于接合状态，传动轴置于驱动桥游动范围中间位置或将驱动桥支起。左、右旋转传动轴至极端位置，测量仪便显示出传感器的倾斜角度。求出两极端位置倾斜角度的差值，便可得到一游动角度值。该游动角度减去已测得的万向传动装置的游动角度，即为离合器与变速器在该挡位下的游动角度。按同样方法，依次挂入各挡位，便可测得离合器与变速器各挡位下的游动角度。

③ 驱动桥的游动角度。变速器置于空挡位置，松开驻车制动器，踩下制动踏板将驱动轮制动。左、右旋转传动轴至极端位置，即可测得驱动桥的游动角度。该角度包括传动轴与驱动桥之间万向节的游动角度。

对于多桥驱动的汽车，分别将传感器固定在变速器与分动器之间的传动轴、前桥传动轴、中桥传动轴和后桥传动轴上，可以检测每段传动轴的游动角度。

在测量仪上读取数值时应注意，显示的角度值在 0°～30° 内有效，出现大于 30° 的情况，可将固定在传动轴上的传感器适当转过一定角度。若其中一极限位置为零度，另一极限位置超过 30°，说明该段游动角度已大于 30°，超出了仪器的测量范围。

3. 诊断参数标准

目前,我国尚无游动角度的诊断参数标准,根据国外资料,中型载货汽车传动系游动角度及各分段游动角度应不大于表 4-1 所列数据(仅供诊断时参考)。

表 4-1 游动角度参考数据

部 位	游动角度	部 位	游动角度
离合器与变速器	≤5°～15°	驱动桥	≤55°～65°
万向传动装置	≤5°～6°	传动系	≤65°～86°

4.2 自动变速器的检测与故障诊断

4.2.1 自动变速器的基本检查

自动变速器是由液力变矩器、行星齿轮(或平行轴式齿轮)变速器、液压控制系统、电子控制系统以及工作介质——变速器油等组成,其结构和工作原理都很复杂。因此,正确使用、维护检查和保养,对于减少故障、延长使用寿命都具有十分重要的意义。

自动变速器的液力变矩器、换挡执行元件、阀体、电控系统或其他任何部件出现故障,都会影响自动变速器的正常工作。自动变速器不易拆装,当出现故障和工作不正常时,盲目拆卸分解往往找不出产生故障的真正原因,甚至造成自动变速器不应有的损坏。因此,应利用各种检测仪器和手段,按照由外到内、由简到繁的步骤和程序,诊断出故障原因,有针对性地进行检修。

自动变速器的基本检查和调整项目包括:油面检查、油质检查、液压控制系统检查、油门拉索检查和调整、换挡杆位置检查和调整、空挡起动开关检查及怠速检查等。

1. 油质和油面高度的检查

自动变速器油面高度和油液品质的检查是自动变速器最基本的检查项目,也是决定自动变速器是否进行拆检的主要依据之一。自动变速器每行驶 $4×10^4$ km 或 6 个月以后应检查一次油面高度和自动变速器油质,通过检查自动变速器油可以判断自动变速器的工作是否正常。

1) 油面高度的检查

各种型号自动变速器的加油量都有明确的规定,原则上加油量的标准为:在液力变矩器及各换挡执行元件的活塞都充满油之后,油底壳的油面高度应在行星排等旋转零件的最底位置之下,以免在运行中自动变速器油被剧烈地搅动而产生泡沫,但必须高于阀体总成与自动变速器壳体的安装结合面,以免在工作中渗入空气,影响各个控制阀的正常工作。

自动变速器油面高度的检查方法如下。

(1) 将汽车停放在水平路面上,并拉紧驻车制动。

(2) 发动机怠速运转。

(3) 踩住制动踏板,将选挡杆分别拨至 P、R、N、D、2、L 等位置,并在每个挡位上停留几秒钟,使液力变矩器和所有换挡执行元件中都充满自动变速器油,最后再将选挡杆拨至停车挡"P"位。

(4) 拔出油尺并擦干净,将擦干后的油尺全部插入加油管后再拔出,检查油面高度。自动变速器油面应位于油尺两刻线之间。由于低温时油液黏度大,运转时有较多的自动变速器油附着在行星齿轮等零件上,因而油面较低。高温时油液黏度小,易流向油底壳,因而油面较高。因此,自动变速器处于冷态(室温低于25℃)时,油面应在油尺刻线的下限(COOL)附近。而处于热态时(油温70~80℃),油面应在油尺刻线的上限(HOT)附近,如图4.4所示。若油面高度过低,应继续向加油管内加入自动变速器油,直至油面高度符合规定为止。

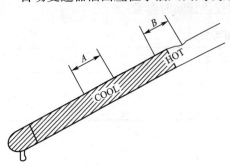

图4.4 自动变速器油面高度的检查
A—冷态势的叶面高度范围;
B—热态势的釉面高度范围

油面高度检查完后,还应检查自动变速器油底盘、油管接头处有无泄漏现象,如有漏油应立即修复。

2) 自动变速器油质的检查

一般轿车自动变速器每正常行驶 $10 \sim 20 \times 10^4$ km(换油间隔里程各汽车公司有不同的规定)必须换一次油,即便不行驶,若放置一年以上,也必须将自动变速器油全部更换。

自动变速器油品质的检查方法是:将油尺上的自动变速器油滴在干净的白纸上,检查自动变速器油的颜色及气味。正常的自动变速器油颜色一般为粉红色,且无异味。如自动变速器油呈褐色或有焦味等,说明油已变质。

2. 节气门拉索的检查

节气门拉索的松或紧是由于发动机和自动变速器相对位置的移动所造成的,装用自动变速器的汽车在自动变速器和发动机修理后,装复自动变速器节气门拉索时均应按规定要求进行调整。节气门拉索位置的检查如图4.5所示。若节气门拉索调整不当,对液控自动变速器会导致换挡时刻的改变,造成换挡过早或过迟,使汽车加速性能变差或产生换挡冲击;对电控自动变速器将导致主油路压力异常,使换挡执行元件打滑或产生换挡冲击。

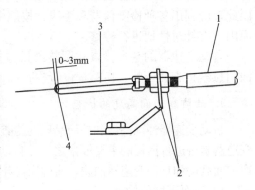

图4.5 节气门拉索调整
1—节气们拉索;2—固定螺母;
3—粉尘套;4—限位块

3. 发动机怠速的检查

在N挡关空调情况下,发动机应有正常怠速。如凌志LS400发动机的正常怠速为650 r/min,丰田发动机为750r/min。如果发动机怠速过高,换挡杆挂入前进挡或倒挡时变速器会产生较大的冲击,会造成传动零件的过早损坏。若怠速过低,容易产生在挂挡时或车辆行驶过程中松油门时发动机熄火。一般轿车的怠速正常范围为650~750r/min,若怠速不正常,应调整或检修发动机。

4. 选挡杆和空挡起动开关的检查

如图 4.6 所示，若选挡杆及空挡起动开关调整不当，会使选挡杆的位置与自动变速器阀体中手控阀的实际位置不符，易造成选挡错乱或不能挂进停车挡或前进低挡，并造成选挡杆位置与仪表盘上挡位指示灯的显示不符，甚至造成在空挡或停车挡时无法起动发动机。因此必须对选挡杆和空挡起动开关进行检查。

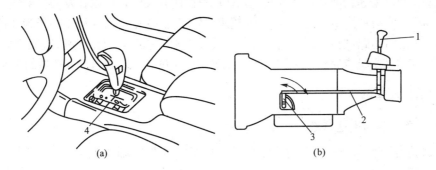

图 4.6 选挡杆的调整

1—选挡杆；2—连接杆；3—手动阀摇臂；4—空挡位置

检查空挡起动开关时，应将选挡杆拨至各个挡位，观察挡位指示灯和选挡杆位置是否一致。"P" 位和 "N" 位时发动机能否起动、"R" 位时倒挡灯是否亮起等。其正确位置应为：选挡杆应在 "P" 位或 "N" 位发动机才能起动，在 "R"、"D"、"2" 或 "L" 位均不能起动。如有不符，应进行调整。

5. 空挡起动开关检查

发动机应只能在空挡（N 挡）和停车挡（P 挡）起动，其他挡位不能起动，若有异常，应调节空挡起动开关螺栓和开关电路，如图 4.7 所示。

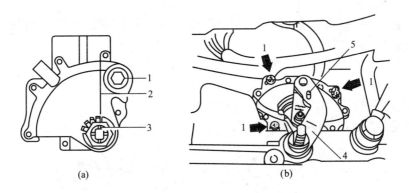

图 4.7 空挡起动开关的调整

1—固定螺钉；2—基准线；3—槽口；4—遥臂；5—调整用定位销

(1) 松开空挡起动开关螺栓，将换挡杆放到 N 挡位。
(2) 将槽口对准空挡基准线。
(3) 定住位置并拧紧螺栓。
(4) 确认只有在 "N" 和 "P" 位才能起动发动机。

6. 超速挡控制开关的检查

这项检验用于确认自动变速器的超速挡电控系统是否工作正常。

检查时的自动变速器油温应处于正常状态(70~80℃)，然后将发动机熄火，打开点火开关，按动超速挡(O/D)控制开关，倾听位于变速器内的相应电磁阀有无动作时发出的卡塔声，如有卡嗒声，则说明被检自动变速器的超速挡电控系统工作正常。

若需确认自动变速器能否在按下超速挡(O/D)控制开关时，可以在发动机节气门开度和汽车行驶速度适宜时产生由 3 挡升为 4 挡(超速挡)的升挡变换，以及从 4 挡降为 3 挡的降挡变换，则必须进行道路试验。当超速挡控制开关置"ON"位时，自动变速器应能升入超速挡。

自动变速器基本检查完毕，应进行台架试验和道路试验，检查自动变速器的工作情况。

4.2.2 自动变速器的试验

1. 自动变速器的失速试验

失速试验是检查发动机、液力变矩器及自动变速器中有关的换挡执行元件的工作是否正常的一种常用方法。

1) 失速试验的准备

（1）起动汽车使发动机和自动变速器均达到正常工作温度。

（2）检查汽车的行车制动和驻车制动，确认其性能良好。

（3）检查自动变速器的油面高度应正常。

2) 失速试验步骤

（1）将汽车停放在宽阔的水平地面上，前后车轮用三角木块塞住。

（2）无发动机转速显示的，安装发动机转速表。

（3）拉紧驻车制动，左脚用力踩住制动踏板。

（4）起动发动机。

（5）将选挡杆拨入"D"位。

（6）在左脚踩紧制动踏板的同时，用右脚将加速踏板踩到底，读取此时发动机的最高转速，然后立即松开加速踏板。

（7）将选挡杆拨入"P"或"N"位，使发动机怠速运转 1min 以上，防止自动变速器油因温度过高而变质。

（8）将选挡杆拨入"R"位，做同样的试验。

自动变速器失速试验过程如图 4.8 所示。

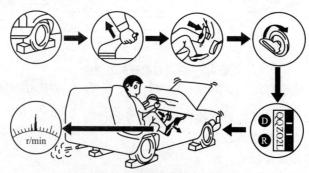

图 4.8 自动变速器的失速试验

在前进挡或倒挡同时踩住制动踏板和加速踏板时，发动机处于最大转矩工况，而此时自动变速器输入轴及输出轴均静止不动，液力变矩器的涡轮也因此静止不动，只有液力变矩器壳及泵轮随发动机一起转动，这种工况属于失速工况，此时发动机转速称为失速转速。由于在失速工况下，发动机的动力全部消耗在液力变矩器内自动变速器油的摩擦损失上，自动变速器油的温度将急剧上升，因此在失速试验中，加速踏板从踩下到松开整个过程的时间不得超过5s，否则会使自动变速器油因温度过高而变质，甚至损坏密封圈等零件。

在一个挡位试验完成之后，不要立即进行下一个挡位的试验，要等油温下降以后再进行。试验结束后不要立即熄火，应将选挡杆拨入空挡或停车挡，让发动机怠速运转几分钟，以使自动变速器油温度正常。如果在试验中发现驱动轮因制动力不足而转动，应立即松开加速踏板，停止试验。

2. 自动变速器的时滞试验

在发动机怠速运转时，将选挡杆从空挡拨至前进挡或倒挡后，需要有一段短暂时间的迟滞或延时才能使自动变速器完成挡位的变换（此时汽车会产生一个轻微的振动），这一短暂的时间称为自动变速器换挡的迟滞时间。时滞试验就是测出自动变速器换挡的迟滞时间，根据迟滞时间的长短来判断主油路油压及换挡执行元件的工作是否正常。

自动变速器时滞试验步骤如下。

(1) 行驶汽车，使发动机和自动变速器达到正常工作温度（70～80℃）。

(2) 将汽车停放在水平路面上，拉紧驻车制动。

(3) 将选挡杆分别置于"N"位和"D"位，检查其怠速，"D"位怠速略低于"N"位怠速（约低50r/min），如不正常，应按规定予以调整。

(4) 将自动变速器选挡杆从"N"位拨至"D"位，用秒表测量从拨动选挡杆开始到感觉汽车振动为止所需的时间，该时间称为N—D迟滞时间。

(5) 将选挡杆拨至"N"位，使发动机怠速运转1min后，再做一次同样的试验。

(6) 共做3次试验，取平均值作为N—D迟滞时间。

(7) 按上述方法，将选挡杆由"N"位拨至"R"位，测量N—R迟滞时间。

自动变速器时滞试验过程如图4.9所示。

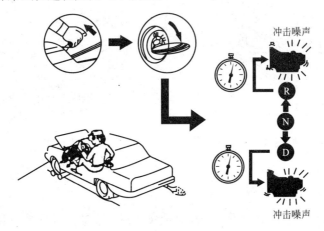

图4.9 自动变速器的时滞试验

大部分自动变速器 N—D 迟滞时间为 1.0～1.2s，N—R 迟滞时间为 1.2～1.5s，若 N—D 迟滞时间过长，说明主油路油压过低、前进离合器磨损过甚或超速排单向离合器工作不良；若 N—R 迟滞时间过长，说明倒挡油路油压过低、倒挡离合器或倒挡制动器磨损过甚、超级行星排单向离合器工作不良。

3. 自动变速器的油压试验

自动变速器油压试验是测量自动变速器的油路压力，即在自动变速器工作时，测量其控制系统各个油路中的油压，为分析自动变速器的故障提供依据，以便有针对性地进行检修。控制系统的油压正常是自动变速器正常工作的先决条件，如果油压过低，会造成换挡执行元件打滑，加剧其摩擦片的磨损，甚至使换挡执行元件烧毁；如果油压过高，会使自动变速器出现严重的换挡冲击，甚至损坏控制系统。因此，在分解修理自动变速器之前和自动变速器修复之后，都要对自动变速器做油压试验，以保证自动变速器的修复质量。

进行该项试验时，为安全起见，测量油路压力时，一定要有两人配合，即一人进行测量，另一人站在车外观察车轮或车轮垫木的情况。

具体的试验程序如下。

(1) 预热自动变速器油，使油温处于 70～80℃ 之间。

(2) 拆下自动变速器壳体上的测试塞，将量程为 2MPa 的油压表连接上。

(3) 拉紧驻车制动器，并用垫木将 4 个车轮挡住。

(4) 起动发动机并检查怠速转速是否正常。

(5) 将制动踏板踩到底，将选挡手柄换入 "D" 位。

(6) 在发动机怠速运转的情况下，检查并记录油路压力，将加速踏板踩到底，使转速达到失速转速时，迅速记录油路最高压力。

(7) 用同样的方法对选挡手柄置于 "R" 位时的油路压力进行检测。

常见车型自动变速器测压孔位置如图 4.10 和图 4.11 所示。

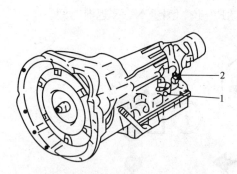

图 4.10　丰田系列后驱动夜空自动变速器测压孔
1—主油路测压孔；2—调速阀油路测压孔

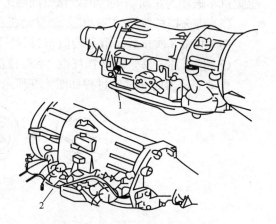

图 4.11　4N71B 自动变速器测压孔
1—前进档油路测压孔；2—倒档油路测压孔

4. 自动变速器的道路试验

自动变速器的道路试验是分析、诊断自动变速器故障及检验修复后自动变速器工作性能和修理质量的最有效手段之一。道路试验是对汽车自动变速器性能的最终检验，检验内容侧重于换挡点、换挡冲击、振动、噪声和打滑等方面。

在道路试验之前，汽车发动机、底盘等系统的技术状态应完好，自动变速器应已经过了各种检查和试验，让汽车以中低速行驶 5~10min，使发动机和自动变速器都达到正常工作温度 70~80℃ 之间。

下面以凌志 LS400 轿车为例，对自动变速器的道路试验加以探讨。

1) 升挡过程的检查

将选挡杆拨至前进挡"D"位，踩下加速踏板，使节气门保持在 1/2 开度左右，让汽车起步加速，检查自动变速器的升挡情况。自动变速器在升挡时发动机会有瞬时的转速下降，同时车身有轻微的闯动感。正常情况下，汽车起步后随着车速的升高，试车者应能感觉到自动变速器能顺利由 1 挡升入 2 挡，随后再由 2 挡升入 3 挡，最后升入超速挡。若自动变速器不能升入高挡（3 挡或超速挡），说明控制系统或换挡执行元件有故障。

2) 升挡车速的检查

起动发动机，将选挡杆拨至前进挡"D"位，踩下加速踏板，并使节气门保持在某一固定开度，让汽车起步并加速。当感觉到自动变速器升挡时，记下升挡车速。一般 4 挡自动变速器在节气门开度保持在 1/2 时，由 1 挡升至 2 挡的升挡车速为 25~35km/h，由 2 挡升至 3 挡的升挡车速为 55~70km/h，由 3 挡升至 4 挡（超速挡）的升挡车速为 90~120km/h。不同节气门开度时升挡车速不同，不同车型自动变速器的升挡车速也不相同。因此，只要升挡车速基本保持在上述范围内，而且汽车行驶中加速良好，无明显的换挡冲击，都可以认为其升挡车速基本正常。

若汽车行驶中加速无力，升挡车速明显低于上述范围，说明升挡车速过低（即过早升挡），一般是控制系统的故障所致；若汽车行驶中有明显的换挡冲击，升挡车速明显高于上述范围，说明升挡车速过高（即过迟升挡），可能是控制系统的故障所致，也可能是换挡执行元件的故障所致。

不同节气门开度下自动变速器的升挡车速，可作为判断换挡车速是否正确的标准。由于降挡时刻在行驶时不易察觉，因此在道路试验中一般无法检查自动变速器的降挡车速，只能通过检查升挡车速来判断自动变速器有无故障。

3) 换挡质量的检查

换挡质量的检查内容主要是检查有无换挡冲击。正常的自动变速器只能有不太明显的换挡冲击，特别是电子控制自动变速器的换挡冲击应十分微弱。若换挡冲击太大，说明自动变速器的控制系统或换挡执行元件有故障，其原因可能是油路油压过高或换挡执行元件打滑，应做进一步的检查。

4) 锁止离合器工作情况的检查

液力变矩器中的锁止离合器的工作是否正常也可以采用道路试验的方法进行检查，如图 4.12 所示。试验中，让汽车加速至超速挡，以高 80km/h 的车速行驶，并让节气门开度保持在低于 1/2 的位置，使变矩器进入锁止状态。此时，快速将加速踏板踩下至 2/3 开度，同时检查发动机转速的变化情况。各发动机转速没有太大变化，说明锁止离合器处于接合状态；反之，若发动机转速升高很多，则表明锁止离合器没有接合，其原因通常是锁止离合器控制系统的故障。

5) 发动机制动作用的检查

检查自动变速器有无发动机制动作用时，应将选挡杆拨至前进低挡（S、L 或 2、1）位

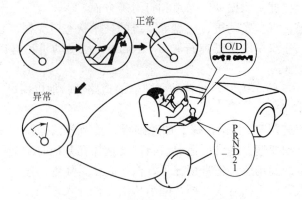

图 4.12 锁止离合器工作状况的检查

置,在汽车以 2 挡或 1 挡行驶时,突然松开加速踏板,检查是否有发动机制动作用。若松开加速踏板后车速立即随之下降,说明有发动机制动作用,否则说明控制系统或相关的离合器、制动器有故障。

6)强制降挡功能的检查

检查自动变速器的强制降挡功能时,应将选挡杆拨至前进挡"D"位,保持节气门开度为 1/3 左右,在以 2 挡、3 挡或超速挡行驶时,突然将加速踏板完全踩到底,检查自动变速器是否被强制降低一个挡位。在强制降挡时,发动机转速会突然上升至 4000r/min 左右,并随着加速升挡,转速逐渐下降。若踩下加速踏板后没有出现强制降挡,说明强制降挡功能失效。若在强制降挡时发动机转速异常升高达 5000r/min 左右,并在升挡时出现换挡冲击,则说明换挡执行元件打滑,应检修自动变速器。

7)"P"位制动效果的检查

将汽车停在坡度大于 9% 的斜坡上,选挡杆拨到"P"值,松开驻车制动,检查机械闭锁爪的锁止效果。

4.2.3 自动变速器的自诊断

电子控制自动变速器的电脑内部有一个自诊断电路,它能在汽车行驶过程中不断监测自动变速器控制系统的故障,并将故障以代码的形式记录在电脑内。维修人员可以按照特定的方法将故障代码从电脑内读出,为自动变速器控制系统的检修提供依据。用汽车电脑检测仪可以读取故障码。

汽车电脑检测仪有专用型和通用型两种形式。专用型电脑检测仪是汽车制造厂家为自己生产的带有电脑的汽车专门设计和生产的,如图 4.13 所示。只要把该检测仪与汽车上的电脑故障检测插座相连接,打开点火开关,就可以很方便地对汽车发动机、自动变速器及其他部分的电脑和控制系统进行检测。这种电脑检测仪只用于指定车型。电脑检测仪与故障检测插座的连接示意图如图 4.14 所示。

通用型电脑检测仪也称为汽车电脑解码器。它可以检测不同车型的电脑。图 4.15 所示为美国 Snap-on 公司生产的 Scanner 汽车电脑解码器和美国 LAE 公司生产的 OTC 汽车电脑解码器,这种汽车电脑解码器本身也是一个小型电脑,它的软件中储存有各种不同车型的电脑及控制系统的检测程序和数据资料,并配有各种检测插头。使用时,只需将被测

汽车底盘的检测与诊断 第4章

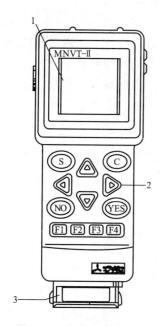

图 4.13 汽车电脑检测仪
1—显示屏；2—操作按钮；3—软件卡

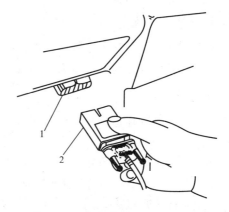

图 4.14 汽车电脑故障检测插座
1—汽车电脑故障检测插座；2—汽车电脑检测仪插头

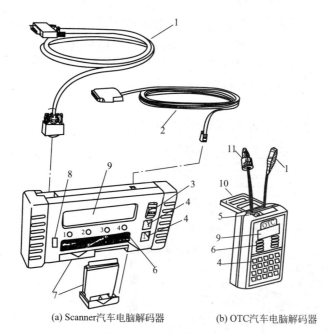

(a) Scanner汽车电脑解码器　　(b) OTC汽车电脑解码器

图 4.15 汽车电脑解码器
1—检测连接电缆；2—打印机连接电缆；3—选择滚轮；4—操纵按钮；5—打印机连接插孔；
6—显示灯；7—软件卡；8—备用电源按钮；9—显示屏；10—支架；11—电源线

汽车的生产厂家名称和车辆识别码输入汽车电脑解码器，就能从软件中调出相应的检测程序，然后按照解码器屏幕显示的检测步骤，将相应的故障检测插头和汽车上的电脑故障检测插头连接，就可以对汽车发动机、自动变速器、制动防抱死装置等各个部分的电脑及控制系统进行有选择的检测。

随着车型的不断更新，汽车电脑及控制系统也在不断改进，因此专用或通用的汽车电脑检测仪在使用几年后，应向制造厂家更换新的软件卡，以提高该检测仪的检测能力，使其能检测各种最新车型的电脑及控制系统。专用或通用的汽车电脑检测仪和汽车电脑解码器具有以下功能。

1. 读取故障代码

汽车电脑检测仪和汽车电脑解码器都能很方便地读出储存在汽车自动变速器电脑内的故障代码，并显示故障代码的含义，为检修自动变速器的控制系统提供可靠依据。

2. 进行数据传送

许多车型的电脑在运行中会将各种输入、输出信号的瞬时数值（如各传感器信号、电脑的计算结果、控制模式、电脑向各执行器发出的控制信号等）以串行输送的方式，经故障检测插座内的某个插孔向外传送。电脑检测仪可以将这些数值以数据表的方式在检测仪的屏幕上显示出来，使整个控制系统的故障一目了然；检修人员可以根据自动变速器工作过程中控制系统各种数据的变化情况来判断控制系统的工作是否正常，或将电脑的指令与自动变速器的实际反应进行比较，以准确地分辨出故障是在控制系统还是在自动变速器其他部位。

3. 清除电脑内储存的故障代码

被测汽车电脑的故障自诊断电路所检测出的故障，将一直以故障代码的方式记录在电脑内，直至汽车蓄电池电缆被拆除为止。电脑检测仪可以向汽车电脑发出指令清除其储存的故障代码。下面以上海帕萨特 B5 01N 自动变速器故障诊断为例，介绍一下用故障仪 V. A. G1551 进行故障码读取和清除的方法。

故障码读取方法如下。

（1）拆下手制动器手柄旁边的诊断插座上方的盖板，如图 4.16 所示。

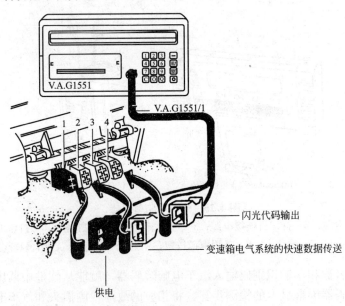

图 4.16　V. A. G1551 的连接

(2) 关闭点火开关，用诊断导线 V. A. G1551/3 连接好故障阅读仪 V. A. G1551。屏幕显示：

```
V. A. G-SELF-DIAGNOSIS        HELP
1 - Rapid data transfer
2 - Flash code output

V. A. G 自诊断                 帮助
1 - 快速数据传输
2 - 闪烁代码输出
```

(3) 接通点火开关，按数字键 1。屏幕显示：

```
Rapid data transfer           HELP
Enter address word    XX

快速数据传输                   帮助
输入地址码    XX
```

(4) 输入数字键 0 和 2，屏幕显示：

```
Rapid data transfer      Q
02 Gearbox electronics

快速数据传输             Q
02 变速器电子系统
```

(5) 按 Q 键确认，屏幕显示：

```
01N 927 733BA AG4 Gearbox 01N   2754
Coding 00000         wsc00000

01N 927 733BA AG4 变速器 01N    2754
编码 00000           wsc00000
```

(6) 按 HELP 键，则可列出所有可执行功能的列表，见表 4-2。

表 4-2 可选择功能表

代码	功　能	代码	功　能
01	查询控制单元版本	05	清除故障代码
02	查询故障代码	06	结束输出
04	进行基本设定	08	读测量数据块

(7) 查询故障代码。

① 连接故障阅读仪 V. A. G1551，输入地址码 02 - 变速器电子系统。屏幕显示：

| Rapid data transfer   HELP |
| Select function   XX |
| 快速数据传输   帮助 |
| 选择功能 XX |

② 输入数字键 0 和 2，查询故障代码。屏幕显示：

| Rapid data transfer   Q |
| 02 – Interrogate fault memory |
| 快速数据传输   Q |
| 02 –查询故障存储 |

③ 输入 Q 键确认。屏幕上显示出存储的故障数量或 "No fault recognized!" 没有识别到故障：

| X Faults recognized! |
| X 个故障被识别！ |

④ 按→键依次显示所有故障代码直至结束。上海帕萨特 B5 轿车 01N 电控自动变速器故障代码见表 4-3。

表 4-3　自动变速器故障代码表

故障代码	故障原因	故　障　排　除
No fault recognized!	如果进行了修理之后，显示出 "No fault recognized"（没有识别到故障），自诊断结束，如果虽然已经执行了自诊断，但是自动变速器仍然工作不佳，应根据故障诊断程序进行修理	
00258	—开路或对地短路 —电磁阀 1 – N88 有故障	—根据电路图检查导线和连接（先检查连接触点是否被腐蚀或有水渗入，如有必要，应当更换。如果显示电磁阀有故障，应当仔细检查变速器上阀体扁状导线和导线之间的 10 插脚插头） —读测量数据块；显示组编号 004 —执行电气检测
00260	—开路或对地短路 —电磁阀 2 – N89	—根据电路图检查导线和连接 —读测量数据块；显示组编号 004 —执行电气检测
00262	—开路或对地短路 —电磁阀 3 – N90	—根据电路图检查导线和连接 —读测量数据块；显示组编号 004 —执行电气检测
00264	—开路或对地短路 —电磁阀 4 – N91	—根据电路图检查导线和连接 —读测量数据块；显示组编号 004 —执行电气检测

(续)

故障代码	故障原因	故障排除
00266	—开路或对地短路 —电磁阀 5 - N92	—根据电路图检查导线和连接 —读测量数据块；显示组编号 004 —执行电气检测
00268	—开路或对地短路 —电磁阀 6 - N93	—根据电路图检查导线和连接 —读测量数据块；显示组编号 004 —执行电气检测
00270	—开路或对地短路 —电磁阀 7 - N94	—根据电路图检查导线和连接 —读测量数据块；显示组编号 004 —执行电气检测
00281	—导线开路 —车速传感器 G68 有故障	—根据电路图检查导线和连接 —读测量数据块；显示组编号 002 —执行电气检测 —更换车速传感器 G68
00293	—开路或对地短路 —多功能开关 F125 有故障	—根据电路图检查导线和连接 —读测量数据块；显示组编号 001 —执行电气检测 —更换多功能开关 F125
00297	—导线开路 —变速器转速传感器 G38 有故障	—根据电路图检查导线和连接 —执行电气检测 —更换变速器转速传感器 G38
00300	—导线开路 —变速器油温度传感器 G93 有故障	—根据电路图检查导线和连接 —读测量数据块；显示组编号 005 —执行电气检测
00518	—导线开路 —发动机控制单元或节气门电位计 G69(在节气门总成内)有故障 来自节气门电位计 G69 的信号通过发动机控制单元直接送入变速器控制单元并且只能在读测量数据块中进行检查。 —如果，自诊断显示节气门电位计有故障，也应当执行发动机控制单元的自诊断	—如果不显示出故障代码 00638，应当先排除本故障 —根据电路图检查导线和连接 —读测量数据块；显示组编号 001 和 003 —检查发动机控制单元 —更换节气门电位计 G69 或发动机控制单元 —对系统进行基本设定
00529	—导线开路	—根据电路图检查导线和连接 —读测量数据块；显示组编号 003 —检查发动机控制单元 —执行电气检测
00532	—电瓶有故障 —供给液压阀的电压太低	—测试电瓶电压 —读测量数据块；显示组编号 002 —检测至发动机控制单元 J217 的电压 —执行电气检测

(续)

故障代码	故障原因	故障排除
00545	—开路或对地短路 —发动机/变速器控制单元未连接 —发动机和变速器控制单元之间的影响点火正时点火的信号未被传送或传送不正常	—根据电路图检查导线和连接 —读测量数据块；显示组编号005 —检查发动机控制单元 —对系统进行基本设定
00596	—阀体扁状导线和导线束之间的10插脚插头	—根据电路图检查导线和连接 —执行电气检测 —更换扁并状导线
00638	—开路或对地短路 —发动机/变速器控制单元未连接 —节气门信号未被传送至变速器控制单元	—根据电路图检查导线和连接 —读测量数据块；显示组编号005 —检查发动机控制单元，如有必要，进行更换 —对系统进行基本设定
00641	—变速器温度太高，最高温度应不超过148℃如果ATF的温度太高，变速器自动切换至下一个较低的挡位 —汽车后面拖车的负荷太大 —ATF液位不正确 —变速器油温度（ATF）传感器有故障	—检查ATF液位 —读测量数据块；显示组编号005；读取ATF的温度 —根据电路图检查导线和连接 —更换扁状导线
00652	—电气/液压有故障 —离合器或阀体有故障	—读测量数据块；显示组编号004并且通过汽车的道路试车确定故障发生在哪个挡位
00660	—导线开路	—根据电路图检查导线和连接
	—换低挡开关F有故障	—读测量数据块；显示组编号001 —执行电气检测 —调整或更换加速踏板拉索
	—节气门电位计G69有故障	—按照"排除故障"00518-节气门电位计G69中的描述进行修理
65535	—控制单元J217有故障	—更换控制单元 —对系统进行基本设定

4. 清除故障代码

(1) 查询到故障代码以后，屏幕显示：

```
Rapid data transfer         HELP
Select function      XX

快速数据传输      帮助
选择功能    XX
```

(2) 按数字键 0 和 5 清除故障代码。屏幕显示：

| Rapid data transfer   Q |
| 05 Erase fault memory |
| 快速数据传输   Q |
| 05 清除故障存储 |

(3) 按 Q 键确认。屏幕显示：

| Rapid data transfer   → |
| Fault memory is erased |
| 快速数据传输   → |
| 故障存储被清除 |

(4) 屏幕显示约 5s 后，故障存储被清除。

4.2.4 自动变速器常见故障的诊断

不同车系的自动变速器结构差别较大，在工作中出现的故障类型、表现形式不相同，造成故障的原因和部位也不相同。但只要熟悉自动变速器的工作原理，正确使用自动变速器的检测仪器，按照诊断故障的程序操作，就能做到快速地排除故障。总的原则是：必须认真分析，进行有针对的检查，分清故障的性质，由简单到复杂，多种检验项目结合，充分利用电控自动变速器的自诊断功能，借助维修信息和资料，避免盲目解体。

以自动变速器常见故障为例，介绍诊断故障的程序方法。自动变速器常见的故障有：汽车不能行驶、自动变速器打滑、换挡冲击、升挡过迟、不能升挡、频繁跳挡、不能强制降挡和自动变速器异响等。

1. 汽车不能行驶

1) 故障现象

无论操纵手柄位于倒挡或前进挡，汽车都不能行驶；汽车起动后只能行驶一段路程，热车后就不能行驶。

2) 故障原因

(1) 换挡操纵手柄及手动阀滑摇臂之间的连杆或拉锁松脱，使手动滑阀保持在空挡或停车位置。

(2) 自动变速器油底壳被撞坏，自动变速器漏油使液面过低。

(3) 油泵进油滤网堵塞或油泵损坏。

(4) 主油路严重损坏。

3) 故障诊断与排除

(1) 汽车不能行驶时，首先检查换挡操纵手柄及手动阀滑摇臂之间的连杆或拉锁是否松脱，位置是否合适。

(2) 检查自动变速器的液面高度，若过低应查找漏油原因及部位，及时修补和补充油液。

检查主油路油压，若油压过低应进一步检查输入轴、输出轴和行星齿轮机构，损坏部位应进行修理或更换。

（3）检查油泵进油滤网是否堵塞，必要时进行清理或更换。

2. 自动变速器换挡冲击过大

1）故障现象

在汽车起步时，由停车挡或空挡挂入前进挡或倒挡时，汽车自动变速器的动作不良，并产生很大的冲击震动；在汽车行驶过程时，自动变速器换挡过程中出现较大的冲击现象。

2）故障原因

（1）发动机怠速过高。

（2）节气门拉索或节气门位置传感器调整不当，或主油路调压电磁阀有故障，使主油路压力过大，液压系统工作不良。

（3）换挡执行元件如制动器或离合器的摩擦元件的工作间隙不正常；单向离合器打滑或锁止不良而出现运动干涉；换挡前的离合器或制动器的分离时间过长或分离不彻底等。

（4）自动变速器的换挡点不正确。

（5）变速器与发动机的支撑胶垫磨损，连接螺栓松动，传动系的间隙过大或松旷。

（6）蓄压器故障及作用在蓄压器背部的减振缓冲油压不正常。

（7）油压电磁阀不工作。

（8）电控部分故障。

3）故障诊断与排除

（1）首先检查自动变速器怠速，若过高应进行调整。

（2）检查节气门拉索或节气门位置传感器，若不当应进行调整。

（3）检查主油路油压，若主油路压力过大或液压系统工作不良，应拆开调压阀修理。

（4）检查自动变速器各调整部位是否合适，控制电磁阀、换挡执行元件及电子控制系统是否有损坏、断路及短路故障，若有故障应及时进行排除。

3. 自动变速器打滑

1）故障现象

变速器打滑造成驱动无力，当汽车起步时踩下加速踏板，发动机的转速很快升高，但车速升高缓慢；行驶中踩油门加速时，车速不能随发动机转速上升而迅速提高；汽车在平坦道路上行驶时基本正常，但上坡无力，且发动机转速异常高。

2）故障原因

（1）自动变速器漏油使液面太低。

（2）自动变速器油面太高，运转中被行星齿轮机构剧烈搅动后产生大量气泡。

（3）离合器、制动器摩擦片、制动带磨损过甚或烧焦。

（4）油泵磨损过甚或主油路泄漏，造成供油压力过低。

（5）单向离合器打滑。

（6）离合器或制动器活塞密封圈损坏，导致漏油。

3）故障诊断与排除

（1）确保自动变速器油面高度符合规定。

（2）自动变速器油液若有大量气泡，则是因油压油温过高，行车中应停车降温或拆检变速器。

(3) 检查离合器、制动器摩擦片、制动带磨损情况,若磨损严重、变形或烧焦,应及时修理或更换。

(4) 检查单向离合器是否打滑,若打滑应拆开检查滚柱或内外齿圈。

(5) 检查离合器或制动器活塞密封圈情况,若漏油应更换密封圈。

4. 不能升挡

1) 故障现象

汽车行驶中自动变速器始终保持在1挡,不能升入2挡及高速挡,或行驶中自动变速器可以升入2挡,但不能升入3挡及超速挡。

2) 故障原因

(1) 节气门拉索调整不当。

(2) 节气门位置传感器或线路有故障。

(3) 调速阀故障或其油路严重泄漏。

(4) 车速传感器有故障。

(5) 换挡电磁阀或线路有故障。

(6) 2挡或高挡制动器、离合器有故障。

(7) 换挡阀卡滞。

(8) 挡位开关有故障。

(9) ECU或线路故障。

3) 故障诊断与排除

故障诊断时,应根据具体故障现象(如1—2挡、或2—3挡、或3—4挡、或所有挡位均不能升挡),查找相关的故障原因,检修相关故障部位。

(1) 对电控自动变速器,应先取码,按问题检修相关的传感器(车速和节气门位置)、挡位开关、换挡电磁阀、ECU及线路等。

(2) 按规定重新调整节气门拉索。

(3) 测量调速阀油压。

若车速升高后调速阀阀压仍为零或很低,则为调速阀有故障或调速阀的油路严重泄漏,应拆解调速阀。调速阀如有卡滞,应分解清洗,并将阀芯和阀孔用金相砂纸抛光;若清洗抛光后仍有卡滞,应更换调速阀。

用压缩空气检查调速阀油路有无泄漏,如有泄漏,应更换密封圈和密封油环。

(4) 若调速阀油压正常,应拆卸阀体,检查各换挡阀。如有卡滞,应用金相纸抛光装复;如不能修复,应更换阀体。

(5) 若电控系统和阀体无故障,应分解自动变速器,检查相关换挡元件有无打滑;用压缩空气检查各离合器油路或活塞有无泄漏,视情况修复或更换。

5. 自动变速器异响

1) 故障现象

在汽车行驶时,自动变速器内始终有异响,而停车挂空挡后异响消失。

2) 故障原因

(1) 油泵磨损过度,自动变速器油面过高、过低。

(2) 液力变矩器的锁止离合器、导轮及单向离合器等损坏。

(3) 行星齿轮机构有故障。

(4) 换挡执行元件异响。

3) 故障诊断与排除

自动变速器的异响主要发生在机械和液压两个系统上。异响声源主要有：齿轮机构、轴承、油泵、摩擦片、主减速器及液力变矩器液流噪声等。诊断时首先应确定异响声源的部位，再进行相关零部件的故障排除。

(1) 首先检查自动变速器油液面高度，若过高或过低应进行调整。

(2) 确定异响部位，若前部异响，则油泵、液力变矩器、锁止离合器、导轮及单向离合器等有故障，应拆开进行修理。

(3) 若后部异响，则行星齿轮机构有故障，应拆开进行修理。

(4) 若换挡时有异响，则换挡操纵机构、离合器和制动带等换挡执行元件有故障，应拆开进行修理。

6. 无超速挡

1) 故障现象

汽车行驶中，车速已升高至超速挡范围，但自动变速器仍不能从3挡升入超速挡。

2) 故障原因

(1) 超速挡开关或线路有故障。

(2) 超速挡电磁阀或线路有故障。

(3) 超速制动器打滑。

(4) 超速离合器或超速单向离合器卡死。

(5) 挡位开关有故障。

(6) 自动变速器油温传感器有故障。

(7) 节气门位置传感器有故障。

(8) 3—4挡换挡阀卡滞。

(9) 发动机水温传感器有故障。

(10) ECU或线路有故障。

3) 故障诊断与排除

(1) 对电控自动变速器，应首先进行仪器检测或人工读码，按提示查找故障部位，并检修或更换相关的传感器（水温传感器、油温传感器、节气门位置传感器等）、各种开关（O/D开关、挡位开关、制动开关等），同时检测相关线路。

(2) 对液控自动变速器，应首先检测O/D开关、超速电磁阀及相关线路检修或更换。

(3) 检查并调整节气门拉索的位置。

(4) 用举升机将汽车举起或悬空驱动轮，运转发动机，让自动变速器在前进挡运行，检查在空载状态下自动变速器的升挡情况。

如果在无负荷状态下仍不能升入超速挡，说明液压控制系统有故障，应拆卸阀体检查3—4挡换挡阀。

如果在空载状态下自动变速器能够升入超速挡，且升挡车速正常，说明液压控制系统工作正常，不能升挡的原因为超速制动器打滑，在有负荷的状态下不能实现超速挡。如果能够升入超速挡,但升挡后车速提不高、发动机转速下降,说明超速离合器或超速单向离合器卡死,使超速行星排在超速状态下产生运动干涉,增大了发动机的运转阻力,应检修自动变速器。

4.3 转向系的检测与诊断

转向系用于改变汽车的行驶方向和使汽车保持稳定的直线行驶。转向性能的好坏,直接影响到汽车行驶的安全性和操纵性。因此,对转向系应及时地进行故障诊断和维修。

4.3.1 转向系的常见故障及诊断

汽车转向系常见的故障有:转向盘自由转动量过大、转向沉重、自动跑偏、前轮摆振等。这些故障现象通常为综合性故障,即其故障不只是转向系统造成的,还与轮胎、悬架、车身、车轴等有关。

1. 机械转向系常见故障诊断

1) 转向盘自由转动量过大

汽车转向盘位于直行位置时,转向盘左右转动的游动角度过大。

(1) 故障原因。

转向器内主、从动啮合部位啮合间隙过大或主、从动部位轴承松旷;转向盘与转向轴连接部位松旷;转向垂臂与转向垂臂轴连接松旷;直、横拉杆球头连接部位松旷;直、横拉杆臂与转向节连接松旷;转向节主销与衬套磨损后松旷;车轮轮毂轴承间隙过大。

(2) 故障诊断与排除。

在转向盘自由转动量过大的诊断过程中,重点应判明故障是由转向器的原因还是由拉杆轴节磨损的原因造成的。检查故障时,架起汽车转向轮,左右转动转向盘,当用力转动时,拉杆才同步运动,说明拉杆连接处因磨损而旷量过大;若拉杆不动,则说明转向器齿轮的磨损过大。

2) 转向沉重

操纵汽车转弯时,转动转向盘感到吃力,且无回正感。当汽车低速转弯行驶和调头时,转动转向盘感到超乎正常的沉重,甚至打不动。

(1) 故障原因。

转向沉重的原因与轮胎气压不足及悬架、车轴、转向轮定位所存在的故障有关,与转向系统有关的故障原因为:齿条和小齿轮啮合间隙过小;转向轴的轴承过紧或损坏;转向拉杆的球头销与球头座配合过紧;转向轴万向节十字轴配合过紧;前稳定杆变形等。

(2) 故障诊断与排除。

首先拆下转向节臂并转动转向盘;若仍感到转向沉重,说明转向器存在故障,如齿轮结合间隙过小,转向柱轴套严重磨损等;若感觉不到转向沉重,应检查拉杆球头间隙是否过小、车身是否变形、前轮定位角是否满足要求等。

3) 自动跑偏

汽车行驶中,行驶方向自动偏向一边,不易保持直线行驶,操纵困难。

(1) 故障原因。

直行自动跑偏的原因主要与轮胎、减振器、转向轮定位、前轮制动器等的技术状况有关，主要包括：左右轮胎气压不一致；前左、前右减振器弹簧刚度不一致；车身变形或车架变形使两侧轴距不等；转向轮定位失准；转向轮单边制动或单边制动拖滞；转向轮单边轮毂轴承装配过紧或损坏；转向轮某一侧的前稳定杆、下摆臂变形等。

(2) 故障诊断与排除。

首先检查左右转向轮气压是否符合标准或一致，不符合标准或不一致时应充气至标准值；检查前稳定杆和前摆臂是否变形，减振器弹簧刚度及左右钢板弹簧的变形量是否一致；行车后检查左右轮毂和制动毂的温度情况，若温度不一致，则说明高温一侧的制动器存在单边制动、制动拖滞或轮毂轴承装配过紧、损坏等；检查转向轴的轴距和转向定位是否符合标准值。

4) 前轮摆振

汽车在某低速范围内或在某高速范围内行驶时，转向轮围绕主销发生角震动。

(1) 故障原因。

若汽车在不平坦的道路上行驶，低速情况下发生摆振，主要原因是转向系各部位配合间隙过大及转向轮定位失准。汽车高速行驶时发生转向轮摆振，一般为车轮不平衡。

(2) 故障诊断与排除。

出现转向轮摆振故障时，应首先检查转向系各部件的配合间隙，及时排除故障；在此基础上，对转向轮定位进行检测和调整；若仍有摆振现象，则应对转向轮进行动平衡检测。

2. 动力转向系统故障诊断

动力转向系统的主要故障有转向沉重、漏油、异响、转向不稳及油压低等。

1) 故障原因

液压泵传送带松旷，或者液压泵技术状况不良，如液压泵传动打滑、液压泵内部机件磨损，不能产生正常油压；液压系统中液压管路接头松动、损伤，液压油管损坏，使系统有漏油现象，造成液压油供应不足；转向轮定位失准，转向器内部齿轮磨损，转向拉杆球节润滑不良，转向轮气压不足，造成转向系统故障等。

2) 故障诊断与排除

应首先排除机械故障，再着重对液压系统进行检查：检查液压传动带的松紧度；工作油温检查，发动机怠速运转，左右转动转向盘数次，检查液力系统工作油温能否达到标准值；检查储油罐的储油量是否在规定的范围之内，液压油是否起泡、发白，有无空气混入；检查油管和管接头是否有松动、破损及漏油现象；液压泵输出油压检查，发动机怠速运转，在阀门全开时测量输出油压，并把检测结果与标准值比较。若所测油压偏低，说明液压泵存在故障，应进行修理；转向齿轮的加油压检查，发动机怠速运转，在阀门全开时，左右转动转向盘时测量油压并与规定值比较，测得油压偏低时，说明转向器内有漏油现象。

4.3.2 转向盘自由行程和转向阻力的检测

转向盘自由行程，是指汽车转向轮保持直线行驶位置静止不动时，转动转向盘所测得的游动角度。转向盘的转向力,是指在一定行驶条件下,作用在转向盘外缘的圆周力。这两个参数主要用来诊断转向系中各零件的配合状况。该配合状况直接影响到汽车的操纵稳定性和行车安全。因此,对于新车和在用车都必须对其进行检测。

1. 转向盘自由行程的检测

转向盘自由行程采用专用检测仪进行检测。简易的转向盘自由行程检测仪如图 4.17 所示,主要由刻度盘和指针组成,只能测试转向盘的自由行程。刻度和指针分别固定在转向盘轴管和转向盘边缘上。固定方式有机械式和磁力式两种。

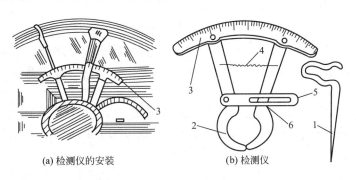

图 4.17 简易转向盘自由行程检测仪
1—指针;2—夹盘;3—刻度盘;4—弹簧;5—连接板;6—固定螺钉

测量时,应使汽车的两转向轮处于直线行驶位置不动,轻轻向左(或向右)转动转向盘至空行程一侧的极端位置(感到有阻力),调整指针指向刻度盘零度。然后,再轻轻转动转向盘至另一侧空行程极端位置,指针所示刻度即为转向盘的自由行程。

2. 转向盘转向阻力的检测

转向盘转向力采用转向参数测量仪或转向力角仪进行检测。国产 ZC-2 型转向参数测量仪如图 4.18 所示。它是以计算机为核心的智能仪器,可测得转向盘自由转向量和转向力。该仪器由操纵盘、主机箱、连接叉和定位杆 4 部分组成。操纵盘由螺钉固定在三爪底板上,底板经力矩传感器与 3 个连接叉相连,每个连接叉上都有一只可伸缩长度的活动卡爪,以便与被测转向盘相连接。主机箱为一圆形结构,固定在底板中央,其内装有口板、计算机板、转角编码器、打印机、力矩传感器和电池等。定位杆从底板下伸出,经磁力座吸附在驾驶室内的仪表盘上。定位杆的内端连接有光电装置,光电装置装在主机箱内的下部。

测量时,把转向参数测量仪对准被测转向盘中心,调整好 3 个连接叉上伸缩卡爪的长度,与

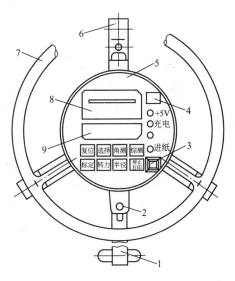

图 4.18 ZC-2 型转向参数测量仪
1—定位杆;2—固定螺钉;3—电源开关;
4—电压表;5—主机箱;6—连接叉;
7—操纵盘;8—打印机;9—显示器

转向盘连接并固定好。转动操纵盘，转向力通过底板、力矩传感器、连接叉传递到被测转向盘上，使转向盘转动以实现汽车转向。此时，力矩传感器转向力矩转变成电信号，而定位杆内端连接的光电装置则将转角的变化转变成电信号。这两种电信号由计算机自动完成数据采集、转角编码、运算、分析、存储、显示和打印。因此，使用该测量仪既可测得转向盘的转向力，又可测得转向盘的自由转动量。

4.3.3 车轮定位的检测

1. 检测方法分类

汽车车轮定位的检测有静态检测法和动态检测法两种类型。静态检测法是在汽车停止的状态下，使用测量仪器对车轮定位进行几何角度的测量。动态检测是在汽车以一定车速行驶的状态下，用测量仪器或设备检测车轮定位产生的侧向力或由此引起的车轮测滑量（在本书第 6 章"汽车侧滑量的检测"中讲述）。

车轮定位值的静态检测法，是根据车轮旋转平面与各定位角间存在的直接或间接的几何关系，用专用的检测设备测量其是否符合原厂规定。使用的检测设备有气泡水准式、光学式、激光式、电子式和计算机式等车轮定位仪。

气泡水准式定位仪由于结构简单、价格低廉、便于携带等优点，在国内获得广泛应用。

计算机式车轮定位仪比较先进，目前国内外生产的定位仪多以这种类型为主，且一般为四轮定位仪，可同时检测前、后轮的定位参数。计算机式车轮定位仪由于采用微电脑技术和精密传感测量技术，并备有完整齐全的配套附件，所以具有测量准确和操作简便等优点。它一般由计算机主机、彩色显示器、操作键盘、转盘、支架、打印机和摇控器等组成，往往制成可移动台式。它由安装在车轮上的传感器把车轮定位角的几何关系转变成电信号，送入计算机分析判断，然后由显示屏显示和打印机打印输出。测试过程中，可通过操作全功能红外线摇控器，在汽车的任何位置实现远距离的测试控制。

2. 四轮定位仪及检测方法

有些汽车，尤其是轿车不仅具有前轮定位，还具有后轮外倾角和后轮前束等定位参数。如果能对汽车四轮定位参数进行检测，不仅能确定所有车轮定位正确与否，还能确定前轴、后轴、悬架、车架等的技术状况，为底盘不解体诊断提供可靠依据，所以四轮定位仪使用越来越广泛。

四轮定位仪可检测的项目包括：前轮前束、前轮外倾角、主销后倾角、主销内倾角、后轮前束、后轮外倾角、轮距、轴距、推力角和左右轴距差等。

目前使用的四轮定位仪有光学式和电脑式，它们的测量原理基本一致，应严格按使用说明书的要求和方法进行操作。下面以电脑式四轮定位仪为例，说明四轮定位仪的使用方法。

电脑式四轮定位仪由主机、显示器、打印机、前后车轮检测传感器、传感器支架、转盘、刹车锁、转向盘锁及导线等零件构成，配有专用软件和数据光盘，可读取和更新近 10 年来世界各地汽车四轮定位参数，还配有数码视频图像数据库，显示检查和调整位置等。

为便于检测和调整，被检汽车需放在地沟上或举升平台上，地沟或举升平台应处于水平状态,四轮定位仪则安装在地沟两旁或举升平台上。

1) 检测前的准备

(1) 把汽车开上举升平台,托住车轮,把汽车举升0.5m(第一次举升)。

(2) 托住车身,把汽车举升至车轮能自由转动(第二次举升)。

(3) 拆下各车轮,检查轮胎磨损情况,要求各轮胎磨损基本一致。

(4) 检查轮胎气压,使其符合标准值。

(5) 作车轮动平衡试验,动平衡完成后,将车轮装回车上。

(6) 检查车身高度,检查车身4个角的高度和减振器技术状况,如车身不平应先调平,同时检查转向系统和悬架是否松旷,如松旷则应先紧固或更换零件。

2) 检测步骤

(1) 把传感器支架安装在轮辋上,再把传感器(定位校正头)安装到支架上,并按使用说明书的规定调整。

(2) 开电脑主机进入测试程序,输入被测汽车的车型和生产年份。

(3) 进行轮辋变形补偿,转向盘位于直驶位置,使每个车轮旋转一周,即可把轮辋变形误差输入电脑。

(4) 降下第二次举升量,使车轮落到平台上,把汽车前部和后部向下压动4~5次,使各部位落到实处。

(5) 用制动锁压下制动踏板,使汽车处于制动状态。

(6) 将转向盘左转至电脑显示"OK",输入左转角度数;然后将转向盘右转至电脑显示"OK",输入右转角度数。

(7) 将转向盘回正,电脑显示出后轮的前束及外倾角数值。

(8) 调正转向盘,并用转向盘锁锁止转向盘,使之不能转动。

(9) 将安装在4个车轮上的定位校正头的水平仪调到水平线上,此时电脑显示出转向轮的主销后倾角、主销内倾角、转向轮外倾角和前束的数值。电脑将比较各测量数值,得出"无偏差"、"在允许范围内"或"超出允许范围"的结论。

(10) 若"超出允许范围",按电脑提示的调整方法进行针对性调整。调整后仍不能解决问题,则应更换有关零部件。

(11) 再次压试汽车,将转向轮左右转动,看屏幕上数值有无变化,若有变化应重新调整。

(12) 拆下定位校正头和支架,进行路试,检查四轮定位调整的效果。

4.3.4 电控转向系统(PSS)检测与诊断

丰田 LEXUS 转向系统是由电子控制的多功能液压助力机构,称为 PSS 系统。该系统利用发动机的动力驱动液压泵,产生的液压作用在动力缸的活塞上,通过齿轮齿条转向器操纵转向轮。这个辅助的驱动转向力的大小受液压控制阀所控制,而控制阀又受 PSS ECU 的指令所控制。所以,丰田 LEXUS 轿车可随汽车道路行驶车速,改变液力助力的大小,提高车辆的转向性和操纵稳定性。该系统还包括由动力倾斜/动力伸缩 ECU 控制的转向柱,可根据驾驶员的需要令转向柱自动选择合适的倾斜角度和伸缩长度,以及返回原位。

1. 动力倾斜/动力伸缩转向柱电控系统的电路检测

转向柱的电控系统分两类：一种是动力倾斜/手动伸缩型，电路如图 4.19 所示；另一种是动力倾斜/动力伸缩型，电路如图 4.20 所示。动力倾斜/动力伸缩 ECU 连接器端子见表 4-4。动力倾斜 ECU 连接器端子见表 4-5。动力倾斜和动力伸缩转向柱系统的故障征兆、故障部位及其检查顺序见表 4-6。

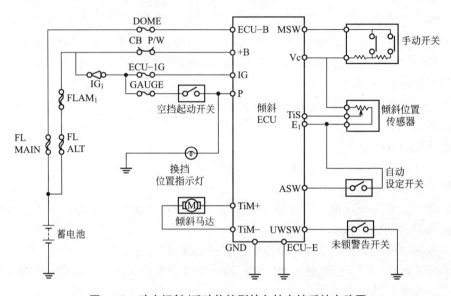

图 4.19 动力倾斜/手动伸缩型转向柱电控系统电路图

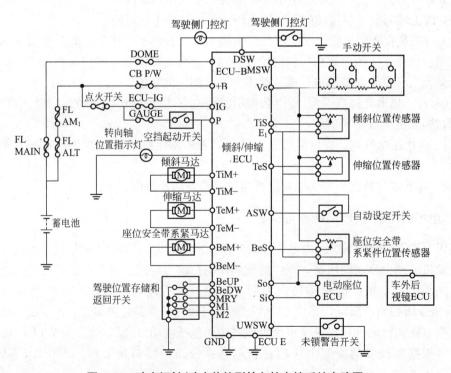

图 4.20 动力倾斜/动力伸缩型转向柱电控系统电路图

表4-4 动力倾斜/动力伸缩 ECU 端子名称

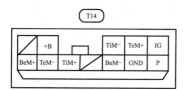
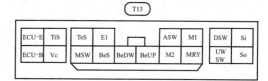

端子	符号	端子名称	端子	符号	端子名称
T13-1	Si	串行输入	T13-16	MSW	手动开关
T13-2	DSW	门控灯开关	T13-17	Vc	传感器电源
T13-3	M1	返回开关1	T13-18	ECU-B	电源
T13-4	ASW	自动开关	T14-1	IG	点火开关
T13-5	E1	传感器接地	T14-2	TeM+	向前伸缩
T13-6	TeS	伸缩传感器	T14-3	TiM—	向下倾斜
T13-7	TiS	倾斜传感器	T14-4	+B	电源
T13-8	ECU-E	接地	T14-5	—	—
T13-9	So	串行输出	T14-6	P	空挡开关
T13-10	UWSW	未锁警告开关	T14-7	GND	接地
T13-11	MRY	存储开关	T14-8	BeM—	安全带系紧器放松
T13-12	M2	返回开关2	T14-9	—	—
T13-13	BeUP	安全带系紧器收紧开关	T14-10	TiM+	向上倾斜
T13-14	BeDW	安全带系紧器放松开关	T14-11	TeM—	向后伸缩
T13-15	BeS	安全带系紧传感器	T14-12	BeM+	安全带系紧器收紧

表4-5 动力倾斜 ECU 端子名称

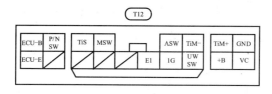

端子	符号	端子名称	端子	符号	端子名称
T12-1	GND	接地	T12-10	+B	电源
T12-2	TiM+	向上倾斜	T12-11	UWSW	未锁警告开关
T12-3	TiM—	向下倾斜	T12-12	IG	点火开关
T12-4	ASW	自动开关	T12-13	E1	传感器接地
T12-5	MSW	手动开关	T12-14	—	—
T12-6	TiS	倾斜传感器	T12-15	—	—
T12-7	P/N SW	驻车制动开关	T12-16	—	—
T12-8	ECU-B	电源	T12-17	—	—
T12-9	Vc	传感器电源	T12-18	ECU-E	接地

表4-6 动力倾斜/动力伸缩转向柱系统的故障现象表

故障征兆		ECU电源电路	执行器电源电路	传感器电源电路	倾斜位置传感器电路	伸缩位置传感器电路	倾斜电机电路	伸缩电机电路	自动设定开关电路	手动开关电路	SET开关电路	存储和返回开关电路	点火开关电路	空挡起动开关电路	内控灯开关电路	末锁报警开关电路	倾斜(和伸缩)ECU
手动、自动和返回功能失效	倾斜和伸缩	1	2	4												3	5
	仅倾斜				1		2										3
	仅伸缩					1		2									3
自动返回或自动返回切断功能失效									1								2
存储功能失效												1					2
仅手动功能失效	倾斜和伸缩									1							2
	仅倾斜									1							2
	仅伸缩									1							2
仅返回功能失效	任何情况均失效			3							2	1					4
	仅插入钥匙时												1	2			3
	仅不插钥匙时														1	2	3
	仅存储和返回开关1或2时											1					2

1) ECU电源电路的检测

ECU电源电路如图4.21所示。ECU电源电路在点火开关断开时也向ECU供电,ECU电源还向中央处理器和传感器供电。

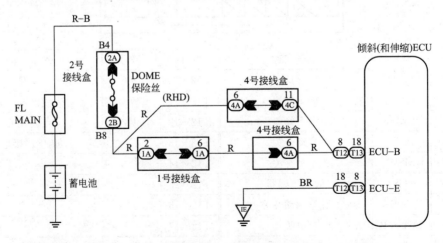

图4.21 ECU电源电路

（1）拆下带有导线连接器的倾斜和伸缩 ECU，将电压表正极接 ECU-B，负极接 ECU-E，表的读数应为蓄电池电压，若符合要求，则进到故障现象表（表 4-6）中的下一电路检查，否则进入步骤（2）。

（2）用欧姆表检查 ECU 连接器的 ECU-E 与车身接地的导通情况，表的读数应为 0Ω。若不符合要求，应修理或更换配线或连接器。若符合要求，则进入步骤（3）。

（3）拆下 2 号接线盒中的 DOME 保险丝，用欧姆表检查各保险丝间的导通情况，若不导通，则检查与 DOME 相连的全部配线及元件有无短路问题；若欧姆表导通，则检查倾斜与伸缩 ECU 与蓄电池之间的配线及连接器有无开路问题。

2）执行器电源电路检测

执行器电源电路如图 4.22 所示。

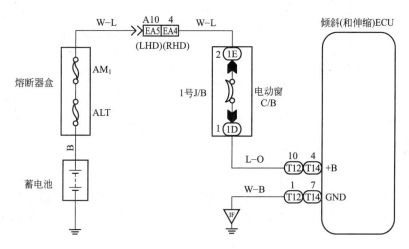

图 4.22 执行器电源电路

（1）拆下带有连接器的倾斜与伸缩 ECU，把电压表的正极接连接器的+B，把负极接其端子 GND，表的读数应为蓄电池电压，若该读数符合要求，则进到故障现象表（表 4-6）中的下一电路检查；若表的读数不符合要求则转入步骤（2）。

（2）用欧姆表检测倾斜和伸缩 ECU 连接器的 GND 端子与车身接地之间的导通情况，欧姆表的读数应为 0Ω，若不符合要求，应修理或更换配线或连接器，若符合要求则进入步骤（3）。

（3）拆下 1 号接线盒上的电动窗电路断路器，用欧姆表检测断路器的导通情况，若不导通，则检查与电动窗断路器相连的全部配线及连接器有无短路；若导通，则检查倾斜和伸缩 ECU 与蓄电池之间的配线和连接器有无断路。

3）传感器电源电路检测

传感器电源电路如图 4.23 所示。倾斜和伸缩 ECU 通过此电路向位置传感器、手动开关和自动设定开关供电。

拆下带有导线连接器的倾斜和伸缩 ECU，把电压表的正极接 ECU 的连接器端子 V_C，负极接端子 E_1，若表的读数为 0V，则检查 ECU 的导线连接器端子 V_C 与 E_1 之间的配线和连接器有无短路，若无短路，则检查和更换倾斜和伸缩 ECU；若表的读数为 5V，则检查 ECU 的导线连接器 V_C 与 E_1 端子之间的配线有无断路。若有断路，则修理或更换配线或连接器；若无断路，转入故障现象表（表 4-6）中的下一电路检查。

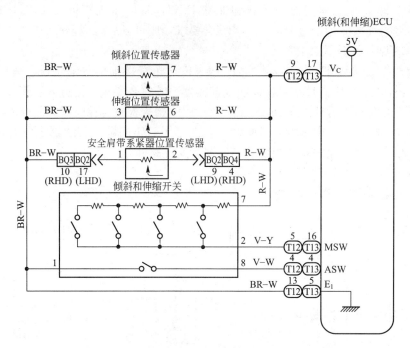

图 4.23 传感器电源电路

4)倾斜位置传感器电路检测

倾斜位置传感器电路如图 4.24 所示。转向柱的倾斜位置通过此电路由位置传感器以电压信号传给 ECU,传感器端子 1 上有 5V 的恒定电压,端子 3 上的电压随转向柱的位置变化而变化,并由端子 TiS 输入 ECU。

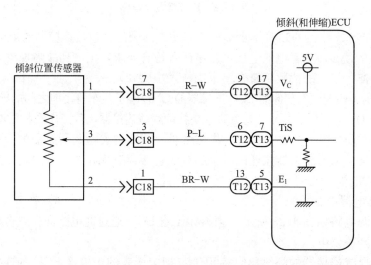

图 4.24 倾斜位置传感器电路

(1) 拆下带有导线连接器的 ECU 和带有导线连接器的倾斜传感器,把电压表的正、负极表笔分别接 ECU 连接器的端子 TiS 和 E_1,缓慢将倾斜传感器手柄抬到最高点,表的读数应为 0V。再把该传感器手柄转到最低点,表的读数应为 5V。若读数符合要求,则进入故障现象表(表4-6)中的下一电路检查。若不符合要求则转入步骤(2)。

(2) 拔开位置传感器的导线连接器,用欧姆表检测传感器的端子1和2间的电阻,其值应为5kΩ;再把欧姆表接传感器的端子3和2,当传感器手柄提到最高点时,表的读数应为0Ω,当把手柄转到最低点时,表的读数应为5kΩ。

对传感器各种状态检查后若电阻值不符合要求,应更换倾斜位置传感器;若电阻值符合要求则检查ECU与传感器之间的配线或连接器,若有问题应修理或更换配线或连接器;若配线或连接器良好,则应检查或更换ECU。

5) 倾斜调节电动机电路检测

倾斜调节电动机电路如图4.25所示。倾斜调节电动机端子+B电压由ECU提供。当端子TiM+为正,TiM-为负时,电动机顺时针方向转动,方向盘向上倾斜;反之,当TiM+为负,TiM-为正时,电动机逆时针转动,方向盘向下倾斜。

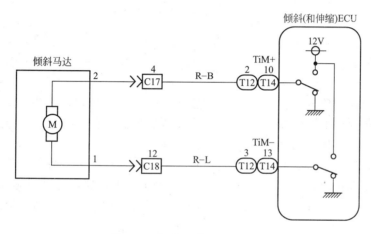

图4.25 倾斜调节电动机电路

(1) 拆下带有导线连接器的倾斜和伸缩ECU,用电压表检查ECU导线连接器端子TiM+与TiM-之间的电压,当手动开关分别处于上下倾斜位置时,表的读数均应为蓄电池电压,若表的读数不符合要求,则检查和更换ECU。

(2) 拔开倾斜调节电动机的导线连接器,把蓄电池正、负极分别接端子1、2时,方向盘应向下倾斜;反接后,方向盘应向上倾斜。若倾斜方向不符合要求,应更换调节电动机。

(3) 检查倾斜和伸缩ECU与调节电动机之间的配线和连接器,若不良,则修理或更换配线或连接器;若良好,则进行故障现象表4-6中电路检查。

6) 伸缩位置传感器电路检测

伸缩位置传感器电路如4.26所示。伸缩位置传感器检测方向盘的伸缩位置,并以电压信号输给ECU。传感器端子6上接有5V恒定电压,端子5处的电压随方向盘伸缩位置的改变而变化,并通过TeS输入ECU。

(1) 拆下带有导线连接器的ECU和伸缩位置传感器,将电压表的正极接连接器端子TeS,负极接端子E_1。当伸缩传感器杆在前端位置时,表的读数应约为0V。当缓慢把传感器杆移到后端位置时,表的读数应为5V。

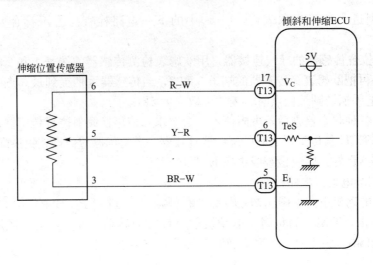

图 4.26 伸缩位置传感器电路

(2) 拨开位置传感器导线连接器,测量传感器端子 6 与 3 间的电阻,应为 5kΩ。再把欧姆表接传感器的端子 5 和 3,把传感器杆移到前端位置,该端子间的电阻应为 0Ω;把传感器杆移到后端位置,应为 5kΩ。

经上述检查,若传感器端子的电阻不符合要求,应更换传感器;若电阻符合要求,应检查 ECU 与传感器间的配线和连接器,若配线或连接器不良,应予以修理或更换;若配线或连接器良好,应检查或更换倾斜和伸缩 ECU。

7)伸缩调节电动机电路检测

伸缩调节电动机电路如图 4.27 所示。当 ECU 通过此电路向电动机施加正向电压时,即当端子 TeM+ 为正,TeM- 为负时,电动机顺时针转动,方向盘向后伸;反之,方向盘向前缩回。

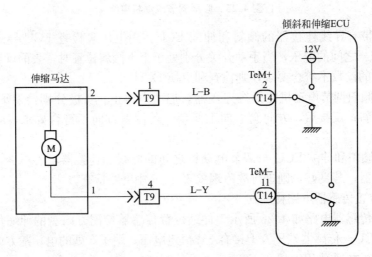

图 4.27 伸缩调节电动机电路

(1) 拆下带有导线连接器的倾斜和伸缩 ECU,把电压表连接到 TeM+ 和 TeM- 端子上。当手动开关处在前端位置时,两端子为正向电压;当手动开关处在后端位置时,两端子为反向电压。表的读数均应为蓄电池电压;若不符合要求,则检查和更换倾斜和伸缩 ECU。

(2) 拨开伸缩调节电动机的导线连接器,把蓄电池正、负极分别接端子 1、2 时,方向盘应向前缩回;反之施加反向蓄电池电压时,方向盘应向后伸出。否则,应更换伸缩调节电动机。

(3) 检查倾斜和伸缩 ECU 与电动机间的配线及连接器,若不良,应修理或更换。

8) 自动设定开关电路检测

自动设定开关电路如图 4.28 所示。电路中的开关为自动操作主开关,在开关断开时,不能进行自动操作。

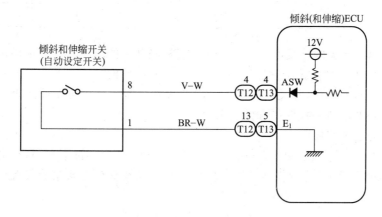

图 4.28　自动设定开关电路

(1) 拆下带有导线连接器的倾斜和伸缩 ECU。把电压表的正、负极分别接连接器的 ASW、E_1 端子。当自动开关接通、断开时,表的读数应分别为 0V、8~12V。

(2) 拨开自动开关导线连接器,用欧姆表测量自动开关端子 1 与 8 的电阻值。当该开关接通、断开时,表的读数应分别为 0Ω 与无穷大。

(3) 检查倾斜和伸缩 ECU 与开关之间的配线及连接器,若不正常,则修理或更换配线或连接器;若良好,则检查或更换 ECU。

9) 手动开关电路检测

手动开关电路如图 4.29 所示。操作电路中的手动开关时,向 ECU 发送不同的电压信号。

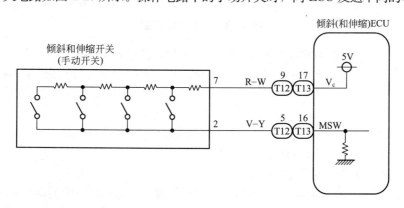

图 4.29　手动开关电路

(1) 拆下带有导线连接器的倾斜和伸缩 ECU，将电压表正、负极分别接 ECU 连接器的 MSW、V_c 端子，操作手动开关，电压表的读数应符合表 4-7 中的规定。

表 4-7 操作手动开关时的电压和电阻信号

方向盘位置	电压/V		电阻/Ω	
	ucF10 系列	ucF20 系列	ucF10 系列	ucF20 系列
向后伸出	≈2.6	2.05~2.75	≈160	160
向上倾斜	≈3.5	1.3~1.7	≈360	360
向前缩回	≈4.2	0.65~0.95	≈790	790
向下倾斜	≈4.6	0.3~0.5	≈1990	1990

(2) 拆开组合开关的导线连接器，用欧姆表检测开关的端子 2 与 7 之间的电阻值，所测电阻值与表 4-7 中的数值应相符，否则，应更换组合开关。

(3) 检查倾斜 ECU 与开关之间的配线及连接器，若不良，应修理或更换配线或连接器。若良好，则检查或更换倾斜和伸缩 ECU。

10) 设定开关电路检测

设定开关(SET)电路如图 4.30 所示。在进行存储操作时，按下 SET 开关，即向 ECU 发送信号，同时 ECU 便将倾斜、伸缩、座位、后视镜及安全带系紧器等此刻的位置存储起来。

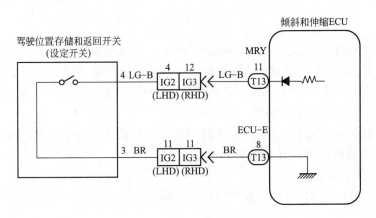

图 4.30 设定开关电路

(1) 拆下带有导线连接器的倾斜和伸缩 ECU，将电压表的正、负极分别接 MRY、ECU-E 端子。当 SET 开关分别处于 ON、OFF 时，表的读数应分别为 0V、蓄电池电压。

(2) 拨开 SET 开关的导线连接器，用欧姆表检测 SET 开关端子 3 和 4 之间的电阻值。当 SET 开关分别为 ON、OFF 时，应分别为 0 欧姆与无穷大。

(3) 检查倾斜和伸缩 ECU 与 SET 开关之间的配线及连接器，若不良，则修理或更换配线或连接器；若良好，则检查或更换倾斜和伸缩 ECU。

11) 存储和返回开关电路检测

存储和返回开关电路如图 4.31 所示。在按下(接通)SET 开关的同时，则发出存储指令信号；在按下 SET 时再按下开关 M1 或 M2(接通)时，则发出返回指令信号，对倾斜、伸缩、座位、后视镜及安全带系紧器进行存储和返回操作。

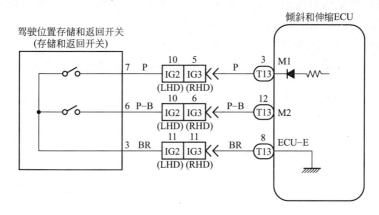

图 4.31 存储和返回开关电路

（1）拆下带有导线连接器的倾斜和伸缩 ECU。将电压表的正极接端子 M1 和 M2，负极接端子 ECU - E。当存储和返回开关分别处于 ON、OFF 时，表的读数应分别为 0V、蓄电池电压。

（2）拨开存储和返回开关的导线连接器，用欧姆表检查该开关的 6、7 端子与端子 3 之间的电阻值。当该开关分别处于 ON、OFF 时，表的读数应分别为 0Ω 与无穷大。若不符合要求，则更换存储和返回开关。

（3）检查倾斜和伸缩 ECU 与开关之间的配线及连接器，若不良，则修理或更换配线或连接器；若良好则检查和更换倾斜和伸缩 ECU。

12）点火开关电路检测

点火开关电路如图 4.32 所示。点火开关由此电路向 ECU 发出 ON 和 OFF 信号。

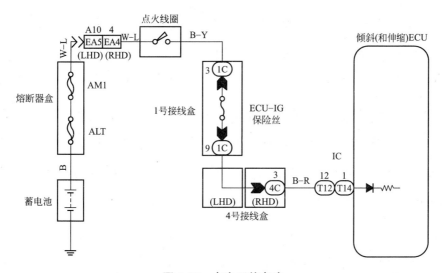

图 4.32 点火开关电路

（1）拆下带有导线连接器的倾斜和伸缩 ECU，把电压表的正极接连接器的 IG 端子，负极接地。当点火开关分别为 ON、OFF 时，表的读数应分别为蓄电池电压、0V。

（2）拆下1号接线盒上的ECU-IG保险丝，用欧姆表检测保险丝的导通情况。若不导通，则检查与保险丝相接的全部配线和元件有无短路故障；若为导通，则检查倾斜和伸缩ECU与蓄电池之间的配线和连接器有无短路故障。

13）空挡起动开关电路检测

空挡起动开关电路如图4.33所示。该电路中的开关检测换挡位置是否处在"P"或其他挡位，并向ECU发出信号。

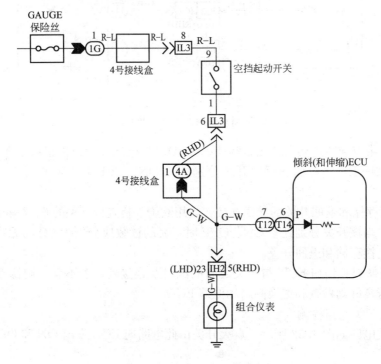

图4.33 空挡起动开关电路

（1）检查换挡位置指示灯，换挡杆换入P位置时，换挡指示灯"P"应亮起；当换挡杆换入另一位置时，换挡指示灯"P"应熄灭，若指示灯显示不正常，应检查或修理换挡指示灯电路。

（2）拆下带有导线连接器的倾斜和伸缩ECU，用电压表检查连接器端子P与车身接地之间的电压。换挡杆置P位时，应为蓄电池电压；换挡杆不在P位置时，表的读数应为0V。

（3）检查倾斜和伸缩ECU与IL3连接器之间配线和连接器是否有断路故障。

14）门控灯开关电路检测

门控灯开关电路如图4.34所示。ECU通过DSW的电压信号，确定驾驶员侧门灯是处于打开还是关闭状态。

（1）驾驶员侧车门打开、关闭时，驾驶员侧门控灯应亮起、熄灭。若不正常，应检修门控灯电路。

（2）拆下带有导线连接器的倾斜和伸缩ECU，用电压表检测连接器端子DSW与车身接地之间的电压。当驾驶员侧车门打开、关闭时，表的读数应分别为0V、蓄电池电压。

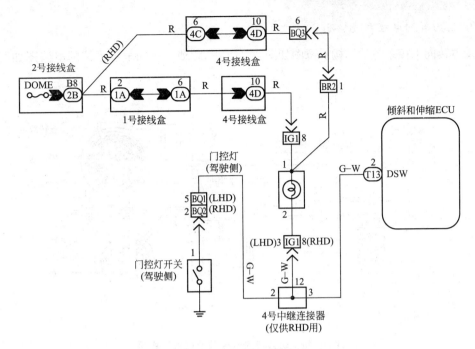

图 4.34　门控灯开关电路

(3) 检查倾斜和伸缩 ECU 与连接器端子 BQ1 之间的配线和连接器有无断路故障。

15) 未锁报警开关电路检测

未锁报警开关电路如图 4.35 所示。未锁报警开关检测钥匙是否插入锁芯,当插入钥匙时,此开关闭合,并向 ECU 发送信号。

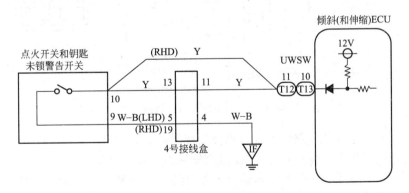

图 4.35　未锁报警开关电路

(1) 拆下带有导线连接器的倾斜和伸缩 ECU,把电压表的正极接连接器端子 UWSW,负极接地。当插入、拔出钥匙时,表的读数应分别为 0V、蓄电池电压。

(2) 拨开未锁报警开关的导线连接器,用欧姆表检测开关端子 9 与 10 之间的电阻值。当插入、拔出钥匙时,表的读数应分别为 0Ω 和无穷大。若不符合要求则更换未锁报警开关。

(3) 检查倾斜和伸缩 ECU 与未锁报警开关之间的配线及连接器,若不良,应修理或更换配线或连接器;若良好,则检查和更换倾斜和伸缩 ECU。

2. 动力转向电控系统检测

动力转向电控系统的结构示意图如图 4.36 所示。动力转向电控系统的电路图如图 4.37 所示。

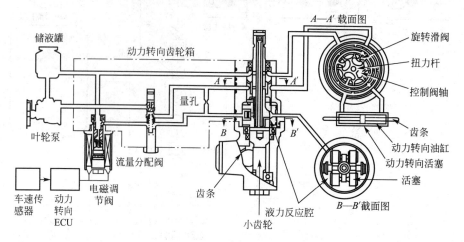

图 4.36 动力转向电控系统结构示意图

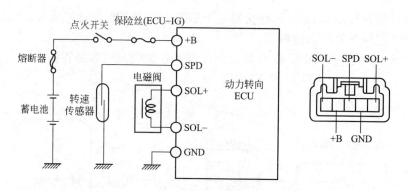

图 4.37 动力转向电控系统电路

动力转向电控系统的电路检测及故障排除程序如下。

(1) 接通点火开关,检查 ECU‐IG 保险丝是否正常。

如果不正常,则更换保险丝后再检查:如已经正常则可确定是保险丝故障;如仍不正常,则应检查保险丝与 ECU 端子＋B 之间的配线有无短路。

(2) 拔开 ECU 连接器,检查 ECU 连接器端子＋B 与车身接地之间有无蓄电池电压。

如果没有,检查保险丝与 ECU 连接器端子＋B 间的配线是否存在开路。

(3) 用欧姆表检查 ECU 连接器端子 GND 与车身接地之间是否导通。

如果否,检查 ECU 连接器端子 GND 与车身接地之间配线是否开路或车身接地不良。

(4) 检查转速传感器信号电压。

用千斤顶顶起一侧的后车轮,把电压表接到 ECU 的连接器端子 SPD 和 GND 上,转动后轮:对于 UCF10 系列车辆,表的读数应为 0V→≥5V→0V;对于 UCF20 系列车辆,表的读数应为 0V→无限大→0V。

如果不正确，则检查 ECU 的连接器端子 SPD 与转速传感器之间配线是否存在开路或短路，或者转速传感器是否有故障。

（5）用欧姆表检查 ECU 连接器端子 SOL＋或 SOL－与 GND 之间是否导通。

如果导通，检查 ECU 连接器端子 SOL＋与 SOL－之间配线是否短路或电磁阀是否存在故障。

（6）用欧姆表检查 ECU 连接器端子 SOL＋与 SOL－之间的电阻值。

正常电阻值为 6.0～11.0Ω。如果电阻值不正确，则检查 ECU 连接器端子 SOL＋与 SOL－之间配线是否开路或电磁阀是否存在故障。如果电阻值正确，则检查或更换动力转向 ECU。

4.4 车轮平衡度的检测

4.4.1 车轮不平衡的原因

随着汽车行驶速度的不断提高，车轮不平衡越来越严重地影响着汽车行驶的平顺性、安全性和乘坐舒适性。

（1）轮毂、制动鼓（盘）加工时定心定位不准、加工误差大、非加工面铸造误差大、热处理变形、使用中变形或磨损不均。

（2）轮胎螺栓质量不等、轮辋质量分布不均或径向圆跳动、端面圆跳动太大。

（3）轮胎质量分布不均、尺寸或形状误差太大、使用中变形或磨损不均、使用翻新轮胎或补胎。

（4）并装双胎的充气嘴未相隔 180°安装，单胎的充气嘴未与不平衡点标记（经过平衡试验的新轮胎，往往在胎侧标有红、黄、白或浅蓝色的□、○、△或◇符号，用来表示不平衡点位置）相隔 180°安装。

（5）轮毂、制动鼓（盘）、轮胎螺栓、轮辋、内胎、衬带、轮胎等拆卸后重新组装成车轮时，累计的不平衡质量或形位偏差太大，破坏了原来的平衡。

4.4.2 车轮不平衡的检测方法

车轮平衡机也称为车轮平衡仪，用来检测车轮的平衡度。按功能可分为车轮静平衡机和车轮动平衡机两类；按测量方式可分为离车式车轮平衡机和就车式车轮平衡机两类；按车轮平衡机转轴的形式可分为软式车轮平衡机和硬式车轮平衡机两类。

1. 离车式车轮动平衡机介绍

离车式车轮动平衡机如图 4.38 所示。

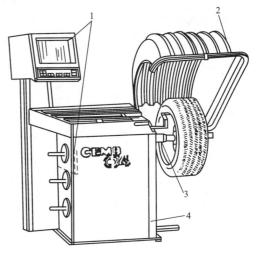

图 4.38 离车式车轮动平衡机
1—显示与控制装置；2—车轮防护罩；
3—转轴；4—机箱

目前应用最多的是硬式二面测定车轮动平衡机，该动平衡机一般由驱动装置、转轴与支承装置、显示与控制装置、制动装置、机箱和车轮防护罩等组成。驱动装置一般由电动机、传动机构等组成，可驱动转轴旋转。转轴有两个滚动轴承支承，每个轴承均有一个能将动反力变为电信号的传感器。转轴的外端通过锥体和大螺距螺母等固装被测车轮。驱动装置、转轴与支承装置等均装在机箱内。车轮防护罩可防止车轮旋转时其上的平衡块或花纹内夹杂物飞出伤人。制动装置可使车轮停转。

近年来生产的车轮动平衡机，其显示与控制装置多为微机式，具有自动诊断和自动调校系统，能将传感器的电信号通过微机运算、分析、判断后显示出不平衡量及相位。为了使显示的不平衡量恰是轮辋边缘所加平衡块的质量，还必须将测得的轮辋直径 d、轮辋宽度 b 和轮辋边缘至平衡机机箱的距离 a（轮辋外悬尺寸），通过键盘或选择器旋钮输入微机才行。

离车式车轮平衡机的使用方法如下。

(1) 清除被测车轮上的泥土、石子和旧平衡块。

(2) 检查轮胎气压，势必要充至规定值。

(3) 根据轮辋中心孔的大小选择锥体，仔细地装上车轮，用大螺距螺母上紧。

(4) 打开电源开关，检查指示与控制装置的面板是否指示正确。

(5) 用卡尺测量轮辋宽度 b、轮辋直径 d（也可由胎侧读出），用平衡机上的标尺测量轮辋边缘至机箱距离 a，再用输入或选择器旋钮对准测量值的方法，将 a、b、d 直接输入指示与控制装置中去。为了适应不同计量制式，平衡机上的所有标尺一般都同时标有英制和公制刻度。

(6) 放下车轮防护罩，按下起动键，车轮旋转，平衡测试开始，微机自动采集数据。

(7) 车轮自动停转或听到"笛"声按下停止键并操纵制动装置使车轮停转后，从指示装置读取车轮内、外不平衡量和不平衡位置。

(8) 抬起车轮防护罩，用手慢慢转动车轮。当指示装置发出指示（音响、指示灯亮、制动、显示点阵或显示检测数据等）时停止转动。在轮辋的内侧或外侧的上部（时钟12点位置）加装指示装置显示的该侧平衡块质量。内、外侧要分别进行，平衡块装卡要牢固。

(9) 安装平衡块后有可能产生新的不平衡，应重新进行平衡试验，直至不平衡量<5g，指示装置显示"00"或"OK"时才能满意。当不平衡量相差10g左右时，如能沿轮辋边缘左右移动平衡块一定角度，将可获得满意的效果。

(10) 测试结束，关闭电源开关。

2. 就车式车轮动平衡机介绍

使用就车式车轮平衡机，无需从车上拆下车轮，就车即可测得车轮的平衡状况。就车式车轮动平衡机一般由驱动装置、测量装置、指示与控制装置、制动装置和小车等组成，其示意图如图 4.39 所示，工作如图 4.40 所示。驱动装置由电动机、转轮等组成，能带动支离地面的车轮转动。测量装置由传感磁头、可调支杆、底座和传感器等组成。它能将车轮不平衡量产生的振动变成电信号，送至指示与控制装置。指示与控制装置由频闪灯、不平衡度表或数字显示屏等组成。频闪灯用来指示车轮不平衡点位置，不平衡度表或数字显示屏用来指示车轮的不平衡量。不平衡量，一般有两个挡位，第一挡往往用于初查时的指示，第二挡往往用于装上平衡块后复查时指示。制动装置用于车轮停转。除测量装置外，车轮动平衡机的其余装置都装在小车上，可方便地移动。

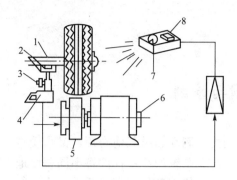
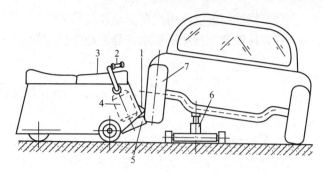

图4.39 就车式车轮动平衡机示意图
1—转向节；2—传感磁头；3—可调支杆；
4—底盘；5—转轮；6—电动机；
7—频闪灯；8—不平衡度表

图4.40 就车式车轮动平衡机工作图
1—光电传感器；2—手柄；3—仪表板；
4—驱动电机；5—摩擦轮；
6—传感器支架；7—被测车轮

就车式车轮平衡机使用方法如下。

1) 准备工作

(1) 用千斤顶支起车轴，两边车轮离地间隙要相等。

(2) 清除被测车轮上的泥土、石子和旧平衡块。

(3) 检查轮胎气压，必须充至规定值。

(4) 检查轮毂轴承是否松旷，势必要调整至规定松紧度。

(5) 在轮胎外侧面任意位置上用白粉笔或白胶布做上记号。

2) 从动前轮静平衡

(1) 用三角垫木塞紧非测试车轮，将车轮动平衡机的测量装置推至被测前轮一端的前轴下，传感磁头吸附在悬架下或转向节下，调节可调支杆高度并锁紧。

(2) 推平衡机至车轮侧面或前面(视车轮平衡机形式不同而异)，检查频闪灯工作是否正常，检查转动的旋转方向能否使车轮的转动力与前进行驶时方向一致。

(3) 操纵车轮动平衡机转轮与轮胎接触，起动驱动电机带动车轮旋转至规定转速。

(4) 观察频闪灯照射下的轮胎标记位置，并从指示装置(第一挡)上读取不平衡量数值。

(5) 操纵平衡机上的制动装置，使车轮停止转动。

(6) 用手转动车轮，使其上的标记仍处在上述观察位置上，此时轮辋的最上部(时钟12点位置)即为加装平衡块的位置。

(7) 按指示装置显示的不平衡量选择平衡块，牢固地装卡到轮辋边缘上。

(8) 重新驱动车轮进行复查测试，指示装置用二挡显示。若车轮平衡度不符合要求，应调整平衡块质量和位置，直至符合平衡要求。

3) 从动前轮动平衡

(1) 将传感磁头吸附在经过擦拭的制动底板边缘平整之处。

(2) 操纵平衡机转轮驱动车轮旋转至规定转速，观察轮胎标记位置，读取不平衡量数值，停转车轮找平衡块加装位置，加装平衡块和复查等，方法与静平衡相同。

4) 驱动轮平衡

(1) 顶起驱动车轮。

(2) 用发动机、传动系驱动车轮，加速至50～70km/h的某一转速下稳定运转。

(3) 测试结束后，用汽车制动器使车轮停转。
(4) 其他方法与从动轮动、静平衡测试相同。

4.5 悬架系的检测与诊断

汽车行驶时，悬架系统工作条件恶劣，既传递驱动力、制动力及其他力矩，又承受整车载荷及路面的冲击。因此，在汽车长时间工作后，其悬架系统的某些杆件将不同程度地受到诸如磨损、变形、断裂、失效的损坏，以致引起故障，使汽车的乘坐舒适性、汽车的操纵稳定性及行车安全等受到破坏。悬架系统的故障较复杂，一般发生故障时几乎都伴有异响、噪声、振动，其原因有时不仅在悬架系统本身，而且还与轮胎和转向、制动、传动系以及消声器有关。因此在诊断悬架系统故障时，应正确地判断故障在何种行驶状态产生，并且还应对异响、振动产生的相关部位进行基本检查，以确定故障范围。

4.5.1 悬架系的常见故障及诊断

1. 前悬架常见故障检测诊断

1) 前轮胎工作不正常和磨损快

(1) 故障主要原因。

前悬架与车体连接不牢固，各杆件接头松动；前减振器工作不正常或损坏；前转向节内车轮轴承松动或损坏；前轮不平衡量过大；制动盘与制动钳间隙过小，旋转时产生制动作用；前轮定位不准确；悬架稳定杆、前轴摆臂和转向球头的连接处松旷或衬套磨损、损坏；左、右前轮直径有差异或气压不正常等。

(2) 故障检查。

首先检查前轮胎气压是否正常，并调整到规定值，同时检查左、右轮胎的尺寸规格是否一致；检查钢板弹簧骑马螺栓是否松动以及悬架杆系的连接螺栓、螺母是否松动；检查减振器和弹性元件是否损坏、失效；检查前轮外倾角、前束是否符合要求；上述检查若正常，则应检查转向节主销与衬套间隙、轮毂轴承间隙是否符合规定，并对前轮进行动平衡检查。

2) 前悬架发生刚性碰撞

(1) 故障主要原因。

钢板弹簧或螺旋弹簧产生塑性变形或损坏；减振垫、限位挡块损坏或减振器失效。

(2) 故障检查。

对上述涉及的部件进行检查，特别应检查：钢板弹簧销、衬套、吊环等是否磨损过度及间隙增大；钢板弹簧或螺旋弹簧是否发生疲劳变形；螺旋弹簧或个别钢板是否折断，减振器是否失效等。

3) 悬架摆动并产生异响

(1) 故障主要原因。

前悬架杆系连接处松动或减振器上支座松动；减振垫润滑不良；弹簧元件支座部分损坏、变形或前悬架杆系变形。

(2) 故障检查。

对采用钢板弹簧悬架的汽车,应首先在把汽车支起、钢板弹簧处于自由状况的情况下,检查钢板弹簧销、吊环支架是否间隙过大。对采用螺旋弹簧的汽车,则应检查其支座是否损伤,同时检查悬架杆系是否变形或松动。此外,还应检查减振垫的润滑情况,必要时加注润滑脂。

2. 后悬架常见故障诊断

1) 车身横向歪斜

车身产生横向歪斜的主要原因是弹簧元件(钢板弹簧或螺旋弹簧)折断或产生塑性变形,弹簧弹力下降,使其对车身的支撑高度不够。

检查时,应在汽车正常装载情况下测量钢板弹簧的弧高或螺旋弹簧的高度。

2) 后悬架发生刚性撞击

后悬架经常发生刚性撞击的主要原因是弹簧元件变形或损坏;减振器失效;车辆超载等。

检查时,在排除了车辆超载原因后,应着重检查弹簧元件是否发生了塑性变形或折断,减振器是否起减振作用等。

3) 后轮胎不正常磨损

后轮胎不正常磨损的主要原因是车轮轴承止推间隙过大;悬架与车体连接处松动;侧向拉杆变形或衬套损坏等。

检查车轮轴承止推间隙,超过使用极限时应更换轴承;松开制动器并旋转车轮,检查车轮转动是否灵活,若轴承发响或有卡滞现象时,说明轴承损坏;检查悬架各连接部位是否松动,并按规定力矩紧固,同时检查侧向拉杆和衬套是否变形或损坏。

4) 减振器失效

无论是前悬架还是后悬架,减振器失效均是导致其发生故障的重要原因。减振器失效引起的故障现象为:汽车在不平路面上行驶时,车身强烈振动并连续跳动。

减振器失效故障的主要原因是减振器连接销脱落,橡胶衬套磨损破裂;减振器油量不足或内有空气;减振器阀与阀座贴合不良,密封不佳;减振器活塞与缸壁过度磨损等。

检查时,应首先检查减振器连接销、连接杆、橡胶衬套连接孔是否损坏、脱焊、脱落、破裂,同时观察减振器外部有无渗漏油迹。若有渗漏痕迹,应进一步查明渗漏原因。拆下减振器并向外拉动活塞杆,若无阻力或卡滞,说明减振器失效。

3. 悬架系常见故障检测诊断

1) 乘坐舒适性不良

乘坐舒适性不良是指汽车在凹凸不平的路面行车时,车身产生的振动不能迅速衰减,使乘坐性能受到破坏的现象。

(1) 故障主要原因。

减振器不良,车轮轮胎不平衡,车轮定位不适当,轮胎气压不正常,弹性元件损坏,球头防护套老化或损坏等。

(2) 故障诊断。

一般可按以下程序进行检测确诊:检查轮胎(规格、气压和磨耗状态),检查减振器(泄漏、破损及温度),检查弹簧(是否有折断、变形或弹性减弱等损坏),检查悬架杆件连接处(橡胶衬套老化或粘结、配合间隙过大),检查车轮平衡。

2) 行驶不稳定

行驶不稳定是指汽车行驶时跑偏或车辆振动大而持续发生的转向轮摆头等行驶不稳定现象。

（1）故障主要原因。

减振器损坏或漏油、漏气，弹簧弹性衰减或折断，稳定杆弹力下降、损坏，车轮定位不当，车轮损坏或不平衡，悬架球头销磨损等。

（2）故障诊断。

一般可按以下程序进行检测确诊：检查轮胎（气压和磨耗状态），检查车轮（平衡和变形），检查悬架系统（球头连接间隙、衬套磨损、减振器、稳定杆及弹簧），检查车轮定位，进行行驶试验。

3）悬架系统异响

悬架系统异响是指汽车行驶时从前后悬架发出的不正常噪声。

（1）故障主要原因。

减振器损坏或缺油、漏气，悬架系统连接处松动，悬架件连接衬套磨损或润滑不良，球头严重磨损、连接处间隙过大，轮毂轴承磨损过甚、间隙过大，弹簧损坏或折断，稳定杆连接处损坏或松动。

（2）故障诊断。

一般可按以下程序进行检测确诊：检查减振器（缺油、漏油或漏气、损坏），检查弹簧（损坏或折断），检查悬架连接松旷（球头磨损、衬套损坏、连接松动），检查轮毂轴承间隙，检查连接处润滑情况，进行行驶试验。

4.5.2 电子控制悬架系统（TEMS）检测与诊断

丰田的电子控制空气系统（TEMS）是一种能同时控制弹簧刚度、减振器减振阻尼和车身高度，可同时使汽车乘坐的舒适性和行驶稳定性在各种不同的工况下大幅度提高。

现以丰田公司的凌志 LS400 轿车 1994 年后 ucF20 车型的 TEMS 为例，说明故障诊断过程。控制电路如图 4.41 所示。

1. TEMS 的基本检查

1）车身高度检查

通过操作高度控制开关来检查汽车车身高度的变化。

（1）检查轮胎气压是否正确（前轮 230kPa，后轮 250kPa）。

（2）测量车身高度。

（3）起动发动机，将高度控制开关从"NORM"转换到"HIGH"位置，高度的变化量应为 10～30mm，从操作高度开关到压缩机起动的时间应为 2s，从压缩机起动到高度调整完成的时间为 20～40s。

（4）使车辆处于"HIGH"高度时，起动发动机，将高度调整开关从"HIGH"位置转换到"NORM"位置，车辆高度变化应为 10～30mm，从操作高度开关到开始排气的时间为 2s，从开始排气到高度调整结束的时间应为 20～40s。

2）溢流阀的检查

（1）点火开关 ON，连接高度控制连接器的端子 3 与 6，如图 4.42 所示，迫使压缩机工作。

（2）压缩机工作一段时间后，检查溢流阀是否放气。若不能放气，应检查压缩机、溢流阀是否工作不良以及管路是否漏气。

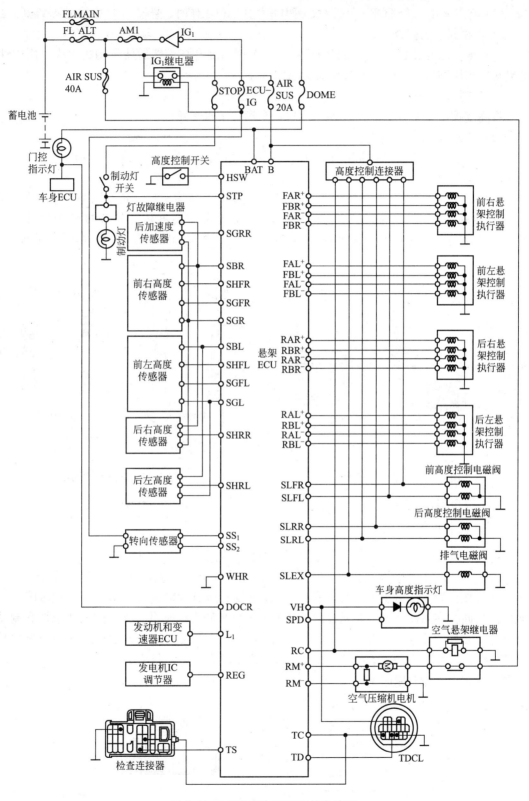

图 4.41 ucF20 空气悬架系统电路图

(3) 将点火开关转到 OFF，清除故障码(迫使压缩机工作时，悬架 ECU 中将记录故障码)。

3) 管路漏气的检查

将高度控制开关置于"HIGH"位置，使车辆高度升高，然后使发动机熄火，用中性肥皂水检查压缩机空气管路及接头有无泄漏现象。

4) 车辆高度调整

将高度控制开关置于"NORM"位置，车辆置于水平路面。

(1) 检查车身高度。

(2) 测量高度传感器控制杆的长度，标准值为 59.3mm(前)、35.0mm(后)，如图 4.43(a)所示。如测量值不符应作如下调整。

(3) 调整车身高度，松开高度传感器连接杆上的两个锁紧螺母，转动该连接杆调节其长度(螺栓每转一圈，车身高度变化约为 5mm)。检查车身高度传感器连接杆的尺寸，如图 4.43(b)所示，应小于 10mm(前)、14mm(后)。调好后拧紧锁紧螺母，再次检查车身高度。

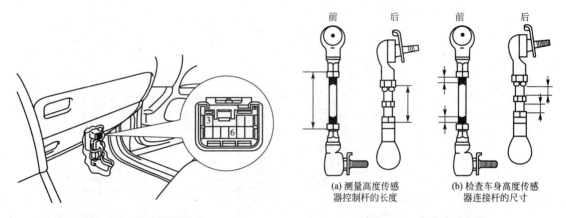

图 4.42 溢流阀的检查　　　　图 4.43 车身高度调整

(a) 测量高度传感器控制杆的长度　(b) 检查车身高度传感器连接杆的尺寸

(4) 检查车轮定位。

2. 故障自诊系统

悬架 ECU 具备下列 3 种自我诊断功能：对输入到悬架 ECU 的信号进行检查的输入信号检查功能；对悬架控制系统的故障发出警示的故障警告功能；以代码的形式显示故障内容。

当悬架控制系统出现故障时，悬架 ECU 会及时地对故障进行检测，同时把故障以代码的形式储存在储存器里，并通过闪烁故障警告灯来警告驾驶员。来自转向传感器和制动灯开关等元件的信号，是否正确地输送到悬架 ECU，可通过连接发动机舱内的连接器端子 T_s 和 E_1，用指示灯闪烁来读取，也可以用仪器读取。连接器端子如图 4.44 所示。悬架控制系统常见故障及原因见表 4-8。

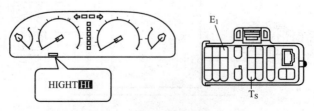

图 4.44 输入信号检查

表 4-8 悬架控制系统常见故障及原因

现象	怀疑部位	高度传感器电路	加速度传感器电路	悬架控制执行器电路	高度控制电磁阀、排气电磁阀电路	空气悬架继电器电路	压缩机电机电路	发电机IC调节器电路电源电路(交流发电机电路)	高度控制开关电路	转向传感器开关电路	制动灯开关电路	门控灯开关电路	节气门位置信号电路	车速传感器电路	TC端子电路	Ts端子电路	空气弹簧/减振器	漏气	高度传感器控制杆	悬架ECU
减振力控制失灵	减振力控制根本不起作用			1																5
	只有防侧倾控制不起作用																			2
	只有防车尾下坐控制不起作用												1							2
	只有防"占"头控制不起作用		1								1			2						3
	只有高速跳振控制不起作用									1				1						2
	高度控制指示灯发光位置不按照规定的工作改变	4						2	1						2	3	4			5
车辆高度控制失灵	高度控制功能不起作用	4						1	3											5
	只有高速控制不起作用	2							2					1						2
	车辆高度发生不规则变化	1																		3
	车辆高度控制起作用，但车辆高度控制不均匀					2												1	2	
	车辆高度控制低或高，但车辆高度在NOR/MAL状态时，与标准值不符																		1	
	调整车辆高度时，车辆高度或极低的位置	1															2	1		
	驻车时，车辆高度极低																	1		
	压缩机电机持续运转						3													4

备注：1. 表中数字表示在现象状态下要检查的相关电路的先后顺序。
2. 如果其他电路均正常，而故障仍存在，则最后一步就应检查或更换悬架 ECU。

3. 悬架 ECU 端子的标准值

凌志 LS400 ucF20 的电控空气悬架系统的悬架 ECU 端子如图 4.45 所示。悬架 ECU 端子的标准值见表 4-9。

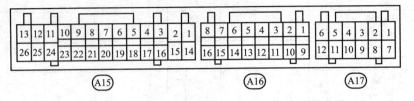

图 4.45 悬架 ECU 端子

表 4-9 TEMS ECU 端子标准值

符号（端子号码）	标准电压/V	测试条件	
STP（A17-1）—车身接地点	0~1.2	点火开关 ON	制动踏板松开
	9~14		制动踏板踩下
REG（A17-3）—车身接地点	0~1.2	点火开关 ON	
	9~14	发动机怠速运转	
HSW（A17-5）—车身接地点	约为5	点火开关 ON	高度控制开关位于"NOEM"
	0~1.2		高度控制开关位于"HIGH"
TD（A17-6）—车身接地点	0~1.2	点火开关 ON	连接 TDCL 的端子 TD 与 E_1
	9~14		断开 TDCL 的端子 TD 与 E_1
VH（A17-7）—车身接地点	0~1.2	点火开关 ON	高度控制开关位于"NOEM"
	9~14		高度控制开关位于"HIGH"
SS_2（A17-8）—车身接地点	反复 0↔约5	点火开关 ON，慢慢转动方向盘	
SS_1（A17-9）—车身接地点	反复 0↔约5	点火开关 ON，慢慢转动方向盘	
DOOR（A17-10）—车身接地点	0~1.2	点火开关 ON	各车门打开
	9~14		全部车门关闭
TC（17-11）—车身接地点	0~1.2	点火开关 ON	连接 TDCL 的端子 TC 与 E_1
	9~14		断开 TDCL 的端子 TC 与 E_1
TS（A17-12）—车身接地点	0~1.2	点火开关 ON	连接检查连接器端子 TS 与 E_1
	9~14		断开检查连接器端子 TS 与 E_1
L_1（A16-1）—车身接地点	踩下↔松开 0↔约5↔0	点火开关 ON，在 1s 内，将加速踏板从完全松开到完全踩下	

（续）

符号（端子号码）	标准电压/V	测试条件
SHRL（A16-2）—车身接地点	NORM↔HIGH 约2.5↔2.7	发动机怠速运转，将高度控制开关从"NORM"转至"HIGH"，或相反转动
SHRR（A16-3）—车身接地点	NORM↔HIGH 约2.5↔2.7	发动机怠速运转，将高度控制开关从"NORM"转至"HIGH"，或相反转动
SGFL（A16-9）—车身接地点	约2.5	点火开关ON，使车辆保持静止，不产生垂直运动，持续1s
SHFL（A16-10）—车身接地点	NORM↔HIGH 约2.5↔2.7	发动机怠速运转，将高度控制开关从"NORM"转至"HIGH"，或相反转动
SHFR（A16-11）—车身接地点	NORM↔HIGH 约2.5↔2.7	发动机怠速运转，将高度控制开关从"NORM"转至"HIGH"，或相反转动
SGL（A16-12）—车身接地点	导通/Ω	任何情况
SGRR（A15-6）—车身接地点	约2.5	点火开关ON，使车辆保持静止，不产生垂直运动，持续1s
SBR（A15-7）—车身接地点	约5	点火开关ON
RM$^+$（A15-8）—车身接地点	9～14	发动机怠速运转，将高度控制开关从"NORM"转至"HIGH"

符号（端子号码）	标准电压/V	测试条件
RC（A15-9）—车身接地点	9～14	发动机怠速运转，将高度控制开关从"NORM"转至"HIGH"
SLFR（A15-10）—车身接地点	9～14	发动机怠速运转，将高度控制开关从"NORM"转至"HIGH"
SLRR（A15-11）—车身接地点	9～14	发动机怠速运转，将高度控制开关从"NORM"转至"HIGH"
BAT（A15-12）—车身接地点	9～14	任何情况
B$^+$（A15-13）—车身接地点	9～14	点火开关ON
SGFR（A15-19）—车身接地点	约2.5	点火开关ON，使车辆保持静止，不产生垂直运动，持续1s
RM$^-$（A15-21）—车身接地点	0～1	发动机怠速运转，将高度控制开关从"NORM"转至"HIGH"
SLEX（A15-22）—车身接地点	9～14	发动机怠速运转，将高度控制开关从"NORM"转至"HIGH"

（续）

符号（端子号码）	标准电压/V	测 试 条 件
SLFL（A15-23）—车身接地点	9~14	发动机怠速运转，将高度控制开关从"NORM"转至"HIGH"
SLRL（A15-24）—车身接地点	9~14	发动机怠速运转，将高度控制开关从"NORM"转至"HIGH"
GND（A15-26）—车身接地点	导通/Ω	任何情况

4. 各传感器电路检测

1）高度传感器电路的检测

高度传感器电路如图4.46所示，其检查方法和步骤如下。

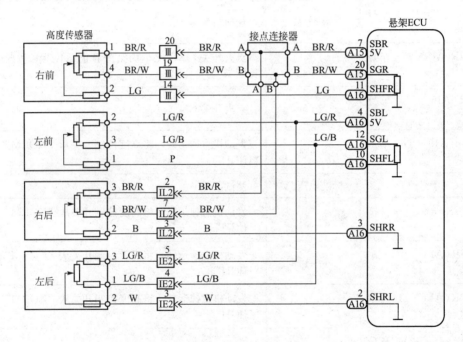

图 4.46 高度传感器电路

(1) 检查悬架ECU连接器端子SBR、SBL与车身接地之间的电压。

拆出仪表台下的手套箱，将点火开关拧至"ON"位置，测量悬架ECU连接器端子SBR、SBL与车身接地之间的电压，正常电压应约为5V（如图4.47所示）。

(2) 检查高度传感器。

拆下前轮及前翼子板衬里和后轮，脱开前、后高度传感器连接器；拆下前、后高度传感器；将3只1.5V的干电池串联起来。

检查左前高度传感器时，将端子2与干电池正极连接，端子3与干电池负极连接，在端子2与3之间施加约4.5V的电压；使控制杆缓慢地上、下移动，同时检查端子1、3之间的电压。

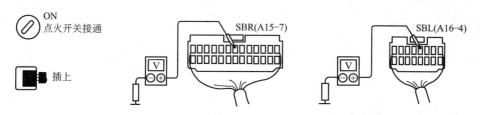

图 4.47 检测 ECU 端子 SBR、SBL 与车身接地间的电压

检查后高度传感器时,将端子 3 与干电池正极连接,端子 1 与干电池负极连接,在端子 3 与 1 之间施加约 4.5V 的电压;使控制杆缓慢地上、下移动,同时检查端子 2、1 之间的电压。控制电路如图 4.48 所示。故障诊断流程如图 4.49 所示。

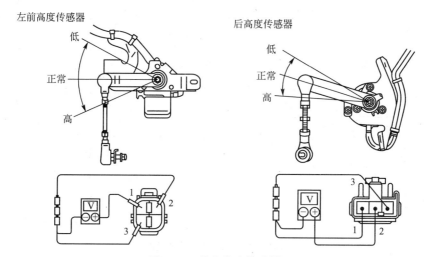

图 4.48 检查高度传感器

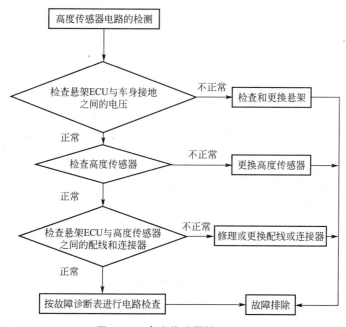

图 4.49 高度传感器检测流程

> **特别提示**
>
> 正常电压值：当控制杆处于低位置时为 0.5~2.3V；控制杆处于正常位置时约为 2.3V；控制杆处于高位置时为 2.3~4.1V。

2) 加速度传感器电路检查

加速度传感器电路如图 4.50 所示。每个前高度传感器中都装有一个加速度传感器，另一个加速度传感器装在右后，左后的加速则由 3 个传感器的数据推导出来。

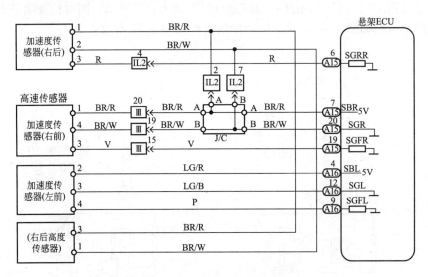

图 4.50　加速度传感器电路

(1) 检查悬架 ECU 连接器端子 SBR、SBL 与车身接地之间的电压，正常电压应约为 5V。

(2) 检查加速度传感器，如图 4.51 所示。

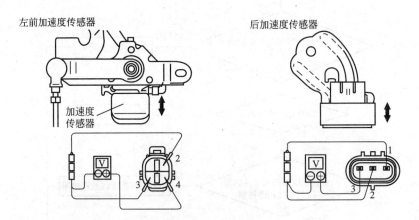

图 4.51　检查加速度传感器

拆下前轮及前翼子板衬里和行李箱地板垫，脱开前、后加速度传感器连接器，拆下前、后加速度传感器（前加速度传感器带高度传感器）；将 3 只 1.5V 的干电池串联起来。

检查左前加速度传感器时,将端子2与干电池正极连接,端子3与干电池负极连接,在端子2与3之间施加约4.5V的电压;在传感器静止(传感器下表面与路面平行)和垂直振动(在1s之内移动30mm然后返回原位)状态检查端子4、3之间的电压。

检查后加速度传感器时,将端子1与干电池正极连接,端子2与干电池负极连接,在端子1与2之间施加约4.5V的电压;在传感器静止和垂直振动状态检查端子3、2之间的电压。故障诊断流程如图4.52所示。

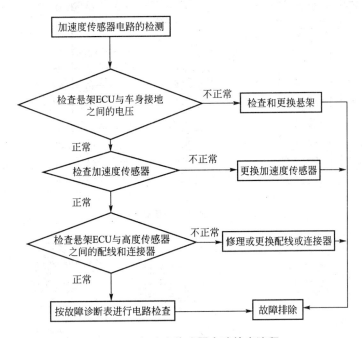

图4.52 加速度传感器电路检查流程

🔑 **特别提示**

正常电压值:当传感器静止时约为2.3V;当传感器垂直振动时在0.5~4V之间变化。

3) 悬架控制执行器电路的检测

悬架控制执行器电路如图4.53所示悬架ECU向悬架控制执行器发出信号,驱动减振器转阀,从而改变减振器减振阻尼力。每个气压缸中均装有一个悬架控制执行器,执行器由步进电机驱动,使其可准确地按照频繁变化的行驶情况运作,检查悬架控制执行器及其运行如图4.54所示。

(1) 检查悬架控制执行器的运行。

拆出执行器盖和执行器,将点火开关拧至"ON"位置,连接TDCL的端子T_D和E_1,高度控制开关每向"HIGH"侧推动一次,悬架控制执行器应正常运作,朝"硬"更进一步。

(2) 检查悬架控制执行器。

脱开执行器连接器,测量悬架控制执行器连接器各端子之间的电阻:端子2、3、4、5与端子1之间的电阻均为14.7~15.7Ω。

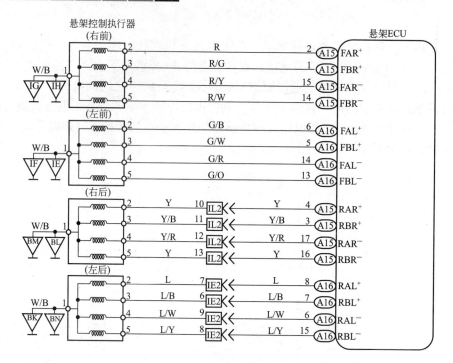

图 4.53 悬架控制执行器电路

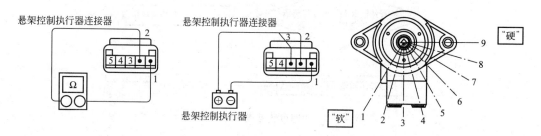

图 4.54 检查悬架控制执行器及其运行

用螺丝刀将执行器输出轴调至"软"位置,悬架控制执行器的连接器端子1连接蓄电池负极,蓄电池正极依次连接端子2和3、3和4、4和5、5和2,悬架控制执行器应由"软"1→2、2→3、3→4、4→5、5→6、6→7、7→8、8→9"硬"侧依次动作。故障诊断流程如图4.55所示。

5. 高度控制电磁阀、排气电磁阀电路的检测

高度控制电磁阀、排气电磁阀电路如图4.56所示。悬架ECU使高度控制电磁阀的电磁线圈通电,就使阀门打开,将压缩空气导入气压缸,从而升高车辆高度;降低车辆高度时,悬架ECU不仅使高度控制电磁阀通电,还使排气电磁阀通电,排气电磁阀打开,将气压缸内的压缩空气排入大气。前、后高度控制电磁阀均装有两个电磁线圈,分别控制左、右气压缸;排气电磁阀装在压缩机装置上,只装一个电磁线圈。

1) 检查高度控制连接器

拆出仪表台下的手套箱、车门框板和地毯,测量高度控制连接器各端子1、2、7、8、9分别和端子4间的正常电阻值为9~15Ω。

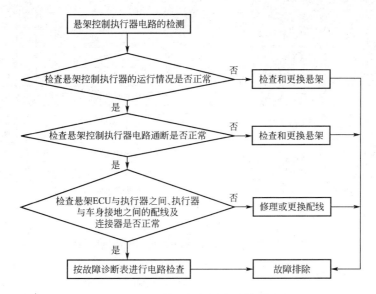

图 4.55 悬架控制执行器电路检测流程

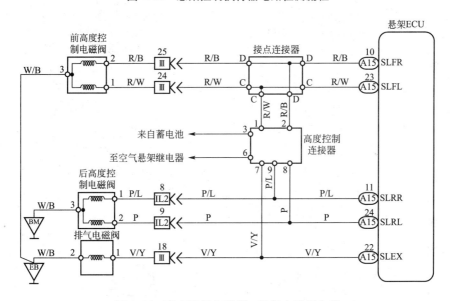

图 4.56 高度控制电磁阀、排气电磁阀电路

接通点火开关,连接高度控制连接器的有关端子,检查车辆高度是否按规定上升或下降,如图 4.57 所示。为保护电路,切勿连接高度控制连接器端子 3 和 4。如车辆高度不能变化,可能是高度控制连接器的端子 3 未加蓄电池正极。

2) 检查高度控制电磁阀和排气电磁阀

脱开高度控制电磁阀连接器,测量各端子间电阻:前后高度控制电磁阀的端子 1 和 3、2 和 3;排气电磁阀端子 1 和 2 之间的电阻均应为 9~15Ω,如图 4.58 所示。

将蓄电池电压施加在各端子上,检查各阀的运动声音:前后高度控制电磁阀正极分别连接端子 1 和 2,负极连接端子 3;排气电磁阀正极连接端子 1,负极连接端子 2。各阀应发出"卡塔"的运行声。故障诊断流程如图 4.59 所示。

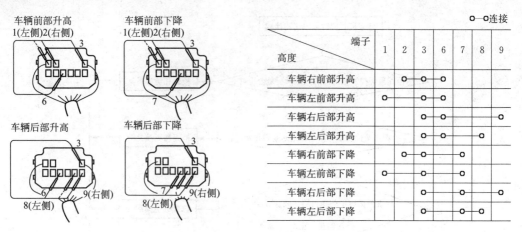

图 4.57 检查高度控制连接器对车辆高度的改变

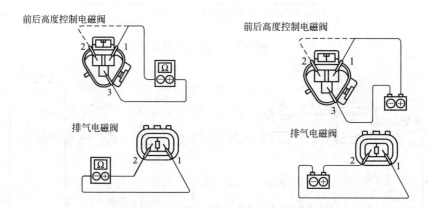

图 4.58 检查高度控制电磁阀和排气电磁阀

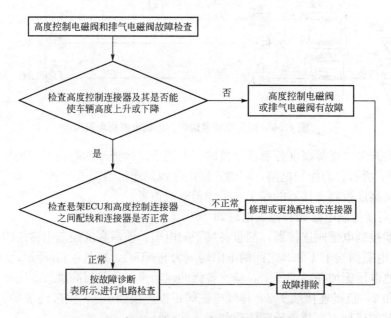

图 4.59 高度控制电磁阀和排气电磁阀检查流程

6. 空气悬架继电器电路的检测

空气悬架继电器电路如图 4.60 所示。车辆高度开始上升时，来自悬架 ECU 端子 RC 的信号便会使空气悬架继电器接通。结果，电流流经空气悬架继电器的线圈，使继电器触点闭合，从而向压缩机施加蓄电池正极电压，使压缩机产生压缩空气。

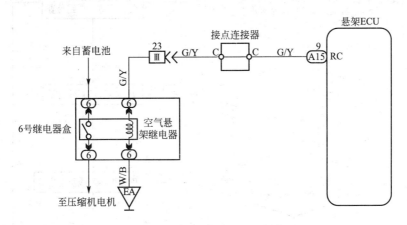

图 4.60　空气悬架继电器电路

1) 检查悬架 ECU 连接器端子 RC 与车身接地之间的电阻

拆出仪表台下的手套箱，脱开悬架 ECU 的连接器，测量其端子 RC 与车身接地之间的电阻应为几 Ω～100Ω，如图 4.61 所示。

2) 检查空气悬架继电器

拆出左侧大灯，拆出空气悬架继电器，如图 4.62 所示。测量其端子 3 和 4 之间的电阻应为几 Ω～100Ω。故障诊断流程如图 4.63 所示。

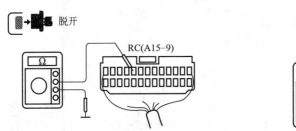

图 4.61　检查悬架 ECU 端子 RC 与车身接地间电阻

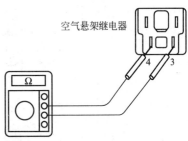

图 4.62　检查空气悬架继电器

7. 压缩机电机电路的检测

压缩机电机电路如图 4.64 所示。车辆高度上升时，来自悬架 ECU 端子 RC 的信号便会使空气悬架继电器接通，继电器触点闭合，压缩机电机开始转动，从而产生压缩空气。与此同时，悬架 ECU 根据其端子 RM^+ 和 RM^- 的电位差检测出流至压缩机电机的电流量。悬架 ECU 通过这种方式监测压缩机电路有无不正常现象。当悬架 ECU 中存入故障后，便不能执行车辆高度控制。在这种情况下，在点火开关接通之后约 70min，当来自压缩机电机的正常信号输至悬架 ECU 时，控制便恢复。

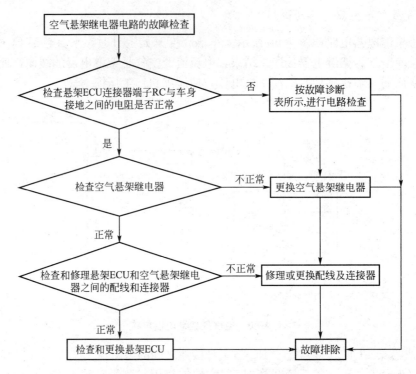

图 4.63 空气悬架继电器电路的检测流程

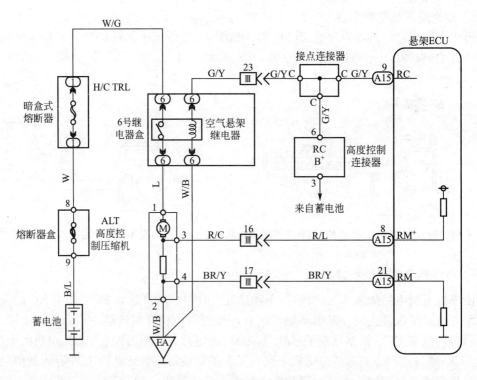

图 4.64 压缩机电机电路

1) 检测连接高度控制连接器端子时压缩机电机是否运转

拆出仪表台下的手套箱,车门框板和地毯,将点火开关拧至"ON"位置,连接高度控制连接器端子 3 和 6 时(连接时间不得超过 15s),压缩机电机应运转。

2) 检查悬架 ECU 连接器端子 RM$^+$ 和 RM$^-$ 之间是否导通

拆出仪表板台下的手套箱,脱开悬架 ECU 连接器,检查悬架 ECU 连接器端子 RM$^+$ 和 RM$^-$ 之间应正常导通。

3) 检查空气悬架继电器

拆出左侧大灯和空气悬架继电器,检查空气悬架继电器各端子之间是否导通,如图 4.65 所示。端子 1 和 2 间应开路,端子 3 和 4 间应导通;在端子 3、4 之间施加蓄电池正极电压,检查端子 1、2 之间应为导通。

4) 检查压缩机电机

拆出右前翼子板衬里,脱开压缩机电机的连接器,在端子 1、2 之间施加蓄电池电压,如图 4.66 所示。压缩机电机应运转。

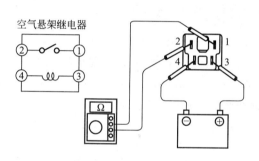

图 4.65　检查空气悬架继电器

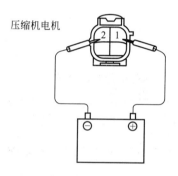

图 4.66　检查压缩机电机

8. 空气悬架继电器的恒定电流的检测

(1) 检查压缩机电机电路。

(2) 检查管路中是否有漏气情况。

(3) 检查高度控制电磁阀是否卡住在关闭位置,排气电磁阀是否卡住在开启位置。

(4) 调整高度传感器控制杆运动是否正常。

(5) 检查和修理或更换造成故障的部件:空气管道堵塞;压缩机故障;溢流阀故障;高度传感器失灵;异物进入高度控制电磁阀、排气电磁阀;悬架 ECU 失灵。

9. 排气电磁阀的恒定电流的检测

(1) 检查高度控制电磁阀是否卡住在关闭位置,排气电磁阀是否卡住在开启位置,如果电磁阀卡在关闭或开启位置时,应更换高度控制电磁阀、排气电磁阀。

(2) 调整高度传感器控制杆运动是否正常。

(3) 检查、修理或更换造成故障的部件。

10. 发电机 IC 调节器电路的检测

发电机 IC 调节器电路如图 4.67 所示。悬架 ECU 对交流发电机的发电情况进行检测,只有在发电机发电的情况下才对车辆高度进行控制。

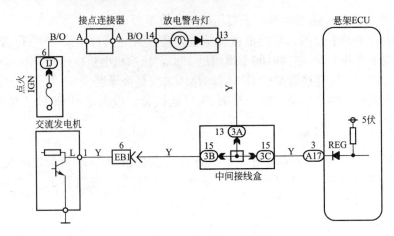

图 4.67 发电机 IC 调节器电路

4.6 制动系的检测与诊断

汽车制动系技术状况是否完好,直接关系着汽车的行车安全和汽车的运输效率。因此,对制动系技术状况的变坏,应及时地进行故障分析,找出故障原因,采取有效的措施,对制动系进行维修,以恢复其良好的制动性能,确保行车安全。

4.6.1 制动系的常见故障及诊断

汽车制动系的常见故障可分为制动不良、制动失效、制动跑偏、制动拖滞及驻车制动失效等。因制动系的结构和工作原理的不同,尽管制动系故障现象都基本相同,但故障产生的原因是不同的,所以在诊断故障时,应有所区别。同时应注意到,制动系故障产生的原因不应局限于制动装置,车架、悬架、行驶机构等系统故障以及道路状态、装载状况等外界使用条件,环境因素也可以影响到制动系统的效能。

1. 气压制动系的常见故障及诊断

1) 制动失效

汽车行驶中使用制动时,不能减速或停车,制动阀无排气声。

(1) 故障原因。

储气筒内无压缩空气;制动控制阀的进气阀不能打开或排气阀不能关闭;气管堵塞,制动控制阀或制动气室膜片破裂漏气;制动踏板与制动控制阀拉臂脱节。

(2) 故障诊断与排除。

① 首先检查储气筒内有无压缩空气,若无压缩空气,应查找有无漏气之处;若无漏气,则为空气压缩机故障,应进行检修。

② 若空气压缩机工作正常,则可检查制动踏板与制动控制阀拉臂是否脱节,制动控制阀调整螺钉是否松动。如果上述情况都正常,则应拆检制动控制阀、疏通气道。

2) 制动不灵

汽车行驶中,将制动踏板踩到底后汽车减速度不够,制动距离过长。

(1) 故障原因。

储气筒内压缩空气不足,气压表指示压力不足;踏板自由行程过大;制动控制阀和制动气室膜片破裂;制动臂调整蜗杆调整不当,使制动气室推杆行程过长;气管破裂或接头松动漏气;制动蹄片与制动鼓间隙过大或蹄片上有油污、泥水。

(2) 故障诊断与排除。

① 起动发动机中速运转数分钟,察看气压表值是否达到标准。如果气压不足,发动机停运后气压也不明显下降,说明故障在空气压缩机,应检查风扇皮带是否松动或折断。如果良好,再检查空气压缩机至储气筒一段有无漏气,如均良好,应检查空气压缩机。

② 发动机运转时,未踩下制动踏板,储气筒内气压不断升高,而当发动机熄火后,气压又不断下降,则为空气压缩机至制动控制阀之间的气道漏气。

③ 储气筒内气压符合标准,若踩下制动踏板,气压不断下降,即为制动控制阀至各制动气室之间有漏气处,或膜片破裂而漏气。

④ 如无漏气,则检查制动踏板自由行程是否符合规定。检查摩擦片与制动鼓之间的间隙是否过大。再检查制动臂蜗杆的调整是否适当,必要时应进行调整修理。

3) 制动跑偏

制动时左、右轮制动力不等或制动生效时间不一致,导致汽车向制动力较大或制动作用较早一侧偏驶。

(1) 故障原因。

左、右车轮制动间隙大小不等,或接触面积相差太大,或摩擦片材料不一致,或质量不同;左、右车轮制动鼓内径相差过多,或回位弹簧拉力相差很大,或轮胎气压不等;个别车轮摩擦片有油污、硬化或铆钉外露,或制动鼓失圆;车架变形,前轴外移,前后轴不平行,两前钢板弹簧弹力不等。

(2) 故障诊断与排除。

① 汽车行驶中使用制动,汽车向左偏斜,即为右轮制动性能差;反之则为左轮制动性能差。通常是根据路试后轮胎拖印判断,拖印短或没有拖印的车轮即为制动效能不良。

② 发现某个车轮制动不灵时,先检查制动气室。一人踏住制动踏板,另一人检查该车轮制动气室、气管或接头有无漏气。若有漏气之处应修复;若没有漏气处,应检查制动气室推杆伸缩情况,察看是否有弯曲、变形或卡住现象;左、右推杆行程是否一致。

③ 如果上述情况良好,可将车轮架起,从制动鼓检视孔观察摩擦片是否有油污,测量制动间隙是否过大。如果上述情况良好,可踩下制动踏板并迅速抬起,看制动蹄回位是否迅速自如。若不能迅速回位,多为制动蹄回位弹簧拉力不足或凸轮轴卡住,应进行修理或更换。

④ 如上述检查调整无效时,应拆下制动鼓检查是否失圆。摩擦片是否磨损过甚或硬化,铆钉头是否外露,以及弹簧拉力是否符合标准,调整臂凸轮轴转动是否灵活。检查后,可根据需要进行修理或换件。

⑤ 因摩擦片材料不同而引起制动跑偏时,是在更换新摩擦片后出现的,应换摩擦片。

4) 制动拖滞

抬起制动踏板后,摩擦片与制动鼓仍接触,致使汽车起步困难、行驶无力、制动鼓发热。

(1) 故障原因。

制动踏板无自由行程或制动间隙过小;制动阀调整不当或排气阀弹簧失效,使排气阀不能完全打开,管路不畅通;制动踏板与制动阀拉臂之间传动件卡滞;制动气室推杆伸出过长或因变形而卡住；制动凸轮轴与衬套锈滞或同轴度超差使凸轮转动不灵活；桥壳、轮毂轴承、半轴套管之间配合松旷。

(2) 故障诊断与排除。

① 抬起制动踏板时，制动阀排气缓慢或不排气，大多属制动阀故障；若排气快或继续排气而制动拖滞，则属个别车轮制动故障。用手摸试各车轮制动温度，如果是制动阀故障，则所有车轮制动鼓发热；若个别车轮制动器有故障，则该车轮制动鼓发热。

② 如果确定制动阀有故障，应先检查制动踏板自由行程。若行程正常，则拆检制动阀排气阀弹簧及座。若拆检良好，则检查制动阀挺杆是否锈滞。若制动踏板不能完全抬起，一般是制动踏板传动卡滞。

③ 个别车轮拖滞，可在抬起制动踏板时，观察制动气室推杆情况。若其回位缓慢或不回位，应检查制动凸轮轴与支架间润滑程度和同轴度。若推杆回位正常，可检查制动间隙。如果架起车轮检查的间隙与落下车轮检查的间隙有变化，则轮毂轴承松旷，半轴套管与桥壳配合松动等。如上述情况良好，则应拆下制动鼓，检查制动器各机件，进行必要的调整。

2. 液压制动系的常见故障及诊断

1) 液压制动失效

汽车在行驶中使用制动时不能减速，连续踏下制动踏板时各车轮不起制动作用。

(1) 故障原因。

制动主缸（总泵）内无制动油液或缺少制动油液；制动主缸内皮碗破损或踏翻；制动油管破裂或接头漏油；某机械连接部位脱开。

(2) 故障诊断与排除。

① 连续踩下制动踏板不升高，同时感到无阻力，应先检查主缸是否缺油，再检查油管和接头有无破损之处，如有应修理或更换。

② 若无漏油之处，应检查各机械连接部位有无脱开，如有应修复。

③ 若主缸推杆防尘套处严重漏油，大多是主缸皮碗严重损坏或踏翻所致；若车轮制动鼓边缘有大量油液，则是轮缸皮碗损坏或顶翻所致。

2) 液压制动反应迟缓

汽车行驶中，将制动踏板踩到底后不能立即停车，制动减速度小，制动距离长。

(1) 故障原因。

制动主缸油液不足或变质，活塞与缸壁磨损严重、配合松旷，补偿孔和旁通孔堵塞，主缸阀门损坏；制动鼓磨损失圆、过薄变形或有沟槽，制动摩擦片有油污、硬化或铆钉外露，制动鼓与制动蹄接触面积过小，制动间隙过大；制动管路中渗入空气，油路不畅通，制动油液变质。

(2) 故障诊断与排除。

① 踏板位置踩下很低，制动效果差；连续数次踩下踏板后，踏板高度才渐升起，并有弹性感。这主要是管路中有空气，应予排除。

② 踩下踏板，位置高度正常，但制动效果差。这大多是车轮制动鼓失圆，制动蹄接触不良、硬化、油污或铆钉外露等因素所致，应予以检修排除。

③ 连续踩下踏板，踏板位置能升高，但不能保持，有下沉感觉。这说明制动系统中有漏油处或主缸关闭不严，应检修。

④ 连续踩下踏板，踏板位置高度升高，制动效果好转。这可能是踏板自由行程太大，或制动间隙过大，或主缸回油阀关闭不严所致。应调整踏板自由行程或制动间隙，必要时检查主缸回油阀，若有损坏应更换。

⑤ 连续数次踩踏板，踏板位置不能升高。这一般是制动主缸补偿孔或旁通孔堵塞所致，应检查疏通；或油液质量差，易受热蒸发导致严重亏缺。

3）液压制动跑偏

汽车制动时，左、右车轮制动力不等或制动生效时间不一致，导致汽车向制动力较大或制动作用较早一侧行驶的现象，紧急制动时出现扎头或甩尾现象。

（1）故障原因。

左、右车轮制动间隙大小不一致，或接触面积相差太大，或摩擦片材料、质量不一样；左、右制动鼓内径相差过多，或回位弹簧拉力相差太大，或轮胎气压高低不一样；个别车轮摩擦片有油污、硬化或铆钉外露，或轮缸内活塞运动不灵活，皮碗发胀或油管堵塞，或制动鼓失圆，单边管路凹瘪或有气阻；车架变形，前轴外移，前后轴不平行；两前钢板弹簧弹力不等。

（2）故障诊断与排除

① 汽车行驶中使用制动，汽车向左偏斜，即为右轮制动性能差；反之则为左轮制动性能差。制动停车后，察看轮胎在路面上的拖印情况，拖印短或没有拖印的车轮即为制动有故障的车轮。查出有故障的车轮后，先检查该车轮制动管路是否漏油，轮胎气压是否充足，如果正常，检查制动间隙是否合乎规定，不符时予以调整；与此同时，结合排除轮缸里的空气。若仍无效，应拆下制动鼓，按原因逐一检查各件，特别是制动鼓的尺寸和精度等。

② 经上述检修后，若各车轮拖印基本符合要求，但制动仍跑偏，则故障不在制动系，应检查车架或前轴的技术状况；如果出现忽左忽右的跑偏现象，则应检查是否有前束或直、横拉杆球头销是否松旷。

4）液压制动拖滞

在行车制动中，当抬起制动踏板时，全部或个别车轮仍有制动作用，致使车辆起步困难，行驶阻力大，制动鼓发热。

（1）故障原因。

制动踏板没有自由行程或回位弹簧过软、折断；踏板轴锈滞、发卡而回位困难；主缸皮碗、皮圈发胀，活塞变形或被污物粘住；主缸活塞回位弹簧过软或折断；制动间隙过小，制动蹄回位弹簧过软、失效，制动蹄在支承销上不能自由转动；制动轮缸皮碗胀大，活塞变形或被污物粘住；制动管路凹瘪、堵塞，导致回油不畅；制动油液太脏、黏度太大，回油困难。

（2）故障诊断与排除。

① 汽车行驶一段路程后，用手抚摸各制动鼓，若全部发热，说明故障在制动主缸；若个别车轮发热，则故障在该车轮制动轮缸。

② 若故障在制动主缸，应先检查踏板自由行程。如果无自由行程，一般为主缸推杆与活塞的间隙过小或没有间隙，应调整。如果自由行程符合标准，则应拆下主缸储油室加油螺塞，踩下踏板慢慢回位，看其回油状况。若不回油，则为回油孔堵塞；若回油缓慢，则为皮碗、皮圈发胀或回位弹簧无力；或是油液太脏、黏度太大。此时，应检查油液清洁度。若油液清洁、黏度适当，则应检查主缸，同时检查踏板回位弹簧是否良好无损。

③ 若故障在制动轮缸，可顶起有故障的车轮，旋松制动轮缸放气螺钉，如果制动液随之急速喷出，车轮也立即旋转自如，说明管路堵塞，轮缸不能回油，此时应疏通油管。如果旋转车轮仍有拖滞，可检查制动间隙和回位弹簧，若正常，应拆检制动轮缸，必要时应更换活塞、皮碗。

4.6.2 防抱死制动系统(ABS)检测与诊断

在对ABS进行故障分析排除之前，首先要确定故障是发生在ABS还是制动系统。由于ABS具有失效保护功能，若故障发生在ABS中，ABS ECU就会立即停止ABS的工作，转换至正常制动系统。由于ABS有诊断功能，当故障发生时，ABS警告灯就会发亮，以警告驾驶员。此时应使用仪器读取故障码，确定故障根源。

1. ABS故障诊断流程

ABS可能因车型不同而有所区别，但其工作原理和故障诊断方法是相似的，现以帕萨特B5的ABS的故障诊断过程为例介绍其诊断过程。诊断流程如图4.68所示。诊断时应注意以下几点。

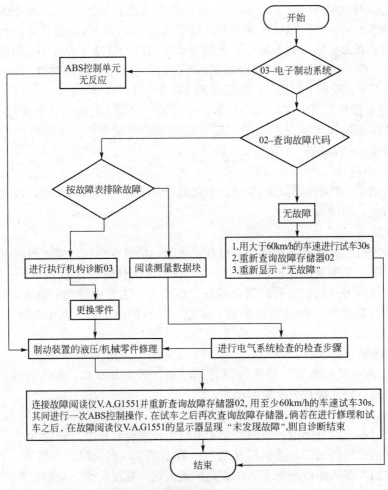

图4.68 故障诊断与排除流程图

(1) 所有车轮的轮胎规格，充气压力应达到规定要求。
(2) 制动设备的机械/液压零件制动灯开关和制动警告灯正常。
(3) 液压接头和导线密封性良好(在液压单元、制动钳、车轮、制动分泵、串列式制动总泵上目检)。
(4) 控制单元 J104 的插接件连接正确(锁紧装置已固定)。
(5) ABS 部件的插头接点已检查无故障并正确安装。
(6) 所有保险丝及相关线路，一切正常。
(7) 电源电压正常，最低不得低于 10V。
(8) 只有在汽车停止和接通点火开关时(或发动机运行时)才可以进行自诊断。
(9) 汽车的电气装置在 ABS 系统检验期中应不受电磁干扰影响。汽车应远离像电焊机等强电流消耗器械。

2. 故障码读取过程

(1) 取掉手制动拉杆附近的诊断插座盖板，将 V.A.G1551 连同导线在点火开关断开时接到诊断插座上。屏幕显示：

```
V.A.G 自诊断      帮助
1-快速数据传输
2-闪光代码输出
```

(2) 接通点火开关，按键 1 选择"快速数据传输"。屏幕显示：

```
快速数据传输      帮助
输入地址码 XX
```

(3) 按键 0 和 3，选定"制动电子"。屏幕显示：

```
快速数据传输    Q
03-制动电子
```

(4) 输入 Q 键确认，屏幕显示：

```
8E0 614 111 R ABS/ASR 5.3 前    D01  →
编码 00064      WSC XXXXX
```

(5) 按下 HELP(帮助)键可显示功能一览表，见表 4-10。

表 4-10 可选择功能一览表

代码	功能	代码	功能
01	控制单元版本查询	06	输出结束
02	查询故障代码	07	控制单元编码
03	执行机构诊断	08	读测量数据块
05	清除故障代码		

(6) 按键 0 和 2，用 02 输入查询故障代码。屏幕显示：

```
快速数据传输    Q
02-查询故障代码
```

(7) 按 Q 键确认。

根据所显示的故障代码，查询故障代码表即可确定故障的部位。在屏幕显示无故障后，按键→则回到原始状态。按键 0 和 6 可结束输出。

3. 清除故障码过程

(1) 查询存在故障代码后，操作 V.A.G1551 使之回到原始状态，屏幕显示：

```
快速数据传输    帮助
功能选择 XX
```

(2) 按键 0 和 5，选择"清除故障代码"功能。屏幕显示：

```
快速数据传输    Q
05-清除故障代码
```

(3) 按 Q 键确认。屏幕显示：

```
快速数据传输    →
故障存储器已被清除
```

(4) 断开点火开关，将 V.A.G1551 的连接也断开。

(5) 接通点火开关，ABS 的信号灯（K47）和制动设备的信号灯（K118）必须在约 2s 后熄灭，说明故障已清除。上海帕萨特 B5 ABS 的故障码以 5 位数显示，见表 4-11。

表 4-11　上海帕萨特 B5 ABS 故障码表

故障代码	故障原因	故障排除
无故障	如果在维修完毕后，用 V.A.G1552 查询后未发现故障，自诊断结束。 如果屏幕中显示出"未发现故障"，但 ABS 不能正常工作，则按以下步骤操作。 (1) 以大于 60km/h 的车速行驶 30s，进行路试。 (2) 重新用 V.A.G1552 查询故障，仍无故障显示。 (3) 在无自诊断的情况下着手寻找故障，全面进行电气检查	
65535	电子控制单元故障	—更换电子控制单元
00283	• 前轮转速传感器（G47）非正常安装 • 齿圈污秽或受损害 • 车轮轴承间隙太大 • 转速传感器 G47 损坏 • 转速传感器 G47 接地短路 • G47 与 ABS ECU 间线束断路或对正极短路	—检查转速传感器的安装位置 —检查齿圈、清洁或更换 —更换车轮轴承 —更换转速传感器 —排除电路故障 —执行"测量值数据组读出"期间无显示，线束和传感器插接件也无故障，则更换液压控制单元

(续)

故障代码	故障原因	故障排除
00285	见故障代码00283，对应到前右转速传感器G45	
00287	见故障代码00283，对应到后右转速传感器G44	
00290	见故障代码00283，对应到后左转速传感器G46	
00301	在液压控制单元中的故障	—清除故障存储器的故障，如果故障仍然出现，则更换液压控制单元
00526	• 制动灯开关损坏或设定错误 • 制动灯M9、M10均损坏 • 从制动灯到控制单元的导线损坏 • ABS ECU(J104)损坏	—检查制动灯开关，必要时调整或更换 —更换制动灯 —检查线束断路或短路并排除故障 —更换ABS ECU
00529	• 控制单元和发动机控制器间的导线断路或对正极短路 • 发动机ECU损坏 • ABS ECU损坏	—检查和排除导线断路或短路 —发动机转速检查 —如果仪表面板插头中的转速表损坏，且确定导线无故障，可确定发动机ECU损坏 —在仪表面板插头中的转速表功能正常，且确定导线无故障，则ABS ECU损坏
00532	• 导线断路或线路接触不良 • 汽车电源的电压中断 • 液压控制单元故障	—检查并排除电路故障 —检查蓄电池、发电机和电压调节器及接地 —更换液压控制单元
00597	• 车轮及轮胎尺寸不一致 • 齿圈污秽或被损害 • 车轮轴承间隙太大 • 转速传感器(G44 G45 G46 G47)非正常安装 • 转速传感器(G44 G45 G46 G47)损坏	—检查车轮和轮胎尺寸 —检查齿圈，必要时更换 —检查车轮轴承间隙 —检查转速传感器
00623	手动变速箱 • ABS/EDS/ASR控制单元J104编码错误 • 对正极短路 自动变速箱 • ABS/EDS/ASR控制单元J104编码错误 • 导线断路或J104和变速箱控制单元J217之间接地之后短路	—检查J104的编码 —检查线路短路故障并排除 —检查J104的编码 —检查线路断路或短路故障并排除
00646	• ABS ECU和发动机ECU之间线路发生断路或对正极短路 • ABS ECU损坏 • 发动机ECU损坏	—查找并排除导线断路或短路故障 —更换ABS ECU —更换发动机ECU
00647	• ABS ECU和发动机ECU之间线路断路或对正极短路 • 发动机ECU损坏 • ABS ECU损坏	—检查并排除导线断路或短路 —检查发动机实际扭矩(MMI) —更换发动机ECU —更换ABS ECU

(续)

故障代码	故障原因	故障排除
00761	发动机控制单元故障,无法减小发动机扭矩	发动机控制单元的故障按相应的内容进行排除,并清除发动机故障存储器的故障码
01130	ABS工作信号超差,可能有外界干涉信号源的电气干涉(高频发射,例如:非绝缘的点火电缆线)	步骤:检查所有线路连接对正或对地的短路 清除故障器故障存储 车速大于60km/h行驶30s 再次查询故障存储
01200	• 导线断路或从接线柱30到控制单元接点17和18的供电电压中接触不良 • 车辆电气的电压波动 • 在液压控制单元故障	—检查和排除供电电压的导线断路 —检查蓄电池、发电机和电压调节器 —检查电磁阀继电器 —更换液压控制单元
01201	• 导线断路或到液压控制单元接点16接触不良 • 液压控制单元故障	—检查导线接地故障 —检查回流泵的电压 —更换液压控制单元
01203	• 仪表面板插头和液压控制单元接点10间导线断路 • 仪表板插头的故障	—检查和排除导线故障 —检查开关插头

本 章 小 结

1. 离合器常见故障有打滑、分离不彻底、发抖、发响等。
2. 手动变速器常见故障有跳挡、乱挡、异响、换挡困难和漏油。
3. 万向传动装置常见故障:起步或行驶中车速变换时的撞击声、汽车在行驶中有异响并伴随车身振抖。
4. 驱动桥常见故障有异响、发热和漏油。
5. 在汽车不解体的情况下,使用仪器可以检测传动系的技术参数,如滑行距离、功率消耗和游动角等。
6. 自动变速器的基本检查和调整项目包括:油面检查、油质检查、液压控制系统检查、油门拉索检查和调整、换挡杆位置检查和调整、空挡起动开关检查及怠速检查等。
7. 自动变速器失速试验是检查发动机、液力变矩器及自动变速器中有关的换挡执行元件的工作是否正常的一种常用方法;时滞试验就是测出自动变速器换挡的迟滞时间,根据迟滞时间的长短来判断主油路油压及换挡执行元件的工作是否正常;油压试验是测量自动变速器的油路压力,即在自动变速器工作时,测量其控制系统各个油路中的油压,为分析自动变速器的故障提供依据;道路试验是分析、诊断自动变速器故障及检验修复后自动变速器工作性能和修理质量的最有效手段之一。

8. 自动变速器常见的故障有：汽车不能行驶、自动变速器打滑、换挡冲击、升挡过迟、不能升挡、频繁跳挡、不能强制降挡和自动变速器异响等。

9. 汽车转向系常见的故障有：转向盘自由转动量过大、转向沉重、自动跑偏、前轮摆振等。

10. 四轮定位仪可检测的项目包括：前轮前束、前轮外倾角、主销后倾角、主销内倾角。

11. 车轮平衡机按功能可分为车轮静平衡机和车轮动平衡机两类；按测量方式可分为离车式车轮平衡机和就车式车轮平衡机两类；按车轮平衡机转轴的形式可分为软式车轮平衡机和硬式车轮平衡机两类。

12. 前悬架常见故障：前轮胎工作不正常和磨损快；刚性碰撞；悬架摆动并产生异响。后悬架常见故障：车身横向歪斜；后悬架发生刚性撞击；后轮胎不正常磨损；减振器失效。

13. 汽车制动系的常见故障可分为制动不良、制动失效、制动跑偏、制动拖滞及驻车制动失效等。

一、选择题

1. 传动系功率消耗可在（　　）上进行检测。
   A. 惯性式底盘测功试验台　　　　B. 离合器打滑频闪测定仪
   C. 传动系游动角度检测仪

2. 传动系滑行距离不可能利用（　　）来进行检测。
   A. 惯性式底盘测功试验台　　　　B. 五轮仪
   C. 传动系游动角度检测仪

3. 离合器打滑的原因之一是（　　）。
   A. 自由行程过小　　　　　　　　B. 自由行程过大
   C. 从动摩擦片过厚

4. 在车速为零的状态下，检测发动机转速的试验称为自动变速器和（　　）。
   A. 怠速检测　　　B. 失速检测　　　C. 时滞检测

5. 进行自动变速器失速试验时间不能过长，一般应控制在（　　）之内，即读完数据后应马上放松加速踏板。
   A. 5s　　　　　　B. 10s　　　　　C. 15s

6. 不同发动机、不同的液力变矩器的失速转速是不同的，但一般失速转速都在（　　）之间。
   A. 1000~1500r/min　　　　　　　B. 1500~3000r/min
   C. 3000~40000r/min

7. 转向系的齿轮啮合间隙调整不当会造成（　　）故障。
   A. 转向盘自由转动量过大　　　　B. 自动跑偏

C. 前轮摆振

8. 汽车前左、前右减振器弹簧刚度不一致会造成（　　）故障。
   A. 转向盘自由转动量过大　　　　B. 自动跑偏
   C. 转向沉重

9. 转向轮单边制动或单边制动拖滞会造成（　　）故障。
   A. 转向盘自由转动量过大　　　　B. 转向沉重
   C. 自动跑偏

10. 车轮不平衡会造成（　　）故障。
    A. 转向盘自由转动量过大　　　　B. 转向沉重
    C. 转向轮摆振

二、填空题

1. 离合器常见的故障现象有：_____、_____、_____、_____等。分析问题时，应考虑到离合器本身、离合器操作机构_____、_____几个方面。

2. 手动变速器的常见故障有_____、_____、_____、_____及_____。

3. 驱动桥的常见故障有_____、_____和_____。

4. 行驶系常见故障有_____、_____、_____等。减振器失效会使车辆出现_____故障。

5. 转向系的常见故障有_____、_____、_____、_____等。

6. 制动系的常见故障有_____、_____、_____和_____。

7. 传动系滑行距离可在惯性式_____上进行检测，也可用_____在道路试验中进行。

8. 自动变速器的检测分为_____、_____、挡位检测、_____和道路试验等，目的是通过检测确定变速器的技术状况，找出故障原因及所在部位，采取相应的措施排除故障。

9. 最大设计车速大于或等于100km/h的机动车，其转向盘的最大转动量不得大于_____；最大设计车速小于100km/h的机动车，则不得大于_____。

10. 汽车车轮定位的检测有_____检测法和_____检测法两种类型。

11. 车轮平衡机按测量方式可分为_____式车轮平衡机和_____式车轮平衡机两类。

12. 车轮平衡机按车轮平衡机转轴的形式可分为_____车轮平衡机和_____车轮平衡机两类。

三、判断题

1. 在离合器发生抖动时，伴随着打滑现象。　　　　　　　　　　　　　（　　）
2. 车辆在直线行驶时正常，而在转弯时却出现异响，原因是主减速器啮合不正常。（　　）
3. 排除液压制动系统中的空气时，一般是先后轮，再前轮。　　　　　　（　　）
4. 转向系统出现故障后，应从转向器、转向传力机构、前轮定位、助力机构及车架等几部分进行分析、排查。　　　　　　　　　　　　　　　　　　　　（　　）
5. 轿车前轮前束的调整方法与货车相同。　　　　　　　　　　　　　　（　　）
6. 四轮制动间隙相等，该车肯定不会出现制动跑偏现象。　　　　　　　（　　）

7. 从动摩擦片有油污会造成离合器分离不彻底。（   ）
8. 若发动机怠速过高，则自动变速器会产生换挡冲击。（   ）
9. 自动变速器工作好坏与发动机无关。（   ）
10. 节气门阀拉线的作用是把发动机转速大小准确地反映到自动变速器内部。（   ）
11. 自动变速器失速检测是在车速为零的状态下，检测自动变速器油压的试验。（   ）
12. 换挡操纵手柄及手动阀摇臂之间的连杆或拉锁松脱，使手动阀保持在空挡或停车位置，会造成汽车不能行驶的故障。（   ）
13. 自动变速器漏油使液面太低，会造成挂挡后发动机熄火现象。（   ）
14. 左、右横拉杆连接处磨损会造成转向盘自由转动量过大。（   ）
15. 转向拉杆的球头销与球头座配合过紧会造成转向盘自由转动量过大。（   ）
16. 转向轮单边制动或单边制动拖滞会造成自动跑偏。（   ）
17. 检测车轮定位时，汽车轮胎及气压应符合规定。（   ）
18. 四轮定位仪是专门用来测量后轮外倾角和后轮前束等定位参数的。（   ）
19. 共振式悬架装置检测台的机械部分主要由微机、传感器、A/D 转换器、电磁继电器及控制软件等组成。（   ）
20. 跌落式悬架装置检测台是通过试验台的电动机、偏心轮、蓄能飞轮和弹簧组成的激振器，迫使试验台台面及其上被检汽车悬架装置产生振动。（   ）
21. 静平衡的车轮肯定是动平衡的。（   ）
22. 使用翻新胎或补胎会引起车轮静不平衡，但不会引起动不平衡。（   ）
23. 对车轮进行动平衡检测时，不必将轮胎气压充至规定值。（   ）
24. 使用离车式车轮平衡机时，不必将轮胎从车上拆下。（   ）

四、问答题
1. 自动变速器失速检测的目的是什么？
2. 如何诊断与排除转向盘自由转动量过大故障？
3. 什么叫前轮摆振？
4. 什么叫自动跑偏？
5. 前轮摆振的原因是什么？
6. 引起车轮不平衡的原因有哪些？
7. 分析离合器打滑故障时应以哪几个方面为主？如何检验？对于轻微的打滑故障，应采用什么设备检验？
8. 变速器中同步器常见的损伤形式有哪几种？
9. 如果驱动桥内严重缺油，哪个部位或零件最先损坏？为什么？更换主减速器齿轮时应遵循什么原则？
10. 汽车悬架装置工作性能的检测方法有哪几种？

五、简述题
1. 试分析具有液压助力转向系统的车辆在转向时，表现出一侧重而另一侧轻的原因。
2. 试分析制动拖滞的原因。
3. 简述离车式车轮平衡机使用方法。
4. 简述就车式车轮平衡机使用方法。
5. 简述 ABS 故障诊断应注意的事项。

第 5 章
整车的检测与诊断

 教学目标

通过学习本章,了解检测诊断的步骤和方法。掌握整车检测诊断方法和检测设备的使用方法。

 教学要求

能力目标	知识要点	权重	自测分数
会正确使用汽车整车检测诊断的仪器设备	检测设备的结构、原理及使用方法	30%	
会正确分析汽车整车检测的结果	整车检测的各项标准	25%	
能掌握汽车整车故障的诊断和排除方法	汽车故障的诊断、排除方法	45%	

引例

某人开了辆奥迪 100 2.2E 型轿车带全家去上海游玩,他们准备从高速路上走,因为他们想快点到上海并且能在路上欣赏沿路风景,路上一家人不亦乐乎,突然他发现车速表指针停在 60km/h 刻度处,而根据经验他觉得此时车速至少在 120km/h。

思考车速表故障出现在哪里。

5.1 动力性检测

5.1.1 汽车底盘测功试验台的结构与原理

汽车输出功率检测又称底盘测功,指对汽车驱动轮输出功率的检测。底盘测功的目的是评价汽车的动力性,同时对驱动轮输出功率与发动机输出功率进行对比,可求出传动效率以评价汽车底盘传动系的技术状况。

1. 底盘测功试验台的功能

底盘测功在滚筒式试验台上进行,该试验台通常称为底盘测功试验台或底盘测功机,是汽车底盘综合性能诊断设备,其基本功能如下。

(1) 测试汽车驱动轮输出功率。
(2) 测试汽车的加速性能。
(3) 测试汽车的滑行能力和传动系统的传动效率。
(4) 检测校验车速表。

辅以油耗计、废气分析仪等设备,还可以对汽车燃油经济性和废气排放性能进行检测。

2. 底盘测功试验台的结构原理

滚筒式底盘测功试验台,一般由滚筒装置、功率吸收装置(加载装置)、测量装置、辅助装置 4 部分组成。图 5.1 所示为国产 DCG-10C 型汽车底盘测功试验台机械部分的结构示意图。该试验台是一种采用美国 Intel 公司生产的单片机作为系统的控制核心,适用于轴质量不大于 10t、驱动车轮输出功率不大于 150kW 滚筒式试验台。

1) 滚筒装置

滚筒相当于连续移动的路面,被检汽车的车轮在其上滚动。滚筒有单滚筒和双滚筒之分,如图 5.2 所示。

(1) 单滚筒试验台。

支撑两边驱动车轮的滚筒各为单个的试验台,称为单滚筒试验台。单滚筒试验台的滚筒直径一般较大,车轮与滚筒的接触更接近其与路面接触的实际情况,使轮胎与滚筒的滑转率小、滚动阻力小,因而测试精度较高。但这种试验台的制造、安装、检测都比较复杂,且成本较高,不适用于汽车维修企业、汽车检测站等生产性试验。

(2) 双滚筒试验台。

支撑汽车两边驱动车轮的滚筒各为两个的试验台,称为双滚筒试验台。双滚筒试验台

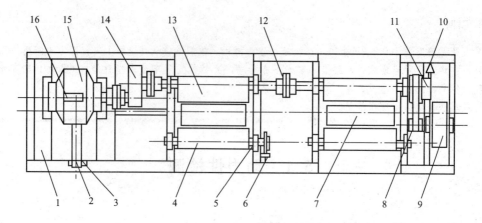

图 5.1 底盘测功试验台机械部分结构示意图

1—框架；2—测力杠杆；3—压力传感器；4—从动滚筒；5—轴承座；6—速度传感器；
7—举升装置；8—传动带轮；9—飞轮；10—电刷；11—离合器；12—联轴器；
13—主动滚筒；14—变速器；15—电涡流测功器；16—冷却水入口

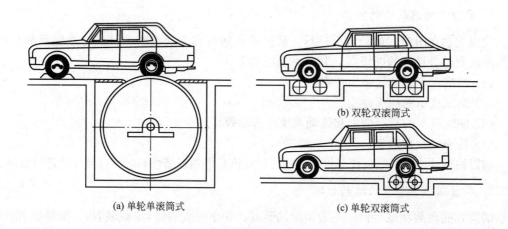

图 5.2 滚筒装置的结构类型

的滚筒直径较小，车轮与滚筒的接触与其在路面上不一样，致使滑转率增大，滚动阻力增大，滚动损失增加，故测试精度较低。但这种试验台结构简单，安装、使用方便，且成本较低，因而适用于汽车制造单位、维修企业和交通管理部门。尤其是单轮双滚筒式试验台应用更为广泛。

滚筒表面形状不同，有光滚筒、滚花滚筒、带槽滚筒和带涂覆层滚筒多种形式。光滚筒目前应用最多，对于双滚筒的光滚筒，由于车轮对滚筒的比压增大，虽然附着系数较低，但车轮与光滚筒间的附着能力可以产生足够的牵引力。带涂覆层滚筒是在光滚筒表面上涂覆与道路实际情况接近一致的摩擦层材料制成，可使附着力增大，是有发展前途的一种形式。由于滚花滚筒和带槽滚筒在使用中，其打滑率不能保持恒定，故应用较少。

2）功率吸收装置（加载装置）

汽车在底盘测功试验台上试验时，用试验台上的功率吸收装置来模拟车辆在道路上行驶所受的各种阻力,使汽车在试验台上的受力情况同行驶在道路上基本一样。功率吸收装置用来吸收并测量汽车发动机经传动系传至驱动车轮上的功率和牵引力,常用的功率吸收装置有水力测功器、直流电机电力测功器和电涡流测功器。

（1）水力测功器。

用水作为制动介质,水在测功器的转子和定子之间起联结作用,而形成制动力矩。通过调节进出水量,可以得到不同的制动功率。在水流量一定时,测功器的制动转矩随转子转速的增加而提高。这种测功器精度较低。

（2）电力测功器。

电力测功器又称为平衡电机,作为负载用时,它吸收功率,其功用相当于直流发电机;但平衡电机还可作为驱动机械之用,这时它输出功率,其功用则相当于直流电动机。利用电子控制的电力测功器能很好地模拟汽车的行驶阻力和惯性力。因此,它大大地扩大了滚筒试验台的用途。但电力测功器的制造成本较高,一般科研单位使用较多。

（3）电涡流测功器。

汽车检测站和汽车维修企业使用的滚筒式底盘测功试验台,多采用电涡流测功器,如图5.3所示。电涡流测功器具有测量精度高、振动小、结构简单和易于调控等优点,并具有宽广的转速和功率范围。

电涡流测功器的定子,其内部沿圆周布置有激磁线圈和涡流环,转子在激磁线圈和涡流环内转动。转子的外圆上加工有或镶有与圆柱齿轮相仿的、均匀分布的齿和槽,齿顶与涡流环留有一定空气隙。

当激磁线圈通以直流电时,在其周围形成磁场,磁场产生的磁力线通过转子、空气隙、涡流环和定子形成闭合磁路。由于转子外圆上的齿与槽是均布的,因而转子周围的空气隙也大小相间地均布,通过的磁力线也疏密相间。当转子旋转时,这

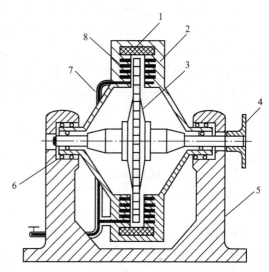

图5.3 水冷电涡流测功器结构示意图
1—激磁线圈；2—定子；3—转子；4—联轴器；
5—底座；6—轴承；7—冷却水管；8—冷却室水沟

些疏密相间的磁力线也同步旋转。由于通过涡流环上任一点的磁力线是呈周期性变化的,因而在涡流环上感生涡电流。该涡电流与产生它的磁场相互作用而产生了对转子的制动力矩,因而测功器吸收了驱动车轮的输出功率。只要调节激磁电流的大小,就可以改变制动力矩(即吸收功率)的范围。电涡流测功器将吸收的功率而产生的涡电流转化为热能,因而涡流环的温度较高,需对其进行冷却,所以按冷却方式分为风冷式和水冷式两类。

3) 测量装置

因为测功器不能直接测出汽车驱动轮的输出功率值,它需要测出旋转运动时的转速与扭矩,或直线运动时的速度与牵应力,再换算成其功率值。所以,测功试验台必须配有测力装置与测速装置。

（1）测力装置。

该装置能测出驱动车轮产生的驱动力。驱动车轮对滚筒施加的驱动力所形成的转矩,

由测功器定子与转子间的制动作用而传给可摆动的定子,定子则通过一定长度的测力杠杆2(如图5.1所示)传给测力装置,然后由指示装置显示出来。

测力装置有机械式、液压式和电测式3种形式,目前应用较多的是电测式。电测式测力装置一般在测力杠杆外端安装测力传感器3(如图5.1所示),将测力杠杆传来的力变成电信号,经处理后送到指示装置显示出来。

(2) 测速装置。

底盘测功试验台在进行测功、加速、等速、滑行和燃料经济性等试验时,都需要测得试验车速,因此必须配备测速装置。测速装置多为电测式,一般由速度传感器6(如图5.1所示)、中间处理装置和指示装置组成。常见的速度传感器有磁电式、光电式和测速发电机等形式,它们安装在从动滚筒一端,随滚筒一起转动,能把滚筒的转动转变为电信号。与测速发电机配套的指示装置是一电压计,电压计的刻度盘以 km/h 标定。

(3) 功率指示装置。

如果测力装置为电测式,指示装置能直接指示驱动车轮的输出功率。特别是微机控制的底盘测功试验台,测力传感器和速度传感器输出的电信号送入微机处理后,可在指示装置上直接显示驱动轮的输出功率数。

测力装置为机械式和液压式的试验台,其指示装置仅能指示驱动车轮的驱动力,驱动车轮的输出功率 P_k 应根据测得的驱动力和对应的试验车速按下式计算

$$P_k = \frac{FV}{3600} \quad (\text{kW}) \tag{5-1}$$

式中:F——驱动车轮的驱动力(N);

V——试验车速(km/h)。

4) 辅助装置

(1) 飞轮装置。

有的滚筒式底盘测功试验台还装有飞轮装置。飞轮由滚动轴承支撑在滚筒式底盘测功试验台的框架上,通过离合器与主滚筒相连。带有飞轮的底盘测功试验台称为惯性式底盘测功试验台,能模拟汽车的旋转惯量,进行加速性能和滑行性能等性能试验。飞轮的质量一般按照被测汽车的质量选取。

(2) 举升装置。

为了方便汽车进出底盘测功试验台,在主、从动滚筒之间设有举升装置。举升装置由举升器和举升平板组成。举升器有气动、液动和电动3种形式,以气动最为多见。气动举升器又有汽缸式和气囊式之分,气囊式结构简单、制造容易、成本低廉,已开始在底盘测功试验台上应用。

(3) 控制装置。

底盘测功试验台的控制装置和指示装置往往制成一体,形成柜式结构,安置在底盘测功试验台机械部分左前方易于操作和观察的地方。图5.4为国产 DCG-10C 型底盘测功试验台控制柜面板图,控制柜上的按键、显示窗、旋钮、功能灯、报警灯、指示灯等,用来控制试验过程,显示试验结果。带有打印机的底盘测功试验台,还可打印出所测数据或曲线图。

多数测功试验台,还附有供冷却被检车辆发动机散热器用的冷风装置和为防止被检车辆在检测时驶出滚筒的纵向约束装置(三角木和钢质索链)。

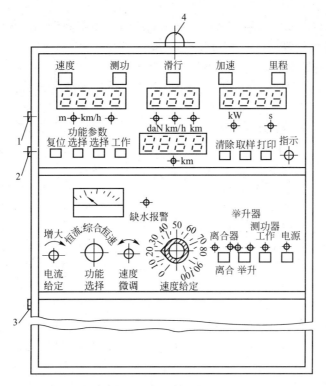

图 5.4 控制柜面板图

1—取样盒插座；2—打印机数据线插座；3—打印机电源线插座；4—报警灯

5.1.2 汽车底盘测功试验台的测功方法

型式不同的底盘测功试验台，其使用方法也有区别的，以下介绍的是一般的操作方法。

1. 检测前的准备

1) 底盘测功试验台的准备

使用试验台之前，按厂家规定的项目对试验台进行检查、调整、润滑，在使用过程中，要注意仪表指针的回位、举升器工作的导线的接触情况。发现故障，及时清除。

2) 被检汽车的准备

汽车开上底盘测功试验台以前，仔细调整发动机供油系及点火系至最佳工作状态；检查、调整、紧固和润滑传动系、车轮的连接情况；清洁轮胎，检查轮胎气压是否符合规定；必须运行走热汽车至正常工作温度。

2. 检测方法

1) 检测点的选择

测功试验时，应选择几个有代表性的工况测试汽车驱动轮的输出功率或驱动力：如发动机额定功率所对应的车速(或转速)，发动机最大转矩所对应的车速(或转速)，汽车常用车速例如经济车速(或转速)，或根据交通管理部门的要求选择检测点。

2) 测功方法

(1) 接通试验台电源，并根据被检车辆驱动轮输出功率的大小，将功率指示表的转换开头置于低挡或高挡位置。

(2) 操纵手柄(或按钮)，升起举升器的托板。

(3) 将被检汽车的驱动轮尽可能与滚筒成垂直状态地停放在试验台滚筒间的举升器托板上。

(4) 操纵手柄，降下举升器托板，直到轮胎与举升器托板完全脱离为止。

(5) 用三角铁板架抵住位于试验台滚筒之外的一对车轮的前方，以防止汽车在检测时从试验台滑出去，将冷却风扇置于被检汽车正前方，并接通电源。

(6) 检测发动机额定功率和最大转矩转速下驱动车轮的输出功率或驱动力时，将变速器挂入选定挡位，松开驻车制动，踩下加速踏板，同时调节测功器制动力矩对滚筒加载，使发动机在节气门全开情况下以额定转速运转。待发动机转速稳定后，读取并打印驱动车轮的输出功率(或驱动力)值、试验车速值。在节气门全开情况下继续对滚筒加载，至发动机转速降至最大转矩转速稳定运转时，读取并打印驱动车轮的驱动力(或输出功率)值、试验车速值。

如需测出驱动车轮在变速器不同挡位下的输出功率或驱动力，则要依次挂入每一挡按上述方法进行检测。当发动机发出额定功率，挂直接挡，可测得驱动车轮的额定输出功率；当发动机发出最大转矩，挂1挡，可测得驱动车轮的最大驱动力。

发动机全负荷选定车速下驱动车轮输出功率或驱动力的检测，是在踩下加速踏板的同时调节测功器制动力矩对滚筒加载，使发动机在节气门全开情况下以选定的试验车速稳定运转进行的。发动机部分负荷选定车速下驱动车轮输出功率或驱动力的检测与此相同，只不过发动机是在选定的部分负荷下工作的。

当使用DCG-10C型汽车底盘测功试验台测功时，将"速度给定"旋钮(图5.4)打到选定的速度刻线上，"功能选择"旋钮打到"恒速"上，逐渐增大节气门到所需位置的同时，控制装置能自动调控激磁电流，使汽车在选定的车速下恒速测功。如果手动调控激磁电流，需将"功能选择"旋钮打到"恒流"上，然后手动旋转"电流给定"旋钮即可增大或减小激磁电流，并在旋钮给定位置上供给恒定的激磁电流。

(7) 全部检测结束，待驱动轮停止转动后，移开风扇，去掉车轮前的三角板架，操纵手柄，举起举升器的托板，将被检汽车驶离试验台。

(8) 切断试验台电源。

3) 注意事项

(1) 超过试验台允许轴重或轮重的车辆一律不准上试验台进行检测。

(2) 检测过程中，切勿拨弄举升器托板操纵手柄，车前方严禁站人，以确保检测安全。

(3) 检测额定功率和最大扭矩相应转速工况下的驱动轮输出功率时，一定要开启冷却风扇并密切注意各种异响和发动机的冷却水温。

(4) 走合期间的新车和大修车不宜进行底盘测功。

(5) 试验台不检测期间，不准在上面停放车辆。

3. 计算机械传动效率评价传动系技术状况

如果测出的被检汽车驱动车轮输出功率低，可能是发动机功率低或传动系功率损失大造成。把测出的汽车驱动车轮输出功率与发动机输出的有效功率进行比较，可按下式计算出传动系统的机械传动效率 η_m。

$$\eta_m = \frac{P_k}{P_e} \tag{5-2}$$

式中：P_k——驱动轮输出功率；

P_e——发动机有效功率。

汽车传动系中的机械传动效率正常值见表 5-1。需说明的是：在底盘测功试验台上试验时，车轮在滚筒上的滚动损失功率可达所传递功率的 15%～20%；试验台的机械传动阻力所消耗的功率在正常情况下占传动功率的 5% 左右。试验表明，考察驱动轮功率，轿车一般如能达到其发动机额定功率的 70%，货车和客车一般如能达到其发动机额定功率的（双级主传动器）60%～65%（单级主传动器），即说明其发动机与传动系的技术状况良好。

表 5-1　汽车传动系统机械传动效率

汽车类型		机械传动效率 η_m
轿车		0.90～0.92
载货汽车与公共汽车	单级主传动器	0.90
	双级主传动器	0.84
4×4 越野汽车		0.85
6×4 载货汽车		0.80

当被检汽车的机械传动效率过低时，说明消耗于离合器、变速器、分动器、万向传动装置、主减速器、差速器和轮毂轴承等处的功率增加，汽车传动系统技术状况不良。通过正确的调整和合理的润滑，机械传动效率会得到提高。值得提出的是，新车和大修车的机械传动效率并不是最高，只有传动系完全走合后，由于配合情况变好，摩擦力减小，才使得机械传动效率达到最高。此后，随着车辆继续使用，由于磨损逐渐扩大，配合情况逐渐恶化，造成摩擦损失不断增加，因而机械传动效率也就降低。所以，定期对车辆底盘测功，计算机械传动效率，能为评价底盘技术状况提供重要依据。

滚筒式底盘测功试验台，除能检测驱动车轮的输出功率或驱动力外还能检测车速表指示误差、模拟道路等速行驶、上坡行驶和测试等速行驶油耗量等。如果试验台属于惯性式，且飞轮的转动惯量能等效（通过更换不同质量的飞轮实现）试验汽车加速行驶时的惯性力（加速阻力），还可模拟加速行驶、减速行驶，测试滑行距离和多工况试验油耗量等；有些惯性式底盘测功试验台，在测得驱动车轮输出功率后，立即踩下离合器踏板，利用试验台对汽车的反拖还可测得传动系消耗功率。这种试验台，如果将测得的同一转速下的驱动车轮输出功率与传动系消耗功率相加，就可求得这一转速下的发动机有效功率。

除上述测试项目外，凡需要汽车在运行中进行的检测与诊断项目，只要配备所需的检测设备，均可在滚筒式底盘测功试验台上进行。例如，检测各种行驶工况下的废气成分或烟度，检测点火提前角或供油提前角，诊断各总成或系统的噪声与异响（包括经验诊断法），观测汽油机点火波形或柴油机供油波形，检测各总成工作温度和各电气设备的工作情况等。

5.2 汽车经济性的检测

在汽车的运输成本中,汽车燃油消耗的费用占20%～30%,提高汽车的燃油经济性,节约燃油对降低汽车运输成本意义重大。同时,汽车的燃油消耗量又与汽车发动机和底盘的技术状况密切相关,因此汽车的燃油经济性可作为综合指标评价汽车的技术状况。

汽车的燃油消耗量是由油耗仪来测量的。用油耗仪测量汽车燃油消耗在使用中的变化,不仅可以诊断燃油供给系的技术状况,而且可以诊断发动机及整车的技术状况。有时油耗仪可以作为诊断汽车是否需要维修的有效工具。

5.2.1 汽车燃油消耗量的两种基本试验方法

汽车燃油经济性试验有道路试验和台架试验两种基本方法。

1. 道路试验方法

国家标准 GB/T 12545—1990《汽车燃料消耗量试验方法》有如下规定。

1) 试验条件

(1) 试验车辆载荷。除有特殊规定外,轿车为规定乘员数的一半(取整数),城市客车为总质量的65%,其他车辆为满载,乘员质量及其装载要求按国家标准 GB/T 12534—1990《汽车道路试验方法通则》的规定。

(2) 试验仪器。车速测定仪器和燃料流量计,仪器精度为0.5%,计时器最小读数为0.1s。

(3) 试验的一般规定。试验车辆必须清洁,关闭车窗和驾驶室通风口,只允许开动为驱动车辆所必须的设备;由恒温器控制的空气流必须处于正常调整状态。

(4) 试验车辆必须按规定进行磨合,其他试验条件、试验车辆准备按 GB 12534 的规定。

2) 试验项目

(1) 直接挡全负荷加速燃料消耗量试验。

(2) 等速燃料消耗量试验。

(3) 多工况燃料消耗量试验。

(4) 限定条件下的平均使用燃料消耗量试验。

2. 台架试验方法

一般而言,汽车检测站因受到场地条件限制,而无法用道路试验检测汽车的燃油经济性,因此常在底盘测功机上参照有关规定模拟道路试验来检测汽车的燃油经济性,称为台架试验方法。交通行业标准 JT/T 199—1995《汽车技术等级评定的检测方法》就用底盘测功机检测等速百公里油耗做了以下规定:起动发动机,使汽车运转至正常热工况。在测功机上,变速器置于直接挡(无直接挡的用最高挡),测功机加载至限定条件,使汽车稳定在测试车速,测量燃油消耗量,并换算成百公里燃油消耗量。

5.2.2 常用油耗仪的结构与工作原理

测量汽车燃油消耗量时,可以采用测定其容积、质量、流量、流速和压力等方法,其中，容积法和质量法较为常用，特别是容积法应用得更为广泛。

发动机台架试验时采用容积法和质量法的基本方法，是测定发动机消耗一定容积燃油或消耗一定质量燃油所经过的时间，然后由燃油消耗量和经过时间计算单位时间的燃油消耗量。

汽车道路试验或整车在底盘测功试验台上测量燃油消耗量，是测定汽车通过一定路程时消耗的燃油量和通过时间，然后由燃油量、路程和时间，计算试验车速下汽车单位里程燃油消耗量(L/km)、百公里燃油消耗量(L/100km)、百吨公里燃油消耗量(L/(100t·km))或每升燃油行驶的里程(km/L)。

油耗仪一般由传感器和计量显示仪表组成，二者采用电缆线连接。

1. 容积式油耗仪

容积式油耗仪按传感器结构分类，可分为膜片式、量管式和活塞式3种，以采用膜片式、活塞式传感器较为多见。按计量显示仪表分，可分为电磁计数器式和有运算功能的数字显示式两种，目前油耗仪已发展成计算机控制的智能化仪表。

1) 膜片式油耗仪

膜片式油耗仪的传感器是通过油室内膜片的变形来测量燃油消耗量，当油室内膜片变形使其容积由最大变到最小时，造成的容积差就是油室的排油量。油室的排油量是一个定值，由电磁计数器记录排油次数，因而可测得流经的燃油量。膜片式油耗仪具有结构简单、密封性好、对燃油清洁性要求不高等优点。但是，使用中膜片不可避免地产生塑性变形，致使计量精度发生变化，因而需要经常校正。

2) 行星活塞式油耗仪

行星活塞式油耗仪的传感器由流量测量机构和信号转换机构组成。

流量测量机构主要由十字形配置的4个活塞和旋转曲轴构成，如图5.5所示，用于将一定容积的燃油流量转变为曲轴的旋转。

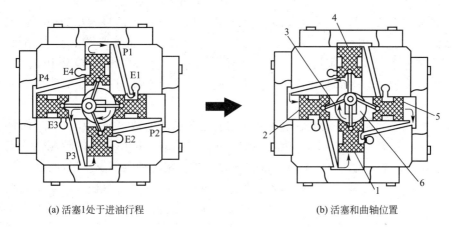

(a) 活塞1处于进油行程　　　　　　(b) 活塞和曲轴位置

图5.5　行星活塞式油耗传感器原理图

1—活塞Ⅰ；2—活塞Ⅱ；3—连杆；4—活塞Ⅲ；5—活塞Ⅳ；6—曲轴

在泵油压力作用下，燃油推动活塞往复运动，4个活塞各往复运动一次则曲轴旋转一周，完成一个进排油循环。活塞在油缸中处于进油行程或是排油行程，取决于活塞相对于进排油口的位置。图5.5(a)表示活塞Ⅰ处于进油行程，来自曲轴箱的燃油由P3推动其下行，并使曲轴作顺时针旋转。此时，活塞Ⅱ处于排油行程终了，活塞Ⅲ处于排油行程中，燃油从活塞Ⅲ上部经 P1 从排油口 E1 排出，活塞Ⅳ处于进油终了。当活塞和曲轴位置如图 5.5(b)时，活塞Ⅰ处于进油行程终了，活塞Ⅱ处于进油行程，通道 P4 导通，活塞Ⅲ处于排油行程终了，活塞Ⅳ处于排油行程，燃油从通道 P2 经排油口 E2 排出。如此循环往复，曲轴每旋转一圈，各缸分别泵油一次，从而具有连续定容量泵油的作用。经上述流量测量机构的转换后，测燃油消耗量转化为测定曲轴的旋转圈数。这可由装在曲轴一端的信号转换机构完成。一般采用光电测量装置进行信号转换，把曲轴旋转圈数转化为电脉冲信号。

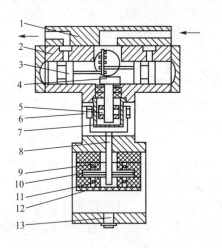

图 5.6 LCH-1 型流量传感器结构图

1—缸盖；2—缸体；3—活塞及连杆；4—曲轴；5—主动磁铁；6—从动磁铁；7—密封罩；8—转轴；9—发光二极管；10—光栅；11—光敏管；12—线路板；13—插座

信号转换机构由主动磁铁、从动磁铁、转轴、光栅、发光二极管和光敏管等组成，如图 5.6 所示。主动磁铁装在曲轴端部、从动磁铁装在转轴端部，两磁铁相对安装但磁铁之间有间隙，其作用在于构成磁性联轴器；光栅固定在转轴上，由转轴带动旋转；光栅两侧相对位置上固定有发光二极管和光敏管，光敏管用于接收发光二极管发出的光线，光栅位于两者之间，其作用是把发光二极管发出的连续光线转变为光脉冲。当曲轴转动时，通过磁性联轴器带动转轴及光栅旋转，光栅在发光二极管和光敏管之间旋转使光敏管接收到光脉冲，由于光敏管的光电作用将光脉冲转换为电脉冲信号输入到计量显示装置。该电脉冲数与曲轴转过的圈数成正比，从而经过运算处理，在显示装置上显示出燃油的消耗量。

图 5.6 所示为国产 LCH-1 型流量传感器，其输出的光电信号为 0.2mL/脉冲。

行星活塞式油耗仪传感器具有结构紧凑、布置对称、工作平稳、计量精度高等优点，在国内外获得了广泛应用，特别适用于需精确计量燃油量的检测和试验。但是，也有结构相对复杂、加工精度和装配精度要求高、生产成本高和对燃油的清洁性要求高等缺点。

行星活塞式油耗仪的计量显示仪表多采用有运算功能的数字显示型仪表，而且已发展成计算机控制、功能全、重量轻、检测参数多、工作可靠、使用方便的智能化仪表。如国产 SLJ-3 型流量计，就是以计算机为控制核心，能测定各种类型发动机油耗的累计流量、瞬时流量、道路行驶流量和累计时间等参数，并具有定时间、定容积、定质量等功能，能对数据进行运算、处理、存储、显示和打印。还有些智能化仪表，如国产 ZHZ14 型汽车综合参数测试仪，不仅包括油耗计功能，还能测试试验车速、累计里程、燃油温度等，并能按国家标准的规定自动完成等速燃料消耗量试验、多工况燃料消耗量试验和手动完成百公里燃料消耗量试验等测试任务。这种仪器不仅功能全，检测参数多，而且测试中无须在试验路段上插设标杆，使用非常方便。

2. 质量式油耗仪

质量式油耗仪由称量装置、计数装置和控制装置构成，如图 5.7 所示。

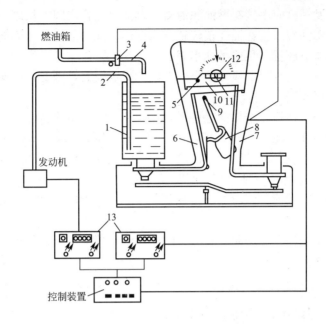

图 5.7　质量式油耗仪示意图

1—油杯；2—出油管；3—电磁阀；4—加油管；5、10—光电二极管；6、7—限位开关；
8—限位器；9—光源；11—鼓轮机构；12—鼓轮；13—计数器

称量装置的秤盘上装有油杯 1，燃油经电磁阀 3 加入油杯。电磁阀的开闭由装在平衡块上的行程限位器 8 拨动两个微型限位开关 6 和 7 进行控制。光电传感器由两个光电二极管 5、10 和装在棱形指针上的光源 9 组成，用于给出油耗始点和终点信号。光电二极管 5 为固定式，光电二极管 10 装在活动滑块上，滑块通过齿轮齿条机构移动，齿轮轴与鼓轮 12 相连，计量的燃油量通过转动鼓轮 12 从刻度盘上读出。计量开始时，光源 9 的光束射在光电二极管 5 上，光电二极管发出信号使计数器 13 开始计数，随着油杯中燃油的消耗，指针移动。当光束射到光电二极管 10 上时，光电二极管 10 发出信号，使计数器停止计数。

5.2.3　汽车燃油经济性的台架试验

台架试验时，汽车燃油经济性检测是把底盘测功机和油耗仪配合使用完成的。底盘测功机用于提供活动路面并模拟汽车在道路上行驶时的阻力，油耗仪则用于燃油消耗量的测量。

汽车燃油经济性检测结果的准确性除与油耗仪的测试精度有关外，还取决于底盘测功机对汽车行驶阻力的模拟是否准确。

1. 油耗仪传感器在燃油管路中的安装

油耗仪传感器在油路中的连接，对于一般无回油管路的汽油车，可将油耗仪传感器串接在汽油泵与化油器之间，使传感器的入口接汽油泵的出口，传感器出口则接化油器的入口。

柴油机应串接在柴油滤清器与喷油泵之间，从高压回油管和低压回油管流回的燃油应接在油耗仪传感器与喷油泵之间，以免重复计量。

电控燃油喷射发动机应串接在燃油滤清器与燃油分配管之间，从燃油压力调节器经回油管流回燃油箱的燃油应改接在油耗仪传感器与燃油分配管之间，避免重复计量。

串接好的传感器应放置平稳或吊挂牢固。

排出油路中的空气泡对保证检测结果的准确性影响极大，因此，在安装油耗仪传感器后，必须把空气泡排除干净。

为使汽车燃油经济性检测结果准确可靠，还应注意以下事项。

发动机冷却液温度应在80～90℃范围内，温度过高时应采用冷却风扇降温；轮胎气压应符合规定，误差不超过±0.01MPa，且左右轮胎的花纹一致；被测车底盘温度应随室温变化严格控制，室温低于10℃时，底盘温度应控制在25℃以上。

测试车速、挡位、载荷、试验循环等应满足GB/T 12545—1990《汽车燃料消耗量试验方法》的规定。

油耗仪传感器所用油管应透明、耐油、耐压、油管接头用合格的环形夹箍，不得用铅丝缠绕，并确保无渗漏等。

2. 模拟加载量的确定和试验循环

1) 等速百千米油耗测试模拟加载量

交通行业标准JT/T 199—1995《汽车技术等级评定的检测办法》规定了用底盘测功机检测汽车的等速百公里油耗时的测试条件为：汽车为正常热状态；变速器挂直接挡或最高挡；加载至限定条件并使汽车稳定在试验车速。

GB/T 12545—1990《汽车燃料消耗量试验方法》规定限定条件下的试验车速为：轿车60km/h±2km/h，铰接式客车35km/h±2km/h，其他车辆50km/h±2km/h。

在台架上测试汽车的等速百公里油耗时，合理确定测功机的加载量，求出试验车速下驱动轮功率，以模拟汽车在规定道路上以规定车速行驶时所受到的阻力极其重要。

试验时，把汽车驱动轮驶入底盘测功机滚筒装置，把油耗仪传感器接入汽车的燃油管路；设定好试验车速，起动发动机，变速器挂直接挡；逐渐踩下加速踏板，使测功机指示的功率值等于所确定的模拟加载量并使之稳定；此时按下油耗测量按钮，当驱动轮在滚筒上驶过不少于500米的距离时，即可从显示装置上读得汽车的等速百公里油耗值。为消除偶然因素的影响，应重复试验3次，取其平均值作为被检汽车在给定测试条件下的百公里油耗值。可在不同试验车速下进行汽车的等速百公里油耗试验，并做出汽车的等速百公里油耗特性曲线。试验时，汽车使用常用挡位，试验车速从20km/h开始，并以车速的10km/h的整倍数均匀选取试验车速，直到最高车速的90%。至少测定5个试验车速。

在不同试验车速下，底盘测功机所对应的模拟加载量不同。在不同试验车速和所对应加载功率条件下，每个试验车速测试3次，取其平均值作为被测汽车在给定试验车速时的百公里油耗特性曲线图。每个规定车速下的百公里油耗量测出后，便可在以车速为横坐标、等速百公里油耗量为纵坐标的坐标系中给出该车的百公里油耗特性曲线图。

2) 汽车多工况燃油消耗量测试模拟加载量

汽车多工况燃油消耗量测试，需在具有可模拟汽车行驶动能的飞轮机构并采用自动控制的底盘测功机上，按规定的试验循环进行。其测试结果取决于飞轮机构对道路试验、汽车在相应车速功能的模拟精度和完成试验循环的准确性。

进行多工况燃料消耗量试验时,底盘测功机飞轮机构转动惯量(模拟加载量)所应满足的要求与加速能力和滑行能力试验相同。

各类汽车进行多工况燃油消耗量试验时的试验载荷有如下规定:轿车为规定乘员数的一半(取整数);微型汽车为空载加两名乘员(含驾驶员);城市客车为总质量的65%;其他车辆为满载。

各类汽车进行多工况燃油消耗量试验时的试验循环,GB/T 12545—1990《汽车燃料消耗量试验方法》做出了相应的规定。

汽车在进行多工况试验时,加速、匀速和用车辆的制动器减速时,在每个试验工况,除单独规定外,车速允许偏差为±2km/h;在工况改变过程中,允许车速的偏差大于规定值,但在任何条件下超过车速偏差的时间不大于1s。

每辆车的多工况燃油消耗量试验应进行4次,取4次试验结果的算术平均值为多工况燃料消耗量试验的测定值。

5.3 车轮侧滑量的检测

汽车前轮定位参数是影响汽车的操纵性和直线行驶稳定性的重要因素。汽车如果没有正确的前轮定位,将引起转向沉重、操纵困难、增加驾驶员的劳动强度,同时,转向车轮在向前滚动时将会产生横向滑移现象,即车轮侧滑。实践证明,车轮的侧滑量,会使汽车行驶跑偏、增加滚动阻力、加剧转向机构和转向轮胎的正常磨损,最终导致汽车燃油消耗量的增加以及动力性能的下降,易造成行车事故的潜在危险。因此,汽车转向轮定位值是汽车安全检测中的重点检测项目之一。

中华人民共和国国家标准GB 7258—1997《机动车运行安全技术条件》和GB 18565—2001《营运车辆综合性能要求和检验方法》,对汽车有关转向轮定位参数的检测做了如下一些规定。

(1) 机动车转向轮转向后应能自动回正,以使机动车具有稳定的直线行驶能力。

(2) 机动车前轮定位值应符合该车有关技术条件。

(3) 机动车转向轮的横向侧滑量,用侧滑仪检测时,其值不得超过5m/km。

汽车前轮定位参数的检测,有静态检测法和动态检测法两种。静态检测法是在汽车静止的状态下,用车轮定位仪对前轮定位值进行检测。测定时,底盘各机件的技术状况应完好,汽车处于水平场地,按规定的载荷,轮胎气压正常并呈直驶位置。检测项目有车轮前束、车轮外倾角、主销内倾角和主销后倾角。把测定值与车辆制造厂给出的技术数据进行对照,不合格时进行调整,使在用车恢复原车的操纵稳定性。

动态检测法是使汽车以一定的行驶速度通过侧滑试验台,从而测量转向轮的横向侧滑量。侧滑量是指汽车直线行驶位移量为1km时,转向轮的横向位移量。侧滑量的单位:m/km。汽车侧滑试验台是在汽车安全检测线上用以检测汽车前轮侧滑量的一种专门设备。而汽车前轮的侧滑量主要受转向轮外倾角及转向轮前束值的影响。所以,侧滑试验台就是为检测汽车转向轮外倾角与前束值这两个参数配合是否恰当而设计制造的一种专门的室内检测设备。

5.3.1 汽车侧滑试验台的结构与原理

1. 转向轮定位值的动态检测

经分析可知，汽车转向轮的前束值与外倾角对其侧滑的影响比较大。

1) 转向轮前束引起的侧滑

转向轮有了前束后，在滚动过程中力图向内收拢，只是由于转向桥不可能缩短，因此，在实际滚动过程中才不至于真正向内滚拢来。但由此而形成的这种内向力势必成为加剧轮胎磨损等的隐患。

又假设让两个只有前束而没有外倾的转向轮向前驶过，如图5.8所示的滑动板，也可以看到左右转轮下的滑动板在转向轮内向力的反作用力的推动下，出现图5.8中虚线所示分别向外侧滑移的现象。其单边转向轮的外侧滑量 S_t 为

$$S_t = \frac{L' - L}{2} \tag{5-3}$$

2) 转向轮外倾角引起的侧滑

转向轮外倾角的存在，在滚动过程中车轮将力图向外张开，只是由于转向桥不可能伸长，因此，在实际滚动过程中才不至于真正向外滚开。但由此而形成的这种外张力势必成为加剧轮胎磨损等的隐患。

假设让两个只有外倾而没有前束的转向轮同时向前驶过两块相对于地面可以左右滑动的滑动板，就可以看到左右转向轮下的滑动板在转向轮外张力的作用力的推动下，出现如图5.9中虚线所示，将分别向内侧滑移。其单边转向轮的内侧滑量 S_c 为

$$S_c = \frac{L' - L}{2} \tag{5-4}$$

侧滑试验台就是应用上述滑板原理来检测出转向轮的侧滑量的。

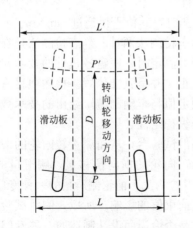

图 5.8　由车轮前束引起滑动板的侧滑

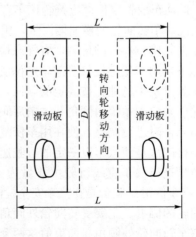

图 5.9　由车轮外倾角引起滑动板的侧滑

2. 滑板式侧滑试验台的结构原理

汽车侧滑检验设备按其测量参数可以分为两类：一类是测量车轮侧滑量的滑板式侧滑试验台；另一类是测量车轮侧向力的滚筒式侧滑试验台。上述两种试验台都属于动态侧滑试验台。

滑板式侧滑试验台，按其结构又可分为单板式侧滑试验台和双板式侧滑试验台两种形式。前者只有一块侧滑板，检验时汽车只有一侧车轮从试验台上通过；后者共有左右两块侧滑板，检验时汽车左、右车轮同时从侧滑板上通过。它们一般均由测量装置、指示装置和报警装置等组成，下面主要介绍双板式侧滑试验台。

滚筒式侧滑试验台是测量汽车行驶中车轮的侧向力，以此来判定汽车侧滑量的大小。

1) 测量装置

测量装置由框架、左右两块滑动板、杠杆机构、回位装置、滚轮装置、导向装置、锁止装置、位移传感器及信号传递装置等组成。该装置能把前轮侧滑量测出并传递给指示装置。

滑动板的长度一般有 500mm、800mm 和 1000mm 这 3 种。滑动板的上表面制有"T"形纹或"十"形纹，以增加与轮胎之间的附着力。滑动板的下部装有滚轮装置和导向装置，两滑动板之间连接有曲柄机构、回位装置和锁止装置。在侧向力作用下，两滑动板只能在左右方向上作等量位移，并且要向内均向内，要向外均向外，在前后方向上不能位移。

当前轮正前束(IN)过大时，滑动板向外侧滑动；当前轮负前束(OUT)过大时，滑动板向内侧滑动；当侧向力消失时，在回位装置作用下两滑动板回到零点位置；当关闭锁止装置时，两滑动板被锁止。

按滑动板位移量传递给指示装置方式的不同，测量装置可分为机械式和电测式两种。

(1) 机械式测量装置。

这种装置是把滑动板与指示装置机械地连接在一起，通过连杆和 L 型杠杆等零件，把滑动板位移量直接传递给指示装置的一种结构形式。具有机械式测量装置的侧滑试验台，一般也称为机械式侧滑试验台，其指示装置设立在测量装置的一端，两者必须靠得很近，测量结果只能在机构附近显示，不便于远距离传输，近年来已逐渐不用。

(2) 电测式测量装置。

这种装置是把滑动板的位移量通过位移传感器变成电信号，再经过放大与处理而传输给指示装置的一种结构形式，可以借助于导线，将测量结果长距离传输，或与计算机接通，处理十分方便。位移传感器有自整角电动机式、电位计式和差动变压器式等多种形式。

自整角电动机式测量装置如图 5.10 所示，测量原理如图 5.11 所示。测量装置上的自整角电动机 7 通过齿轮齿条机构、杠杆和连杆等与滑动板连接在一起。指示装置中也装备有同一规格的自整角电动机 9。当滑动板位移时，自整角电动机 7 (产生信号的自整角电动机)回转一定角度并产生电信号传输给自整角电动机 9 (接收信号的自整角电动机)，自整角电动机 9 接到电信号后回转同一角度并通过指针指示出滑动板位移量的大小和方向。

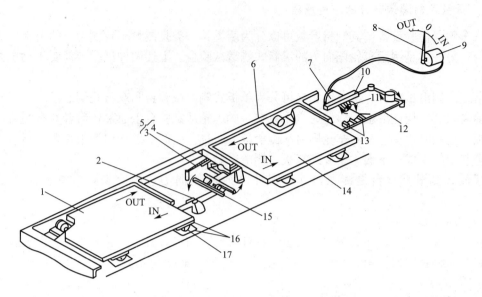

图 5.10　侧滑试验台自整角电动机式测量装置

1—左滑动板；2—导向滚轮；3—回位弹簧；4—摆臂；5—回位装置；6—框架；
7—产生电信号的自整角电动机；8—指针；9—接收电信号的自整角电动机；10—齿条；
11—齿轮；12—连杆；13—限位开关；14—右滑动板；15——双销叉式曲柄；16—轨道；17—滚轮

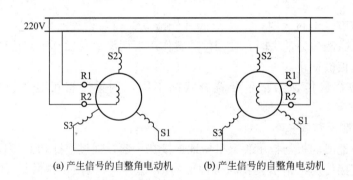

(a) 产生信号的自整角电动机　　　　(b) 产生信号的自整角电动机

图 5.11　自整角电动机式测量装置原理图

产生信号的自整角电动机与接收信号的自整角电动机，转子线圈都通有一定电压的交流电，定子线圈的 3 个接线柱分别对应相连。因此当一个电动机转动一定角度之后，另一个电动机也将随之转动同样角度，实现两个电动机不同轴但同角度旋转。

电位计式测量装置如图 5.12 所示，测量原理如图 5.13 所示。可以看出，当滑动板位移时能变为电位计触点在电阻线圈上的移动，致使电路阻值发生变化，进而使电路电压发生变化。把这一变化传输给指示装置(电压表)，就可将滑动板位移量的大小和方向指示出来。差动变压器式测量装置如图 5.14 所示，测量原理如图 5.15 所示。初级线圈和次级线圈共用一根铁芯，在初级线圈内通有交流电，通过铁芯使次级线圈内产生感应电流。当滑动板位移时，通过触头带动差动变压器线圈内的铁芯移动，改变了磁通量，会引起次级线圈电路电压发生变化。将这一变化传输给指示装置(电压表)，就可将滑动板位移量的大小和方向指示出来。

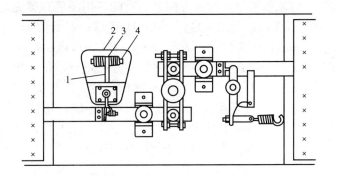

图 5.12 电位计式测量装置的结构
1—滑动片；2—电位计；3—触点；4—线圈

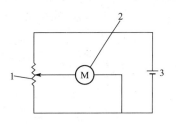

图 5.13 电位计式测量装置原理图
1—电阻；2—指示计；3—电源

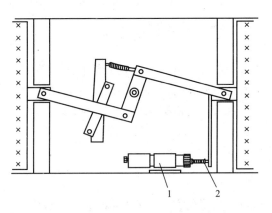

图 5.14 差动变压器式测量装置的结构
1—差动变压器；2—触头

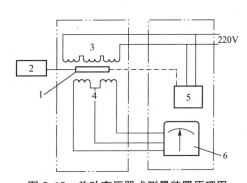

图 5.15 差动变压器式测量装置原理图
1—铁芯；2—滑动板；3—初级线圈；4—次级线圈；
5—蜂鸣器（或信号灯）；6—指示计

2) 指示装置

指示装置有的用指针式指示，有的用数字式指示。指针式指示装置如图 5.16 所示，指示装置能把测量装置传递来的滑动板侧滑量，按汽车每行驶 1km 侧滑 1m 定为一格刻度。前轮正前束（IN）和前轮负前束（OUT）都分别刻有 10 格的刻度。因此，当滑动板长度为 1000mm，滑动板侧滑 1mm 时，指示装置指示 1 格刻度，代表汽车每行驶 1km 侧滑 1m。同样，当滑动板长度为 800mm 滑动板侧滑 0.8mm 和当滑动板长度为 500mm 滑动板侧滑 0.5mm 时，指示装置也都能指示一格刻度。这样，检测人员从指示装置上就可获得前轮侧滑量的具体数值，并根据指针偏向 IN 或 OUT 的方向确定出侧滑方向。

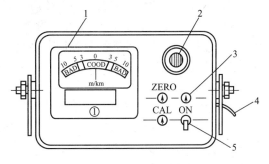

图 5.16 指针式指示装置
1—指针式表头；2—报警用蜂鸣器或信号灯；
3—电源指示灯；4—导线；5—电源开关

指示装置的刻度盘上除用数字和符号标明侧滑量和侧滑方向外，有的还用颜色和英文划为 3 个区域。即侧滑量 0～3mm 范围内为绿色，表示为良好(GOOD)区域；侧滑量 3～5mm 为黄色，表示为可用区域；侧滑量 5mm 以上为红色，表示为不良(BAD)区域。

近年来国内各厂家生产的侧滑试验台采用数字式指示装置，多以单片机进行数据采集和处理，因而具有操作方便、运行可靠、抗干扰性强等优点，同时还能对检测结果进行分析、判断、存储、打印和数字显示等功能。当滑动板侧滑时通过位移传感器转变成电信号，经过放大与信号处理后成为 0～5V 的模拟量，再经 A/D 转变成数字量，输入计算机运算处理，然后由数码显示管显示出检测结果或由打印机打印出检测结果。数字式指示装置如图 5.17 所示。

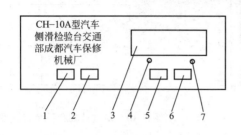

图 5.17　数字式指示装置

1—电源接通键；2—电源断开键；3—数码显示器；
4—电源指示灯；5—打印键；6—复位键；7—报警灯

3) 报警装置

在检测前轮侧滑量时，为便于快速表示检测结果是否合格，当前轮侧滑量超过规定值(5 格刻度)后，侧滑试验台的报警装置能根据测量装置的限位开关发出的信号，用蜂鸣器或信号灯报警，因而无须再读取指示仪表上的具体数值，为检测工作节约了时间。

5.3.2　汽车侧滑的检测与调整

1. 汽车侧滑的检测

侧滑试验台的型号、结构型式、允许轴重不同，其使用方法也有所区别。在使用前一定要认真阅读使用说明书，以掌握正确的使用方法。侧滑试验台的一般使用方法如下。

1) 检测前的准备

(1) 试验台的准备。

① 检查侧滑试验台导线连接情况，在导线连接良好的情况下打开电源开关，查看指针式仪表的指针是否在机械零点上，或查看数码管是否亮度正常并都在零位上，发现故障，及时清除。

② 检查侧滑试验台上面及其周围的清洁情况，如有油污、泥土、砂石及水等应予清除。

③ 打开侧滑试验台的锁止装置，检查滑动板能否在外力作用下左右滑动自如，外力消失后回到原始位置，且指示装置指在零点。

④ 检查报警装置在规定值时能否发出报警信号，并视需要进行调整或修理。

(2) 被检汽车的准备。

① 轮胎气压应符合汽车制造厂之规定。

② 轮胎上粘有油污、泥土、水或花纹沟槽内嵌有石子时，应清理干净。

③ 轮胎花纹深度必须符合 GB 7258—2004《机动车运行安全技术条件》的规定。

2) 检测方法

(1) 拔掉滑动板的锁止销钉，接通电源。

(2) 汽车以 3～5km/h 的速度垂直侧滑板驶向侧滑试验台，使前轮平稳通过滑动板。

(3) 当前轮完全通过滑动板后，从指示装置上观察侧滑方向并读取、打印最大侧滑量。

(4) 检测结束后，切断电源并锁止滑动板。

3) 使用注意事项

(1) 不能让超过试验台允许轴荷的车辆通过侧滑试验台。

(2) 车辆不能在侧滑试验台上转向或制动。

(3) 保持侧滑试验台内、外及周围环境清洁。

(4) 非检测车辆不能在试验台上停留。

2. 汽车侧滑的调整

如前所述，汽车侧滑与前轮定位结构参数有关，特别是车轮的前束与外倾对转向轮侧滑的影响比较大。因此，经侧滑试验台检验，其侧滑量超过标准规定的车辆应查找出原因进行调整。

1) 车轮外倾角的调整

车轮外倾角的保证，对于不同的悬架形式其方式也不同。非独立悬架的车轴车轮的外倾角是在转向节设计中确定的。当车轮外倾角不符合规定时，须检查轮毂轴承是否松旷、转向节铜套是否磨损和转向节轴是否变形等，根据故障情况可予以修复或更换。对于独立悬架汽车，如国产红旗轿车前轮采用不等长双摆臂式螺旋弹簧独立悬架，其车轮外倾角的调整可通过增减调整垫片来实现。其车轮外倾角和主销内倾角的关系是由转向节的结构确定的，因此，调整过车轮外倾角之后，主销内倾角也就随之确定下来。

2) 车轮前束的检查与调整

检查车轮前束时，将汽车停放在平地上，用千斤顶将汽车前轴顶起，使两前轮离开地面并处于直线行驶位置，在两轮内侧前部（钢圈边缘处）作上记号，把前束尺放在两轮之间的记号上。前束尺与前轴在同一水平面上，记住尺上的数值，然后将两前轮同时旋转180°，到后面与前轴成同一水平面时为止，此时前束尺上的数值减去前边测量的数值即为前束值。

车轮前束值的大小，可通过改变转向梯形机构的横拉杆长度来实现。调整时，须首先松开横拉杆长度锁紧螺母，然后用管钳转动调整螺母套管，该套管左右两端螺旋线方向相反，转动时可使横拉杆向两端伸长或缩短，以此来调节车轮前束值。

3) 汽车侧滑的调整

如前所述，车轮外倾角在汽车行驶中有使左右两车轮向外分开的趋势；而前束在汽车行驶中有使左右两车轮向内收拢的趋势。转向轮的侧滑量是其外倾角与前束值综合作用的结果，而外倾角在正常情况下又不会改变。那么，经侧滑试验台检测所得侧滑量的大小就直接表明其前束值是否正确，即得到其是否需要调整的依据。

汽车经侧滑试验台检验，若侧滑量为零，汽车能维持直线行驶，表明其前束值与外倾角配合恰到好处，不需调整。若侧滑板向外滑且其侧滑量超过规定值，则表明转向轮前束值太大，可相应将转向梯形机构的横拉杆缩短。若侧滑板向内滑，且其侧滑量超过规定值，则表明转向轮负前束太大，此时，应放长转向梯形机构的横拉杆。

经过反复调试，直至汽车驶过侧滑试验台时，其侧滑量符合国家标准要求。

如果用改变转向横拉杆的长度（在规定范围之内）无法使转向轮的侧滑量达到国家标准规定值，就可能是由于转向轮外倾角变化太大所致。此时，必须用车轮定位仪进行全面检测，找出原因，消除隐患。不过，车轮外倾角等定位参数的变化，一般都是由于转向桥或车架弯扭变形引起的，必须解体检验校正。

3. 检测后轴技术状况

除一部分汽车的后轮也有前束和外倾（如上海桑塔纳汽车）外，相当一部分汽车的后轮是没有定位的。对于后者，可用侧滑试验台按下列方法检测后轴是否弯曲变形和轮毂轴承是否松旷。

（1）使汽车后轮从侧滑试验台滑动板上前进和后退驶过，如两次侧滑量读数均为零，表明后轴无任何弯曲变形。

（2）如两次侧滑量读数不为零，且前进和后退驶过侧滑板后，侧滑量读数相等而侧滑方向相反，表明后轴在水平平面内发生弯曲。

① 若前进时滑动板向外滑动，后退时向内滑动，说明后轴端部在水平平面内向前弯曲。

② 若前进时滑动板向内滑动，后退时向外滑动，说明后轴端部在水平平面内向后弯曲。

（3）如两次侧滑量读数不为零，且前进和后退驶过侧滑板后，侧滑量读数相等而侧滑方向相同，表明后轴在垂直平面内发生弯曲。

① 若滑动板向外滑动，说明后轴端部在垂直平面内向上弯曲。

② 若滑动板向内滑动，说明后轴端部在垂直平面内向下弯曲。

（4）后轮多次驶过侧滑试验台滑动板，每次读数不相等，说明轮毂轴承松旷。

对于后轮有定位的汽车，仍可按上述方法检测后轴是否变形和轮毂轴承是否松旷，只是在检测结果中减去定位值，剩余值即为后轴弯曲变形造成的。

5.4 汽车制动性能的检测

5.4.1 对汽车制动系的要求

汽车制动系统技术状况的变化直接影响汽车行驶、停车的安全性。GB 7258—2004《机动车运行安全技术条件》对汽车的制动性能提出的部分要求如下。

（1）机动车必须设置行车制动、应急制动和驻车制动装置，应能保证汽车行车制动、应急制动和驻车制动的其中一个或两个系统的操纵机构的任何部件失效时，仍具有应急制动功能。

（2）行车制动系的制动踏板自由行程应符合该车的有关技术条件。

（3）行车制动在产生最大制动作用时的踏板力，对于座位数小于或等于9的载客汽车应不大于500N，对于其他车辆不大于700N。驻车制动手操纵时，座位数小于或等于9的载客汽车应不大于400N，其他车辆不大于600N；脚操纵时座位数小于或等于9的载客汽车应不大于500N，其他车辆不大于700N。

（4）液压行车制动在达到规定的制动效能时，踏板行程不得超过踏板全行程的3/4，制动器装有自动调整间隙装置的车辆的踏板行程不得超过全行程的4/5。驻车制动的操纵装置一般应在操纵装置全行程的2/3以内产生规定的制动效能，驻车制动机构装有自动调节装置时允许在全行程的3/4以内达到规定的制动效能。

(5) 采用气压制动的机动车当气压升至 600kPa 且不使用制动的情况下，停止空气压缩机 3mm 后，其气压的降低值应不大于 10kPa。在气压为 600kPa 的情况下，将制动踏板踩到底，待气压稳定后观察 3min，单车气压降低值不得超过 20kPa；列车气压降低值不得超过 30kPa。

(6) 采用液压制动的机动车在保持踏板力为 700N 达到 1min 时，踏板不得有缓慢向地板移动的现象。

(7) 气压制动系统必须装有限压装置，确保储气筒内气压不超过允许的最高气压。

(8) 采用气压制动系统的机动车，发动机在 75% 的标定功率转速下，4min（汽车列车为 6min，城市铰接公共汽车和无轨电车为 8min）内气压表的指示气压应从零开始升至起步气压（未标起步气压者，按 400kPa 计）。

(9) 汽车和无轨电车行车制动必须采用双管路或多管路，当部分管路失效时，剩余制动效能仍能保持原规定值的 30% 以上。

(10) 机动车在运行过程中，不应有自行制动现象。当挂车与牵引车意外脱离后，挂车应能自行制动，牵引车的制动仍然有效。

为了保证汽车具有良好的制动性能，制动系统一般应达到如下要求。

(1) 制动性能良好，即制动距离、制动力、制动减速度和制动协调时间应符合要求。

(2) 制动稳定性良好，即制动不跑偏，不侧滑。用制动距离检验制动性能时，要求车辆的任何部位不能超过规定的试车道宽度；在制动试验台上进行性能检验时，左右轮制动力差符合规定的标准。

(3) 操纵轻便，即操纵制动系统的力不能过大，应符合标准规定。

(4) 工作可靠，即制动系统的零部件必须十分可靠，并保证在遇到特殊情况时能够有足够的应急制动性能。

5.4.2 制动性能的检测

根据国家标准 GB 7258—2004《机动车运行安全技术条件》的规定，机动车可以用制动距离、制动减速度和制动力检测制动性能，检测设备经常分别用五轮仪、制动减速度仪和制动试验台，只要其中之一符合要求，即判为合格。

制动性能检测分台试法和路试法两种。用五轮仪和制动减速度仪检测汽车制动性能时，须在道路试验中进行，称路试法；台试法所使用的制动检测设备称为制动试验台，与路试法检测制动性能相比，由于试验台检测制动性能具有迅速、准确、经济、安全，不受自然条件的限制，以及试验重复性好和能定量地指示出各轮的制动力等优点，在国内外获得了广泛应用。

1. 制动试验台检测制动性能

1) 制动试验台的结构原理

(1) 制动试验台的类型。

制动试验台根据不同分类方法有多种类型，按试验台测量原理不同，可分为反力式和惯性式两类；按试验台支撑车轮形式不同，可分为滚筒式和平板式两类；按试验台检测参数不同，可分为测制动力式、测制动距离式和多功能综合式 3 类；按试验台测量装置至指示装置传递信号方式不同，可分为机械式、液压式和电气式 3 类；按试验台同时能测车轴数不同,又可分为单轴式、双轴式和多轴式3类。

上述类型中,单轴测制动力式(测力式)滚筒制动试验台获得了广泛应用,惯性式滚筒制动试验台应用较少,惯性平板式制动试验台在国内有所应用,多功能综合试验台不仅能检测车辆的制动性能,还能进行底盘测功,模拟道路行驶,进行加速性能、滑行性能、燃料经济性能和车速表指示误差的检测等。

(2)测力式滚筒制动试验台的组成。

单轴测力式滚筒制动试验台的结构简图如图5.18所示。它由框架、驱动装置、滚筒装置、测量装置、举升装置和指示与控制装置等组成。

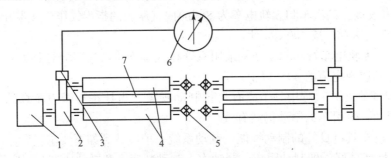

图5.18 单轴测力式滚筒制动试验台的结构简图
1—电动机;2—减速器;3—测量装置;4—滚筒装置;
5—链传动;6—指示与控制装置;7—举升装置

① 驱动装置。由电动机、减速器和传动链条等组成。电动机的转动通过减速器内的蜗轮蜗杆传动和一对圆柱齿轮传动后传递给主动滚筒,主动滚筒又通过链传动把动力传递给从动滚筒。减速器与主动滚筒共用一轴,减速器壳体处于浮动状态。车轮制动时,该壳体能绕轴摆动,把制动力矩传给测力杠杆。

② 滚筒装置。由4个滚筒组成,左右各一对独立设置,滚筒相当于一个活动路面,被测车轮置于两滚筒之间,用来支撑被检车轮并在制动时承受和传递制动力。

③ 测量装置。主要由测力杠杆、测力传感器等组成。测力杠杆一端与传感器连接,另一端与减速器壳体连接,装在测力杠杆前端的测力传感器,有自整角电动机式、电位计式、差动变压器式或电阻应变片式等多种类型,传感器能把测力杠杆的位移或力变成反映制动力大小的电信号,送入指示与控制装置。

④ 举升装置。为了便于汽车出入试验台,在两滚筒之间设有举升装置。举升装置一般由举升器、举升平板和控制开关等组成,举升器有气压式、液压式和电动式等形式。

⑤ 指示与控制装置。指示装置有电子式与计算机式之分。电子式的指示装置多配以指针式仪表,这种仪表有一轴单针式和一轴双针式两种型式,单针式只指示一个车轮的制动力,左右车轮需分别设置,双针式可同时指示左右轮制动力;计算机式指示装置多配以数字式显示器。控制装置有手动式和计算机自动式两种。

汽车制动试验台计算机式指示与控制装置组成如图5.19所示,主要由放大器、模数转换器(A/D)、数模转换器(D/A)、继电器、计算机、显示器和打印机等组成。在键盘和脚踏开关的控制下,计算机控制举升装置的升降、滚筒电动机转动与停止、测力传感器信号的采集、存储和处理,它不仅能指示左右轮制动力,还能输出左右轮制动力的和与差值、车轮阻滞力、制动协调时间和制动释放时间,并能将检测结果与检测标准对照,作出技术状况评价。

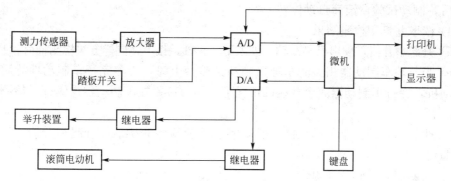

图 5.19　计算机式指示与控制装置框图

(3) 检测原理。

将被检车左右车轮置于每对滚筒之间,用电动机通过减速器、链传动使主、从动滚筒带动车轮旋转,然后用力踩下制动踏板,车轮给滚筒一个与其转动方向相反的力产生摩擦作用力矩,该力矩大小与滚筒对车轮的制动力矩相等,并驱动浮动的减速器壳体偏转,迫使连接在减速器壳体上的测力杠杆产生位移,通过测力传感器转换成反映制动力大小的电信号,由计算机采集、处理后,指令电动机停转,并由指示装置指示或由打印机打印检测到的数值。

制动力的诊断参数标准是以轴制动力占轴荷的百分比为依据的,因此必须在测得轴荷及轴制动力后才能评价轴制动性能,所以,测力式滚筒制动试验台需要配备轴重计或轮重仪,有些制动试验台本身带有内藏式轴重测量装置。另外,有些试验台在两滚筒之间装有直径较小的第三滚筒,其上带有转速传感器,其作用是一旦检测时车轮制动抱死,其上的转速传感器送出的电信号可使滚筒立即停转,防止轮胎损伤。

2) 制动试验台的检测方法

简要介绍广泛应用的测力式滚筒制动试验台的使用方法。

(1) 将制动试验台指示与控制装置上的电源开关打开,按使用说明书的要求预热至规定时间。

(2) 如果指示装置为指针式仪表,检查指针是否在零位,否则应调零。

(3) 检查并清洁制动试验台滚筒上是否粘有泥、水、砂、石等杂物。

(4) 核实汽车各轴轴荷,不得超过制动试验台允许载荷。

(5) 检查并清除汽车轮胎是否粘有泥、水、砂、石等杂物。

(6) 检查汽车轮胎气压是否符合规定,否则应充气至规定气压。

(7) 升起制动试验台举升器。

(8) 汽车被测车轴在轴重计或轮重仪上检测完轴荷后,应尽可能沿垂直于滚筒的方向驶入制动试验台。先前轴,再后轴,使车轮处于两滚筒之间。

(9) 汽车停稳后变速杆置于空挡位置,行车制动器和驻车制动器处于完全放松状态,能测制动时间的试验台还应把脚踏开关套在制动踏板上。

(10) 降下举升器,至举升器平板与轮胎完全脱离为止。

(11) 如制动试验台带有内藏式轴重测量装置,则应在此时测量轴荷。

(12) 起动电动机,使滚筒带动车轮转动,先测出车轮阻滞力。

(13) 用力踩下制动踏板，检测轴制动力。一般在 1.5~3.0s 后或第三滚筒（如带有）发出信号后，制动试验台滚筒自动停转。

(14) 读取并打印检测结果。

(15) 升起举升器，驶出已测车轴，驶入下一车轴，按上述同样方法检测轴荷和制动力。

(16) 当与驻车制动器相关的车轴在制动试验台上时，检测完行车制动性能后应重新起动电动机，在行车制动器完全放松的情况下，用力拉紧驻车制动器操纵杆，检测驻车制动性能。

(17) 所有车轴的行车制动性能及驻车制动性能检测完毕后，升起举升器，汽车驶出制动试验台。

(18) 切断制动试验台电源。

2. 五轮仪检测制动性能

用五轮仪检测汽车制动性能时，能测出制动初速度、制动距离和制动时间。

五轮仪主要有机械式、电子式和计算机式 3 种。五轮仪一般由传感器部分和记录仪两部分组成，并附带一个脚踏开关。传感器部分与记录仪部分由导线相连接，脚踏开关带有触点的一端套在制动踏板上，另一端插接在记录仪上。

传感器部分的作用是把汽车行驶的距离变成电信号输出，其结构如图 5.20 所示。一般由充气轮胎、传感器、减振器连接装置和对地压力调节机构等组成。充气轮胎在汽车的侧面或尾部，在对地压力调节机构的作用下，充气车轮紧贴地面，并随汽车的行驶而滚动。对于四轮汽车来说，安装上去的充气轮胎就像汽车的第五轮一样，故称为五轮仪。常用的传感器有光电式和磁电式等种类，随轮子转动，传感器可以把轮子在路面上滚动的距离变成电信号，送给记录部分。

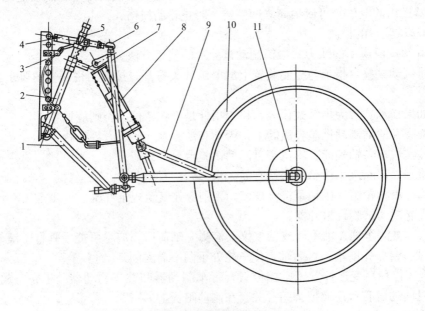

图 5.20　五轮仪的传感器部分

1—下臂；2—调节机构；3—固定板；4—上臂；5—手把；6—活接头；
7—立架；8—减震器；9—支架；10—充气轮胎；11—传感器

记录仪部分的作用是把传感器部分送来的电信号和内部产生的时间信号,进行控制、计数并计算出车速,根据设定的制动初速度测量出制动距离和制动时间,并将结果显示出来。

电脑式记录仪除能完成距离、速度和时间等参数的测量和数据处理外,还能存储全部数据并能打印试验结果。

套在制动踏板上的脚踏开关,当驾驶员踩制动踏板时闭合,通过导线输入记录仪作为测量制动距离、制动系反应时间和制动全过程时间等的开始信号。

3. 制动减速度仪检测制动性能

GB 7258—2004《机动车运行安全技术条件》规定,用在规定的初速度下急踩制动时充分发出的平均减速度(FMDD)来评价汽车制动性能。

充分发出的平均减速度 FMDD 应在测得实际制动初速度 V_0、制动距离 S_b、S_e 后用下式计算求得

$$\text{FMDD} = \frac{V_b^2 - V_e^2}{25.92(S_e - S_b)} \quad (5-5)$$

式中:FMDD——充分发出的平均减速度(m/s^2);

V_b——车辆的速度(km/h),$V_b = 0.8V_0$;

V_e——车辆的速度(km/h),$V_e = 0.1V_0$;

V_0——制动初速度(km/h);

S_b——在速度 V_0 和速度 V_b 之间车辆驶过的距离(m);

S_e——在速度 V_0 和速度 V_e 之间车辆驶过的距离(m)。

制动减速度仪以检测制动稳定减速度和制动时间为主,用于整车道路试验。

制动减速度仪多为计算机式智能化仪器,一般由仪器部分和传感器部分两部分组成,并附带一个脚踏开关。仪器部分和传感器部分既可以制成整体式,装在一个壳体内;也可以制成分体式,两者用导线相连接。

制动减速度仪的传感器有滑块式和摆锤式两种,常见的滑块式传感器由光电转换机构和弹簧滑块机构组成,如图 5.21 所示。汽车制动时,在惯性力的作用下,滑块克服弹簧的拉力发生位移,位移量与汽车减速度的大小成正比。为尽量减少弹簧、滑块组合产生的简谐振动,有阻尼杆产生适当的阻尼作用。光电转换机构由发光二极管、光敏晶体管、定光栅和动光栅组成。当滑块发生位移时,由滑块固管、光敏晶体管、定光栅和动光栅组成。当滑块发生位移时,与滑块固定一体的齿条通过与之啮合的齿轮使动光栅转动,光敏管接收到时通时断的光信号,并变成电脉冲信号送入仪器部分。

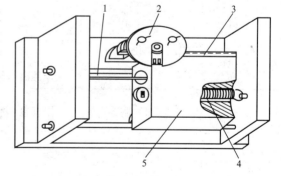

图 5.21 滑块式传感器
1—阻尼杆;2—光电转换机构;3—齿条;
4—弹簧;5—滑块机构

仪器部分接到脚踏开关闭合信号后,对传感器送来的信号进行整形、放大、分析、处理,最后显示制动减速度和制动时间。

4. 制动性能检验标准

国家标准 GB 7258—2004《机动车运行安全技术条件》在检验制动性能参数标准中有以下规定。

1) 台式检测标准(制动力的诊断参数标准)

(1) 行车制动性能检验。

① 制动力。汽车、汽车列车在制动试验台上测出的制动力应符合表 5-2 的要求，对空载检验制动力有质疑时，可用表中规定的满载检验制动力要求进行检验。

表 5-2 台式检验制动力要求

检测参数	制动力总和与整车重量的百分比		轴制动力与轴荷的百分比	
	空载	满载	前轴	后轴
要求	≥60	≥50	≥60	—

② 制动力平衡要求。在制动力增长全过程中，左右轮制动力差与该轴左右轮中制动力大者之比对前轴应≤20%；对后轴应≤24%。

③ 制动协调时间。制动协调时间是指在紧急制动时，从踏板开始动作至车轮制动力达到表 5-2 所规定的制动力的 75% 时所需时间。汽车单车制动协调时间应≤0.6s，汽车列车制动协调时间应≤0.8s。

④ 车轮阻滞力。车轮阻滞力是指行车和驻车制动装置处于完全释放状态，变速器置空挡位置时，试验台驱动车轮所需的作用力。汽车各车轮的阻滞力不得大于该轴轴荷的 5%。

(2) 驻车制动性能检验。

当采用制动试验台检查车辆驻车制动的制动力时，车辆空载，乘坐一名驾驶员，使用驻车制动装置，驻车制动力的总和应不小于该车在测试状态下整车质量的 20%；对总质量为整备质量 1.2 倍以下的汽车，此值应为 15%。

2) 路试检测标准(制动距离、制动减速度的诊断参数标准)

(1) 行车制动性能检验。

① 制动距离。车辆在规定的初速度下的制动距离和制动稳定性应符合表 5-3 的要求，对空载检验制动距离有质疑时，可用表中满载检验的制动性能要求进行检验。

表 5-3 制动距离和制动稳定性要求

车辆类型	制动初速度/(km/h)	满载检验的制动距离/m	空载检验的制动距离/m	制动稳定性要求车辆任何部位不得超出的试车道宽度/m
座位数≤9 的载客汽车	50	≤20	≤19	2.5
总质量≤4.5t 的汽车	50	≤22	≤21	2.5*
其他汽车、汽车列车	30	≤10	≤9	3.0

* 对 3.5t＜总质量≤4.5t 的汽车，试车道宽度为 3m。

② 充分发出的平均减速度。汽车、汽车列车在规定的初速度下急踩制动时充分发出的平均减速度和制动稳定性应符合表 5-4 的要求。对空载检验制动性能有质疑时，可用

表中满载检验的制动性能要求进行检验。

③ 制动协调时间。制动协调时间是指在急踩制动时,从踏板开始动作至车辆减速度达到表 5-4 规定的车辆充分发出的平均减速度的 75% 时所需的时间。单车制动协调时间应≤0.6s,列车制动协调时间应≤0.8s。

表 5-4 制动减速度和制动稳定性要求

车辆类型	制动初速度/(km/h)	满载检验充分发出的平均减速度/(m/s²)	空载检验充分发出的平均减速度/(m/s²)	制动稳定性要求车辆任何部位不得超出的试车道宽度/m
座位数≤9 的载客汽车	50	≥5.9	≥6.2	2.5
总质量≤4.5t 的汽车	50	≥5.4	≥5.8	2.5*
其他汽车、汽车列车	30	≥5.0	≥5.4	3.0

* 对 3.5t＜总质量≤4.5t 的汽车,试车道宽度为 3m。

(2) 驻车制动性能检验。

在空载状态下,驻车制动装置应能保证车辆在坡度为 20%（总质量为整备质量的 1.2 倍以下的车辆为 15%）、轮胎与路面间的附着系数≥0.7 的坡道上正、反两个方向保持固定不动的时间≥5min。

5.5　车速表指示误差检验

汽车行驶速度对交通安全有很大影响,尤其在限速路段,驾驶员必须按照车速表的指示值,准确地控制车速,为此,要求车速表本身一定要准确可靠。车速表经长期使用,由于驱动其工作的传动齿轮、软轴及车速表本身技术状况的变化以及因轮胎磨损使驱动车轮滚动半径的变化,车速表指示误差会越来越大。如果车速表的指示误差过大,驾驶员就难以正确控制车速,且极易因判断失误而造成交通事故。为确保车速表的指示精度,必须适时对车速表进行检测、校正。

5.5.1　车速表试验台的结构与测量原理

1. 车速表误差的测量原理

车速表误差的测量需采用滚筒式车速表试验台进行,将被测汽车车轮置于滚筒上旋转,模拟汽车在道路上的行驶状态。

测量时,由被测车轮驱动滚筒旋转或由滚筒驱动车轮旋转,滚筒端部装有速度传感器(测速发电机),测速发电机的转速随滚筒转速的增高而增加,而滚筒的转速与车速成正比,因此测速发电机发出的电压也与车速成正比。

滚筒的线速度、圆周长与转速之间的关系,可用下式表达

$$V = nL \times 60 \times 10^{-6} \tag{5-6}$$

式中：V——滚筒的线速度(km/h);

L——滚筒的圆周长(mm);

n——滚筒的转速(r/min)。

因车轮的线速度与滚筒的线速度相等,故上述的计算值即为汽车的实际车速值,由车速表试验台上的速度指示仪表显示,称为试验台指示值。

车轮在滚筒上转动的同时,汽车驾驶室内的车速表也在显示车速值,称为车速表指示值。将试验台指示值与车速表指示值相比较,即可得出车速表的指示误差。

$$车速表指示误差=\frac{车速表指示值-试验台指示值}{试验台指示值}×100\%$$

2. 车速表试验台的结构

车速表试验台有3种类型:无驱动装置的标准型,它依靠被测车轮带动滚筒旋转;有驱动装置的驱动型,它由电动机驱动滚筒旋转;把车速表试验台与制动试验台或底盘测功试验台组合在一起的综合型。

1)标准型车速表试验台

该试验台由速度测量装置、速度指示装置和速度报警装置等组成,如图5.22所示。

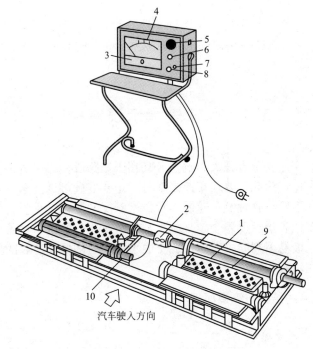

图5.22 标准型车速表试验台

1—滚筒;2—联轴器;3—零点校正螺钉;4—速度指示仪表;5—蜂鸣器;6—报警灯;
7—电源灯;8—电源开关;9—举升器;10—速度传感器

(1) 速度测量装置。速度测量装置主要由框架、滚筒装置、速度传感器和举升器等组成。滚筒一般为4个,通过滚筒轴承安装在框架上。在前、后滚筒之间设有举升器,以便汽车进出试验台,举升器与滚筒制动装置联动,举升器升起时,滚筒不会转动。速度传感器一般采用测速发电机式、差动变压器式、磁电式和光电式等多种,安装在滚筒的一端,将对应于滚筒转速发出的电信号送至速度指示装置。

(2) 速度指示装置。速度指示装置是根据速度传感器发出的电信号大小来工作的。能把以滚筒圆周长与滚筒转速算出的线速度,以 km/h 为单位在速度指示仪表上显示车速。

(3) 速度报警装置。速度报警装置是为在测量时,便于判明车速表误差是否在合格范围之内而设置的。

2) 驱动型车速表试验台

汽车车速表的转速信号多数取自变速器或分动器的输出端,但对于后置发动机的汽车,如车速表软轴过长,会出现传动精度和寿命方面的问题,因此转速信号取自前轮。驱动型车速表试验台就是为适应后置发动机汽车的试验而制造的,其结构如图 5.23 所示。

这种试验台在滚筒的一端装有电动机,由它来驱动滚筒旋转。此外,这种试验台在滚筒与电动机之间装有离合器,若试验时将离合器分离,又可作为标准型试验台使用。

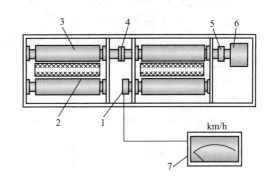

图 5.23　驱动型车速表试验台
1—测速发电机；2—举升器；3—滚筒；4—联轴器；
5—离合器；6—电动机；7—速度指示仪表

5.5.2　车速表的检测方法

车速表的检测方法因试验台的牌号、型式而异,应根据使用说明书进行操作。车速表试验台通用的检测方法如下。

1. 车速表试验台的准备

(1) 在滚筒处于静止状态检查指示仪表是否在零点上,否则应调零。
(2) 检查滚筒上是否沾有油、水、泥、砂等杂物,应清除干净。
(3) 检查举升器的升降动作是否自如。若动作阻滞或有漏气部位,应予修理。
(4) 检查导线的连接接触情况,若有接触不良或断路,应予修理或更换。

2. 被测车辆的准备

(1) 轮胎气压在标准值。
(2) 清除轮胎上的水、油、泥和嵌夹石子。

3. 检测方法

(1) 接通试验台电源。
(2) 升起滚筒间的举升器。
(3) 将被检车辆开上试验台,使输出车速信号的车轮尽可能与滚筒成垂直状态地停放在试验台上。
(4) 降下滚筒间的举升器,至轮胎与举升器托板完全脱离为止。
(5) 用挡块抵住位于试验台滚筒之外的一对车轮,防止汽车在测试时滑出试验台。
(6) 使用标准型试验台时应作如下操作。

① 待汽车的驱动轮在滚筒上稳定后,挂入最高挡,松开驻车制动器,踩下加速踏板使驱动轮带动滚筒平稳地加速运转。

② 当汽车车速表的指示值达到规定检测车速(40km/h)时,读出试验台速度指示仪表的指示值；或当试验台速度指示仪表的指示值达到检测车速时,读取车速表的指示值。

(7) 使用驱动型试验台时应作如下操作。

① 接合试验台离合器,使滚筒与电动机联在一起。

② 将汽车的变速器挂入空挡,松开驻车制动器,起动电动机,使电动机驱动滚筒旋转。

③ 当汽车车速表的指示值达到检测车速时,读取试验台速度指示仪表的指示值；或当试验台速度指示仪表达到检测车速时,读取汽车车速表的指示值。

(8) 测试结束后,轻轻踩下汽车制动踏板,使滚筒停止转动。对于驱动型试验台,必须先关断电动机电源,再踩制动踏板。

(9) 升起举升器,去掉挡块,汽车驶离试验台。

5.5.3 车速表诊断参数标准及结果分析

1. 车速表检测标准

国家强制性标准 GB 7258—2004《机动车运行安全技术条件》中规定:车速表允许误差范围为 $-5\% \sim +20\%$。即当实际车速为 40km/h 时,汽车车速表指示值应为 38~48km/h。超出上述范围车速表的指示为不合格。

2. 检测结果分析

车速表经检测出现误差,其主要原因是由于长期使用过程中车速表本身出现了故障、损坏和轮胎磨损。

车速表内有转动的活动盘、转轴、轴承、齿轮、游丝等零件和磁性元件,这些构件在工作过程中产生的磨损和性能变化会造成车速表的指示误差。对于产生磨损的应予更换。磁力式车速表的磁铁磁力退化,也会引起指针指示值失准,应更换磁铁进行修复。

汽车轮胎在使用过程中由于磨损,其半径逐渐减小。在变速器输出轴转速不变的条件下,汽车行驶速度因轮胎半径的变化而变化,而车速表的软轴是与变速器输出轴相联的,因此车速表指示值与实际车速形成误差。

为消除车速表机件磨损和轮胎磨损形成的指示误差,应借助于车速表试验台适时地对车速表进行检验。

5.6 汽油车排放污染物检测

随着汽车工业的发展和汽车保有量急剧增加,汽车排放的污染物是一致公认的城市大气主要污染公害之一,已成为严重的社会问题。因此,检测并控制汽车排气污染物的浓度,已成为汽车检测中重要的检测项目。

5.6.1 汽车排气污染物的主要成分及其危害

1. 汽车排气污染物的主要成分

汽车排气的污染物,主要是一氧化碳(CO)、碳氢化合物(HC)、氮氧化合物

(NO_x)、硫化物(主要是 SO_2)、碳烟及其他一些有害物质。如果燃用含铅汽油，排气中的污染物还包含铅化合物。汽车排气污染物中，CO、HC、NO_x 和碳烟主要来源于汽车尾气的排放，少部分来自曲轴箱窜气，其中，部分 HC 还来自于油箱和整个供油系的蒸发与滴漏。

在相同工况下，汽油机排放的 CO、HC 和 NO_x 排放量比柴油机大，因此，目前的排放法规对汽油机主要限制 CO、HC 和 NO_x 的排放量。柴油机对大气的污染较汽油机轻得多，主要是产生碳烟污染，因此排放法规主要限制柴油机排气的烟度。

2. 汽车排气污染物的危害

汽车排出的各种物质中，对人类形成危害的有 CO、HC、NO_x、碳烟和硫化物等。

(1) CO 是燃料不完全燃烧的产物，是汽车尾气中浓度最大的有害成分，是一种无色无味的有毒气体，它进入人体后极易与血液中担负输运氧气的血红蛋白结合，妨碍血红蛋白的输氧能力，造成人体各部分缺氧，引起头痛、头晕、呕吐等中毒症状，严重时甚至死亡。

(2) HC 是发动机未燃尽的燃料分解出来的产物。当 HC 浓度较高时，使人出现头晕、恶心等中毒症状。而且，HC 和 NO_x 在强烈的太阳光作用下，能反应生成一种有害的光化学烟雾，这种光化学烟雾滞留在大气中，造成大气严重污染，对人的眼睛、呼吸道及皮肤均有强烈的刺激性。

(3) NO_x 是汽油机和柴油机排放的主要污染物，是发动机大负荷工作时进气中的 N_2 与 O_2 在高温高压条件下反应而生成的。NO_x 主要是 NO 和 NO_2。NO 与血液中血红蛋白的亲合力比 CO 还强，通过呼吸道及肺进入血液，使其失去输氧能力，产生与 CO 相似的中毒后果。NO_2 侵入肺脏深处的肺毛细血管，引起肺水肿，同时还能刺激眼、鼻粘膜，麻痹嗅觉。

(4) 碳烟以柴油机排放量为最多，它是柴油机燃烧不完全的产物，其内含有大量的黑色碳颗粒。碳烟能影响道路的能见度，并因含有少量的带有特殊臭味的乙醛，往往引起人们恶心和头晕。

(5) 硫化物主要为 SO_2，燃料中含有的硫与氧反应而生成。SO_2 有强烈的气味，可刺激人的咽喉与眼睛，甚至会使人中毒。若大气中含 SO_2 过多，还会形成"酸雨"，损害生物，使土壤与水源酸化，影响自然界的生态平衡。

5.6.2 汽油车排气污染物的标准及检测

1. 汽油车排气污染物的检验标准

我国于 1979 年颁布了环境保护法，1984 年实施了汽车污染物排放标准和测量方法的国家标准。其后，又相继制定了几项国家排放标准，并于 1993 年对上述排放标准进行了修订，从严规范了诊断参数限值和测量方法。

GB 14761—1999《汽车排放污染物限值及测试方法》等效采用了联合国欧洲经济委员会(ECE)1995 年 7 月 2 日生效的 ECER83/02《按发动机对燃料的要求类别就污染排放物对车辆认证的规则》的全部技术内容，采用了国际通用的试验方法，在控制力度上达到了欧洲 20 世纪 90 年代初的水平。

GB 18285—2000《在用汽车排气污染物限值及测试方法》,是我国在用汽车排气污染物限值及测试方法的最新国家标准。该国家标准中的加速模拟工况试验限值及试验方法,是参照美国国家环保局标准 EPA-AA-RSPD-IM-96-2《加速模拟工况试验规程、排放标准、质量控制要求及设备技术要求技术导则》(1996 年 7 月)制定的,使我国治理在用汽车排气污染走上了更为严格的道路。

GB 18285—2000《在用汽车排气污染物限值及测试方法》中规定,装配点燃式发动机的车辆,在检测中要进行怠速试验、双怠速试验和加速模拟工况(ASM)试验。又规定,按 GB 14761—1999《汽车排放污染物限值及测试方法》通过 B 类认证(燃用优质无铅汽油的车辆)、设计乘员数不超过 6 人且最大总质量不超过 2500kg 的 M1 类车辆和按该标准通过 B 类认证、设计乘员数超过 6 人,或最大总质量超过 2500kg 但不超过 3500kg 的 M 类车辆和 N1 类车辆,进行双怠速试验或加速模拟工况(ASM)试验;除上述规定以外的其他 M、N 类装配点燃式发动机的车辆进行怠速试验。

GB 18285—2000《在用汽车排气污染物限值及测试方法》中规定,怠速试验按 GB/T 3845—1993《汽油车排气污染物的测量怠速法》的规定进行,双怠速试验按 GB/T 3845—1993《汽油车排气污染物的测量怠速法》附录 C 的规定进行。

按照 GB 18285—2000《在用汽车排气污染物限值及测试方法》的规定,对于装配点燃式四冲程发动机,最大总质量大于或等于 400kg,最大设计车速大于或等于 50km/h 的在用汽车,排放污染物限值如下。

(1)装配点燃式发动机的车辆进行双怠速试验排气污染物限值见表 5-5。从表中可以看出,高怠速排放测量值应低于怠速排放测量值。

表 5-5　装配点燃式发动机的车辆双怠速试验排气污染物限值

车辆类型	怠 速		高怠速	
	CO/%	HC/10⁻⁶①	CO/%	HC/10⁻⁶①
2001 年 1 月 1 日以后上牌照的 M1②类汽车	0.8	150	0.3	100
2001 年 1 月 1 日以后上牌照的 N1③类汽车	1.0	200	0.5	150

① HC 容积浓度按正己烷当量。
② M1 指车辆设计乘员数(含驾驶员)不超过 6 人,且车辆的最大总质量不超过 2500kg。
③ N1 还包括设计乘员数(含驾驶员)超过 6 人,或车辆的最大总质量超过 2500kg 但不超过 3500kg 的 M 车。

(2)装配点燃式发动机的车辆怠速试验排气污染物限值见表 5-6。

表 5-6　装配点燃式发动机的车辆怠速试验排气污染物限值

车辆类型	轻型车		重型车	
	CO/%	HC/10⁻⁶①	CO/%	HC/10⁻⁶①
1995 年 7 月 1 日以前生产的在用汽车	4.5	1200	5.0	2000
1995 年 7 月 1 日起生产的在用汽车	4.5	900	4.5	1200

① HC 容积浓度按正己烷当量。

2. 汽油车排气污染物的检测

GB/T 3845—1993《汽油车排气污染物的测量怠速法》规定汽油车排气污染物检测时，应采用不分光红外线分析仪(NDIR)，并对检测工况和检测程序进行了具体规定。

（1）基本检测原理。

汽车排气中的 CO、HC、NO 和 CO_2 等气体，对红外线分别具有吸收一定波长的性质，而且红外线被吸收的程度与废气浓度之间有一定的关系，如图 5.24 所示。不分光红外线分析法就是根据这一原理，即废气吸收一定波长红外线能量的变化，来检测废气中各种污染物的含量。在各种气体混在一起的情况下，这种检测方法具有测量值不受影响的特点。

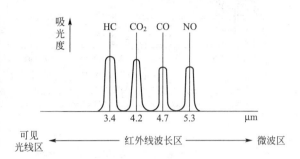

图 5.24 4 种气体吸收红外线的情况

利用不分光红外线分析法制成的分析仪，既可以制成单独检测 CO 或 HC 含量的单项分析仪，也可以制成能测量这两种气体含量的综合分析仪。排气中 CO 的浓度是直接测量的，而排气中 HC 的成分非常复杂，因此要把各种 HC 成分的浓度换算成正己烷（n—C_6H_{14}）的浓度后再作为 HC 浓度的测量值。

（2）不分光红外线气体分析仪的结构与工作原理。

不分光红外线气体分析仪，是一种能够从汽车排气管中采集气样，并对其中所含 CO 和 HC 的浓度进行连续测量的仪器。图 5.25 为分析仪的外形图。它由废气取样装置、废气分析装置、废气浓度指示装置和校准装置等组成。

① 废气取样装置。废气取样装置由取样探头、滤清器、导管、水分离器和泵等组成。它通过取样探头、导管和泵从车辆排气管里采集废气，再用滤清器和水分离器把废气中的碳渣、灰尘和水分等除掉，只把废气送入分析装置。

② 废气分析装置。按传感器形式不同，废气分析装置可分为电容微音器式和半导体式等不同形式。废气分析装置由红外线光源、气样室、旋转扇轮（截光器）、测量室和传感器等组成。该装置按照不分光红外线分析法，从来自取样装置的混有多种成分的废气中，测量出 CO 和 HC 的浓度，并以电信号形式输送给废气浓度指示装置。

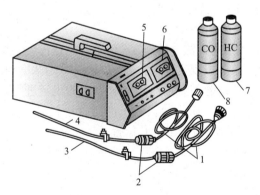

图 5.25 不分光红外线气体分析仪
1—导管；2—滤清器；3—低浓度取样探头；
4—高浓度取样探头；5—CO 指示仪表；
6—HC 指示仪表；7—标准 HC 气样瓶；
8—标准 CO 气样瓶

③ 废气浓度指示装置。综合式气体分析仪的浓度指示装置，主要由 CO 指示装置和 HC 指示装置组成，有指针式仪表和数字式显示器两种类型。从废气分析装置送来的电信

号，在 CO 指示仪表上 CO 的浓度以体积百分数（%）表示；在 HC 指示仪表上 HC 浓度以正己烷当量体积的百万分数（10^{-6}）表示。

指针式气体分析仪如图 5.26 所示，可利用零点调整旋钮、标准调整旋钮和读数挡位转换开关等进行控制。此外，还可以通过气流通道一端设计的流量计，得知废气通道滤清器是否脏污等异常情况。

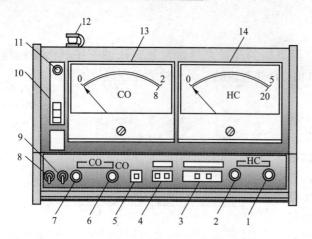

图 5.26　不分光红外线气体分析仪面板图
1—HC 标准调整旋钮；2—HC 零点调整旋钮；3—HC 读数转换开关；4—CO 读数转换开关；5—简易校准开关；6—CO 标准调整开关；7—CO 零点调整开关；8—电源开关；9—泵开关；10—流量计；11—电源指示灯；12—标准气样注入口；13—CO 指示仪表；14—HC 指示仪表

④ 校准装置。校准装置是一种为了保持分析仪的指示精度，使之能准确指示测量值的装置。在此装置中，往往既设有用加入标准气样进行校准的装置，也设有用机械方式简易校准的装置。

标准气样校准装置是把分析仪生产厂附带来的供校准用的标准气样（CO 和 HC），从分析仪上专设的标准气样注入口直接送到废气分析装置，再通过比较标准气样浓度值和仪表指示值的方法来进行校准的一种装置。

简易校准装置通常是用遮光板把废气分析装置中通过测量气样室的红外线遮挡住一部分，用减少一定量红外线能量的方法进行简单校准的装置。

（3）汽油车污染物的检测方法。

按照 GB/T 3845—1993《汽油车排气污染物的测量怠速法》的规定，汽油车怠速污染物的检测应在怠速工况下，采用不分光红外线气体分析仪，按规定程序检测 CO 和 HC 的浓度值。双怠速试验按 GB/T 3845—1993《汽油车排气污染物的测量怠速法》附录 C 的规定进行。

怠速工况是指发动机运转；离合器处于接合位置；油门踏板与手油门处于松开位置；变速器处于空挡位置；采用化油器的供油系统，其阻风门处于全开位置。

① 仪器准备。

a. 按仪器使用说明书的要求做好各项检查工作。

b. 接通电源，对气体分析仪预热 30min 以上。

c. 标准气样校准仪器，先让气体分析仪吸入清洁空气，用零点调整旋钮把仪表指针调整到零点，然后把标准气样从标准气样注入口注入，再用标准调整旋钮把仪表指针调到标准指示值。注意：在灌注标准气样时，要关掉气体分析仪上的泵开关。

CO 校准的标准值就是标准气样瓶上标明的 CO 浓度值。HC 校准的标准值，由于是用丙烷作为标准气样，因而要按下式求出正己烷的换算值作为校准的标准值：校准的标准值（即正己烷换算值）=标准气样（丙烷）浓度×换算系数。式中，标准气样（丙烷）浓度即标准气样瓶上标明的浓度值；换算系数是气体分析仪的给出值，一般为 0.472～0.578。

用简易装置校准仪器，先接通简易校准开关，对于有校准位置刻度线的仪器，可用标准调整旋钮将仪表指针调整到正对标准刻度线位置。对于没有标准刻度线的仪器，要在标准气样校准后立即进行简易校准，使仪表指针与标准气样校准后的指示值重合。

d. 把取样探头和取样导管安装到气体分析仪上，此时如果仪表指针超过零点，则表明导管内壁吸附有较多的 HC，需要用压缩空气或布条等清洁取样探头和导管。

② 受检车辆或发动机的准备。

a. 进气系统应装有空气滤清器，排气系统应装有排气消声器，并不得有泄漏。

b. 汽油应符合国家标准的规定。

c. 测量时发动机冷却水和润滑油温度应达到汽车使用说明书所规定的热状态。

③ 急速测量程序。

a. 必要时在发动机上安装转速计、点火定时仪、冷却水和润滑油测温计等测试仪器。

b. 发动机由急速工况加速至 0.7 额定转速，维持 60s 后降至急速状态。

c. 发动机降至急速状态后，将取样探头插入排气管中，深度等于 400mm，并固定于排气管上。

d. 先把指示仪表的读数转换开关打到最高量程挡位，再一边观看指示仪表，一边用读数转换开关选择适于排气含量的量程挡位。发动机在急速状态维持 15s 后开始读数，读取 30s 内的最高值和最低值，其平均值即为测量结果。

e. 若为多排气管时，取各排气管测量结果的算术平均值。

f. 测量工作结束后，把取样探头从排气管里抽出来，让它吸入新鲜空气 5min，待仪器指针回到零点后再关闭电源。

④ 双急速测量程序。

a. 必要时在发动机上安装转速计、点火定时仪、冷却水和润滑油测温计等测试仪器。

b. 发动机由急速工况加速至 0.7 额定转速，维持 60s 后降至高急速（即 0.5 额定转速）。

c. 发动机降至高急速状态后，将取样探头插入排气管中，深度等于 400mm，并固定于排气管上。

e. 先把指示仪表的读数转换开关打到最高量程挡位，再一边观看指示仪表，一边用读数转换开关选择适于排气含量的量程挡位。发动机在高急速状态维持 15s 后开始读数，读取 30s 内的最高值和最低值，取平均值即为高急速排放测量结果。

f. 发动机从高急速状态降至急速状态，在急速状态维持 15s 后开始读数，读取 30s 内的最高值和最低值，其平均值即为急速排放测量结果。

g. 若为多排气管时，分别取各排气管高急速排放测量结果的算术平均值和急速排放测量结果的算术平均值。

h. 测量工作结束后，把取样探头从排气管里抽出来，让它吸入新鲜空气 5min，待仪器指针回到零点后再关闭电源。

5.7　柴油车自由加速烟度测试

5.7.1　柴油车排气污染物的检验标准

柴油车排出的烟色有黑烟、蓝烟和白烟 3 种。其中，以柴油机在全负荷和加速工况时排出的黑色碳烟最为常见。黑烟的发暗程度用排气烟度表示,排气烟度用烟度计检测。烟度计可分为滤纸式、透光式、重量式等多种形式。

根据 GB 18285—2000《在用汽车排气污染物限值及测试方法》的规定,对于装配压燃式发动机的车辆,按照 GB 14761—1999《汽车排放污染物限值及测试方法》通过 C 类认证的车辆进行自由加速排气可见污染物试验,除通过 C 类认证以外的其他装配压燃式发动机的车辆进行自由加速烟度试验。标准中又规定,自由加速排气可见污染物试验按 GB 18285—2000《在用汽车排气污染物限值及测试方法》附录 B 进行,自由加速烟度试验按 GB/T 3846—1993《柴油车自由加速烟度的测量滤纸烟度法》规定进行。

GB 18285—2000《在用汽车排气污染物限值及测试方法》规定,对于装配压燃式发动机,最大总质量大于或等于 400kg,最大设计车速大于或等于 50km/h 的在用汽车,自由加速试验烟度排放限值见表 5-7。

表 5-7 装配压燃式发动机的车辆自由加速试验烟度排放限值

车辆类型	烟度值/Rb
1995 年 7 月 1 日以前生产的在用汽车	4.7
1995 年 7 月 1 日起生产的在用汽车	4.0

5.7.2 柴油车排气污染物的检测

GB/T 3846—1993《柴油车自由加速烟度的测量滤纸烟度法》规定柴油车排气烟度检测时,应采用滤纸式烟度计,并对检测工况和测量程序进行了具体规定。

1. 基本检测原理

滤纸式烟度计的测量原理是,用一个活塞式抽气泵,从柴油机排气管中抽取一定容积的废气,使它通过一张一定面积的白色滤纸,废气中的碳烟存留在滤纸上,使其染黑。用检测装置测定滤纸的染黑度,再由指示装置指示出来。该染黑度即代表柴油车的排气烟度。

2. 滤纸式烟度计的结构与工作原理

滤纸式烟度计是应用最广的烟度计之一,有手动、半自动和全自动 3 种形式。其结构都是由废气取样装置、染黑度检测与指示装置和控制装置等组成,如图 5.27 所示。

1) 废气取样装置

废气取样装置由取样探头、活塞式抽气泵和取样软管等组成。

取样探头分台架试验用和整车试验用两种形式。整车试验用取样探头带有散热片,其上装有夹具以便固定在排气管上。取样探头在活塞式抽气泵的作用下抽取废气,其结构形状应能保证在取样时不受排气动压的影响。

活塞式抽气泵由活塞泵、手柄、回位弹簧、锁止装置、电磁阀和滤纸夹持机构等组成。取样前,手动或自动压下抽气泵手柄,直至克服回位弹簧的张力使活塞到达最下端,并由锁止机构锁紧。当需要取样时,踩下脚踏开关或按下"手动抽气"按钮,可操纵电磁阀使压缩空气解除锁止机构对活塞的锁紧作用,活塞在回位弹簧张力作用下上升到顶端,完成取样过程。

滤纸夹持机构在取样时实现对滤纸的夹紧和密封,使取样过程中的排气经滤纸进入泵

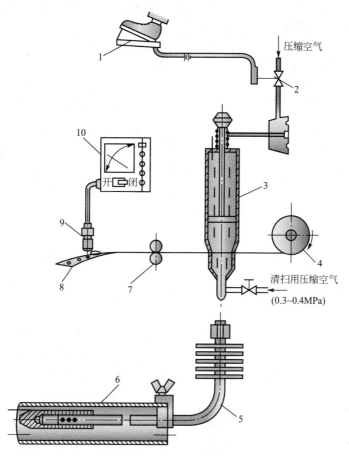

图 5.27 滤纸式烟度计结构简图

1—脚踏开关；2—电磁阀；3—抽气泵；4—滤纸卷；5—取样探头；6—排气管；7—进给机构；
8—染黑的滤纸；9—光电传感器；10—指示仪表

筒内，碳烟存留在滤纸上并将其染黑，并能保证滤纸的有效工作面直径为 $\phi32mm$。取样完成后，滤纸夹持机构松开，染黑的滤纸由进给机构送至染黑度检测装置。

取样软管把取样探头和活塞式抽气泵连接在一起，由于泵的抽气量与软管的容积有关，国标规定，取样软管长度为 5.0m，内径为 $\phi5-0.2mm$，取样系统局部内径不得小于 $\phi4mm$。

2）染黑度检测与指示装置

由光电传感器、指示仪表或数字式显示器、滤纸和标准烟样等组成。光电传感器由光源（白炽灯泡）、光电元件（环形硒光电池）等组成。其工作原理如图 5.28 所示。电源接通后白炽灯泡发亮，其光亮通过带有中心孔的环形硒光电池照射到滤纸上，当滤纸的染黑度不同时，反射给环形硒光电池感光面的光线强度也不同，因而环形硒光电池产生的光电流强度也就不同。

指示电表是一块微安表，是滤纸染黑度亦即排气烟度的指示装置。当环形硒光电池送来的光电流强度不同时，指示仪表指针的位置也不同。指示表头以 Rb0～Rb10 表示。其中，0 是全白滤纸的 Rb 单位，10 是全黑滤纸的 Rb 单位，从 0～10 均匀分布。

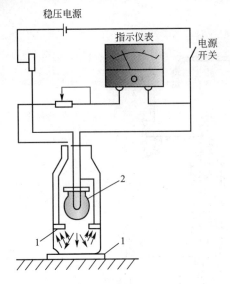

图 5.28　污染度指示装置原理图
1—光电元件；2—电灯泡；3—滤纸

检测装置一般都备有供标定或校准用的标准烟样和符合规定的滤纸。标准烟样也称为烟度卡，应在烟度计上标定，精确度为 0.5%。当标准烟样用于标定烟度计时，按量程均匀分布不得少于 6 张；当用于校准烟度计时，每台烟度计 3 张，标定值选在 Rb5 左右。当烟度计指示仪表需要校准时，只要把标准烟样放在光电传感器下，用调节旋钮把指示电表的指针调整到标准烟样所代表的染黑度数值即可达到目的。这可使指示仪表保持指示精度，以得出准确的测量结果。烟度计必须定期标定，要求在有效期内使用。

滤纸有带状和圆片状两种。带状滤纸在进给机构的作用下能实现连续传送，适用于半自动式和全自动式烟度计。圆片状滤纸，仅适用于手动式烟度计。

3）控制装置

控制装置包括用脚操纵的抽气泵电磁脚踏开关、滤纸进给机构和压缩空气清洗机构等。压缩空气清洗机构能在废气取样前，用压缩空气清洗取样头和取样软管内的残留废气碳粒。

3. 柴油车自由加速烟度的检测方法

GB/T 3846—1993《柴油车自由加速烟度的测量滤纸烟度法》规定，柴油车自由加速烟度的检测应在自由加速工况下，采用滤纸式烟度计，按测量规程进行。

自由加速工况是指，柴油发动机于怠速工况（发动机运转，离合器处于接合位置，油门踏板与手油门处于松开位置，变速器处于空挡位置，具有排气制动装置的发动机，蝶形阀处于全开位置），将油门踏板迅速踏到底，维持 4s 后松开。

1）仪器准备

（1）通电前，检查指示仪表指针是否在机械零点上，否则用零点调整螺钉使指针与"10"的刻度重合。

（2）接通电源，仪器进行预热。打开测量开关，在检测装置上垫 10 张全白滤纸，调节粗调及微调电位器，使表头指针与"0"的刻度重合。

（3）在 10 张全白滤纸上放上标准烟样，并对准检测装置，仪表指针应指在标准烟样的染黑度数值上，否则应进行调节。

（4）检查取样装置和控制装置中各部机件的工作情况，特别要检查脚踏开关与活塞抽气泵动作是否同步。

（5）检查控制用压缩空气和清洗用压缩空气的压力是否符合要求。

（6）检查滤纸进给机构的工作情况是否正常。检查滤纸是否合格，应洁白无污。

2）受检车辆准备

（1）进气系统应装有空气滤清器，排气系统应装有消声器并且不得有泄漏。

(2) 柴油应符合国家规定，不得使用燃油添加剂。

(3) 测量时发动机的冷却水和润滑油温度应达到汽车使用说明书所规定的热状态。

(4) 自 1975 年 7 月 1 日起新生产柴油车用的柴油机，应保证起动加浓装置在非起动工况不再起作用。

3) 测量程序

(1) 用压力为 0.3~0.4MPa 的压缩空气清洗取样管路。

(2) 把抽气泵置于待抽气位置，将洁白的滤纸置于待取样位置，将滤纸夹紧。

(3) 将取样探头固定于排气管内，插入深度等于 300mm，并使其轴线与排气管轴线平行。

(4) 将脚踏开关引入汽车驾驶室内，但暂不固定在油门踏板上。

(5) 按照自由加速工况的规定加速 3 次，以清除排气系统中的积存物。然后，把脚踏开关固定在油门踏板上，进行实测。

(6) 测量取样，按照自由加速工况的规定和图 5.29 所示自由加速烟度测量规程，将油门踏板与脚踏开关一并迅速踩到底，持续 4s 后立刻松开，维持怠速运转，循环测量 4 次，取后 3 个循环烟度读数的算术平均值作为所测烟度值。

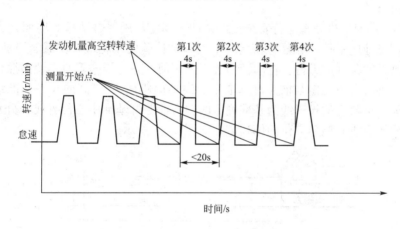

图 5.29 自由加速烟度测量规程

(7) 当汽车发动机出现黑烟冒出排气管的时间与抽气泵开始抽气的时间不同步现象时，应取最大烟度值作为所测烟度值。

(8) 在被染黑的滤纸上记下试验序号、试验工况和试验日期等，以便保存。

(9) 检测结束，及时关闭电源和气源。

5.8 前照灯检测

汽车前照灯检测是汽车安全性能检测的重要项目。前照灯诊断的主要参数是发光强度和光束照射位置。当发光强度不足或光束照射位置偏斜时，会造成夜间行车驾驶员视线不清，或使迎面来车的驾驶员眩目，将极大地影响行车安全。所以，应定期对前照灯的发光强度和光束照射位置进行检测、校正。前照灯的技术状况，可用屏幕法和前照灯校正仪检测。

5.8.1 前照灯光束照射位置标准及屏幕检测法

1. 前照灯光束照射位置的检验标准

根据 GB 7258—2004《机动车运行安全技术条件》的规定,汽车前照灯的检验指标为光束照射位置的偏移值和发光强度(cd)。前照灯光束照射位置应符合以下要求。

(1) 机动车(运输用拖拉机除外)在检验前照灯的近光光束照射位置时,前照灯在距离屏幕 10m 处,光束明暗截止线转角或中点的高度应为 $0.6H \sim 0.8H$(H 为前照灯基准中心高度),其水平方向位置向左向右偏移均不得超过 100mm。

(2) 四灯制前照灯其远光单光束灯的调整,在屏幕上光束中心离地高度为 $0.85 \sim 0.90H$,水平位置左灯向左偏移不得大于 100mm,向右偏移不得大于 170mm;右灯向左或向右偏移均不得大于 170mm。

(3) 机动车装用远光和近光双光束灯时以调整近光光束为主。对于只能调整远光单光束的灯,调整远光单光束。

2. 屏幕法检测前照灯光束照射位置

1) 检测的准备

GB 7258—2004《机动车运行安全技术条件》规定,用屏幕法检测前照灯光束照射位置时,检查用场地应平整,屏幕与场地应平直,被检验的车辆应在空载、轮胎气压正常、乘坐 1 名驾驶员的条件下进行。将车辆停置于屏幕前,并与屏幕垂直,使前照灯基准中心距屏幕 10m,在屏幕上确定与前照灯基准中心离地面距离 H 等高的水平基准线及以车辆纵向中心平面在屏幕上的投影线为基准确定的左右前照灯基准中心位置线。分别测量左右远近光束的水平或垂直照射方位的偏移值,如图 5.30 所示。

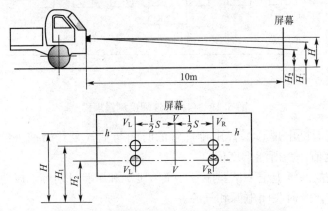

图 5.30 屏幕法检测前照灯光束照射位置

屏幕上画有 3 条垂直线和 3 条水平线。

中间垂直线 V—V 与被检车辆的纵向中心垂直面对齐。

两侧的垂直线 V_L—V_L 和 V_R—V_R 分别为被检车辆左右前照灯基准中心的垂直线。

水平线中的 h—h 线与被检车辆前照灯的基准中心等高,距地面高度为 H;H 为被检车辆前照灯基准中心距地面的高度,其值视被检车型而定。

中间水平线与被检车辆前照灯远光光束的中心等高,距地面高度为 H_1,$H_1 = 0.85H \sim 0.90H$。

下侧水平线与被检车辆前照灯近光光束的中心等高,距地面高度为 H_2,$H_2=0.60H\sim0.80H$。

2) 检测方法

检测时,先遮盖住一边的前照灯,然后打开前照灯的近光开关,未被遮盖的前照灯的近光明暗截止线转角或光束中心应落在图中下边水平线与 V_L—V_L 或 V_R—V_R 线的交点位置上,否则为光束照射位置偏斜。其偏斜方向和偏斜量可在屏幕上直接测量。用同样方法,检测另一边前照灯近光光束照射位置。

根据检测标准,检测调整前照灯光束的照射位置时,对远、近双光束灯应以检测调整近光光束为主。对于远光单光束前照灯,则要检测远光光束的照射位置。其光束中心应落在中间水平线与 V_L—V_L 或 V_R—V_R 线的交点位置上。

用屏幕法检测前照灯简单易行,但只能检测出光束的照射位置,不能检测发光强度。为适应不同车型的检测,需经常更换屏幕,检测效率低,同时,需要占用较大场地。因此目前广泛采用前照灯校正仪对汽车前照灯进行检测。

5.8.2 前照灯发光强度标准及仪器检测方法

1. 前照灯发光强度的检验标准

GB 7258—2004《机动车运行安全技术条件》规定,机动车每只前照灯的远光光束发光强度应达到表 5-8 的要求。测试时,其电源系统应处于充电状态。

表 5-8 前照灯远光光束发光强度要求

检查项目车辆类型	新注册车		在用车	
	两灯制	四灯制①	两灯制	四灯制①
汽车、无轨电车	15000	12000	12000	10000
四轮农用运输车	10000	8000	8000	6000

① 采用四灯制的机动车其中两只对称的灯达到两灯制的要求时视为合格。

2. 前照灯校正仪检测发光强度和光轴偏斜量

前照灯校正仪是按一定测量距离放在被检车辆的对面,用来检测前照灯发光强度与光轴偏斜量的专用设备。光轴偏斜量表示光束照射位置。

1) 前照灯校正仪的检测原理

前照灯校正仪的类型很多,但基本检测原理类似,一般均采用能把吸收的光能变成电流的光电池作为传感器,按照前照灯主光束照射光电池产生电流的大小和比例,来测量前照灯发光强度和光轴偏斜量。

(1) 发光强度的检测原理。

测量前照灯发光强度的电路由光度计、可变电阻和光电池等组成,如图 5.31 所示。按规定的距离使前照灯照射光电池,光电池便按受光强度的大小产生相应的光电流使光度计指针摆动,指示出前照灯的发光强度。

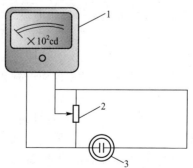

图 5.31 发光强度的检测原理图
1—光度计;2—可变电阻;3—光电池

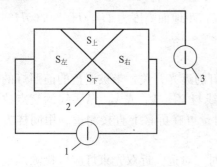

图 5.32 光轴偏斜量检测原理图
1—左右偏斜指示计；2—光电池；
3—上下偏斜指示计

（2）光轴偏斜量的检测原理。

测量前照灯光轴偏斜量的电路如图 5.32 所示，由两对光电池组成，左右一对光电池 $S_{左}$ $S_{右}$ 上接有左右偏斜指示计，用于检测光束中心的左右偏斜量；上下一对光电池 $S_{上}$ $S_{下}$ 上接有上下偏斜指示计，用于检测光束中心的上下偏斜量。当光电池受到前照灯光束照射时，如果光束照射方向偏斜，将分别使光电池的受光面不一致，因而产生的电流大小也不一致。光电池产生的电流差值分别使上下偏斜指示计及左右偏斜指示计的指针摆动，从而检测出光轴的偏斜方向和偏斜量。

图 5.33 所示为光轴无偏斜时的情况，这时上下偏斜指示计的指针和左右偏斜指示计的指针均垂直向下，即处于零位。图 5.34 所示为光轴有偏斜时的情况，这时上下偏斜指示计的指针向"下"方向偏斜，左右偏斜指示计的指针向"左"方向偏斜。

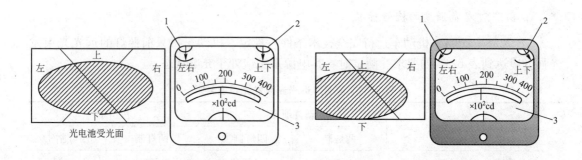

图 5.33 光轴无偏斜时的情况
1—左右偏斜指示计；2—上下偏斜指示计；
3—光度计

图 5.34 光轴有偏斜时的情况
1—左右偏斜指示计；2—上下偏斜指示计；
3—光度计

若通过适当的调节机构，调整光线照射光电池的位置，使 $S_{左}$ $S_{右}$ 和 $S_{上}$ $S_{下}$ 每对光电池受到的光照度相同，此时每对光电池输出的电流相等，两偏斜指示计的指针均指向零位，其调节量反映了光束中心的偏斜量。当偏斜指示计指针处于零位时，光电池受到的光照最强，4 块光电池所输出电流之和表明了前照灯的发光强度。

2）前照灯校正仪的结构和工作原理

按照前照灯校正仪的结构特征与测量方法不同，常用汽车前照灯校正仪可分为聚光式、屏幕式、投影式和自动追踪光轴式 4 种类型。这些不同类型的前照灯校正仪均由接受前照灯光束的受光器、使受光器与汽车前照灯对正的照准装置、前照灯发光强度指示装置、光轴偏斜方向和偏斜量指示装置及支柱、底板、导轨、汽车摆正找准装置等组成。

（1）聚光式前照灯检测仪。

聚光式前照灯检测仪利用受光器的聚光透镜把前照灯的散射光束聚合起来，并导引到光电池的光照面上，根据其对光电池的照射强度，来检测前照灯的发光强度和光轴偏斜量。检测时，检测仪放在距前照灯前方 1m 处。

（2）屏幕式前照灯检测仪。

屏幕式前照灯检测仪在固定屏幕上装有可以左右移动的活动屏幕，在活动屏幕上装有能上下移动的内部带有光电池的受光器。前照灯的光束照射到屏幕上，检测发光强度和光轴偏斜量。通常测试距离为 3m。

（3）投影式前照灯检测仪。

投影式前照灯检测仪采用把前照灯光束的影像映射到投影屏上，来检测发光强度和光轴偏斜量。检测时，测试距离一般为 3m。其构造如图 5.35 所示。

在聚光透镜的上下和左右方向装有 4 个光电池。前照灯光束的影像通过聚光透镜、光度计的光电池和反射镜后，映射到投影屏上。检测时，通过上下、左右移动受光器使光轴偏斜指示计指示为零，从而找到被测前照灯主光轴的方向，然后根据投影屏上前照灯光束影像的位置，即可得出主光轴的偏斜量，同时可从光度计的指示中读取发光强度。

根据投影式前照灯检测仪光轴偏斜量的检测方法不同，有投影屏刻度检测法和光轴刻度盘检测法。

投影屏刻度检测法是在投影屏上刻有表示光轴偏斜量的刻度线，根据前照灯影像中心在投影屏上所处的位置，即可直接读出光轴的偏斜量。

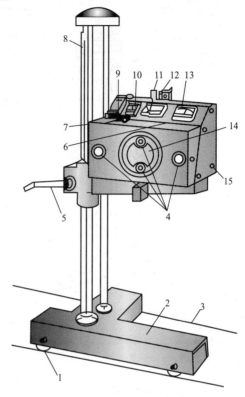

图 5.35　投影式前照灯检测仪

1—车轮；2—底座；3—导轨；4—光电池；5—上下移动手柄；6—上下光轴刻度盘；7—左右光轴刻度盘；8—支柱；9—左右偏斜指示计；10—上下偏斜指示计；11—投影屏；12—汽车摆正找准器；13—光度计；14—聚光透镜；15—受光器

光轴刻度盘检测法是转动上下与左右光轴刻度盘，使前照灯光束影像中心与投影屏坐标原点重合，然后从光轴刻度盘上读取光轴偏斜量。

（4）自动追踪光轴式前照灯检测仪。

自动追踪光轴式前照灯检测仪采用受光器自动追踪光轴的方法检测前照灯发光强度和光轴偏斜量。一般检测距离为 3m。其构造如图 5.36 所示。

检测时，前照灯的光束照射到检测仪的受光器上。此时，若前照灯光束照射方向偏斜，则主、副受光器的上下光电池或左右光电池的受光量不等，由其电流的差值控制受光器上下移动的电动机运转，或使控制箱左右移动的电动机运转，并通过传动机构牵动受光器上下移动或驱动控制箱在轨道上左右移动，直至受光器上下、左右光电池受光量相等为止。在追踪光轴时，受光器的位移方向和位移量由光轴偏斜指示计指示，此即前照灯光束的偏斜方向和偏斜量、发光强度由光度计指示。

3）前照灯发光强度和光轴偏斜量的检测方法

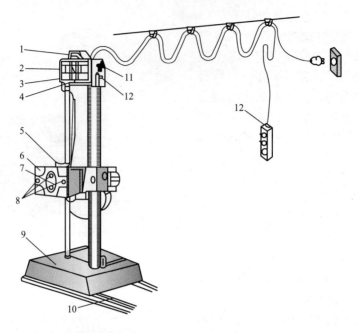

图 5.36 自动追踪光轴式前照灯检测仪

1—在用显示器；2—左右偏斜指示计；3—光度计；4—上下偏斜指示计；5—车辆摆正找准器；6—受光器；7—聚光透镜；8—光电池；9—控制箱；10—导轨；11—电源开关；12—熔丝；13—控制盒

(1) 检测前的准备。

① 前照灯检测仪的准备。在不受光的情况下，调整光度计和光轴偏斜量指示计是否对准机械零点。若指针失准，可用零点调整螺钉调整。检查聚光透镜和反射镜的镜面上有无污物。若有，可用柔软的布料或镜头纸擦拭干净。检查水准器的技术状况。若水准器无气泡，应进行修理或更换。若气泡不在红线框内时，可用水准器调节器或垫片进行调整。检查导轨是否沾有泥土等杂物。若有，应扫除干净。

② 被检车辆的准备。清除前照灯上的污垢。轮胎气压应符合汽车制造厂的规定。前照灯开关和变光器应处于良好状态。汽车蓄电池和充电系统应处于良好状态。

(2) 检测方法。

由于前照灯检测仪的厂牌、型式不同，其检测发光强度和光轴偏斜量的具体方法也不尽相同。这里仅就投影式和自动追踪光轴式前照灯检测仪的检测方法作一介绍。

① 投影式前照灯检测仪的检测方法。

将被检汽车尽可能地与前照灯检测仪的轨道保持垂直方向驶近检测仪，使前照灯与检测仪受光器相距 3m。用汽车摆正找准器使检测仪与被检汽车对正。开亮前照灯，移动检测仪，使光束照射到受光器上。投影屏刻度检测法，要求先使光轴偏斜量指示计的指示为零，然后根据投影屏上前照灯影像中心所在的刻度值读取光轴偏斜量，再根据光度计的指示值读取发光强度值，如图 5.37 所示。

光轴刻度盘检测法，要求转动光轴刻度盘，使投影屏上的坐标原点与前照灯影像中心重合，读取此时光轴刻度盘上的指示值即为光轴偏斜量，再根据光度计上的指示值读取发光强度值，如图 5.38 所示。

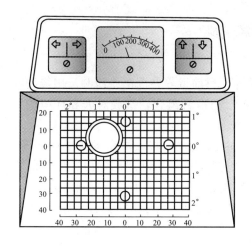

图 5.37 投影屏刻度检测法检测结果示意图

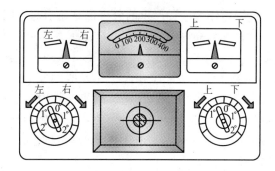

图 5.38 光轴刻度盘检测法检测结果示意图

② 自动追踪光轴式前照灯检测仪的检测方法。

将被检汽车尽可能地与前照灯检测仪的轨道保持垂直方向驶近检测仪,使前照灯与检测仪受光器相距 3m。用汽车摆正找准器使检测仪与被检汽车对正。开亮前照灯,接通检测仪电源,用控制器上的上下、左右控制开关移动检测仪的位置,使前照灯光束照射到受光器上。按下控制器上的测量开关,受光器随即追踪前照灯光轴,根据光轴偏斜指示计和光度计的指示值,即可得出光轴偏斜量和发光强度值。检测完一只前照灯后用同样的方法检测另一只前照灯。检测结束,前照灯检测仪沿轨道或沿地面退回护栏内,汽车驶出。

4) 检测结果分析

前照灯检验不合格有两种情况,一是前照灯发光强度偏低,二是前照灯照射位置偏斜。

(1) 左右前照灯发光强度均偏低。

① 检查前照灯反光镜的光泽是否明亮,如昏暗或镀层剥落或发黑应予更换。

② 检查灯泡是否老化,质量是否符合要求,如老化或质量不符合要求,光度偏低者应更换。

③ 检查蓄电池端电压是否偏低,如端电压偏低,应先充足电再检测。仅靠蓄电池供电,前照灯发光强度一般很难达到标准的规定,检测时应使用发电机供电。

(2) 左右前照灯发光强度不一致。

检查发光强度偏低的前照灯的反射镜光泽是否灰暗,灯泡是否老化,质量是否符合要求,一般多为搭铁线路接触不良。

(3) 前照灯光束照射位置偏斜。

前照灯安装位置不当或因强烈震动而错位致使光束照射位置偏斜,应予以调整。前照灯光束照射位置偏斜的调整可在前照灯检测仪上进行。

根据检测标准,在检测调整光束照射位置时,对远、近双光束灯以检测调整近光光束为主。如果制造质量合格的灯泡,近光调整合格后,远光光束一般也能合格;若近光光束调整合格后,经复核远光光束照射方向不合格,则应更换灯泡。

5.9 噪声检测

噪声作为一种严重的公害已日益引起人们的关注,目前世界各国已纷纷制定出控制噪声的标准。噪声的一般定义是:频率和声强杂乱无章的声音组合,造成对人和环境的影响。更人性化的描述是,人们不喜欢的声音就是噪声。

随着汽车向快速和大功率方面的发展,汽车噪声已成为一些大城市的主要噪声源。汽车噪声主要包括:发动机的机械噪声、燃烧噪声、进排气噪声和风扇噪声;底盘的机械噪声、制动噪声和轮胎噪声,车厢振动噪声,货物撞击噪声,喇叭噪声和转向、倒车时的蜂鸣声等噪声。由于车辆噪声具有游走性,影响范围大,干扰时间长,因而危害比较大。

5.9.1 噪声的评价指标

1. 噪声的声压和声压级

噪声的主要物理参数有声压与声压级、声强与声强级和声功率与声功率级。其中声压与声压级是表示声音强弱的最基本的参数。

声压是指由于声波的存在引起在弹性介质中压力的变化值。声音的强弱取决于声压,声压越大听到的声音越强。人耳可以听到的声压范围是 2×10^{-5}(听阈声压)~20Pa(痛阈声压),相差100万倍,因此用声压的绝对值表示声音的强弱会感到很不方便,所以人们常用声压级来表示声音的强弱。

声压级是指某点的声压 P 与基准声压(听阈声压)P_0 的比值取常用对数再乘以 20 的值,$\left(L_P=20\lg\dfrac{P}{P_0}\right)$,单位为分贝(dB)。可闻声声压级范围为 0~120dB。

2. 噪声的频谱

人耳对声音的感觉不仅与声压有关,而且还与声音的频率有关。人耳可闻声音的频率范围为 20~20000Hz。一般的声源,并不是仅发出单一频率的声音,而是发出具有很多频率成份的复杂声音。声音听起来之所以会有很大的差别,就是因为它们的组成成份不同。因此,为全面了解一个声源的特性,仅知道它在某一频率下的声压级和声功率级是不够的,还必须知道它的各种频率成份和相应的声音强度,这就是频谱分析。

噪声的频谱也是噪声的评价指标之一。以声音频率(Hz)为横坐标、以声音强度(如声压级 dB)为纵坐标绘制的噪声测量图形,称为频谱图。

人耳可闻声音的频率有1000多倍的变化范围,在实际频谱分析中不可能逐个频率分析噪声。在声音测量中,让噪声通过滤波器把可闻声音的频率范围分割成若干个小的频段,称为频程或频带。频带的上限频率 f_h(或称上截止频率)与下限频率 f_l(或称下截止频率)具有 $f_h/f_l=2^n$ 的关系,频带的中心频率 $f_m=\sqrt{f_h\cdot f_l}$,当 $n=1$ 时称为倍频程或倍频带。可闻声音频率范围用 10 段倍频程表示,见表 5-9。

表 5-9　倍频程中心频率及频率范围　　　　　　　　　　　　　　　单位：Hz

中心频率	31.5	63	125	250	500
频率范围	22～45	45～90	90～180	180～355	355～710
中心频率	1000	2000	4000	8000	16000
频率范围	710～1400	1400～2800	2800～5600	5600～11200	11200～22400

如果需要更详细地分析噪声，可采用 1/3 倍频程，即可以把每个倍频程分成 3 份（$n=1/3$）。

3. 噪声级

声压级相同的声音，但由于频率不同，听起来并不一样响，相反，不同频率的声音，虽然声压级也不同，但有时听起来却一样响，因此，用声压级测定的声音强弱与人们的生理感觉往往不一样。因而，对噪声的评价常采用与人耳生理感觉相适应的指标。

为了模拟人耳在不同频率有不同的灵敏性，在声级计内设有一种能够模拟人耳的听觉特性，把电信号修正为与听觉近似值的网络，这种网络称作计权网络。通过计权网络测得的声压级，已不再是客观物理量的声压级，而是经过听感修正的声压级，称作计权声压级或噪声级。

国际电工委员会（IEC）对声学仪器规定了 A、B、C 等几种国际标准频率计权网络，它们是参考国际标准等响曲线而设计的。由于 A 计权网络的特性曲线接近人耳的听感特性，故目前普遍采用 A 计权网络对噪声进行测量和评价，记作 dB(A)。

5.9.2　汽车噪声的标准及检测

1. 汽车噪声检验标准

GB 7258—2004《机动车运行安全技术条件》对客车车内噪声级、汽车驾驶员耳旁噪声级和机动车喇叭声级作了规定，GB 1495—79《机动车辆允许噪声》和 GB 1496—79《机动车噪声测量方法》对车外最大噪声级及其测量方法作了规定。

(1) 车外最大允许噪声级。汽车加速行驶时，车外最大允许噪声级应符合表 5-10 的规定。表中所列各类机动车辆的变型车或改装车（消防车除外）的加速行驶车外最大允许噪声级，应符合其基本型车辆的噪声规定。

(2) 车内最大允许噪声级。客车车内最大允许噪声级不大于 82dB。

(3) 汽车驾驶员耳旁噪声级。耳旁噪声级应不大于 90dB。

(4) 机动车喇叭声级。喇叭声级在距车前 2m、离地高 1.2m 处测量时，其值应为 90～115dB。

2. 声级计的结构与工作原理

在汽车噪声的测量方法中，国家标准规定使用的仪器是声级计。

声级计是一种能把噪声以近似于人耳听觉特性测定其噪声级的仪器。可以用来检测机动车的行驶噪声、排气噪声和喇叭声音响度级。

根据测量精度不同声级计可分为精密声级计和普通声级计两类，根据所用电源不同可分为交流式声级计和直流式声级计两类。后者也可以称为便携式声级计，具有体积小、重量轻和现场使用方便等特点。

表 5-10 车外最大允许噪声级

车辆类型		车外最大允许噪声级/dB(A)	
		1985年1月1日以前生产的汽车	1985年1月1日起生产的汽车
载货汽车	8t≤载质量<15t	92	89
	3.5t≤载质量<8	90	86
	载质量<3.5t	89	84
轻型越野车		89	84
公共汽车	4t≤载质量<11t	89	86
	载质量≤4t	88	83
轿车		84	82

声级计一般由传声器、放大器、衰减器、计权网络、检波器、指示表头和电源等组成。其工作原理是：被测的声波通过传声器被转换为电压信号，根据信号大小选择衰减器或放大，放大后的信号送入计权网络作处理，最后经过检波并在以 dB 标度的表头上指示出噪声数值。图 5.39 为我国生产的 ND2 型精密声级计。

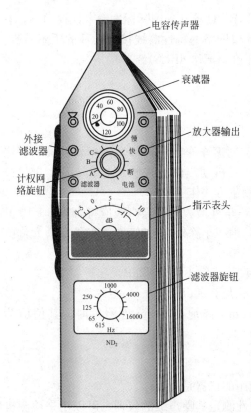

图 5.39 ND2 型精密声级计

（1）传声器。传声器是将声波的压力转换成电压信号的装置，也称话筒，是声级计的传感器。常见的传声器有动圈式和电容式等多种形式。

动圈式传声器由振动膜片、可动线圈、永久磁铁和变压器等组成。振动膜片受到声波压力作用产生振动，它带动着和它装在一起的可动线圈在磁场内振动而产生感应电流。该电流根据振动膜片受到声波压力的大小而变化。声压越大，产生的电流就越大。

电容式传声器由金属膜片和金属电极构成平板电容的两个极板，当膜片受到声压作用发生变形，使两个极板之间的距离发生变化，电容量也发生变化，从而实现了将声压转换为电信号的作用。电容式传声器具有动态范围大、频率响应平直、灵敏度高和稳定性好等优点，因而应用广泛。

（2）放大器和衰减器。在放大线路中都采用两级放大器，即输入放大器和输出放大器，其作用是将微弱的电信号放大。输入衰减器和输出衰减器是用来改变输入信号的衰减量和输出信号衰减量的，以便使表头指针指在适当的位置上。衰减器每一挡的衰减量为 10dB。

（3）计权网络。计权网络一般有 A、B、C 3 种。A 计权声级模拟人耳对 55dB 以下低强度噪声的频率特性，B 计权声级模拟 55~85dB 的中等强度噪声的频率特性，C 计权声级模拟高强度噪声的频率特性。三者的主要差别是对噪声低频成分的衰减程度不同，A衰减最多，B次之，C衰减量最少。A计权声级由于其特性曲线接近于人耳的听觉特性，因此目前应用最广泛，B、C计权声级已逐渐不再采用。

（4）检波器和指示表头。为了使经过放大的信号通过表头显示出来，声级计还需要有检波器，以便把迅速变化的电压信号转变成变化较慢的直流电压信号。这个直流电压的大小要正比于输入信号的大小。根据测量的需要，检波器有峰值检波器、平均值检波器和均方根值检波器之分。峰值检波器能给出一定时间间隔中的最大值，平均值检波器能在一定时间间隔中测量其绝对平均值。

多数的噪声测量中均采用均方根值检波器。均方根值检波器能对交流信号进行平方、平均和开方，得出电压的均方根值，最后将均方根电压信号输送到指示表头。指示表头是一只电表，只要对其刻度进行标定，就可从表头上直接读出噪声级的dB值。

声级计表头阻尼一般都有"快"和"慢"两个挡。"快"挡的平均时间为0.27s，很接近于人耳听觉器官的生理平均时间。"慢"挡的平均时间为1.05s。当对稳态噪声进行测量或需要记录声级变化过程时，使用"快"挡比较合适；在被测噪声的波动比较大时，使用"慢"挡比较合适。

声级计面板上一般还备有一些插孔，这些插孔如果与便携式倍频带滤波器相连，可组成小型现场使用的简易频谱分析系统；如果与录音机组合，则可把现场噪声录制在磁带上储存下来，待以后再进行更详细的研究；如果与示波器组合，则可观察到声压变化的波形，并可存储波形或用照相机把波形摄制下来；还可以把分析仪、记录仪等仪器与声级计组合、配套使用，这要根据测试条件和测试要求而定。

3. 汽车噪声的测量方法

国家标准规定汽车噪声使用的测量仪器有精密声级计或普通声级计和发动机转速表，声级计误差不超过±2dB，并要求在测量前后，按规定进行校准。

1）声级计的检查与校准

（1）在未接通电源时，先检查并调整仪表指针的机械零点。可用零点调整螺钉使指针与零点重合。

（2）检查电池容量。把声级计功能开关对准"电池"，此时电表指针应达到额定红线，否则读数不准，应更换电池。

（3）打开电源开关，预热仪器10min。

（4）校准仪器。每次测量前或使用一段时间后，应对仪器的电路和传声器进行校准。根据声级计上配有的电路校准"参考"位置，校验放大器的工作是否正常。如不正常，应用微调电位计进行调节。电路校准后，再用已知灵敏度的标准传声器对声级计上的传声器进行对比校准。

常用的标准传声器有声级校准器和活塞式发声器，它们的内部都有一个可发出恒定频率、恒定声级的机械装置，因而很容易对比出被检传声器的灵敏度。声级校准器产生的声压级为94dB，频率为1000Hz；活塞式发声器产生的声压级为124dB，频率为250Hz。

（5）将声级计的功能开关对准"线性"、"快"挡。由于室内的环境噪声一般为40~60dB，声级计上应有相应的示值。当变换衰减器刻度盘的挡位时，表头示值应相应变化10dB左右。

(6) 检查计权网络。按上述步骤,将"线性"位置依次转换为"C"、"B"、"A"。由于室内环境噪声多为低频成分,故经 3 挡计权网络后的噪声级示值将低于线性值,而且应依次递减。

(7) 检查"快"、"慢"挡。将衰减器刻度盘调到高分贝值处(例如 90dB),通过操作人员发声,来观察"快"挡时的指针能否跟上发音速度,"慢"挡时的指针摆动是否明显迟缓。

(8) 在投入使用时,若不知道被测噪声级多大,必须把衰减器刻度盘预先放在最大衰减位置(即 120dB),然后在实测中再逐步旋至被测声级所需要的衰减挡。

2) 车外噪声测量方法

(1) 测量条件。

① 测量场地应平坦而空旷,在测试中心以 25m 为半径的范围内,不应有大的反射物,如建筑物、围墙等。

② 测试场地跑道应有 20m 以上平直、干燥的沥青路面或混凝土路面。路面坡度不超过 0.5%。

③ 本底噪声(包括风噪声)应比所测车辆噪声至少低 10dB。并保证测量不被偶然的其他声源所干扰。本底噪声是指测量对象噪声不存在时,周围环境的噪声。

④ 为避免风噪声干扰,可采用防风罩,但应注意防风罩对声级计灵敏度的影响。

⑤ 声级计附近除测量者外,不应有其他人员,如不可缺少时,则必须在测量者背后。

⑥ 被测车辆不载重,测量时发动机应处于正常使用温度,车辆带有其他辅助设备亦是噪声源,测量时是否开动,应按正常使用情况而定。

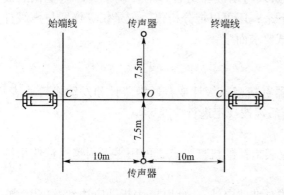

图 5.40 车外噪声测量场地及测量位置

(2) 测量场地及测点位置。

图 5.40 所示为汽车噪声的测量场地及测量位置,测试传声器位于 20m 跑道中心点 O 两侧,各距中线 7.5m,距地面高度 1.2m,用三脚架固定,传声器平行于路面,其轴线垂直于车辆行驶方向。

(3) 加速行驶车外噪声测量方法。

① 车辆需按规定条件稳定地到达始端线,前进挡位为 4 挡以上的车辆用第 3 挡,前进挡位为 4 挡或 4 挡以下的用第 2 挡,发动机转速为其标定转速的 3/4。如果此时车速超过了 50km/h,那么车辆应以 50km/h 的车速稳定地到达始端线。对于自动变速器的车辆,使用在试验区间加速最快的挡位。辅助变速装置不应使用。在无转速表时,可以控制车速进入测量区,即以所定挡位相当于 3/4 标定转速的车速稳定地到达始端线。

② 从车辆前端到达始端线开始,立即将加速踏板踏到底或节气门全开,直线加速行驶,当车辆后端到达终端线时,立即停止加速。车辆后端不包括拖车以及和拖车连接的部分。

本测量要求被测车在后半区域发动机达到标定转速,如果车速达不到这个要求,可延长 OC 距离为 15m,如仍达不到这个要求,车辆使用挡位要降低一挡。如果车辆在后半区域超过标定转速,可适当降低到达始端线的转速。

③ 声级计用"A"计权网络、"快"挡进行测量,读取车辆驶过时的声级计表头最大读数。

④ 同样的测量往返进行 1 次。车辆同侧两次测量结果之差,应不大于 2dB,并把测量

结果记入规定的表格中。取每侧2次声级平均值中最大值作为检测车的最大噪声级。若只用1只声级计测量，同样的测量应进行4次，即每侧测量2次。

(4) 匀速行驶车外噪声测量方法。

① 车辆用常用挡位，加速踏板保持稳定，以50km/h的车速匀速通过测量区域。

② 声级计用"A"计权网络、"快"挡进行测量，读取车辆驶过时声级计表头的最大读数。

③ 同样的测量往返进行1次，车辆同侧两次测量结果之差不应大于2dB，并把测量结果记入规定的表格中。若只用1个声级计测量，同样的测量应进行4次，即每侧测量2次。

3) 车内噪声测量方法

(1) 测量条件。

① 测量跑道应有足够试验需要的长度，应是平直、干燥的沥青路面或混凝土路面。

② 测量时风速(指相对于地面)应不大于3m/s。

③ 测量时车辆门窗应关闭。车内带有其他辅助设备是噪声源，测量时是否开动，应按正常使用情况而定。

④ 车内本底噪声比所测车内噪声至少低10dB，并保证测量不被偶然的其他声源所干扰。

⑤ 车内除驾驶员和测量人员外，不应有其他人员。

(2) 测点位置。

① 车内噪声测量通常在人耳附近布置测点，传声器朝车辆前进方向。

② 驾驶室内噪声测点的位置如图5.41所示。

③ 载客车室内噪声测点可选在车厢中部及最后一排座的中间位置，传声器高度参考图5.41。

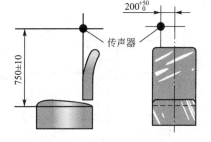

图5.41　驾驶室内噪声测点的位置

(3) 测量方法。

① 车辆以常用挡位、50km/h以上的不同车速匀速行驶，分别进行测量。

② 用声级计"慢"挡测量"A"、"C"计权声级，分别读取表头指针最大读数的平均值，测量结果记入规定的表格中。

③ 做车内噪声频谱分析时，应包括中心频率为31.5Hz、63Hz、125Hz、250Hz、500Hz、1000Hz、2000Hz、4000Hz、8000Hz的倍频带。

4) 驾驶员耳旁噪声的测量方法

(1) 车辆应处于静止状态且变速器置于空挡，发动机应处于额定转速状态。

(2) 测点位置如图4.41所示。

(3) 声级计应置于"A"计权、"快"挡。

5) 汽车喇叭声的测量

汽车喇叭声的测点位置如图5.42所示，测量时应注意不被偶然的其他声源峰值所干扰。测量次数宜在2次以上，并注意监听喇叭声是否悦耳。

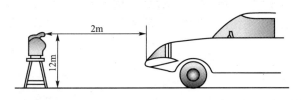

图5.42　汽车喇叭噪声的测点位置

5.10 客车防雨密封性检测

汽车车身或驾驶室的密封是整车质量的一项重要指标,密封性不好,尘土和雨水将进入车内,影响乘坐的舒适性。汽车的密封性主要受门窗玻璃缝隙的密封、管孔的密封、地板的密封等影响。

防雨密封性是汽车尤其是乘用车的的重要指标之一。良好的防雨密封性,可保证车厢内干燥、清洁、舒适,使乘客保持良好的旅行心态,并使驾驶员专注驾驶,保证行车安全。

5.10.1 客车防雨密封性检测设备

客车防雨密封性检测的设备为人工淋雨试验台。

淋雨试验台主要由水泵及其驱动电机、底阀、压力调节阀、截止阀、水压表、流量计、输水管路附件、喷嘴、蓄水池、支架和喷嘴架调整装置等组成,如图5.43所示。

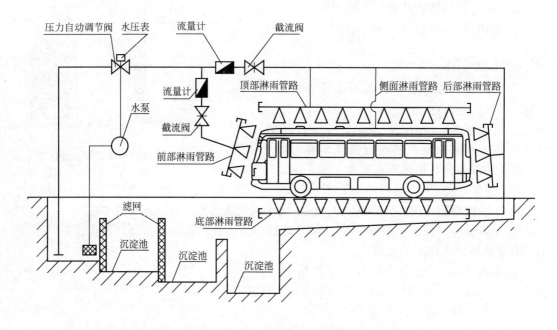

图 5.43 淋雨试验台示意图

淋雨试验台的水泵由电机驱动。水从蓄水池不断被泵入主管路,经过压力调节和流量调节,进入淋雨管路,通过喷嘴喷向车体表面。喷射出的水汇集注入蓄水池,经过多级沉淀、过滤后循环使用。

5.10.2 客车防雨密封性的检测方法

GB/T 12480—1990《客车防雨密封性试验方法》规定,客车防雨密封性是指客车处于静止状态,在规定的的人工淋雨试验条件下,关闭门窗和孔口盖时,防止雨水进入车厢的能力。

防雨密封性检测是用人工淋雨设备来测试汽车的防雨密封能力。这种试验适用于各类客车。对于双层客车、封闭式车厢的汽车及载货汽车驾驶室的防雨密封性检测可参照使用。

1. 测试条件

淋雨测试时，气温应该在5～35℃，气压应在99～102kPa范围内。在室外淋雨试验台上进行测试时，应选择晴天或阴天，并且风速不超过1.5m/s。

淋雨试验时，不设行李舱（箱）的客车的规定的车体受雨部位及其降雨强度见表5-11；设行李舱（箱）的客车规定的车体受雨部位及其降雨强度见表5-12。

表5-11　不设行李舱（箱）的客车规定的车体受雨部位及其降雨强度

受雨部位	降雨强度/(mm/min)	受雨部位	降雨强度/(mm/min)
前围上部①	8～10	侧围上部②、后围上部③、顶部	4～6

表注：① 前围上部是指车体前部风窗下周边密封胶条下沿至车顶的部分。
② 侧围上部是指车体侧面侧窗窗框下沿至车顶的部分。
③ 后围上部是指车体后部后窗下周边密封胶条下沿至车顶的部分。

表5-12　设行李舱（箱）的客车规定的车体受雨部位及其降雨强度

受雨部位	降雨强度/(mm/min)	受雨部位	降雨强度/(mm/min)
前部	8～10	底部	6～8
侧面、后部、顶部	4～6		

喷嘴的喷射压力为69～147kPa。

淋雨时间为15min。

前、后部喷嘴的轴线与客车基准Y平面平行，与铅垂方向的夹角为30°～45°，喷嘴朝向车体。顶部喷嘴的轴线与客车基准Z平面垂直，喷嘴朝向车体。底部喷嘴位于客车基准Y平面两侧，其轴线与客车基准X平面平行，与铅垂方向的夹角为30°～45°，喷嘴上仰朝向另一侧车体。

底部喷嘴与地板下表面距离为300～700mm，其余部位喷嘴与车体外表面距离为500～1300mm。

喷嘴布置应保证规定的车体外表面都被人工雨均匀覆盖，不存在死区。

2. 测定程序

（1）降雨强度的测定。

降雨强度的测定方法分为自身测定法和外部测定法两种，可选择相应的一种方法进行测定。下面就自身测定法进行介绍。

自身设置有流量计的淋浴设备采用自身测定方法进行测定。符合下列全部条件的淋雨设备可按自身测定法进行测定降雨强度。

① 淋雨设备自身设有流量计。

②已在与降雨强度规定值不相同的受雨部位对应的淋雨管路上分别设置节流阀或全部淋雨管路仅设置一个共用节流阀,并且各淋雨管路上设置喷嘴的密度与它们的降雨强度的比值相对应。

测试时,起动淋雨设备,逐个调节在各淋雨管路中的节流阀,使流经该管路的水流量达到规定降雨强度的对应值。

对应流量计算公式为

$$Q_y = \frac{3F_0 A_0}{50}$$

式中:Q_y——对应流量(m^3/h);
　　　F_0——车体待测部位规定降雨强度(mm/min);
　　　A_0——车体待测部位对应标准面积(m^2)。

A_0是待调节节流阀后联通的一个或多个淋雨管路所对应受雨部位的标准面积之和。

(2)喷射压力测定。

管路系统中已设置压力自动调节阀的淋雨设备只需定期进行压力检定,测试前喷嘴喷射压力无须再测定。

管路系统中未设置压力自动调节阀的淋雨设备,测试前应进行喷嘴喷射压力测定,其方法是在任意一个喷嘴口处,用橡胶软管连接喷嘴与水压表,调节压力调节阀使喷射压力达到规定值。

(3)测试步骤。

将测试车辆停放在淋雨场地内指定位置。

测试人员进入车厢,关闭全部门窗及孔盖。

起动淋雨设备,待淋雨量进入稳定工作状态后测试开始,5min 后开始观察车厢渗漏水的情况,并进行记录。

5.10.3 客车防雨密封性检测的质量评定

1. 检测结果统计

如果水从缝隙中缓慢出现,并沿着内护面向周围漫延开去,这种现象称为渗水。

如果水从缝隙中出现,以小于等于每分钟 30 滴的速度离开或沿着车身内护面断续落下,这种现象称为慢滴。

如果水从缝隙中出现,以大于每分钟 30 滴且小于等于每分钟 60 滴的速度离开或沿着车身内护面断续落下,这种现象称为滴。

如果水从缝隙中出现,以大于每分钟 60 滴的速度离开或沿着车身内护面断续落下,这种现象称为快滴。

如果水从缝隙中出现,离开或沿着车身内护面连续不断地向下流淌,这种现象称为流。

测试车辆的初始分值为 100 分。按每出现一处渗水扣 1 分,每出现一次慢滴 2 分,每出现一处滴扣 4 分,每出现一处快滴扣 6 分,每出现一处流水扣 10 分,初始分减去累计扣分即为测试得分。

2. 汽车防雨密封性质量评定

GB 12481—1990《客车防雨密封性限值》对轻型客车、中型客车、大型客车、特大型客车中的铰接式客车防雨密封性做出了限值规定，见表 5-13。其他具备封闭式车厢的车辆可参照执行。

表 5-13　客车防雨密封性限值

客车类型		限值/分	客车类型		限值/分
轻型客车		≥93	大型客车	旅游客车	≥90
中型客车	旅游客车	≥92		团体客车	≥88
	团体客车	≥90		城市客车	≥87
	城市客车	≥88		长途客车	≥87
	长途客车	≥80	特大型客车	铰接式客车	≥84

5.11　侧倾稳定角检测

车厢在侧向力作用下绕侧倾轴线的转角称为车厢侧倾角，它是和汽车操纵稳定性及平顺性有关的一个重要参数。侧倾角的数值影响到汽车的横摆角速度稳态响应和横摆角速度瞬态响应。侧倾角本身也是评定汽车操纵稳定性的一个重要指标，过大的侧倾角使驾驶员感到不安全、不稳定。对平顺性而言，侧倾过大的汽车，乘客感到不舒适；侧倾角过小，悬架的侧倾角刚度大，汽车一侧车轮遇到凸起或凹坑时，车厢内会感受到冲击，平顺性较差。

5.11.1　车身侧倾角检测台的结构

检测台由车身侧倾角测量装置、车身侧倾角指示装置和车身侧倾角报警装置等组成。

1. 侧倾角测量装置

侧倾角测量装置由底座、活动板、角位移传感器/压力传感器和举升器等组成。侧倾角传感器一般采用角位移传感器，安装在底座一端，为使待检汽车进出试验台方便，在支座与活动板之间装有举升器。举升器多用气压驱动或液压驱动，举升器与活动板采用铰链连接。

2. 侧倾角指示装置

侧倾角指示装置根据侧倾角位移传感器传来的电信号，经计算机处理后驱动显示装置指示侧倾角度，以角度为单位表示侧倾角。

3. 侧倾角报警装置

侧倾角报警装置是为判明侧倾角误差是否在合格范围内而设置的，一般有两种形式：①用试验报警装置指示检测倾斜角度；②以指示表上涂绿色区域来表示侧倾角是否在合格范围内。

5.11.2　汽车最大稳定侧倾角的检测

《机动车运行安全技术条件》中规定，车辆在空载、静态情况下，向左侧和向右侧倾斜的最大侧倾稳定角如下。

（1）三轮摩托车不小于 25°。

（2）最高时速低于 20km/h 或总质量为车辆整备质量的 1.2 倍以下的车不小于 30°。

(3) 其他车(二轮摩托车和轻便摩托车除外)不小于30°。

汽车最大侧倾稳定角是汽车静态横向稳定性的评价指标,汽车的静态横向稳定性是汽车设计和结构布置是否合理的重要条件。当汽车转向或在横向坡道承受侧向风力行驶时,可能发生侧向滑移或侧向翻车。

汽车侧翻的极限横坡角与汽车的轮距和质心高度有关。为确保行车安全,要进行侧倾稳定角的检验。

测定汽车最大稳定角有两种方法:①通过试验直接测定最大侧倾稳定角;②测定质心高度、轮距等数据,由下式计算出最大侧倾稳定角。

$$\tan\alpha_{max} = \frac{B}{2h_g}$$

式中:B——轮距;

h_g——汽车质心高度。

计算值与实际值差别较大(计算值一般大于实际值),其主要原因是:侧倾中心实际与假设不能一致,悬架和轮胎等变形因素在计算时难以确定,质心的测量精度也有影响。

1. 测试条件

(1) 汽车各总成、部件及附属装备齐全。

(2) 轮胎气压应符合技术条件规定,误差不超过10kPa。

(3) 对于采用空气悬架及油气悬架的汽车,应安装防止悬架脱开的安全装置,有高度调整机构的应锁止该机构。

(4) 汽车处于整备质量状态。

(5) 环境风速不大于1.5m/s。

2. 试验方法

1) 测定左向最大侧倾稳定角

将汽车置于试验台上,汽车的纵向对称平面与试验台台面转动中心线平行度不低于GB 1184《形状与位置公差 未注公差的规定》中规定的12级;实施驻车制动,安装防侧滑挡块及防侧翻安全装置;起动试验台,使汽车向左慢慢倾斜,试验台台面倾斜角度每增加5°测量一次车轮负荷,在达到最大侧倾稳定角前5°起,则每隔1°测一次车轮负荷,直到汽车右侧所有车轮支承平面法向反力为零时止(如果没有车轮负荷测量装置,试验倾斜到右侧所有车轮脱离试验台台面位置),使试验台台面倾斜角度恢复为0°。

重复上述试验,3次测量值相对误差若超过3%应重新测试。

2) 测定右向最大侧倾稳定角

将汽车掉头置于试验台上,重复上述试验步骤。

3. 数据处理及试验报告

最大侧倾稳定角值取3次测量的算术平均值,取值到十分位。

试验报告内容如下。

(1) 汽车主要参数:车长、车宽、车高、轴距、轮距、整备质量、整备轴载质量、悬架形式、轮胎型式、型号和气压。

(2) 试验结果:法向反力——侧倾角曲线;左向最大侧倾稳定角;右向最大侧倾稳定角。

4. 注意事项及要求

(1) 试验台台面的倾斜角应能满足被测汽车静侧翻稳定性要求,试验台台面的倾斜角应能在零度与最大侧倾角之间连续调节,并能在任意角度固定,试验台运转应平稳,上升速度不大于 $10°/min$,下降速度不大于 $27°/min$。

(2) 试验台台面与车轮(斜交胎)间的附着系数不低于 0.85。

(3) 为防止试验时汽车侧滑,可在试验台上安装防滑挡块,挡块高度不大于 30mm,且只准加在侧翻中心一侧轮边。

(4) 为防止试验时汽车侧翻,需有防侧翻的安全设备,如安全墙、带有保险绳的保险汽车或吊车、车桥安全带、防侧翻安全架等。安全设备对汽车的约束力在侧翻临界状态前均应为零。

试验前最好测试汽车的质心高度和轮距,计算出理论最大侧倾稳定角,以备试验时参考。

5.11.3 侧倾角试验台的适用与维护

因型式、牌号不同,不同侧倾试验台的使用方法不同,因此使用之前一定要认真阅读其《使用说明书》,按《使用说明书》的规定正确使用,一般的使用方法如下。

1. 检测前准备

1) 试验台的准备

(1) 活动板处于静止状态下,检查指示仪表的零点位置,若有偏差应予调整。
(2) 检查活动板是否有油、水、泥等杂物,若有应予清除。
(3) 检查举升器动作是否自如和有无漏气(或漏电)部位,否则予以修理。
(4) 检查导线的连接情况。若有接触不良应予修复。

2) 被检车辆准备

(1) 按制造厂的规定调整好轮胎气压。
(2) 清除轮胎上沾有的水、油、泥等杂物。

2. 注意事项

(1) 检查汽车的轴荷是否在试验台允许载荷范围内。
(2) 检测时,要保持被检车辆处于直线状态,切忌车辆上试验台就迅速停车。
(3) 不允许车辆在试验台上转向或制动,否则会影响测量精度和试验台的使用寿命。

5.11.4 侧倾角检测台的检定和调整

汽车侧倾角检测台长期使用后,由于部件磨损等原因会造成测试精度下降,为此要进行检定,确保测试工作的可靠性。

1. 侧倾角检测台的检定

侧倾角检测台的检定需要按照国家标准《汽车安全检测设备检定技术条件》的有关规定进行。

2. 侧倾角检测台的调整

通过对侧倾检测台的检定,会发现示值超差,造成超差的原因一般有两个方面。一方面是机械原因，主要是活动板及其他联动机构等机械构件制动时存在隐蔽缺陷，以及使用后机件磨损，造成间隙过大。二是电器方面的原因，仪表内的电子元件损坏造成的。

（1）调整仪表零点。侧倾角检测台显示仪表，根据仪表类型可分两种零点调整形式。

电零位调整：利用仪表的零点调整电位器，从而改变电阻值的大小。

机械零位调整：当电零位调整无法使仪表指针调零时，要通过机械的方法调整。如改变传感器的安装位置，调整机械指针式显示仪表等。

（2）调整示值超差，在检定过程中发现，联动机构间隙过大或轴称松旷时，可造成仪表示值超差。所以，应注意机构配合间隙。如增减调整垫片或更换磨损严重轴承等易损件。

（3）调整报警判定点误差。有些仪表上有电位器调整点，通过它进行调整。有些无电位器调整点，可靠机械调整方法来调整，对于数字式仪表无需调整，由示值精度来保证。

本 章 小 结

1. 本章对整车的检测作了较详细的阐述，包括检测设备、检测方法和各项性能标准。
2. 整车检测的设备有底盘测功机、油耗计、侧滑试验台、制动试验台、车速表试验台、不分光红外线气体分析仪、滤纸式烟度计、前照灯检测仪、声级计、淋雨试验台和侧倾试验台等。
3. 整车检测的各项性能的检测方法步骤。
4. 整车检测的各项性能标准。
5. 本章的教学目标是使学生具备整车检测的基本方法并能对检测结果进行分析。

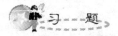

一、选择题

1. 汽车底盘测功试验台中，（　　）相当于连续移动的路面。
   A. 滚筒装置　　　　　　B. 功率吸收装置　　　　　C. 测量装置
2. 汽车底盘测功试验台中的测力装置有机械式、液压式和电测式3种形式，目前应用较多的是（　　）。
   A. 机械式　　　　　　　B. 液压式　　　　　　　　C. 电测式
3. 机动车转向轮的横向侧滑量用侧滑仪检测时，其值不得超过（　　）。
   A. 5m/km　　　　　　　B. 10m/km　　　　　　　　C. 15m/km
4. 《机动车运行安全技术条件》规定，机动车可以用（　　）、制动减速度和制动力检测制动性能。
   A. 制动距离　　　　　　B. 制动时间　　　　　　　C. 制动踏板力
5. 以下不可以单独作为检测机动车辆制动性能的指标是（　　）。
   A. 制动距离　　　　　　B. 制动时间　　　　　　　C. 制动减速度

6. 用测力式制动试验台检测制动力时，汽车轮胎气压应充气至（　　）气压。
   A. 高于规定　　　　　　B. 低于规定　　　　　　C. 规定
7. 用悬架检测台检测悬架特性时，车辆空载，（　　）。
   A. 乘核定人数　　　　　B. 仅乘驾驶员　　　　　C. 不乘人
8. 所谓高怠速是指发动机（　　）。
   A. 额定转速　　　　　　B. 70%额定转速　　　　 C. 50%额定转速
9. 柴油车检测排气污染时，应采用（　　）。
   A. 不分光红外线分析仪　B. 滤纸式烟度计　　　　C. 声级计
10. 装配压燃式发动机的汽车，其排放应检测的项目是废气中（　　）的含量。
    A. CO　　　　　　　　 B. HC　　　　　　　　　C. 烟度
11. 采用滤纸式烟度计检测柴油机烟度时，应将取样探头固定于排气管内，插入深度等于（　　），并使其轴线与排气管轴线平行。
    A. 200mm　　　　　　　B. 300mm　　　　　　　 C. 500mm
12. （　　）是指某点的声压 P 与基准声压（听阈声压）P_0 的比值取常用对数再乘以20的值 $\left(L_P = 20\lg\dfrac{P}{P_0}\right)$，单位为分贝（dB）。
    A. 声压　　　　　　　　B. 声压级　　　　　　　C. 噪声的频谱
13. 目前普遍采用（　　）网络对噪声进行测量和评价。
    A. A计权　　　　　　　B. B计权　　　　　　　 C. C计权
14. 车外噪声测量要求测量场地应平坦而空旷，在测试中心以（　　）为半径的范围内，不应有大的反射物，如建筑物、围墙等。
    A. 15m　　　　　　　　B. 25m　　　　　　　　 C. 35m
15. 《机动车运行安全技术条件》规定，汽车前照灯的检验指标为（　　）。
    A. 光束照射位置　　　　B. 发光强度　　　　　　C. 光束照射位置和发光强度

二、填空题
1. 底盘测功试验台一般由_____、_____、_____、_____4部分组成。
2. 底盘测功试验台中常用的功率吸收装置有水力测功器、直流电机_____测功器和_____测功器，目前多采用_____测功器。
3. 在转向轮定位中，汽车前轮的侧滑量主要受_____及_____的影响。
4. 汽车制动性能检测设备有_____、_____和_____。
5. 制动试验台按试验台测量原理不同，可分为_____式和_____式两类。
6. 单轴测力式滚筒制动试验台由框架、_____、_____、_____、举升装置和_____装置等组成。
7. 测力式滚筒制动试验台的驱动装置由_____、_____和传动链条等组成。
8. 车速表允许误差范围为－5%～＋20%，即当实际车速为40km/h时，汽车车速表指示值应为_____。
9. 汽车排气的污染物，主要是_____、_____、_____、硫化物（主要是SO_2）、碳烟及其他一些有害物质。
10. 装配点燃式发动机的车辆中，设计乘员数不超过6人且最大总质量不超过2500kg

的 M_1 类车辆进行_____试验或_____试验，以测量其排气污染物。

11. 不分光红外线气体分析仪由_____装置、_____装置、_____装置和_____装置等组成。

12. 汽油车怠速污染物的检测应在怠速工况下，采用_____，按规定程序检测_____和_____的浓度值。

13. 滤纸式烟度计由_____装置、_____装置和_____装置等组成。

14. 声级计一般由_____、放大器、衰减器、_____、检波器、指示表头和电源等组成。

15. 汽车前照灯的检验指标为_____和_____。

三、判断题

1. 无论使用何种型号的前照灯检测仪，检测时，检测仪放在距前照灯前方 3m 处。（   ）

2. 汽车底盘测功试验台可以测试汽车驱动轮输出功率。（   ）

3. 在底盘测功试验台上，当发动机发出最大转矩，挂直接挡，可测得驱动车轮的最大驱动力。（   ）

4. 走合期间的新车和大修车不宜进行底盘测功。（   ）

5. 将测得的同一转速下的驱动车轮输出功率与传动系消耗功率相加，就可求得这一转速下的发动机有效功率。（   ）

6. 侧滑试验台的指示装置由框架、左右两块滑动板、杠杆机构、回位装置、滚轮装置、导向装置、锁止装置、位移传感器及信号传递装置等组成。（   ）

7. 检测汽车侧滑量时，汽车应高速从侧滑板驶向侧滑试验台，使前轮平稳通过滑动板。（   ）

8. 气压制动系统必须装有限压装置，确保储气筒内气压不超过允许的最高气压。（   ）

9. 用五轮仪和制动减速度仪检测汽车制动性能时，须在道路试验中进行，称台试法。（   ）

10. 在测力式滚筒制动试验台上检测汽车制动性能时，轮胎气压的大小不影响检测结果。（   ）

11. 汽车各车轮的阻滞力不得大于该轴轴荷的 5%。（   ）

12. 驻车制动力的总和应不小于该车在测试状态下整车质量的 20%；对总质量为整备质量 1.2 倍以下的汽车，此值应为 15%。（   ）

13. 在相同工况下，汽油机排放的 CO、HC 和 NO_x 排放量比柴油机大，因此，目前的排放法规对汽油机主要限制 CO、HC 和 NO_x 的排放量。（   ）

14. 柴油车排气污染物检测时，应采用不分光红外线分析仪。（   ）

15. 对气体分析仪预热应在 30min 以上。（   ）

16. 汽油机的高怠速即是发动机的额定转速。（   ）

17. 柴油车排气烟度检测时，应在高怠速工况下进行。（   ）

18. 声压级的单位是 Hz。（   ）

19. 测量车外噪声时，声级计用 A 计权网络、快挡进行测量，读取车辆驶过时的声级计表头最大读数。（   ）

20. 汽车前照灯的检验指标为光束照射位置的偏移值和发光强度。（   ）

四、问答题

1. 测力式滚筒制动试验台由哪几部分组成？
2. 汽车排气污染物的主要成分有哪些？
3. 不分光红外线气体分析仪由哪几部分组成？
4. 什么是声压级？
5. 汽车前照灯的检验指标有哪些？
6. 汽车前照灯校正仪有哪几种？
7. 汽车前照灯诊断的参数主要有哪些？
8. 国家标准规定，轻型客车防雨密封性限值（分值）为多少？
9. 汽车自动跑偏的主要原因有哪些？
10. 如何用怠速法检测汽车排气污染物？

五、简述题

1. 简述底盘测功试验台的使用方法。
2. 简述测力式滚筒制动试验台的使用方法。
3. 简述不分光红外线气体分析仪的使用方法。
4. 简述滤纸式烟度计的使用方法。
5. 简述自动追踪光轴式前照灯检测仪的使用方法。
6. 简述车外噪声测量方法。
7. 简述汽车最大稳定侧倾角的检测方法。

第 6 章
车身电气系统的检测与诊断

通过学习本章，了解车身电气系统的基本构造、常见故障，掌握常见故障的检测诊断的方法。

能力目标	知识要点	权重	自测分数
掌握汽车仪表与照明信号系统的常见故障与检测诊断的方法	汽车仪表与照明信号系统的常见故障与检测诊断的方法	30%	
掌握汽车巡航控制系统的常见故障与检测诊断的方法	汽车巡航控制系统的常见故障与检测诊断的方法	20%	
了解汽车安全控制设备的常见故障与检测诊断的方法	汽车安全控制设备的常见故障与检测诊断的方法	30%	
掌握汽车空调系统的常见故障与检测诊断的方法	汽车空调系统的常见故障与检测诊断的方法	20%	

引例

一辆上海帕萨特 B5GSi 型轿车，行驶过程中空调系统冷气突然消失，检查发现空调压缩机不工作。

上海帕萨特采用可变排量压缩机，这样可以减少压缩机频繁吸合带来的噪声，增加压缩机的使用寿命，减少对发动机运转稳定性的影响，提高空调系统的舒适程度。在外界温度高于 5℃，发动机正常工作及空调开关开启的状态下，只有以下几种情况压缩机不工作：急加速工况、水温高于 125℃ 时或高压大于 3.17MPa。

思考引发此故障的原因是什么？

6.1 汽车仪表与照明信号系统的检测与诊断

6.1.1 汽车仪表系统检测与故障诊断

汽车上的仪表主要包括电流表、机油压力表、水温表、燃油表、车速里程表和转速表等，用以显示汽车运行的主要常规参数，以便驾驶员及时发现和排除可能出现的故障。

1. 汽车仪表系统的分类及特点

传统的仪表为指针式，透过指针直接指示圆盘上的刻度，即能显示出测量的资料。机械式仪表的测量方式是以配管将温度、压力传送至仪表内的感应器上，结构简单，价格便宜，零件也较为耐用，而且发动机不工作时仍能显示数据。但测量的东西需要从发动机舱导入车厢中的仪表内，安装过程复杂且易失误，还有潜在的泄漏危险。因此，现在常用的仪表为电子式仪表。

电子仪表内的感应器分离，透过感应器将车辆的资讯转化成电子信号，以配线传送至仪表内。考虑到将配线简化和统一，现在的电子式仪表都采用中央管理系统来控制。电子仪表的优点是让各种感应器集中于发动机舱之中，减低机械式仪表泄漏的风险，还简化了结构。但也存在着缺点，比如故障机率比机械式仪表高且价钱较昂贵，当电源供应切断后，仪表功能也停止了。

目前还有更为先进的数码化仪表，该仪表已能直接从 ECU 上提取信号以读取各项车辆数据，而且由于以数字形式显示，数值读数比指针式产品更为准确。但是这种仪表大部分设计纤细，显示屏的体积非常有限，从而导致无法同一时间显示多项数据的缺点。

2. 汽车仪表系统检测与故障诊断

1) 燃油表及燃油表传感器的故障诊断与排除

燃油表用来表示汽车燃油箱中的存油量，如图 6.1 所示。

（1）在油箱有油的情况下接通点火开关后指针指向"无油"位置，此时若冷却液温度表和其他警告灯不工作，则故障在蓄电池与点火开关之间；如冷却液温度表工作，则故障在表与传感器之间，拆下传感器导线，作搭铁试验；如表工作，则故障在传感器，应更换；如指针仍不动，则故障在传感器导线或燃油表。

图 6.1 燃油表(左图)及燃油表传感器(右图)

(2) 在油箱未满的情况下,接通点火开关后,指针指向"油满"位置,这时拆下传感器的导线接头,指针如退回,则表明传感器有故障,应更换;如指针不能退回,则表明传感器导线搭铁。

2) 车速里程表的检测与故障诊断

在 GB 7258—2004《机动车运行安全技术条件》中规定:最高设计车速大于 40km/h 的机动车,车速表指示车速 $V1$(单位:km/h)与实际车速 $V2$(单位:km/h)之间应符合下列关系式

$$-5\% \leqslant (V1-V2)/V2 \geqslant +20\%$$

车速表指示误差的检测应在滚筒式车速表检验台上进行。对于无法在车速表检验台上检验车速表指示误差的机动车,可路试检验车速表指示误差。

检测方法为:将被测机动车的车轮驶上车速表检验台的滚筒上使之旋转,当该机动车车速表的指示值($V1$)为 40km/h 时,车速表检验台速度指示仪表的指示值($V2$)在 38~48km/h 范围内为合格。

当车速表检验台速度指示仪表的指示值($V2$)为 40km/h 时,读取该机动车车速表的指示值($V1$),当 $V1$ 的读数在 38~48km/h 范围内时为合格。

各故障的排除应根据原因不同选择不同的排除方法。

(1) 车速表和里程表都不工作。

若软轴方接头端螺母松脱应重新拧紧;若是由于软轴芯折断应更换软轴芯;若里程表轴卡死应更换里程表。如果是电子式车速表传感器损坏则更换传感器。

(2) 车速表不工作。

原因可能为车速表或车速表传感器故障,也可能为传动蜗轮、蜗杆、感应盘卡死、折断。

实例:一辆上海大众汽车公司 2001 年生产的帕萨特 1.8T 手动挡轿车,已行驶里程约 8.7 万 km。在行车过程中,车速里程表不工作。

首先用 V.A.G1552 执行 17—03 功能,结果能够完成里程表的全屏显示,由此可知并非仪表本身出现故障。然后拔下该车速里程表传感器插头,通过频繁对地短路来模拟转速信号,结果里程表信号有显示,因此判断为车速里程表传感器损坏。更换新件后,故障排除。

(3) 车速里程表指示不稳。

可能的原因为软轴安装曲率不正确或轴向间隙过大。排除方法一般为调整并重新安装

或更换软轴芯。

（4）车速里程表发响。

原因为车速里程表的软轴润滑不良导致软轴芯与轴管干磨应加注润滑油；若为软轴安装曲率半径过小引发的，则重新安装车速表。

3）水温表及水温表传感器的故障诊断与排除

水温表是用以指示发动机冷却水温度的。常见的类型有：双金属片电热式、电磁式、永磁式等。水温表及水温表传感器如图 6.2 所示。

图 6.2　水温表（左图）及水温表传感器（右图）

（1）就车检测，对发动机工作时，指针不动或指针总指在低温处。若燃油表或其他警告灯不工作，则故障在蓄电池与点火开关之间；若燃油表工作，则故障在水温传感器与水温表之间，可将水温传感器导线插头拔下，然后瞬时搭铁，若表工作，则传感器有故障，应更换；如指针不动，则故障出在水温表或水温传感器导线，应更换水温表或导线。水温表的检查如图 6.3 所示。

（2）对水温表传感器进行检查时，测量接线端子与搭铁间的电阻。由于水温传感器是由负温度系数的热敏电阻构成的，因此，阻值随温度升高而降低。其值应符合各车型的规定值，否则水温传感器损坏。水温表传感器电阻的检查如图 6.4 所示。

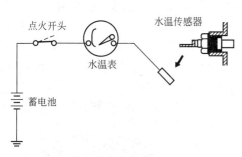 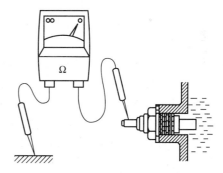

图 6.3　检查水温表　　　　　　　图 6.4　检查水温传感器电阻

4）油压报警灯的故障诊断与排除

检测时，找到位于汽缸体右后部位的油压开关，插头拔掉，其导线一侧插头接地，然后接通点火开关，油压报警灯应点亮。

6.1.2　汽车照明信号系统检测与故障诊断

汽车照明信号系统包括前照灯、雾灯、牌照灯、顶灯、倒车灯、仪表灯、行李仓灯、电喇叭、转向灯闪光器等。汽车灯系的故障率较高，故障原因主要是导线连接松动、接触不良、短路、搭铁、断路和充电系电压调整过高等。诊断时常采用电源短接法及试灯法等。

1. 汽车照明系统的检测与故障诊断

汽车疝灯如图 6.5 所示。

1）前照灯的检测

（1）前照灯检测的标准。

前照灯的检测主要是发光强度和光束照射位置两个方面。根据 GB 7258—2004 的规定，发光强度的要求见表 6-1。

图 6.5 汽车疝灯

表 6-1 前照灯远光光束发光强度最小值要求　　（单位：坎德拉）

机动车类型	检查项目			
	新注册车		在用车	
	两灯制	四灯制[a]	两灯制	四灯制[a]
最高设计车速小于 70km/h 的汽车	10000	8000	8000	6000
其他汽车	18000	15000	15000	12000

光束照射位置要求：需采用屏幕法进行检测。在检验前照灯近光光束照射位置时，前照灯照射在距离 10m 的屏幕上时，乘用车前照灯近光光束明暗截止线转角或中点的高度应为 $0.7H \sim 0.9H$（H 为前照灯基准中心高度，下同），其他机动车（拖拉机运输机组除外）应为 $0.6H \sim 0.8H$。除装用一只前照灯外的机动车前照灯近光光束水平方向位置向左偏不允许超过 170mm，向右偏不允许超过 150mm。

（2）前照灯的检测方法。

一般采用前照灯检测仪进行检测。前照灯检测仪是按一定放置距离放在被检车对面，用来检验前照灯发光强度和光轴偏斜量的专用设备。根据前照灯检验仪的结构特征与测量方法不同，分为聚光式、屏幕式、投影式、自动追踪光轴式等几种类型。这些类型都是由接受前照灯光束的受光器、使受光器与前照灯对正的校准装置、光轴偏斜量和偏斜方向指示装置、前照灯发光强度的指示装置及汽车摆正装置、导轨等组成。

下面以聚光式为例，讲解前照灯发光强度和光轴偏斜量的检测过程及方法。

① 检查用场地应平整，屏幕与场地应垂直。被检验的机动车应空载、轮胎气压正常、蓄电池电压正常、前照灯应干净无污物、乘坐一名驾驶员的条件下进行。

② 在不受光的情况下调整仪器指针的机械零点，并保证聚光透镜、反射镜及导轨无污物。调整水准仪，使气泡在中心位置，如图 6.6 所示。

③ 将被测车辆驶入与检测仪距离为 1 米的位置，并对正。打开被测车的前照灯，使检验仪与之对正，如图 6.7 所示。

图 6.6 水准仪至中心位置

④ 将光度光轴转换开关转向光轴一边，然后转动上下和左右光轴刻度盘，使光轴偏斜指示计的指示为零。此时，两光轴刻度盘上指示值即为光轴偏斜量，如图6.8所示。

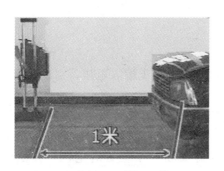
图6.7 被测车与检测仪距离为1米

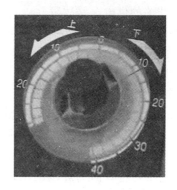
图6.8 上下光轴刻度盘

⑤ 保持光轴刻度盘位置不变，将开关转向光度一边，此时光度计的指示值即为前照灯的发光强度，如图6.9所示。

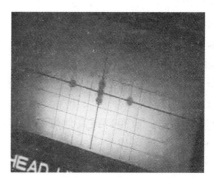

图6.9 光轴位置指示值

2) 照明系统的常见故障诊断

(1) 前照灯发光强度低。

① 故障原因。

a. 蓄电池供电不足。

b. 电路的高电阻。

c. 线路搭铁不良。

d. 变光开关接触不良。

e. 前照灯反射镜老化或锈蚀。

f. 前照灯插接件接触不良。

g. 交流发电机输出电压低。

② 故障诊断与排除。

从蓄电池开始逐步进行检测。如果蓄电池正常，但所有前照灯模糊暗淡，故障可能是在所有前照灯的公共接点处存在高电阻故障。若只有一个灯暗，说明只这个灯的电路故障，然后检测这个灯的接地电路，再检查公共接地点。如果所有灯都受影响，先检查前照灯开关，然后再检查变光开关。高电阻可能是由于接头腐蚀、脏污或松动造成的。

(2) 所有前照灯均不发光。

① 故障原因。

a. 开关的供电电路故障。

b. 开关故障或损坏。

c. 前照灯接地电路故障。

② 故障诊断与排除。

检查开关在不同位置时进出开关的电压。如果开关上无输入电压，则说明开关的供电电路有故障，继续测试熔断器或电路保护器。

如果开关有输入电压，而无输出电压，应更换开关。如果开关工作正常，继续检查变光开关。将变光开关置于近光和远光位置时，检查变光开关输出端电压。如果每一位置都有电压，检查前照灯接地电路的状况。如开关在一个位置有电压，其他位置无电压，检查有关的电路。如果在所有开关位置均无电压，则变光开关有故障，应予以更换。

(3) 近光或远光电路工作而其他电路不工作。

① 故障原因。

a. 开关的供电电路故障。

b. 开关故障或损坏。

c. 前照灯接地电路故障。

d. 线路搭铁不良。

② 故障诊断与排除。

采用同样的方法。前照灯或其他灯不工作的典型故障是电路断路。因此，检查一系列位置上的可用电压，就可以发现故障所在。

(4) 制动灯不工作。

① 故障原因。

a. 电路老化或损坏。

b. 电路开路。

c. 制动灯开关老化或损坏。

d. 电路连接松脱。

e. 线路保险熔断。

② 故障诊断与排除。

首先检查电路连接，若有问题则修复线路；若无问题检查及更换保险。如果再次熔断，检查电路短路情况。若开关有问题，则更换开关。

2. 汽车信号系统的常见故障与诊断

汽车信号系统的作用是通过声、光信号向其他车辆的驾驶员和行人发出有关车辆运行状况或状态的信息，以引起有关人员注意，确保车辆行驶的安全，一般由声响信号装置和灯光信号装置组成。常见故障及诊断方法如下。

1) 喇叭不响

(1) 故障现象。

① 声音沙哑。

② 有时响，有时不响。
③ 完全不响。
(2) 故障原因。
① 喇叭火线存在搭铁故障。
② 喇叭开关内部或插头接触不良。
③ 熔丝熔断。
④ 喇叭本身故障。
(3) 故障诊断与排除。

完全不响时，若还伴随着打开点火开关后电流偏大的现象，则检查喇叭火线接线柱处的搭铁点并修复。若无该现象，则首先检查熔丝看是否熔断，然后拔下喇叭插头，用万用表测量在按喇叭开关时此处是否有电。如果没有电，应检查喇叭线束和喇叭继电器；如果有电，则是喇叭本身的问题，此时也可以试着调节喇叭上的调节螺母看是否能发声，如果还是不响，则需要更换喇叭。

若喇叭有时响，有时不响，多是喇叭开关内部的触点接触不好，有些也是喇叭本身的问题。

声音沙哑多是由于插头接触不良，特别是转向盘周围的各个触点，由于使用频繁，容易使触点出现磨损。

2) 喇叭长鸣，拍打按钮时声响有变化
(1) 故障原因。
喇叭至按钮导线搭铁或按钮的触点分不开。
(2) 故障诊断与排除。
检查转向机轴下端是否磨破喇叭线，按钮是否歪斜，弹簧片是否已变形。

3) 左、右转向灯均不亮
(1) 故障原因。
可能是熔丝烧断、闪光器坏、转向开关出现故障或线路有断路的地方。
(2) 故障诊断与排除。
首先检查熔丝，若熔丝断了应更换。若正常则检查闪光器。然后检查转向灯开关及其接线，视情况修理或更换。除以上检查方法外，还可以先打开危险警告开关，若左、右转向灯不亮，说明闪光器有故障。

4) 转向指示灯闪烁比正常情况快
(1) 故障原因。
转向开关打到左侧或右侧时，转向指示灯闪烁比正常情况快，说明这一侧的转向灯灯泡有烧坏的，或转向灯的接线、搭铁不良。
(2) 故障诊断与排除。
更换灯泡。若接线搭铁不良时，视情况处理。

6.2 汽车巡航控制系统的检测与诊断

汽车巡航控制系统(CCS)指利用电子技术对汽车行驶速度进行自动调节，从而实现以预先设定速度行驶的电子控制装置。典型机电式巡航系统如图 6.10 所示。巡航控制开关如图 6.11 所示。采用数字式微机处理控制器的巡航控制系统框图如图 6.12 所示。

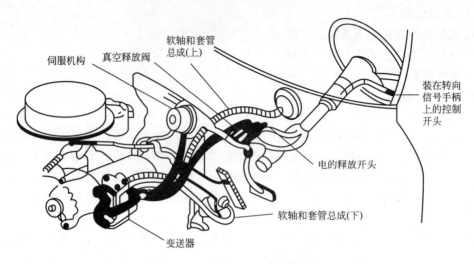

图 6.10　典型机电式巡航系统

图 6.11　巡航控制开关

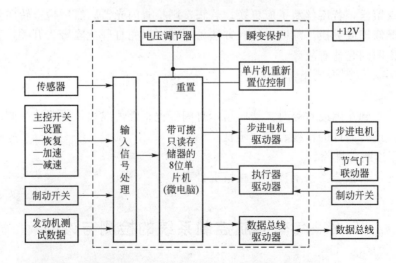

图 6.12　采用数字式微机处理控制器的巡航控制系统框图

巡航控制系统的故障诊断和步骤如下。

(1) 首先应利用巡航控制系统自诊断读取故障代码,自诊断系统的检查连接器短接后从巡航指示灯取码诊断,取码方式和消码方式因车而异。

(2) 然后对照车型故障代码表,进行确诊、检修排除故障。如自诊断系统显示正常代码,而巡航系统故障确实存在,那就只好查阅该车型的故障检修表,按表中所列可能有故障的部件的先后顺序,进行检查、确诊、排除故障。

故障检测结果可分以下几种:①各种多功能开关的性能好坏;②安全电磁离合器及其电路的好坏;③电机及电路的好坏;④电脑控制电路及其信号系统的好坏。

下面以陆地巡洋舰为例,对巡航系统故障诊断步骤做简要介绍。

1. 陆地巡洋舰汽车巡航控制系统的故障自诊断

汽车处于巡航控制模式下行驶时,若执行器、车速传感器或车速控制电路存在故障,巡航控制功能将自动取消,巡航指示灯也将闪烁 5 次,告知驾驶员发生了故障。同时,CC ECU 即存储此故障的故障代码。

为提取故障代码,可接通点火开关,将 1 号诊插座(位于发动机室左侧)内的 Tc 和 E1 端子短接。

故障代码所指示的故障排除以后,为清除故障代码,可断开点火开关,拆下 ECU - B 熔断器。10s 以后,便可消除存储在 CC ECU 内的故障码。重新插好熔断器,并检查系统是否显示正常码。

2. 巡航控制系统功能的检测

如果在进行系统的故障自诊断时未显示故障代码,为确定巡航控制系统工作是否正常,通常应进行系统功能的检测。检测前,应接通点火开关,并将汽车巡航控制 ON - OFF 开关接通。然后,依次对该系统的各开关及传感器电路的功能进行检测。

(1) 消除开关电路功能的检测。将巡航控制开关置于 CANCEL 位置后松开;踩下制动踏板后松开;将换挡杆置于 N 挡后再移到 D 挡。如果巡航指示灯在相应的消除开关位于接通位置时点亮,位于断开位置时熄灭,说明相应的 CANCEL 开关电路、停车灯开关电路、空挡起动开关电路功能正常。否则,应对相应的消除开关电路进行检测。

(2) 车速传感器电路功能的检测。将汽车可靠地支起,使驱动轮与地面脱离。起动发动机,轻轻地踩下加速踏板,使车速达到 40~48km/h。接通巡航控制 ON - OFF 开关,巡航指示灯应每隔 0.25s 闪烁一次。将车速降至 40km/h 以下,巡航指示灯应一直亮。如果巡航指示灯的工作情况符合上述要求,说明车速传感器电路功能正常。否则,应对车速传感器电路进行检测。

(3) SET/COAST 开关电路功能的检测。将巡航控制开关置于并保持在 SET/COAST 位置。如果巡航指示灯连续闪烁 2 次(重复),显示正常代码 2,表示 SET/COAST 开关电路功能正常。否则,应对控制开关电路进行检测。

(4) RES/ACC 开关电路功能的检测。将巡航控制开关置于并保持 RES/ACC 位置。如果巡航指示灯连续闪烁 3 次(重复),显示正常代码 3,表示 RES/ACC 开关电路功能正常。否则,应对控制开关电路进行检测。

3. 主要电路的检测

1) 控制开关电路的检测

(1) 拆开组合开关的黑色 20 孔插接器,该插接器位于仪表板左侧转向柱下方。检查插接器内的 20 号端子(棕色线)与搭铁点间的导通情况。如果不导通,应对搭铁点与插接器内的 20 号端子间的棕色线线路的断路故障进行检查。

(2) 对巡航控制开关进行检测。如果不符合要求,应予以更换。然后,重新对系统的工作情况进行检查。如果巡航控制开关正常,应重新接好组合开关的 20 孔插接器。

(3) 拆开 CC ECU 插接器。在巡航控制 ON-OFF 开关断开时,插接器内的 19 号端子(黄/红色线)与搭铁点间不应导通。如果导通,应对 CC ECU 与巡航控制开关间的黄/红色线线路的短路故障进行检查。

(4) 在巡航控制 ON-OFF 开关接通时,插接器内的 19 号端子与搭铁点间应导通。如不导通,应对 CC ECU 与巡航控制开关间的黄/红色线线路的断路故障进行检查。

(5) 在巡航控制 ON-OFF 开关处于断开位置时,插接器内的 18 号端子(黑/绿色线)与搭铁点间不应导通。如果导通,则应对 CC ECU 插接器与巡航控制开关间的黑/白色线线路的短路故障进行检查。

(6) 如果上述检测均正常,则应对 CC ECU 进行检测或更换。

2) 巡航控制指示灯电路的检测

(1) 接通点火开关,拆下 GAUGE(仪表)熔断器,并对其进行检查。如果熔断器被烧断,应对 CC ECU 与 GAUGE 熔断器之间的黄色或绿/黄色线线路的短路故障进行检查。

(2) 拆开组合仪表的灰色 10 孔插接器。接通点火开关,测量该插接器内的 5 号端子(黄色线)与搭铁点间的电压。如果不存在蓄电池电压,应对 GAUGE 熔断器与灰色 10 孔插接器间的黄色线路的断路故障进行检查。

(3) 检查巡航指示灯灯泡是否损坏。如灯泡损坏,应予以更换。然后,重新对系统的工作情况进行检查。

(4) 拆开 CC ECU 的插接器,检查插接器内的 7 号端子(绿/黄色线)与搭铁点间的导通情况。如果导通,应对 CC ECU 与仪表组件间的绿/黄色线路的短路故障进行检查。

(5) 接通点火开关,测量 CC ECU 插接器内的 7 号端子与搭铁点间的电压。如果不存在蓄电池电压,应对 CC ECU 与仪表组件间的绿/黄色线线路的断路故障进行检查。

(6) 如果上述检查均正常,则应对 CC ECU 进行检测或更换。

3) 电源电路的检测

(1) 检查 CC ECU-IG 熔断器是否烧断。如果熔断器烧断,应在更换熔断器后,重新检查该系统的工作情况。如果熔断器又烧断,应断开点火开关,拆开 CC ECU 插接器,重新安装新的熔断器。接通点火开关后,再对熔断器进行检查。如果熔断器此时未烧断,应在更换 CC ECU 后,重新检查系统的工作情况。如果熔断器此时被烧断,应对 CC ECU-IG 熔断器与 CC ECU 线束插接器间的黑/白色线线路的短路故障进行检查。

(2) 如果 CC ECU-IG 熔断器正常,应断开点火开关,拆开 CC ECU 插接器,对插接器内的 13 号端子(棕色线)与搭铁点间的导通情况进行检查。如果不导通,应对 CC ECU 与搭铁点间的棕色线线路的断路故障进行检查。

(3) 如果插接器内的 13 号端子与搭铁点导通,应检测 CC ECU 插接器内的 14 号端子(黑/白色线)与搭铁点间的电压。如果存在蓄电池电压,还应对 CC ECU 进行检测。如果不存在蓄电池电压,则应对 CC ECU 与搭铁点间的黑/白色线线路的断路故障进行检查。

4. 主要部件的检测

1) 执行器的检测

(1) 执行器臂的检测。用手搬动执行器臂，如果执行器臂不能顺利地移动，应更换执行器。

(2) 磁性离合器的检测。将蓄电池的正、负极分别与执行器插接器内的 5 号、4 号端子相接。用手搬动执行器臂，执行器臂不应移动。如果执行器臂移动，则应更换执行器。

(3) 电动机的检测。可用外接电源的方式进行检测，即用一根短接线将蓄电池的正极与执行器的 6 号端子相接，用另一根短接线将蓄电池的负极与执行器的 7 号端子相接。执行器电动机此时应该开始转动，使执行器臂平稳地向开启方向逆时针转动。当达到全开位置时，执行器电动机应停止转动。如果执行器没有按照上述方式工作，应予以更换。

(4) 使蓄电池的正极与 7 号端子相接，负极与 6 号端子相接，执行器应平稳地向关闭位置顺时针方向转动。当达到全闭位置时，应停止转动。如果执行器没有按照上述方式工作，应予以更换。

(5) 限位传感器的检测。测量执行器插接器内的 1 号、3 号端子间的电阻。电阻应在 $2k\Omega$ 左右。将执行器臂从关闭位置移向开启位置，同时测量插接器内的 1 号、3 号端子间的电阻，应在 $0.5 \sim 1.7k\Omega$ 范围内。如果检测结果不符合要求，应更换执行器。

2) 巡航控制开关的检测

拆开巡航控制开关的 6 孔插接器，该插接器位于转向柱的下方。检查 6 孔插接器内与棕色线相连的端子和与黄/红色线相连的端子间的导通情况。在巡航控制 ON‑OFF 开关断开时，两端子间不应该导通；在 ON‑OFF 开关接通时，两端子间应导通。两端子间的电阻应随巡航控制开关位置的变化而变化。在巡航控制开关位于 RESUME/ACCEL 位置时，电阻约为 68Ω；位于 SET/COAST 位置时，电阻约为 198Ω；位于 CANCEL 位置时，电阻约为 418Ω。

5. 故障现象与诊断

如果在系统功能检测的过程中未发现异常，而巡航控制系统仍不能正常工作，此时应根据具体的故障现象，对该系统进行检测。

(1) 巡航指示灯一直不工作。应对巡航指示灯电路进行检测。如电路正常，则应对 CC ECU 进行检测或更换。

(2) 实际车速高于或低于设定车速。应对车速控制拉线的工作情况进行检查。如果车速控制拉线工作正常，再对节气门位置传感器的怠速信号及执行器电路进行检测。如果检测结果正常，则应对 CC ECU 进行检测或更换。

(3) 在巡航控制开关处于滑行(COAST)状态时，车速无法降低。应对车速控制拉线的工作情况进行检查。如果车速控制拉线工作正常，应对控制开关电路进行检测。如果检测结果正常，再对 CC ECU 进行检测或更换。

(4) 在巡航控制开关处于设定(SET)状态时，车速仍然波动。应对车速控制拉线的工作情况进行检查。如果车速控制拉线工作正常，再对执行器电路进行检测。如果检测结果正常，则应对 CC ECU 进行检测或更换。

(5) 在巡航控制开关处于加速(ACCEL)状态时，车速无法提高。应对车速控制开关电路进行检测。如果检测结果正常，则应对 CC ECU 进行检测或更换。

(6) 实际车速围绕设定车速或高或低的变化。应对车速控制拉线的工作情况进行检查。如果车速控制拉线工作正常，应对车速传感器电路及执行器电路进行检测。如果检测结果仍正常，再对 CC ECU 进行检测或更换。

(7) 在巡航控制开关处于恢复(RESU ME)或加速(ACCEL)状态下，汽车加速反应缓慢。应对车速控制拉线的工作情况进行检查。如果车速控制拉线工作正常，应对控制开关电路、执行器电路、电控自动变速器的 2 号电磁阀及节气门位置传感器怠速信号进行检测。如果检测结果正常，则应对 CC ECU 进行检测或更换。

(8) 在巡航控制开关处于恢复(RESU ME)状态下，车速无法恢复到已存储在 CC ECU 内的设定车速，应对控制开关电路进行检测。如果检测结果正常，再对 CC ECU 进行检测或更换。

(9) 踩下制动踏板后，设定车速不能被消除。应对制动灯开关电路进行检测。如果检测结果正常，再对 CC ECU 进行检测或更换。

(10) 变速器换到 N 挡后，设定车速不能被消除。应对空挡开关电路进行检测。如果检测结果正常，再对 CC ECU 进行检测或更换。

(11) 在巡航控制开关处于消除(CANCEL)状态下，设定车速不能被消除。应对控制开关电路进行检测。如果检测结果正常，再对 CC ECU 进行检测。

(12) 在车速低于 40km/h 的条件下，也可设定车速。应对车速传感器电路进行检测。如果检测结果正常，再对 CC ECU 进行检测或更换。

6.3 汽车安全控制设备的检测与诊断

6.3.1 中央门锁及防盗系统检测与故障诊断

中央控制门锁和防盗系统被越来越多地应用到汽车上，它们的故障主要是工作异常，凡是不能按照全功能工作的系统虽然还能够部分工作，也应检修。

1. 中央门锁及防盗系统的功用及组成

中央集中控制门锁由驾驶员把车钥匙插入左前门锁内，在开启或关闭该车门锁时，其余 3 扇门的门锁同时能被打开和锁上。其余 3 扇门上的按钮还可分别控制各门锁单独开启或锁紧。

1) 中央门锁系统组成与工作原理

中央门锁系统通常由门锁开关、门锁继电器和执行机构 3 部分组成。图 6.13 所示为中央门锁控制系统电路。

(1) 门锁开关。

门锁开关一般有设在驾驶员侧前门上的总开关(控制所有车门锁的锁止和开启)和设在其他门上的单独开关(独立控制各车门)两部分。门锁开关的主要作用是控制门锁继电器的动作，通过接通或断开执行机构的电路，从而控制门锁系统。

当门锁开关处于开锁位置时，闭锁电容器 C_1 与电源相通，电源向 C_1 充电直到充满电(电容饱合)。此时，若将门锁开关接到闭锁状态，开锁电容器 C_2 又与电源接通，而充满

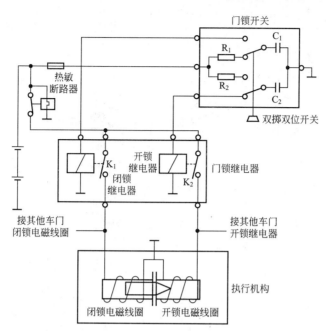

图 6.13　中央门锁控制系统电路

电的闭锁电容 C_1 则接闭锁继电器，通过闭锁继电器线圈放电，使闭锁继电器的触点 K_1 闭合，接通闭锁电磁线圈电路，使执行机构动作，锁住车上所有车门。

此后若再将门锁开关接到开锁状态，充满电的开锁电容器 C_2 对开锁继电器线圈通电，使其触点 K_2 闭合，接通开锁电磁线圈电路，使其执行机构动作，打开车上所有车门。

（2）门锁继电器。

门锁继电器的作用是控制执行器电路的通断，进而控制执行器的动作。

（3）执行机构。

执行机构的作用是接受门锁继电器控制，通过电路中电流方向的不同而实现闭锁或开锁。常用的门锁执行机构有电磁线圈和直流电动机。

中央门锁工作时通过一系列电子控制来打开或锁住车门。多数自动门锁在车速超过某一设定值时或具备一定条件时，能自动锁住或打开车门。中央门锁控制系统一般由原厂钥匙控制与遥控辅助控制两套系统组成，使用这两套系统开启车门为正常开启，否则，即为非法开启。

2）防盗系统组成

防盗器是一种点火开关打开后开始工作的电子防盗保护装置。通过采用使发动机不能发动，或能发动数秒钟后即中断的方式防盗（又称电子锁），可以有效避免汽车被无权使用的人使用。

汽车防盗系统有电脑控制和非电脑控制两类。非电脑控制防盗系统工作原理比较简单，一般故障是由传感器故障或电路的断路、短路引起的，只要按照电路图逐一检测故障不难排除。对电脑控制的防盗系统一般用起动开关循环切断的方法进行故障诊断。

桑塔纳 2000GSI 型轿车汽车防盗器由下列元件组成：带有脉冲转发器的汽车钥匙、识读线圈、防盗器 ECU（J362）、带可变代码的发动机 ECU（J220）以及防盗器警告灯。图 6.14 所示为汽车防盗器的组成。

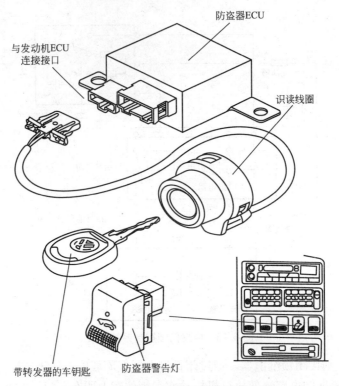

图 6.14 桑塔纳 2000GSI 型轿车防盗器

车钥匙上的脉冲转发器和识读线圈是整个电子控制防盗系统的信号发生器,防盗器 ECU 是控制单元,而发动机 ECU 是执行器。

由于防盗器 ECU 是经过与发动机 ECU 匹配后,才介入发动机电子控制系统中的,因此只有使用被装于汽车上的防盗器 ECU 匹配过并认可的车钥匙,才能安全起动发动机。

2. 中央门锁及防盗系统检测与故障诊断

丰田轿车中央门锁控制系统与防盗系统共用一个汽车电脑,系统零件在车上的布置位置如图 6.15 所示,系统工作电路如图 6.16 所示。

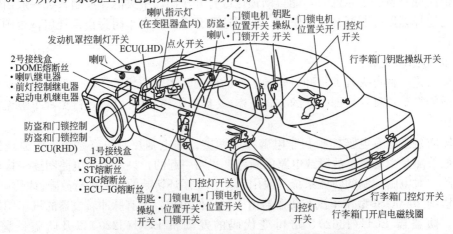

图 6.15 丰田轿车中央门锁和防盗系统零件位置图

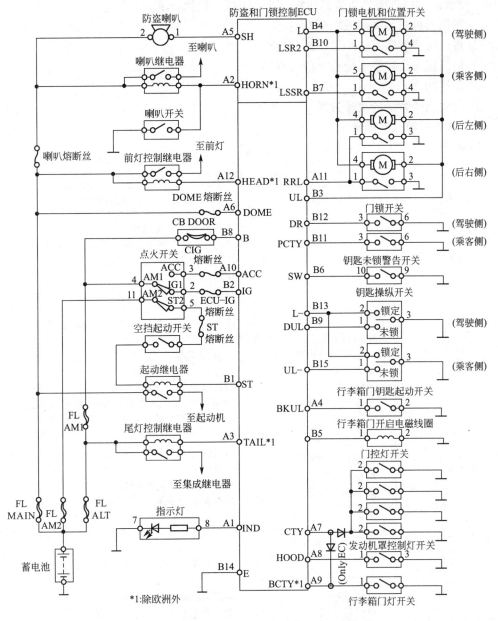

图 6.16　丰田轿车中央门锁和防盗系统工作电路

1) 系统电路说明

(1) 中央门锁系统具有钥匙联动开闭功能和钥匙禁闭预防功能，即防止钥匙遗忘在点火锁中。

(2) 防盗系统处于报警状态时，喇叭发声，灯光闪烁 1min，同时关闭所有车门并切断起动机电源。

(3) 防盗系统的故障排除是以中央门锁系统工作正常为前提的，所以在进行防盗系统故障排除之前，应先彻底排除中央门锁系统的故障。

(4) 当防盗系统被激发时，电脑 ECU 使前灯和尾灯继电器以大约 0.4s 的频率接通和关断，使前灯和尾灯闪烁。若想使它们停止闪烁，须执行下列操作之一。

① 用钥匙打开前左侧或右侧车门。

② 将点火开关转至"ACC"或"ON"位置。

③ 用门锁无线控制系统打开所有车门。

④ 等待约 2min。

2) 中央门锁系统的故障诊断

(1) 常见故障及诊断部位。

中央门锁系统的常见故障及诊断部位见表 6-2。

表 6-2 中央门锁系统常见故障及诊断

故障症状	可能的原因	采取的措施
一个门锁不工作	门闩或连杆障碍 电路开路或短路执行器故障	使用润滑剂，把它注入开启的门闩并反复手动操纵 10 次。检查弹簧锁及所有的连杆周围有无干涉 检查执行器插接器、操纵开关各挡上的电压，检修电路 检修执行器，必要时更换
所有的门锁不工作	电路断电器故障 电路开路或短路 继电器搭铁 开关故障 搭铁电路开路	检查电路断电器(参照熔断器和电路断电器章节来查找)。按要求更换 检查电路断电器与门锁开关之间的导线和连接点，按要求维修 检查继电器和支架连接螺钉。按要求紧固 检测开关(参照本节的检测)。按要求更换 检查左侧开关的搭铁电路。按要求维修
门锁只以一种方式工作	电路开路或短路 继电器故障 搭铁电路开路	检查继电器和门锁开关之间的导线及连接点，按要求维修 检测继电器(参照本节的检测)。按要求更换 检查左侧开关的搭铁电路。按要求维修
所有的门锁只按一个开关工作	电路开路或短路开关故障	检查电路断电器与不工作开关之间的导线及插接器。按要求修理 检测开关(参照本节的检测)。按要求更换
门锁间歇性工作	连接点松动 继电器搭铁不良 左手开关搭铁不良 开关故障	检查插接器。按要求紧固 检查继电器和支架连接螺钉。按要求紧固 检查左侧开关的搭铁电路。按要求维修 检测开关(参照本节的检测)。按要求更换
门锁只在发动机运转时工作，在冰冻天气时门锁不工作	蓄电池电压低 连接点松动或被腐蚀 锁闩或连杆障碍 锁闩或连杆冻住了	检测蓄电池(参照本节的检测)。按要求更换 检查导线和连接点。按要求维修 使用润滑剂，把它注入开启的锁闩并反复手动操纵 10 次。检查弹簧锁及所有的连杆有无干涉 把车带入有采暖的车库，让门锁系统的冰雪融化后，再验证所有的门锁是否工作。使用润滑剂，把它注入开启的锁闩并反复手动操纵 10 次。可能有必要拆下车门装饰板来润滑某个门闩及连杆系统

(2) ECU 电源电路故障诊断。

① 拆下 2 号接线盒的 DOME 熔断器，并用汽车万用表检测 DOME 熔断器的导通情况。

② 若不导通，则检查接到 DOME 熔断器上的所有配线和元件是否短路；若导通，则拆下 1 号接线盒固定螺栓和夹扣。

③ 拨开门锁和防盗控制 ECU 的连接线，并把汽车万用表的正表笔接导线连接器 A 端子 6 号接脚(DOME)，负表笔接连接器 B 端子 14 号接脚(E)，表的读数应为汽车蓄电池电压。

④ 若表的读数不为蓄电池电压，应检查门锁和防盗控制 ECU 与车身搭铁之间的配线和连接器，若存在开路，则修理或更换配线和连接器；若良好，则检查和修理门锁和防盗控制 ECU 与蓄电池之间的配线和连接器。

(3) 执行器电源电路故障诊断。

① 拆下 1 号接线盒的 CB DOOR 电路熔断器，并用汽车万用表检测 CB DOOR 电路熔断器的导通情况。

② 若不导通，则检查 CB DOOR 电路熔断器的所有配线和元件有无短路；若导通，则拆下 1 号接线盒的固定螺栓和夹扣。

③ 拨开门锁和防盗控制 ECU 的导线连接器 B(门锁控制继电器)。把汽车万用表的正表笔接导线连接器 B 端子 8 号接脚(B8)，负表笔接 B 端子 14 号接脚(E)，表的读数应为蓄电池电压，否则，应检查和修理门锁控制继电器 ECU 与蓄电池之间的配线和连接器。

(4) 车门锁电机电路故障诊断。

① 将门锁开关拨到锁住侧或打开侧，若能听到门锁电机的运转声，则修理或更换门锁控制熔断器。

② 若听不到门锁电机的运转声，则拆下车门装饰件和维修孔盖，然后拨开电机的导线连接器。

③ 将蓄电池正极接前门锁电机的端子 5 及后门锁电机的端子 4，将负极接前、后门锁电机的端子 2，门锁电机应锁住车门；交换蓄电池的极性，门锁电机应能打开车门(注意：上述检查应在 2s 内完成)。

④ 若不符合要求，则更换车门锁电机；若符合要求，则检查门锁控制继电器 ECU 与电机之间的配线和连接器。若配线和连接器不正常，则进行修理或更换；若配线和连接器正常，则检查 ECU。

(5) 其他电路检测诊断。

其他电路检测诊断参照图 6.16，所有检测应符合表 6-3 中的结果。

表 6-3　中央门锁和防盗系统部分电路诊断参数

检测项目	检测条件	检测结果
门锁开关电路	拨开导线连接器，测量开关闭合或打开时端子 3 和 6 之间的电阻值	闭合时为零，打开时为∞
钥匙操纵开关电路	按动开关，测量锁定侧时端子 2 和 3 之间，未锁侧时端子 1 和 3 之间的电阻值	均为零

(续)

检测项目	检测条件	检测结果
钥匙未锁警告开关电路	拨开导线连接器，插入钥匙，测量端子9和10之间的电阻值	为零
前位置开关电路	拨开导线连接器，测量车门锁住或打开时端子1和4之间的电阻值	锁住时为∞，打开时为零
行李箱门钥匙起动开关	拨开导线连接器，测量钥匙锁住或打开时端子1和2之间的电阻值	锁住时为零，打开时为∞
行李箱门开启电磁线圈电路	拨开连接器，蓄电池"+"接端子1，"−"接端子2，通电时间不超过1s	线圈轴拉进
门锁开关电路	拨开导线连接器，测量开关闭合或打开时端子3和6之间的电阻值	闭合时为零，打开时为∞

3) 防盗系统的故障诊断

防盗系统的常见故障及诊断部位见表6-4。

表6-4 防盗系统常见故障及诊断部位

故障现象	诊断部位	故障现象		诊断部位
防盗系统不能设定	① 检查指示灯电路 ② 检查行李箱门钥匙起动开关电路 ③ 检查行李箱门灯开关电路 ④ 检查门控灯开关电路 ⑤ 检查后门位置开关电路 ⑥ 检查发动机罩控制灯开关电路 ⑦ 检查ECU	防盗系统不能消除		① 检查点火开关电路 ② 检查行李箱门钥匙起动开关电路 ③ 检查门控灯开关电路 ④ 检查ECU
		发出警报期间	喇叭无声	检查喇叭继电器电路
			前灯不闪	检查前灯控制继电器电路
			尾灯不闪	检查尾灯控制继电器电路

6.3.2 安全气囊检测与故障诊断

汽车安全气囊系统是轿车上的一种辅助保护系统，与座椅安全带配合使用，可以为乘员提供十分有效的防撞保护。

汽车乘员安全保护装置可分为主动保护装置和被动保护装置两种。主动保护装置能够依靠其本身的结构来保证汽车在行驶过程中的安全性。如制动防抱死系统，它能够在汽车制动时防止汽车侧滑、甩尾，从而保证乘员的安全。被动保护装置能够在汽车发生事故时，保护乘员或减轻乘员的伤害程度。安全带和安全气囊（Supplemental Restraint System，SRS）就属于汽车乘员被动保护装置。其中安全带在被动保护过程中起主要作用，而安全气囊在被动保护过程中仅起辅助作用,它可以弥补佩带安全带后仍不能保护汽车乘员脸部的缺陷。安全气囊的构成如图 6.17 所示。

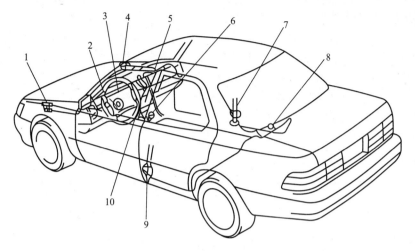

图 6.17 安全气囊的构成

1—左端安全气囊传感器;2—故障警告灯;3—转向盘安全气囊;4—右前安全气囊传感器;5—前驾驶员座安全气囊;6—中央控制器;7—右安全带预紧器;8—安全预紧器检测口;9—左安全带预紧器;10—线路接头

1. 安全气囊系统组成和工作原理

目前的安全气囊主要为方向盘内置式安全气囊,由传感器总成(包括安全传感器、中央碰撞传感器、前碰撞传感器)、折叠的空气囊、发火极、充气器、控制电脑、警告灯等组成。总成如图 6.18 所示。当汽车时速超过 30km/h 发生前碰撞事故时,安全传感器和中央碰撞传感器同时检测到的车辆减速信号、撞击信息由碰撞传感器传给 ECU,经 ECU 判断撞击的严重程度,并在几毫秒内决定是否起动气囊,这一过程一般只需 0.05s 左右。发火极引爆,电雷管引爆火药,产生大量高温气体,冲撞或粉碎气体发生剂,同时使高温气体降温并继续产生气体。经过多次过滤,除去烟雾及灰尘,从气体喷口喷入气囊,使气囊在车辆碰撞的瞬间充满气体。以此来缓冲撞击对乘员的冲击,避免了硬碰撞,保护了乘员。

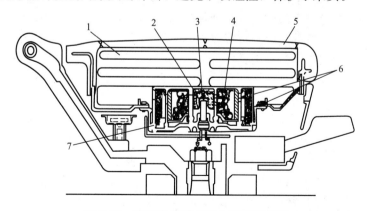

图 6.18 方向盘内置式安全气囊总成图

1—气囊;2—火药;3—电雷管;4—氮气发生剂;5—方向盘盒;6—过滤器;7—充气元件

2. 安全气囊常见故障诊断

1) 安全气囊系统检测注意事项

首先检修安全气囊系统和安全带预紧装置，如果不按正确顺序操作，一方面很可能使乘员约束系统在维修过程中意外动作，造成严重事故；也可使故障不仅不能得以排除，而且还会使安全气囊系统失效，造成在需要乘员约束系统进行保护时它却不起作用。另一方面还可能使汽车其他系统不能工作。另外，除需更换引爆的安全带预紧装置气囊以外，还必须同时更换全部碰撞传感器和中央气囊传感器总成，并检查线束与接头状况。气囊系统只能工作一次，发生事故被引爆后的气囊必须更换，为安全起见，气囊系统的所有元件也需更换。

若车辆发生轻微碰撞，安全气囊系统没有触发，也应检查方向盘衬垫、前座乘客安全气囊总成、座位安全带收紧器和安全气囊传感器。宜用高阻抗万用表检测电路。维修工作完成后，应检查 SRS 警告灯。

在使用喷灯或焊接设备时，不得靠近充气装置，以防引起安全气囊自动充气。在检修时注意不要让方向盘衬垫、碰撞传感器、座位安全带收紧器或前座乘员安全气囊总成直接暴露在热空气中或接近火源。

2) 安全气囊系统的故障诊断方法

安全气囊系统的故障难以确诊，一般有 3 种诊断方法，即警告灯诊断法（自诊断）、参数测量法和仪器诊断法。

(1) 警告灯诊断法。现代轿车一般都配备有自诊断系统，通过对自诊断接口进行相应的操作，即可通过仪表板上的安全气囊（或 AIR BAG）警告灯读取故障码。

(2) 参数测量法。部分轿车的安全气囊系统配有供故障诊断用的测试接口，在进行故障诊断时，只需测出各接口之间的电压，与手册中的正常电压进行对比，即可找出故障原因。

(3) 仪器诊断法。故障警告灯闪烁表明系统产生故障，连接相应诊断仪器提取故障代码及相关数据，然后根据故障代码及相关数据进行相应的故障排除。

SIR 系统故障自诊断过程如下，以上海别克轿车为例作以下说明。

(1) 故障码的读取与清除。

上海别克轿车充气安全保护装置的故障诊断需使用原厂提供的专用扫描工具 Tech 2，否则会使气囊展开，导致伤人或造成其他损坏。

使用专用扫描工具可以读取当前或以往的故障码。

维修完毕后，使用专用扫描工具可以清除故障码，也可经过 250 个点火循环自动清除故障码。

(2) SIR 诊断系统的检测。

上海别克轿车 SIR 系统的诊断检测程序如图 6.19 所示。

(3) SIR 系统故障代码及故障原因。

上海别克轿车 SIR 系统的故障代码及故障原因见表 6-5。

(4) SIR 系统的故障诊断。

AIR BAG 警告灯线路故障诊断与排除程序如图 6.20 所示。

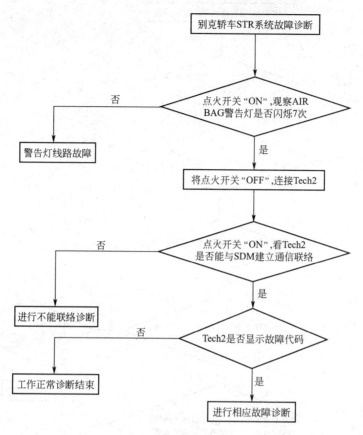

图 6.19　上海别克轿车 SIR 诊断系统检测程序

表 6-5　上海别克轿车 SIR 系统的故障代码及故障原因

故障代码	故障原因	故障代码	故障原因
B0016	乘员及前展开回路电阻过低	B1000	PCM 故障
B0017	乘员前展开回路断路	B1001	选择件配置故障
B0018	乘员回路电压超出范围	U1016	在数据传输装置中与 PCM 失去联络
B0022	驾驶员前展开回路电阻过低	U1040	与 EBCM/EBTCM 失去联络
B0024	驾驶员前展开回路电压超范围	U1096	在数据传输装置中 IPC 失去联络
B0026	驾驶员前展开回路断路	U1255	数据传输装置中的串行数据线故障
B0051	已进行过展开控制	U1300	2 级搭铁短路
B0053	展开控制回路故障	U1301	2 级蓄电池短路

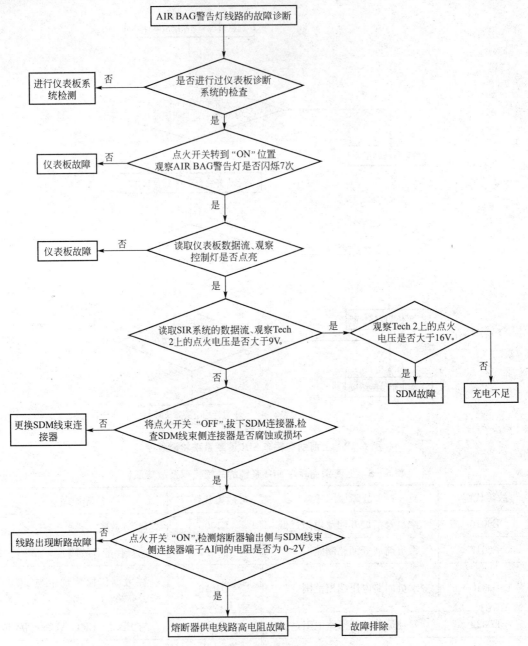

图 6.20 AIR BAG 警告灯线路故障诊断与排除程序

6.4 汽车空调系统的检测与诊断

6.4.1 汽车空调系统

汽车空调一般由制冷系统、暖风装置、通风装置、操纵控制装置以及空气净化装置等组成。

目前有手动控制的汽车空调和电脑控制的汽车空调两种,手动控制的汽车空调只能按驾驶员所设定的鼓风机空气温度和鼓风机转速不断运行,而电脑控制的汽车空调可以通过检测车内温度、车外温度和太阳辐射等,根据驾驶员所设置的温度,自动调节鼓风机空气温度和鼓风机转速,从而将车内温度保持在设定的温度。

手动控制的汽车空调系统故障可以通过人工和仪器设备进行诊断。电脑控制的汽车空调系统故障除了可以通过人工和仪器设备进行诊断外,还可以利用故障自诊断系统进行诊断。

1. 汽车空调制冷系统组成和工作原理

汽车空调制冷系统由压缩机、冷凝器、储液干燥器(或积累器)、膨胀阀(或孔管)、蒸发器和电气控制系统组成,如图6.21所示。

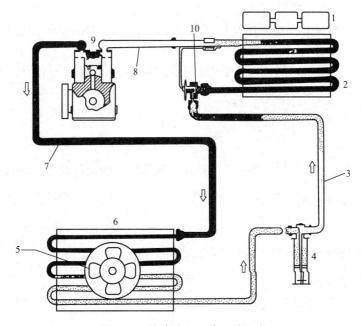

图 6.21 汽车空调制冷系统组成

1—风机;2—蒸发器;3—液管;4—储液干燥器;5—风扇;
6—冷凝器;7—排气管;8—吸气管;9—压缩机;10—膨胀阀

汽车空调制冷系统的工作原理:制冷剂密封在制冷系统中,制冷系统工作时,压缩机转动,将低温低压的制冷剂蒸汽变成高温、高压的制冷剂蒸汽送进冷凝器中。冷凝器把制冷剂蒸汽的热量散发出去,使制冷剂蒸汽变为液体。制冷剂放出热量后,经干燥过滤器过滤去水分。液态制冷剂在高温高压下,被压向膨胀阀,因膨胀阀有限流作用,它可根据汽车车厢内的热负荷情况,自动地调节制冷剂的流量,使液态制冷剂经过限量后进入蒸发器。制冷剂突然进入大管径的蒸发器螺旋管中,由于体积变大而压力下降,又由液态变气态,同时吸收大量的热量,使流经蒸发器的空气变冷,冷空气吹向车厢。带有热量的气态制冷剂又被吸进压缩机,开始下一个循环的工作。由此可知,汽车空调制冷系统实际上是一个传热系统,通过制冷剂把车厢内的热量带走,并散发到车外,使车内降温。

2. 汽车自动空调工作原理与自诊断

电脑控制的全自动空调是利用各种传感器随时检测车内外温度、阳光强度的信号，并把传感器的信号送到空调系统的电子控制单元（ECU），电子控制单元按照预先编制的程序对传感器信号处理，再通过执行元件不断地对风机转速、出风温度、送风方式及压缩机工作状况等进行调节，从而使车内温度、空气流动状况等始终保持在驾驶员设定的水平上。微机控制全自动空调还具备自我诊断功能，以利于对电控元件及线路故障的检修。

以帕萨特 B5 自动空调系统自诊断为例，介绍其诊断过程。帕萨特 B5 自动空调系统控制单元 J255 位于操作和显示单元 E87 之后。两个部件结为一体，不可分解。为了能在某一部件失灵或者电路断开时很快地找出损坏的原因，控制单元上装有故障存储器，用故障阅读仪 V.A.G1551 便可检读出来。

注意：自诊断测试时要保证所有的保险丝全部正常；蓄电池的电压至少达到 9V；蓄电池的负极连接牢靠。

（1）取下副仪表板上诊断插座的盖板，连接故障阅读仪 V.A.G1551，屏幕显示：

```
V.A.G 自诊断     帮助
1-快速数据传输
2-闪光码输出
```

（2）打开点火开关，按键 1，进入"快速数据传输"的运行状态。屏幕显示：

```
快速数据传输     Q
08-空调暖风电子
```

（3）用 Q 键确认输入，输入地址码 08 后屏幕显示：

```
快速数据传输
试验员发送地址码 08
```

（4）屏幕显示：

```
请稍等
```

（5）显示的将是控制单元的识别号：

```
3B1  907  044A  Climatronic  SXX
编码 02000     WSC XXXXX
```

（6）按 → 键，屏幕显示（功能选择，例如 02-查询故障代码）：

```
快速数据传输     帮助
选择功能 XX
```

（7）在按帮助键后，将打印出可选功能的一览表（表 6-6）。

表6-6 可选功能一览表

代码	功能	代码	功能
01	查询控制单元类型并选择功能	05	清除故障代码
02	查询故障代码	06	结束输出
03	最终控制诊断	07	控制单元编码
04	初始设置	08	读取测量数据块

由控制单元J255识别的所有可能的故障,可以在V.A.G1551上打印出来,上海帕萨特B5空调系统故障代码以5位的识别数字表示,见表6-7。

表6-7 上海帕萨特B5空调系统故障表

故障代码	故障原因	故障排除
00000	如果在修理后显示"未发现任何故障",那就表示自诊断结束 如果显示器闪光,可相继选择下列功能: 07-控制单元编码 04-初始设置	
65535	—通往空调控制单元J255的线路和插接件故障 —控制单元损坏	—检查线路和插接件 —通过读取测量数据块来检验控制单元J255 —更换控制单元J255并进行07-控制单元编码和04-调整到初始位置
01297	—对正极短路或断路(线路断路)或脚部出风口温度传感器G192的插接件有故障 —接地后在通往脚部空间出风口G192的线路或插接件上短路 —G192损坏	—通过"读取测量数据块"检查G192 —检查线路和插接件 —通过"读取测量数据块"检查G192 —检查线路和插接件 —更换G192
00532	—三相发电机损坏 —通往控制单元J255的线路或插接件	—通过"读取测量数据块08"检查电源电压(端子15上的电压) —检查控制单元的线路和插接件 —检查三相发电机
00538	—在线路或插接件上短路或断路 —控制单元J255上T16b8通住伺服电机的线路故障 —电位器G92或电位器G112或电器G113或电位器G114损坏 —控制单元损坏	—检查控制单元的插接件及导线 —相继拔开所述部件的插接件,清除故障代码并重新查询。如果不再出现"基准电压"这一故障,就须更换相应的伺服电机,因为一旦接上插座,它就会引起故障 —更换控制单元并进行07-控制单元编码和04-调整到初始位置
01296	—对正极短路或者通往中间出风口温度传感器G191的导线或插接件断路 —接地后短路,或者通往中间出风口温度传感器G191的导线或者插接件断路 —G191损坏	—更换G191 —通过"读取测量数据块"检查G191 —根据电路图检查线路和插接件 —通过"读取测量数据块"检查G191 —根据电路图检查导线和插接件 —更换G191

(续)

故障代码	故障原因	故障排除
00792	—通往空调装置压力开关 F129 的导线或插接件断路或短路 —制冷剂循环加液有错误电机冷却不足 —F129 损坏	—通过"读取测量数据块"检查 F129 —根据电路图检查导线和插接件 —将汽车交给维修站处理 —检查电机的冷却 —更换 F129
	如果在查询故障代码之前进行过最终控制诊断而压力开关不能检查(例如当测得的外界温度低于 12℃时),这一显示才会出现,关闭点火装置后,控制单元故障存储器中的这一故障就会被清除	
00779	—通往外界温度传感器 G17 的导线或插接件正极后短路或断路 —通往外界温度传感器 G17 的导线或插接件搭铁后短路 —G17 损坏	—通过"读取测量数据块"检查 G17 —根据电路图检查导线和插接情况 —通过"读取测量数据块"检查 G17 —根据电路图检查导线和插接情况 —更换 G17
00787	—通往新鲜空气吸气道温度传感器 G89 的导线或插接件断路或正极后短路 —通往新鲜空气吸气道温度传感器 G89 的导线或插接件断路或接地后短路 —G89 损坏	—通过"读取测量数据块"检查 G89 —根据电路检查导线和插接情况 —通过"读取测量数据块"检查 G89 —根据电路图检查导线和插接情况 —更换 G89
00603	—通往脚部空间/除霜器伺服电机的导线或插接件短路或断路 —V85 损坏	—进行伺服部件自诊断 —通过"读取测量数据块"检查 V85 —根据电路图检查导线和插接情况 —更换 V85,并进行 04-初始设置
01206	—如果 ABS 检测灯 K47 或制动装置检测灯 K81 显示出此故障并在故障存储器中存储起来的话,则组合仪表损坏 —导线或插接件短路 —断路控制单元 J255 损坏	—更换组合仪表 —通过"读取测量数据块"检查停止时间 —根据电路图检查导线和插接件 —更换控制单元 F255,并进行 07-控制单元编码和 04-初始设置
00281	—速度测量仪 G22 传感器损坏(只有当速度测量仪 G21 同样不起作用时) —速度信号分配器 TV13 通往空调控制单元的导线或插接件发生短路或断路	—更换 G22 —通过"读取测量数据块"检查 G22 的信号 —根据电路图检查导线和插接件
	如果在查询故障代码之前进行过最终控制自诊断,这种显示才会出现,控制单元识别故障存储器中的这些故障,在熄火后会自行清除。如果 G68 损坏,这一故障在行车时又会显现	
00797	—阳光入射光电传感器 G107 的导线或插接件断路或正极后短路 —通往阳光入射光电传感器 G107 的导线或插接件接地在搭铁后短路 —G107 损坏	—通过"读取测量数据块"检查 G107 —根据电路图检查导线和插接件 —通过"读取测量数据块"检查 G107 根据电路图检查导线和插接件 —更换 G107

(续)

故障代码	故障原因	故障排除
01271	—通往温度调节活门的伺服电机 V68 的导线或插接件断路或短路 —安装 V68 时，未用"04 初始设置"的功能 —V68 卡住 —V68 损坏	—通过"读取测量数据块"检查 V68 —根据电路图检查导线和插接件 —安装时检查伺服电机 V68 的终端位置 —进行最终控制诊断 03 —更换 V68，并进行 04-初始设置
01272	—通往总活门的伺服电机 V70 的导线或插接件断路或短路 —V70 卡住 —V70 损坏	—通过"读取测量数据块"检查 V70 —根据电路图检查导线和插接件 —进行最终控制诊断 03 —更换 V70，进行功能 04-初始设置
01273	—通行新鲜空气鼓风机 V2 的导线或插接件断路或者短路 —鼓风机控制单元 J126 和新鲜空气鼓风机 V2 损坏	—通过"读取测量数据块"检查 J126 —根据电路图检查导线和插接件 —进行最终控制诊断 03 —更换 J126 和 V2
01274	—通往风滞压力活门伺服电机 V71 的导线或插接件断路或者短路 —V71 卡住 —V71 损坏	—通过"读取测量数据块"检查 V71 —根据电路图检查导线和插接件 —进行最终控制诊断 03 —更换 V71，进行功能 04-初始设置

6.4.2 汽车空调系统常见故障诊断

汽车空调常见故障一般分为：电气故障、机械故障、制冷剂和冷冻机油引起的故障。其表现为：系统不制冷、空调控制失效或工作不良等。

在空调常规制冷系统的诊断过程中，常规故障参照表 6-8 大部分可以解决。

表 6-8 制冷系统故障诊断表

故障现象	故障原因	处理办法
低压侧压力低，高压侧压力低	1. 制冷剂不足 2. 膨胀阀堵塞	1. 抽真空，检漏，加注冷媒 2. 更换膨胀阀
低压侧压力高，高压侧压力低	1. 压缩机内部磨损泄漏 2. 压缩机缸盖密封不严泄漏 3. 压缩机皮带打滑	1. 更换压缩机 2. 安装新密封垫 3. 调整皮带张力，必要时更换皮带
低压侧与高压侧压力均过高	1. 冷凝器散热片堵塞 2. 系统中有空气 3. 膨胀阀损坏 4. 风扇皮带松动，风扇转速不够 5. 制冷剂加注过量	1. 清洁校正散热片 2. 抽真空，检漏并加注冷媒 3. 更换膨胀阀 4. 调整或更换皮带，检测电子扇 5. 释放冷媒直到压力合适

（续）

故障现象	故障原因	处理办法
低压侧压力低，高压侧压力高	1. 膨胀阀损坏 2. 管路堵塞 3. 储液干燥罐堵塞 4. 冷凝器堵塞	1. 更换膨胀阀 2. 检查管路有无堵塞 3. 更换储液干燥罐 4. 更换冷凝器
高低压侧压力正常但冷气不足	1. 系统中有空气 2. 系统中冷冻机油过量	1. 抽真空，检漏并加注冷媒 2. 排放冷媒，抽真空，检漏加注冷媒，注意冷冻油不要过量
压缩机噪声	1. 阀片损坏 2. 制冷剂过量 3. 冷冻机油过量 4. 活塞敲缸 5. 活塞环损坏 6. 皮带轮螺栓松动	1. 更换压缩机 2. 释放至压力适当 3. 排放，抽真空加注冷媒及适量机油 4. 更换压缩机 5. 更换压缩机 6. 扭紧螺栓至规定扭距
振动过大	1. 皮带张力不合适 2. 离合器松动 3. 制冷剂过量 4. 皮带轮安装不当	1. 调整皮带张力 2. 紧固离合器 3. 释放适量制冷剂 4. 正确安装皮带轮
车内有凝结水	1. 蒸发器排水管堵塞或安装不当 2. 隔板脱落或安装不当	1. 疏通排水管，检查安装位置 2. 检查安装隔板
蒸发器结霜	1. 温控开关故障 2. 感温头安装不当 3. 温控开关调整不当	1. 更换温控开关 2. 重新安装感温头 3. 调整温控开关，必要时更换

6.4.3 电脑控制的全自动空调常见故障诊断

1. 系统不制冷

1）故障现象

温度调整无效；移动温控杆，送风量不变；只有热风。

2）故障原因

(1) 汽车空调控制电路、线束故障。

(2) 汽车空调工作不良。

(3) 真空软管脱落、破裂，传感器故障。

3）故障诊断与排除

(1) 汽车空调控制电路是否接通。

① 空调电路总熔断器。如果熔断器熔断说明电路某部位有短路，则要检查各路电线的绝缘有无破损，各种电器，如蒸发器鼓风机电机、电磁离合器内部有无短路，经查明原因并排除后，方可换同种规格熔断器，不能随意加大熔断器的规格强行接通试机，否则会

烧坏整个控制线路，造成严重后果。

② 检查怠速控制转速范围，空调都装有空调怠速继电器（或在空调放大器中有空调怠速调整系统），调整怠速继电器直到发动机怠速达到 750r/min 时，电磁离合器可以吸合为止。

③ 恒温开关是否有故障。

④ 检查压力开关，空调制冷系统管路上装有高、低压开关。当制冷系统工作时高压太高，高压开关动作，引起电磁离合器断电，压缩机停止工作；或制冷系统中没有制冷剂，低压开关起作用，切断离合器的工作电源。在判断压力开关是否出故障时，可将被检查的压力开关短路，系统开始工作，说明压力开关存在故障。

(2) 制冷循环系统工作情况。

当对电路检查完毕，确认无问题后，还不能恢复制冷，可以从下面几个方面继续检查。

① 传动带太松，压缩机不转动，可将传动带重新调整后再试机。

② 制冷系统中没有制冷剂，当制冷系统中制冷剂全部泄漏后，即使压缩机工作，也不会有冷气吹出，这时要先找出制冷系统的泄漏部位，处理后再给制冷系统抽真空和充注制冷剂。

③ 制冷系统堵死，如果制冷系统中某个部位完全堵死，没有制冷剂循环流动，也就失去了制冷作用，这时高低压组合表的低压侧呈真空指示。发生堵塞的位置多在储液干燥器或膨胀阀，可更换储液干燥器和膨胀阀。

④ 压缩机性能下降，排气压力低，则必须更换压缩机或修复压缩机。

⑤ 制冷剂充注太多，蒸发压力太高，不制冷，只要放掉部分制冷剂即可。

(3) 检查连接、更换真空管。

(4) 检查传感器及插接件、导线，必要时更换传感器。

2. 空调控制失效

(1) 故障现象：移动温控杆时，送风量或温度控制无效。

(2) 故障原因。

① 制冷循环故障；暖风节流阀不良。

② 电磁离合器、压力开关、继电器不良，传感器接线不良，控制单元故障。

③ 空气门动作不良，真空软管脱落或阻塞，真空电磁阀故障。

(3) 故障诊断与排除。

① 制冷循环故障；暖风节流阀不良。

② 检查常规不制冷或不制热原因；疏通或更换水管。

③ 检查继电器、传感器及线路，必要时更换继电器及传感器。

④ 检修空气门、真空软管、电磁阀，必要时更换。

⑤ 检查温度控制电位计及接线，检测控制单元，必要时更换。

3. 鼓风机工作不良

(1) 故障现象：鼓风机挡位不准；鼓风机不转。

(2) 故障原因。

① 保险丝及线路断路；高速继电器不良。

② 电机损坏；送风开关不良。

③ 控制器不良，调速电阻损坏；送风开关触点烧坏。

（3）故障诊断与排除。

① 检查更换保险丝，检修线路。

② 检修或更换继电器。

③ 检测更换控制器，调速电阻。

④ 检修更换送风开关。

⑤ 更换修理电机。

以上是自动空调系统控制部分的常见故障及诊断，但生产实际会遇到各种各样的故障，有些故障是以上所述内容所不包含的。因此，在生产中遇到这种情况，应根据所学理论知识，结合维修手册，找出故障的原因，确定维修方案。

本 章 小 结

本章主要讲述了车身电气系统的常见故障及检测诊断的具体方法，包括汽车仪表与照明信号系统、巡航控制系统、中央门锁、安全气囊、汽车空调系统的故障诊断。其中汽车照明系统重点讲述了前照灯的检测与常见故障诊断的方法；巡航系统主要以丰田车系的陆地巡洋舰为例进行故障诊断的讲解。通过学习，应该对本部分知识有了进一步的了解。

一、选择题

1. 机油压力报警装置常见的类型是（　　）。

　　A. 膜片式　　　　B. 电热式　　　　C. 电磁式　　　　D. 以上3种均有

2. 下列不属于水温表类型的是（　　）。

　　A. 电热式　　　　B. 电磁式　　　　C. 蒸气压力式　　D. 分流式

3. 电子式转速表的转速信号取自点火系统的（　　）。

　　A. 点火线圈　　　B. 分电器　　　　C. 点火开关　　　D. 点火提前机构

4. 电流表最大读数为（　　）。

　　A. 10A　　　　　B. 15A　　　　　C. 20A　　　　　D. 25A

5. 发动机低速运转时，机油压力不应小于（　　）。

　　A. 0.147MPa　　 B. 0.196MPa　　 C. 0.392MPa　　 D. 0.490MPa

6. 汽车信号系统主要包括（　　）。

　　A. 转向信号　　　B. 危险报警信号　C. 喇叭信号　　　D. 制动信号

　　E. 倒车信号

7. 照明系统一般包括（　　）。

A. 前照灯   B. 示廓灯   C. 雾灯   D. 牌照灯
E. 室内照明灯
8. 仪表主要包括（　　）。
A. 发动机转速表   B. 车速里程表
C. 机油压力表   D. 水温表
E. 燃油量过少报警指示灯

二、填空题

1. 汽车上的仪表主要包括 _____、_____、_____、_____、_____ 和转速表等，用以显示汽车运行的主要常规参数，以便驾驶员及时发现和排除可能出现的故障。
2. 汽车照明信号系统包括、_____、_____、_____、_____、_____、_____、转向灯闪光器等。
3. 汽车乘员安全保护装置可分为_____保护装置和_____保护装置两种。
4. 汽车空调一般由_____、_____、_____、_____以及_____等组成。
5. 汽车空调制冷系统由_____、_____、_____、_____、_____和电气控制系统组成。
6. 汽车空调常见故障一般分为_____、_____、_____和_____引起的故障。

三、判断题

1. 油压指示表位于驾驶室仪表板上，内有电感不同的一对主线圈和一对副线圈及连接一个指针。（　　）
2. 汽车油压传感器可以依靠其内部膜片弯曲程度的大小来传递油压的增高或降低。（　　）
3. 水温表传感器中触点的压力较大。（　　）
4. 汽油车的发动机转速信号来源于曲轴位置传感器。（　　）
5. 燃油低油面报警灯装置采用了热敏电阻与报警灯串联的方法来控制报警灯电路的接通和切断。当燃油面低于热敏电阻时，其电阻值将升高而不是降低。（　　）
6. 所有转向灯都不亮，可能是闪光器损坏。（　　）
7. 制动信号灯多与后灯合为一体，采用双丝灯泡或两个单丝灯泡，其中功率大的为制动信号灯。（　　）
8. 倒车报警器与倒车灯应由倒车开关直接控制。（　　）
9. 不打开空调 A/C 开关，且冷却液水温低于 83℃时，散热器风扇工作。（　　）
10. 刮水器开关置于间歇位时，刮水电机以慢速工作模式间歇刮水。（　　）
11. 汽车后挡风玻璃除霜电热丝应采用常火线供电。（　　）
12. 低温起动预热装置汽油机一般采用电热塞，而柴油机一般采用进气加热器。（　　）
13. 电动车窗主控开关上的总开关是控制分开关的搭铁线。（　　）
14. 双压力泵式中央门锁压缩空气为门锁打开，抽吸空气为门锁锁住。（　　）
15. 每个电动后视镜都有一个独立控制开关，开关杆无法使两个电机同时工作。（　　）

16. 带存储功能的电动座椅,采用了微机控制,它能将选定的座椅调节位置进行存储。
17. 制冷系统中所采用的润滑油是用硅油。   (   )
18. 蒸发器中制冷剂为低压,液态。   (   )
19. 汽车空调中暖气的热源多用发动机冷却液。   (   )

四、问答题
1. 汽车水温表有哪几种类型?
2. 汽车仪表系统常见故障有哪些?
3. 怎样检测汽车水温表传感器?
4. 怎样诊断喇叭不响这一故障?
5. 检测安全气囊系统时应注意哪些事项?
6. 怎样对汽车巡航进行功能检测?
7. 安全气囊系统的故障诊断方法有哪些?
8. 空调系统中常见故障有哪些?

五、简述题
1. 简述燃油表故障的检测方法。
2. 简述车速里程表的检测方法。
3. 简述巡航控制系统的故障诊断步骤。
4. 简述安全气囊系统的故障诊断方法。
5. 简述电脑控制的全自动空调不制冷的检测诊断步骤。

参 考 文 献

[1] 张建俊. 汽车诊断与检测技术 [M]. 北京：人民交通出版社，2007.
[2] 董继明. 汽车检测与诊断技术 [M]. 北京：机械工业出版社，2006.
[3] 邹小明. 汽车检测与诊断技术 [M]. 北京：人民交通出版社，2006.
[4] 仇雅莉. 汽车检测诊断技术与设备 [M]. 北京：电子工业出版社，2005.
[5] 杨海泉. 汽车故障诊断与检测技术 [M]. 北京：人民交通出版社，2004.
[6] 吴兴敏. 汽车检测与诊断技术 [M]. 北京：中国人民大学出版社，2008.
[7] 陈焕江. 汽车检测与诊断(上下册) [M]. 2版. 北京：机械工业出版社，2006.
[8] 胡光辉. 汽车故障诊断技术 [M]. 北京：电子工业出版社，2006.
[9] 曹建国. 汽车故障诊断与检测技术 [M]. 重庆：重庆大学出版社，2003.
[10] 张松青. 汽车检测与诊断技术 [M]. 北京：北京理工大学出版社，2008.
[11] 刘仲国. 现代汽车检测与故障诊断 [M]. 北京：人民交通出版社，2006.
[12] 曹家喆. 现代汽车检测诊断技术 [M]. 北京：清华大学出版社，2006.
[13] 赵福堂. 现代汽车检测诊断与维修 [M]. 北京：北京理工大学出版社，2005.
[14] 李春明. 汽车故障诊断方法与维修技术 [M]. 北京：北京理工大学出版社，2004.
[15] 徐元强. 汽车发动机检测诊断技术 [M]. 北京：电子工业出版社，2006.